松田雄馬 Yuma Matsuda　浅岡伴夫 Tomoo Asaoka

デジタル×生命知がもたらす未来経営

心豊かな価値創造を
実現するDX原論

日本能率協会マネジメントセンター

はじめに

経世済民

　経済という言葉の語源となったこの四字熟語は、「世を治めて民を救う」という国家運営・組織経営のあり方の基本を説いている。経済活動と人命を救うことは相反することではない。平静な世は、為政者のためにあるわけではない。経済活動が活発になされる世は、人々の心を救い、その結果として、国家の安寧がもたらされるのだということを、古代中国から伝わるこの言葉は教えている。しかしながら、昨今、経済活動に携わり、人々の心を救う役割を担うはずのビジネスパーソンは、経世済民の心を見失っているように感じられる。

　「日経新聞をはじめとする多くの紙面を毎日のように賑わせるDXについての論評には、ビジネスに携わる人間として、どうも違和感がある。」

　本書は、共著者である浅岡のこうした違和感を直接の出発点として、主著者である松田との、一年以上に渡る議論ののちに結実した新しい論である。現代社会における経世済民とはどのようなものなのかを思い描きながら、それを支える役割としてのDX像を明らかにしようと試みた。そして、それぞれの論や資料を持ち寄り、お互いに刺激を受け合ったうえで調査検討を進め、さらに論を交わし合うというやりとりを繰り返すことで、ようやく一冊の出版物としてまとまった。

　以前より、浅岡は、江戸時代を中心とした商売の日本史についての独自の論を展開しており、商売の根本に立ち戻ることによって、流行りのデジタル技術に踊らされない、日本独自のビジネスが展開できるという確信を持っていた。同時に、松田は、専門であるAIの研究に着手する

以前から、デジタル社会のあり方についての大きな違和感を抱いており、デジタル技術そのものに注目するのではなく、それを使う側、研究開発を行う側の人間の性質を理解することによってこそ、人間との親和性の強い社会像、ビジネス像が描けると考えていた。

　両者の大きな共通点として、「心豊かな価値創造を実現するDX原論」という本書のサブタイトルが自ずと浮かび上がってきた。デジタル技術にのみ注目してしまうと、それに携わる私たち人間の「心」が見失われる。現在、世界中で発展しているデジタル技術やそれをもとにしたサービスは、いずれも、人間の「心」を無視して語ることはできない。しかしながら、それを知らない日本企業は、自社や顧客をはじめ、関わる人の「心」を置き去りにした結果、誰の支持をも得られないサービスばかりを生み出し、世界のビジネスリーダーとしての立ち位置から凋落してしまっている。

　DX（デジタルトランスフォーメーション）を企業が実現するということは、事業や組織そのものの変革を意味する。そうした視点に立つと、DXは、経営変革といいかえることもできる。すなわち、DXを実践することは、デジタル技術と経営の両側の視点が必須となる。さらにいうならば、DXの実践にあたっては、技術や経営を学問として研究するだけでは不十分である。常に変化を繰り返すビジネス環境を経験し、そのなかで、組織変革や人材育成を行い、人の「心」を動かしてきたいくつもの企業に携わりながら、大学でも教鞭を執る浅岡と、企業研究者という立場で産学連携によるオープンイノベーションを推進し、独立後に自身で企業を立ち上げ、技術コンサルティングを行いながら人材育成・組織変革を行い、大学院でも教鞭を執る松田だからこそ描けるDX論があるのではないかと考えた。そして、そうした両者だからこそ、DXを本気で実践しようと日々奔走するビジネスパーソンに向けたメッセージが提示できるのではないかと考えたのである。

本書に込めた最大のメッセージは、「未来を経営していく」という姿勢こそが、心豊かな事業の創造につながっていく、ということである。ひとつの企業、ひとつの事業に埋没していると、どんな企業であれ、それが、誰かひとりの人間からはじまったもの、という企業活動の根本を忘れてしまいがちである。どんな事業であれ、未だそれが生まれる前には、その道を切り拓こうとした人間がいて、「未来を切り拓こう」という「心」があった。その心に共感するからこそ、賛同者が現れ、ファンが現れ、やがては大きな事業に育っていく。まさに、未来を自ら経営していこうという「心」こそが、事業創造につながっていくのである。

　ここでの「心」は、旧時代的な精神論とは大きく異なる。デジタル技術によって支えられた社会でなければ、コンビニエンスストアに常にバラエティー豊かな商品を並べるための流通も滞り、インターネット上のほしい情報にアクセスすることもできず、さらに極端にいうならば、犯罪や伝染病が横行していても、その情報を知ることすらできない。デジタル技術は、私たちの「心」の平静にとってなくてはならないものだからこそ、「心」を理解することは何より重要なのである。

　本書を執筆するにあたり、著者らは、経営学における「心」の役割に着目して研究してこられた第一人者であると考え、一橋大学名誉教授の野中郁次郎先生にお力添えをいただいた。著者らの論に対して「まったく新しい論が生まれようとしている」として賛同いただいたうえで、さらに論を深めるうえでの数多くの考え方を提示していただいた。本書の終章として、そのやりとりの一端を、野中先生と著者らの鼎談としてまとめている。

　本書は、「未来を経営する」ことによって、心豊かな価値創造を実践するための解説書である。その論を展開するにあたり、人間の「心」、そして「知」の源泉である人間の生命として生得的に持つ「知」、すなわち「生命知」から、物語をはじめていきたい。生命知を知ると、いか

に日本文化が、人間の、そして生命の「心」や「知」を育んできたかということがよくわかる。本書を読み解き、「心」や「知」への理解を深め、未来を経営することによって、心豊かな価値創造を実践し、ひいては日本から世界を動かす大きな流れをもたらす読者が次々に生まれるとすれば、著者として望外の喜びである。

松田雄馬
浅岡伴夫

はじめに …………………………………………………………………… 3

序章　混沌とした世界に秩序を与える生命知 ……………………… 11

現代社会の混沌と生命知 …………………………………………… 13

生命知がもたらす脳の奇跡 ………………………………………… 21

不完結な「私」が生み出す生命知 ………………………………… 25

生命知が創造する未来 ……………………………………………… 30

近代科学における生命知と日本文化の役割 …………………… 33

第一部　生命知がもたらすデジタル時代の組織変革

第1章　混沌とした世界を生き抜く生命知と組織の力 ………… 45

デジタル変革をもたらした1960年代の「共生」 …………………… 47

1960年の「共生」が見落としていた人間の成長 …………………… 50

混沌とした世界を生き抜くユニコーンとアメリカ・サムライ ………… 55

かつて混沌とした世界に秩序をもたらした日本企業の知識創造 ……… 59

顧客とともに生み出す持続的なイノベーション …………………… 65

顧客とともに創造するデジタル×生命知の物語 …………………… 68

混沌とした世界を生き抜く人間の生命知 ………………………… 71

第2章　停滞した組織に宿す生命知 ……………………………… 75

停滞した組織に活力を与える自然(じねん)医療 ………………… 77

停滞した組織に生命が宿るとき ……………………………………… 84

それでも起こる組織の停滞 ………………………………………… 90

失敗に学べない日本企業のこれから ……………………………… 93

第3章　デジタル変革を実践する生命知 ………………………… 97

無自覚に堰き止める生命知の流れ ………………………………… 99

生命知を堰き止める五つの問題 …………………………………… 103

みえない心の流れの俯瞰プロセス ………………………………… 107

ひとりよがりの思い込みを排除する仮説検証プロセス ……………… 110

無自覚な自己・組織を変革していくために ……………………………… 115

第二部 生命知がもたらすデジタル社会の人間らしさ

第4章 デジタル変革による秩序がもたらす人間らしさ ……… 125

グーグルの実現した人間らしさと、奪われていく私たちの創造性 …… 127

アリババの実現した良識ある社会と、中国社会のアタリマエ ………… 131

エストニアのデジタル行政にみる参画意識の重要性 ………………… 136

デジタル技術と人間らしさ、そして創造性とは何か ………………… 139

第5章 デジタル変革の歴史が見落とす身体と創造性 ………… 143

デジタル変革のはじまりとしてのデータ処理、そして数理計画 ……… 145

データ至上主義が見落とす身体と創造性 …………………………… 149

身体と創造性が切り拓く学習して成長する持続可能な社会像 ……… 153

創造性のメカニズムが導き出す人とデジタル技術の共創のあり方 …… 155

第6章 デジタル技術が切り拓く身体と創造性への新たな可能性 … 157

未来創造のためのデジタル技術のとらえ方 ………………………… 159

未来創造としての身体拡張という考え方 …………………………… 174

未来創造におけるニューロ・テクノロジー ………………………… 182

デジタル技術は学習して成長する社会を実現するのか ……………… 188

第7章 身体による創造性を発揮する未来経営 …………………… 189

業界を超えて共通する持続可能なデジタル変革の法則 ……………… 191

技術によってプレイヤーが変化する金融・小売業界 ………………… 194

事業の持続可能性に直面するエネルギー・建設・医療業界 ………… 200

学び方・働き方の変革に貢献できるHR・教育業界 ………………… 210

人間らしさを支えるデジタル変革を実現するために ………………… 216

第三部	生命知の観点から商売の日本史を紐解く

第8章 生命知なき競争戦略の限界と顧客起点の経営戦略の台頭 … 227

　企業の経営・マーケティング戦略を支え続ける競争戦略論の源流を探る
……………………………………………………………………………………… 229
　マスマーケティング＆競争戦略の登場と発展 ……………………… 232
　「大量生産・消費」（企業起点）から「生活の質追求」（顧客起点）の時代へ … 236
　米国流CRM手法の登場 ……………………………………………… 239
　米国流CRM手法の根本的な問題点 ……………………………… 243

第9章 江戸期の商人たちの経営哲学にみる生命知と持続可能性 … 251

　富山の売薬の「先用後利」にみる顧客起点経営（CRM）の原点 ……… 253
　近江商人の「三方よし」その他にみる人間社会重視経営（CSR）の原点 … 258
　三井越後屋の「現銀安値掛け値なし」にみる競争戦略論の原点 …… 265
　「エコシティ江戸」にみるSDGsの原点 ……………………………… 270
　米国流マスマーケティングの上陸による日本流商いのディスラプション … 276
　米国流マスマーケティングの限界と日本流の顧客起点経営の再評価 … 283

第10章 商人の生命知に学ぶ持続可能な事業創造 ………………… 287

　JS CRM（顧客起点の経営手法）の成立と発展 ……………………… 289
　JS ERM（従業員重視の経営手法）の成立と発展 …………………… 297
　JS CSR（人間社会起点の経営手法）の成立と発展 ………………… 302
　JS SDGs（持続可能な地球起点の経営手法）の成立と発展 ………… 309
　JS CRM、JS ERM、JS CSR、JS SDGsを基軸としたDX戦略の策定 … 314
　未来指向の経営哲学の確立 ………………………………………… 318

第11章 デジタルテクノロジーの開発・活用事例に学ぶべきこと … 327

　DXテックの原点はeCRMにあった ………………………………… 329
　CRMから派生する形で生まれたカスタマーサクセスという手法 …… 332
　カスタマージャーニーによる顧客分析とその実際 ………………… 339
　IT企業のアジャイル開発／DevOpsとDXに学ぶべきこと ………… 350
　未来経営のキーワードは顧客起点・顧客価値の創造・未来創造＋S … 356

第四部 デジタル×生命知がもたらす未来経営

第12章 デジタル×生命知がもたらす豊かな循環社会 ………… 369

生命知がもたらす循環社会とその豊かさ ………………………… 371
テック企業が掲げるサステイナビリティとその課題 ……………… 374
デジタル×生命知がもたらす豊かな循環社会 …………………… 377
多産多死社会から共存在がもたらす豊かな循環社会へ …………… 385

第13章 デジタル×生命知がもたらす循環し続ける経営戦略 … 387

混沌から秩序を生み出し続ける経営戦略 ………………………… 389
混沌を知り、秩序を生み出す、プロセス×技術マトリクス ……… 394
混沌から秩序を生み出し続ける人材・組織戦略 ………………… 397
混沌から秩序を生み出し続ける戦略ロードマップ ……………… 401
経済産業省DX推進指針にみる日本が欠く「人」と「心」の経営視点 … 404

第14章 デジタル×生命知がもたらす人間らしい未来 ………… 407

科学文明がもたらした「安定」×生命世界がもたらす「富」 ………… 409
ルールで拘束されたデジタルの「活用」×変化する環境でのデジタルの「成長」
…………………………………………………………………… 416
サステイナブルな「正義」×自ずから循環する「いのち」 ………… 424

第15章 富をもたらす生命知とその未来に向かって …………… 431

他力という人間性のもたらす豊かさ ……………………………… 433
巨人の肩から見渡す未来経営のイントロダクション ……………… 439

終章 特別鼎談「知的な真剣勝負」で本質をつかめ～野中理論に問う未来の創り方 … 449
野中郁次郎×松田雄馬×浅岡伴夫

おわりに ……………………………………………………………… 468

序 章

混沌とした世界に秩序を与える生命知

現代社会の混沌と生命知

　ビジネス環境の変化が激しさを増すなか、多くの企業が業績不振に陥る一方で、デジタル技術を駆使する「テック企業」と呼ばれる多くの企業は、その事業を大きく拡大しています[1-4]。2020年4月、テック企業の代名詞といわれるGAFAM（グーグル社などを併せたテック企業五社の総称）は、コロナ禍にもかかわらずその業績を伸ばし続け、五社の時価総額の合計が、日本の東証一部上場2170社すべての時価総額の合計を上回りました[5]。テック企業は、まるで生物が生態系のなかで環境の変化にあわせて自らの形や行動を変化させていくかのように、日々変化する顧客の行動を迅速かつ柔軟にとらえ、顧客をはじめ、関わる人々を魅了し、自らの事業を成長させています。

　自社のサービスの利用者が増えれば増えるほど、サービスに対するデータが集まります。それによって、サービスそのものを改善していくことができるだけでなく、集まったデータから得られる統計的な情報や、データそのものを用いた新たなビジネスを生み出し、事業を拡大し続けることができます。このように、テック企業が成長し、拡大し続ける様子は、生物の生態系（エコシステム）にたとえられ、「ビジネス・エコシステム」と呼ばれています[6]。テック企業が創るビジネス・エコシステムは、これまで存在していた古参企業の事業領域を侵食します。繁殖力の高い生物のように縄張りを拡大し続けるテック企業によって、古参企業は、その存在すらも脅かされているといえます。

　ビジネス環境は、時代の流れとともに変化していくとはいえ、こうしたテック企業の急激な繁殖は、世界のビジネスマンを混乱に陥れています。経済的な格差の拡大と、それに続く貧困問題、そして、経済成長を優先してきたがゆえに蔑ろにされてきた地球環境の持続可能性の問題など、同時多発的に起こる多くの問題に対する不安の矛先が、テック企業

をはじめとする大企業に向けられ、経済活動を支える「資本主義」という考え方そのものへの疑問の声にもつながっています[7-9]。

　このように、次々に襲い掛かる地球規模の問題に対し、世界は、大きく二つの考え方に分かれはじめています。ひとつは、テック企業を支えるデジタル技術をはじめとする科学技術の進歩を推し進めることによって、多くの問題は解決に向かうだろうという考え方です[10-13]。太陽エネルギーを代表とする再生可能エネルギーによって地球環境問題の解決を目指す動きは、その典型例といえます。この考え方は、一見正しいようにもみえます。しかしながら、経済格差や地球環境問題などの多くの問題は、科学技術の進歩とともに浮き彫りになったものであり、それらすべてを科学技術で解決するというのは、考え方として無理があるようにも感じます。科学技術の進歩のみに未来を委ねようとする考え方は、「テクノ・ユートピア」などといって揶揄されています。

　地球規模の問題に対するもうひとつの考え方は、現在の世界経済を支えている、自由な経済活動を前提とする資本主義そのものを疑問視し、経済活動に対する見直しを行おうというものです[7-9, 14-15]。昨今、自動車などの所有物を共有（シェア）することで生活費を抑え、最低限の支出によって、よりよい生活を目指そうとする「シェアリング・エコノミー」という考え方が定着しはじめています。人間にとっての幸福は、必ずしも経済規模の拡大によって得られるものばかりではありません。そうした観点から、幸福とは何かを追求しながら、経済活動の縮小を模索する動きが盛んになされています。この考え方もまた、説得力があるようにみえます。しかしながら、現代社会の問題のすべてが、資本主義を原因とするわけではありません。そして、何より、資本主義に対立する共産主義や社会主義に基づく国家づくりが悲劇的な結末を迎えたことは、私たちは人類の歴史のなかで知っています。資本主義を疑問視する考え方は、そうした歴史を無視しているようにみえてしまうことから、「反資本主義」などと揶揄されています。

これら二つの考え方は、共に、大事な観点を持ちつつも、過度な科学技術への期待からくるテクノ・ユートピア思想と、自由経済という人間社会にとっての大事な一側面を否定する反資本主義思想という、極端であり、かつ真逆の未来を指し示しています。こうした真逆の考え方を代表とし、世界は今、大きな論争のなかで混乱を極めているといえます。いずれも大事な観点を持ちながら、真逆の未来を指し示すというのは不思議なものです。これらのどちらの観点をも否定することなく、よりよい未来を描くことはできないものなのでしょうか。

　筆者は、「生命」という観点が、現代社会の未来に対して大きな示唆を与えることができるという確信を持っています。デジタル技術の進歩がどれだけ進んでも、それを用いるのは私たち人間です。また、どのような社会問題が起きても、それによって影響を受けるのは私たち人間です。そして、人間は生命を持ち、感情によってゆり動かされながらも、共感することによって目の前の人たちだけでなく、世界中の人々とのつながりを感じることができます。私たちを人間たらしめ、心によって支えられ、社会の一員であるという感覚を持つとともに、流行やデマに流されやすく、揺らぎやすくもある「生命」というものが何なのかということを知ることなしに、未来を考えるということは難しいはずです。

　普段、都会の建物のなかでビジネス環境におかれていると意識することは少ないかもしれませんが、本来、人間活動は、「生命」としての活動です。そして、生物の世界は、「競争」や「共創」に溢れ、ビジネス環境におかれた私たちに対して、多くの視座を与えてくれます。繁殖を続けるテック企業に飲み込まれようとしている古参企業をみていると、外来生物に淘汰される小さく弱い生物種にみえるかもしれません[16-23]。しかしながら、小さく弱い生物種は、外来種によって変化していく環境に適応しながら姿を変え、その生命を次世代につなげていきます。常に変化する環境に対し、自らを変革し続けることそのものが、生命にとっての「成長」であり、生命は、成長するからこそ、生きていくことがで

きるのです。

　生命は、川の流れのなかにできる渦のようなものに喩えられることが
あります。私たちの身体は、物質としてみると、数か月の間に、そのほ
とんどが入れ替わってしまいます。日々、新しい細胞が生まれ、古い細
胞は老廃物として流れ出ていきます。物質としてみると、数か月前の自
分と、今の自分は、まるで別物であるにもかかわらず、昨日の自分と今
日の自分は、同じ自分としてあり続けます。川の流れも同様であり、川
が流れていく限りは、その渦は、時には大きさや形を変化させながら、
また、周囲を飲み込みながら、渦という秩序を創り続けようとします。
そして、川の流れが堰き止められたとき、渦そのものが衰退し、やがて
は消えてしまいます。生命という私たちが宿す秩序も同様です。生命は、
本来、自らに与えられた環境を研ぎ澄ませ、他者との共生関係を創り出
し続けていくことで形作られ、環境の変化に応じて自らを変革し、成長

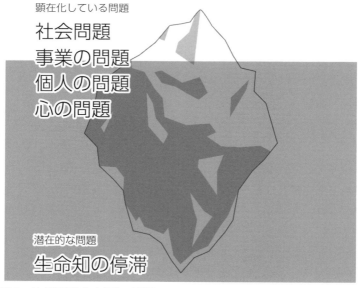

顕在化している問題

社会問題
事業の問題
個人の問題
心の問題

潜在的な問題

生命知の停滞

図表0-1　社会問題と生命知との関係

していくものです。生命の成長は、環境の変化をいち早く知覚し、適応行動を取り続けることを可能にすることから、生命が本来持つ知的性質として「生命知」と呼ばれます[24-31]。生命知は、私たち人間の知的活動の源泉といえます。しかしながら、環境や他者との関係という流れに停滞が起こると、生命は、新たな秩序を創り出し続けようとする生命知を発揮することができず、その力は次第に失われていきます。

　生命知を知り、その観点からテック企業をはじめとする現代のビジネス環境の変化をとらえると、彼らが成長を繰り返す理由や、停滞している企業に不足するものが、手に取るようにみえてきます。私たち人間には、潜在的に生命知が備わっています。そうした生命知を発揮できず、生命としての成長が停滞する状況が起こると、それは、社会問題として目にみえる形で具現化します（**図表0-1**）。例えば、心や身体にハンディを背負う人々が取り残される状況は、国際連合が掲げる持続可能な開発目標（SDGs）のなかで、「貧困をなくそう」「すべての人に健康と福祉を」「人や国の不平等をなくそう」などといった形で解決に向けた取り組みがなされ、成長著しいテック企業もまた、大きな関心を寄せています[10・11]。昨今、社会問題の解決に取り組む企業が増え、個人としても、「地球環境の保全」など、社会問題の解決に関心を寄せ、ライフワークとして取り組む人々が増加しています。もちろん、社会問題から目を逸らさずに問題意識を持って取り組む姿勢は評価されるべきではあります。しかしながら、生命知の観点から考えると、目にみえる形で顕在化している社会問題は、あくまで氷山の一角であり、その下には、それぞれの企業や業界が抱える事業の問題、個人が抱える問題、そして心の問題があります。そして、さらに重要なことは、それらの問題の根底には、生命知の停滞があるということです。

　デジタル技術が発展し、膨大なデータが社会を覆いつくす昨今、人工知能（AI）によって分析された「知」は、人間ひとりひとりの「知」を凌駕するように錯覚してしまいがちです[32-35]。たしかに、社会を客観

的に分析することが目的であれば、ひとりひとりのちっぽけな経験よりも、それらをデータとして統計的手法を用いて集約することのほうが、遥かに大きな効果を発揮します。現在の市場のなかで何が流行しており、どのような製品をどのような手段で販売すれば、どれほどの売上が見込まれるのかなどの予測を行うのであれば、既に蓄積されたデータが有効に働きます。データに基づく予測は、人間よりも遥かに精度の高い統計的な手法によって実現できます。

　しかしながら、今、目の前の顧客が何に悩んでいて、どのようにすれば問題解決に至るのかを理解することは、統計的手法では不十分です。人々の心に共感し、彼らの予想を超える商品やサービスを開発してこそ、新しい市場が開拓され、まだ見ぬ未来が切り拓かれていきます。データが教える知は、あくまで統計的で大まかな予測に限られます。未来を切り拓くためには、ひとりひとりが、自分や隣人、そして、まだ見ぬ他者に共感し、自らを変革することによって成長していくことが必要です。変化の激しい現代社会を生きていくには、ひとりひとりが生命知を発揮しながら成長し、未来を切り拓いていく姿勢、すなわち、経営者のように、自らの人生を経営していく「未来経営」こそが、求められているといえます。

　本書は、生命知という生きている人間が本来持っている観点から、テック企業の成長や社会の停滞について、ひとつひとつの問題を指摘するのではなく、その生命知が発揮されたときに起こる循環と、その循環がもたらす、人間らしさが発揮される社会像を描きながら、そうした社会に向かうまでの道筋を描きます。それは、混沌とした予測不可能な現代社会に対し、生命知という観点から未来を描き出し、実現していく経営論です。生きている人間が本来持つ生命知に基づいた未来経営は、社会全体をひとつひとつの問題に切り分けて対処しようとする、社会を機械の部品のように切り分ける工業的な方法ではなく、かつての江戸時代の日本のように、市民の排泄物すらも肥料とする、社会を循環する流れと

してとらえるものです。社会を切り分けることをしない生命知に基づく未来経営は、デジタル化が進み、世界を駆け巡る情報の流れが加速する現代において、特にその重要性を増しています。お金の流れも例外ではありません。かつては「経世済民」、すなわち、「世を治めて民を救う」という言葉から生まれた「経済」は、グローバル競争が激しくなるなかで、その本来の意味を見失いつつあります。しかしながら、循環社会を実現してきた日本文化を振り返り、生命本来が持つ、循環する流れのなかで新たな知を創造し続ける生命知のはたらきを知ることができれば、経済、社会、そして、企業や個人に活力が生まれ、大きな流れがもたらされるはずです。そうした生命知のはたらきを社会、技術、歴史という観点から解きほぐし、未来経営に向けた道筋を示すことが、本書の役割です。

　本書は、全体を四部に構成しています（**図表0-2**）。
　まず、序章は、未来経営に向けての根本的な考え方である「混沌とした世界に秩序を与える生命知」をまとめる、本書全体の土台となる章です。
　次に、第一部では、生命知にもとづいて企業や組織に活力を与え、生命知溢れる企業や組織への変革を行うために必要な「生命知がもたらすデジタル時代の組織変革」について解説します。
　そして、第二部では、これまでデジタル技術がどのように人間社会を変えてきたのか、今どのような技術があり、どのように社会を変えていこうとしているのかを「人間」という視点からとらえ、人間社会におけるデジタル技術の可能性について模索する「生命知がもたらすデジタル社会の人間らしさ」について解説します。
　その後、第三部では、日本文化のなかで育まれてきた生命知がどのように日本の商売を支えてきたのかを「生命知の観点から商売の日本史を紐解く」という観点で解説します。序章から第二部までが、それぞれ縦につながっているとすると、第三部は、その背景としての役割を担います。
　第四部では、これらすべての論を土台として、「デジタル×生命知が

もたらす未来経営」を解説し、未来経営に向けての具体的な方法論とその道筋を提示します。

さらに本書の終章として、一橋大学名誉教授 野中郁次郎氏と著者の松田雄馬、浅岡伴夫によって行われた特別鼎談を掲載します。

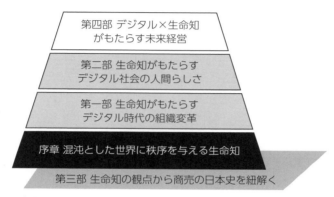

図表0-2　本書の構成

生命知がもたらす脳の奇跡

　私たち人間は、60兆の細胞ひとつひとつが互いに協力しあいながら、豊かな関係を創り出し続けようとする生命知を発揮しています。昨今の脳研究は、こうした細胞ひとつひとつの協調的なはたらきが、ひとりの人間の細胞だけでなく、他者の細胞との協調をも可能にし、ひいては、他者の気持ちに「共感」するはたらきを生み出しているという、共感や社会性の原理をも、明らかにしはじめています。

　細胞と細胞の協調的なはたらきによって実現する生命知は、「五感」と呼ばれる感覚を研ぎ澄ませることも可能にします。ディスプレイに投影されるマウスカーソルを動かそうとするとき、その動きが急に悪くなると、まるで画面上に壁ができたように感じることがあります。実際は、マウスカーソルを握る手には、何の力も働いていなくとも、手には摩擦による力を感じ、ついつい大きな力をかけてしまうということを経験したことのある人は少なくないのではないでしょうか。これは、手先の神経と連携する脳内の運動を司る「運動野」と、視覚神経と連携する視覚を司る「視覚野」が協調的に動作し、視覚情報を運動情報であるかのように感じることによって生じるものです[36-45]。このような五感による協調的なはたらきは、鍛錬を繰り返すことで、機械にすら実現できない微細な感覚を知覚することを可能にします。刃を研ぐ鍛錬を積んだ職人や、修行を繰り返した料理人が、「素材の声を聞く」ことができるのは、まさに、こうした細胞ひとつひとつが共に働くことで生命知を生み出すことによる賜物なのです。

　さらに興味深いことに、生命知のはたらきによって「念じるだけで身体を治す」ことすらも、現代医学は実現しています。近年注目の集まる「バイオフィードバック」と呼ばれる治療方法[46-48]は、ストレスや精神疾患など、身体の健康状態を保つことのできない患者に対して、その効果

を発揮します。患者は、心拍や呼吸など、「目にみえない」ものを、センサーを使ってグラフなどの形でリアルタイムに目にし続けていると、しだいに、自分が何に意識を向け、どこにどのような力を加えた場合に、身体が「よい」状態や「悪い」状態になるかが手に取るようにわかります。これを繰り返すことによって、やがては「念じる」だけでの自己治癒が可能になります。

　こうした奇跡のような生命知のはたらきは、私たちがこの世に生を受けた頃、すなわち母親の胎内で単細胞生物として生まれた時期をイメージすると、徐々にその原理が明らかになります。生物の教科書を眺めると、単細胞が二つに分裂し、それがさらに二倍に分裂し、といったように細胞分裂を繰り返す様子が描かれています。しかしながら、こうした細胞分裂をただ眺めているだけでは、生命知のはたらきを知ることはできません。注目すべきは、ひとつひとつの細胞の「関係」にあります。ひとつひとつの細胞は、隣り合う細胞の数が増えるなど、自己を取り巻く環境が変化すると、何らかの協調関係を創り、その新しい環境に適応しようとします。そして、環境の変化に伴って、これまでの関係が変化し、新しい環境のなかで関係を再構築します（**図表0-3**）。こうした関係の再構築が次々に起こることそれ自体で、多細胞全体が「成長」します。**図表0-3**は、細胞のあいだの関係が変化していく様子を単に直線的に表したものですが、こうした直線的なとらえ方は、あくまで多細胞としての成長の「一部」を切り取ったにすぎません。

　それぞれの細胞を取り巻く環境が変化し、それに伴って関係の構築（再構築）が起こる、という二つの変化を繰り返すなかで全体が成長するということを考えると、同じ変化を繰り返しながら、多細胞全体として、二度と同じ状態には戻らない、螺旋（スパイラル）状の成長パターンを描くことができます（**図表0-4**）。こうした、変化を繰り返すなかで成長していく「成長のスパイラル」こそが、生命知の源泉です。私たちが、新しい「経験」をするとき、脳内ではこのような細胞間の関係の

再構築が行われます。経験を受動的に知覚するセンサーとしての細胞や、自らの動作によって能動的に情報を知覚しようとする筋肉のような細胞など、身体全体として動作する細胞のひとつひとつが、その経験に基づいた関係の再構築を行います。それこそが、研ぎ澄まされた感覚や、自己治癒を生み出す生命知の源泉となっているのです。すなわち、どのように環境が変化しようとも、私たちは、そのなかで成長を繰り返し、「知」を研ぎ澄ませることができるのです。

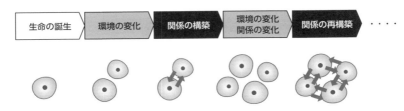

図表0-3　環境の変化と関係の再構築

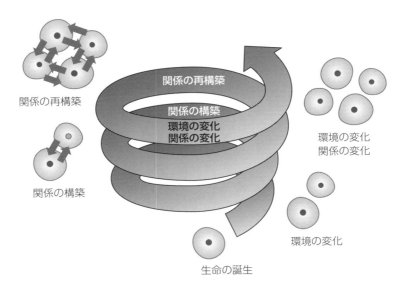

図表0-4　環境の変化と関係の再構築による成長のスパイラル

興味深いことに、こうした生命知の働きは、細胞だけでなく、人と人、人と組織、組織と組織、といった社会においても見られます[29, 49, 50]。企業や非営利団体において、同じ目標に向かって誰もが一致団結した状態が生まれるとき、各人が自分の権利を主張するなどして対立するわけでもなく、お互いの気持ちを理解し、以心伝心のコミュニケーションが起こります。スタートアップ企業が生まれる瞬間には、まさにそうしたコミュニケーションが起こります。未来への想い、世の中を変革しようという強い想いが共鳴し合い、想いがアイデアとなり、アイデアが新しい製品やサービスとして具現化するとともに、ひとり、またひとりと、ファンである顧客を巻き込み、やがては事業として成長していきます。

　ひとつの細胞、ひとりの人、ひとつの組織から、やがては身体全体が、組織全体が、社会全体が変革していく関係性は、細胞レベル、体内の臓器レベル、人間関係レベル、組織レベル、人と自然を含む社会全体のレベルなど、あらゆるレベルにおいて見られます（**図表0-5**）。これには、生命知を生み出す根本原理が起因しています。この原理を理解することによって、生命知が発揮され、生命の宿る個人、組織、社会の実現につながっていきます。

細胞の関係　器官の関係　人間の関係　組織の関係　自然と人の関係

生命知の発揮による循環社会の実現

図表0-5　生命知が発揮される関係性

不完結な「私」が生み出す生命知

　生命知を生み出す根本原理は「自己不完結性」と呼ばれます[24]。私たちは幼少期から、「人間はひとりでは生きてはいけない」「人と人は、お互いに支え合って生きている」といった道徳的な表現に触れてきました。こうした表現が生まれた理由を、生命知とともにとらえることができると、日々変化する現代社会において、取るべき行動とその原理が浮かび上がります。

　川の流れにたとえられる周囲との関係によって発揮される生命知の流れが堰き止められると、生命知は、その能力を発揮することが難しくなります。そして、生命知の流れが停滞すると、やがては生きていくこと自体を維持することが難しくなります。私たち生物は、周囲との流れを遮断して「自分ひとりで」生きていくことはそもそも困難であり、私たちの生命は、自分ひとりでは完結できないという意味から、「自己不完結性」を備えている、ということができるのです。

　私たちがもつ、自分ひとりで生きていくことができない「自己不完結性」という性質は、他者と共に生きるなかで成長を繰り返し、新たな秩序を創造し続ける生命知の源泉でもあります。最初は母体のなかで単細胞生物としてはじまった私たち人間には、細胞が分裂を繰り返すなかで、心臓をはじめとする必要な臓器が次々に生まれます。そして、魚類のような形状から生物進化のようなプロセスによって変容を繰り返し、やがては人間の形状と機能を持つように成長します。こうした奇跡のような生命誕生のプロセスは、細胞ひとつひとつが「自己不完結性」を持たなければ実現できません。ひとつの細胞は、それ単体では完結しないからこそ、それそのものの生命を維持するために、周囲を取り込み、周囲との関係を構築します。そして、細胞は、自らの生命を維持しようと周囲との関係を構築するなかで、他の細胞に影響を与えます。それは、とき

には他の細胞を生かす役割を果たし、共に生きる関係となります。すなわち、自分自身の生命を維持しようとする働きは、他の細胞を「主役」として活かしていく「場」としての働きともなり得るということができます（**図表0-6**）。

　このように、ひとつの細胞は、新たに生まれる細胞にとっての「場」となり、お互いに支え合う「相互誘導合致」と呼ばれる関係を成し、さらに生まれる細胞にとっての「場」としての役割を担う準備ができた段階で、新たに細胞が生まれ、新たな秩序が次々に構築されていきます。こうして段階的に生まれる関係が、新たな生命にとってのゆりかごとなり、自ずから、新たな生命という「未来」に向けた準備を整えていきます。このように、生命とは、過去から受け継いだ歴史的な「場」という、未来を指し示すゆりかごが未来を生み出し、次々に未来を創造し続ける生命の螺旋であり、成長のスパイラルを描くのです（**図表0-7**）。

　生命知は、日本古来の伝統芸能、そして武道に見出すことができます。伝統芸能における三道といわれる茶道、華道、書道、そして、武道における三道といわれる剣道、居合道、杖道は、すべて、自分と相手との間に生まれる「場」を通して、即興的なドラマという未来を創造し続けるものといわれます。生命知の概念を提唱し、「いのちの活（はたら）き」を物理学・自然科学の観点から研究する清水博は、著書『生命知としての場の論理』において、江戸時代より受け継がれる剣道の流派である柳生新陰流を研究することによって、生命知の原理を明らかにしています。

　剣道を学んでいないと、一方的に相手を斬るような力技で、相手より

図表0-6　細胞にみる生命知の発揮されるプロセス

も速く、そして強く攻撃を仕掛け、相手を屈服させようと考えがちです。しかしながら、伝統的な流派のひとつである柳生新陰流では、自分と相手との間に場をつくることによって、理想の状態を創り出し、相手の力技を無力化しながら、結果として相手に勝つことを教えます。

まず、柳生新陰流によると、どんな截合（斬り合い）においても「無形の位」という、どんな状態をも自由自在に生み出せる状態で敵と対峙します。そして、相手の働きをみて、自らの状態を転じる「転（まろばし）」を行います。この際に重要なのが「先々の先」と呼ばれる、敵の未来を予測して誘導していく働きです。無限の動き方があるなかから、相手の心理を読み、相手を意のままに操ることなど容易ではありません。ここにこそ、柳生新陰流の極意が隠されています。

柳生新陰流は、戦いにおいて「敵と我の心をひとつにする」ことを教えます。自分も相手も、どちらも「勝ちたい」と思っているのであれば、当然「打たれまい」と対峙し、「敵もシナリオを変えてしまう」ため、お互いに疑心暗鬼になり、永遠の迷いに陥ります。こうした状態に陥ってしまっては、ますます相手の心理を読むことは難しくなり、あとは速

図表0-7　細胞にみる生命知の発揮される成長のスパイラル

さや強さを駆使した力技で相手を屈服させるしかなくなります。それに対し、柳生新陰流は「迎え」という所作により、相手と自分が「心をひとつに」して、相手が望む未来をそのまま迎えることを教えます。これによって、相手の未来の状況を限定することができるのです。

　「迎え」によって、相手が望む未来、すなわち、相手が勝とうとするシナリオをそのまま実現させることによって、相手の動きは、自分にとって予測可能なものとなります。相手が自由意志で決断している以上、相手は疑心暗鬼に陥ることなく、その動きは限定可能なものとなります。つまり、相手をそのまま受け入れることによって、自分もその動きに合わせることが可能となり、柳生の言葉でいう「敵と我の心をひとつにする」状態が実現されます。生命知の提唱者である清水は、心をひとつにした状態を、敵か自分かという視点を超越した「場」という視点で説明します。自分と相手との境界を超越した場所中心的観点（すなわち、自分視点ではなく、場所全体を見渡せる視点）に立ち、そのうえで、改めて、自己中心的観点（自分視点）からみることで、自分と相手による即興的なドラマをつくり出すことができるのです。

　こうした即興的なドラマは截合（斬り合い）に限った話ではなく、日常にある交渉事をはじめ、あらゆるコミュニケーションの基礎といえます。コミュニケーションなしに、自己中心的に強引に何かを推し進めようとしてもうまくいきません。自分か相手か、といった視点を超越した場所中心的な視点に立ち、相手の自由意志を尊重することでこそ、未来を限定し、ドラマを展開していくことができます。即興的なドラマは、今、目の前で実際に向き合っている相手を無視し、「常識」や「固定概念」にとらわれていては生み出せません。常に、相手との無限の関係を想定し「無形の位」で待ち構え、そのうえで、場所中心的観点に立つことで初めて実現できるのです。

生命の誕生	環境の変化 関係の変化	関係の構築（再構築）

自己不完結な状態	生命維持のため 周囲との関係を構築	他者を活かす 場の役割に	他者を主役に

無形の位 どんな状態も自在に生み出 せる状態に	迎え 相手が望む未来をそのまま 迎えようとする	転（まろばし） 相手の動き・望む未来にあ わせて自らが変化	敵と我の心をひとつに 相手と自分が望む未来へ

図表0-8　細胞と武道にみる生命知の発揮されるプロセス

図表0-9　武道にみる生命知の発揮される成長のスパイラル

生命知が創造する未来

デジタル社会と呼ばれる現代社会は、インターネットを介して必要な情報が手に入り、自宅で他者と接することなく仕事が完結します。人として根本的な生命活動である「食べる」という行為すらも、他者と接することなく完結します。こうした他者と接さずに完結する現代社会は、一見すると、他者との関係を創らずに生きていけるようにもみえます。そうした現代社会においては、「デジタル技術がひとりで生きていける社会を実現した」ようにみえ、私たち人間の生命としての根本である自己不完結性は解消されたようにみえてしまいます。

しかしながら、デジタル社会の裏側では、自己不完結性にはじまる生命知がいかんなく発揮されているのです。私たちの生活を変える新しいサービスを次々に生み出すテック企業は、日々、顧客の変化に迅速かつ柔軟に対応し、自社の事業を変容させるなかで社会にとってのゆりかごとなり、新たな未来を創造し続けています（**図表0-10**）。何気なくみていると解消されたかにみえる私たち人間の自己不完結性は、生活を支える企業がその役割を引き受けているにすぎません。自分自身の持つ自己不完結性を忘れ、他者との関係を構築することで自分自身が変革・成長していくことを忘れ、他者とともに未来を創造しようとする働きを放棄してしまうならば、自分自身の未来をも生み出すことができず、ひいては、生きることそのものに対する道を見失ってしまうことにつながっていきます。

こうした観点で現代社会を見渡すと、常に変化を起こし続けるテック企業は、生命知を発揮しながら成長を繰り返している一方で、テック企業の恩恵を受ける私たち市民ひとりひとりは、生命知を発揮する機会が奪われてしまっているといえます（**図表0-11**）。生命知を発揮し、自らを変化させて成長を繰り返すことなしに、未来を創造することはできま

せん。そして、生命知は、いずれか一方だけでは成り立たず、お互いに影響を受け合うことではじめて発揮することができます。テック企業は、新たに開発されるデジタル技術や、日々変化する市民の様子に学びながら、成長を繰り返しています。今、私たちひとりひとりにもまた、そうした変化し続ける環境のなかで、お互いに影響を与えあい、生命知を発揮することによって自らを成長させていく、生命としての健全な姿が必要とされています。テック企業が生み出すサービスの恩恵を受けるだけではなく、自らの生命と向き合い、自らを大事にし、他者をも大事にしていくなかで関係を構築しあい、成長を繰り返していくことによって、

図表0-10　生命知を発揮するテック企業の成長のスパイラル

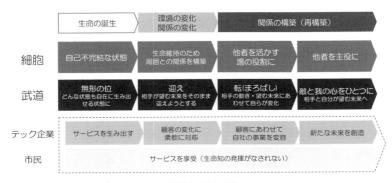

図表0-11　生命知を発揮するテック企業と市民の違い

やがては、世界のテック企業にも負けない大きな渦にもつながる成長の
スパイラルを生み出す続けていくことこそ、現代社会において求められ
る生命知の姿であるといえます。

　そして、生命知に関して興味深いのは、日本という地理的土壌とその
風土がこれまで育み続けてきた文化の中に既に根付いており、ヨーロッ
パで発生した近代科学において位置づけられているという点です。すな
わち、日本文化を共有する私たちにとって、生命知を「感覚的に」理解
することは比較的容易だということです。日本文化を共有する私たちは、
世界史の文脈からみても、新たな未来を指し示すことのできる位置にい
ます。この意味を理解すべく、日本文化が育んだ近代科学としての生命
知を、世界史の文脈からとらえなおしてみましょう。

近代科学における生命知と日本文化の役割

　ここまで解説してきた、他者との関係のなかで成長を繰り返す生命知のはたらきは、日本文化を背景として持つことによって、その理解を容易にします。そして、日本文化と生命知との関係については、世界を「風土」で分類することによってみえてきます。20世紀の哲学者である和辻哲郎は、著書『風土』において、世界を、気候を特徴とした三つの地域に分類したうえで、それぞれの気候の違いがもたらす文化の違いについて分析しています[51]。

　まず、日本を含む東アジア沿岸部～南アジア地域は「モンスーン型」と呼ばれ、自然の豊かな恵みが、ときには巨大な災害を引き起こすことが特徴です。そうした気候において、人間は、自然の前に受容的になりがちです。その結果として、鋭敏な感受性が育ち、「海には海の神様が」「山には山の神様が」などとする多神教的な考え方が育ちます。また、輪廻転生のように、ひとつの生命が新たな生命を育んでいく生命の循環が、螺旋のように続いていく「万物流転」という世界観を持つことが特

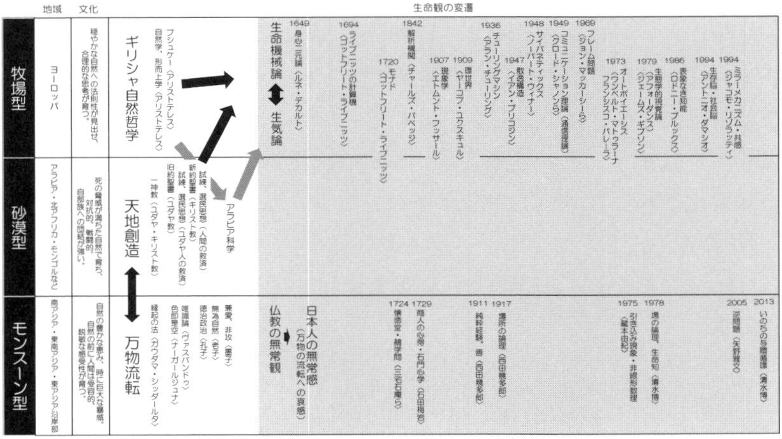

図表0-12　近代科学としての生命観の変遷

徴的であり、死は次の生につながるといったような循環的なとらえ方がなされます。すなわち、川の流れのように受け継がれていくものとして、生命をとらえていることが特徴といえます。

次に、アラビア地域に代表される内陸地域は「砂漠型」と呼ばれ、死の脅威が満ちた自然が特徴です。こうした気候において、人間は、自らを守るために、対抗的であり、戦闘的になりがちです。その結果として、自らの属する部族への団結と服従の精神が強くなり、その延長線上に、唯一神、すなわち一神教的な考え方が育ちます。旧約聖書に基づくユダヤ教、旧約聖書を下敷きにした新約聖書によるキリスト教、同じく旧約聖書を下敷きにして成立したイスラム教は、すべてこの地域で誕生しています。この世界の創造主たる唯一神が、取るに足りない人間を、そして万物を創造したとする「天地創造」という世界観を持つことが特徴であり、「万物流転」の循環的な世界のとらえ方に対し、生から死に向かい、後戻りすることのない直線的なとらえ方がなされます。唯一神が存在するにも関わらず死の脅威にさらされる状況を、「試練」ととらえ、試練にさらされる自分たち自身を選ばれた民と考える「選民思想」を根本に持つこともまた、大きな特徴といえます。

最後に、ヨーロッパ地域は「牧場型」と呼ばれ、穏やかな自然に対して法則性が見出しやすいことが特徴です。夏や冬もしのぎやすく、小麦などの収穫を待てばよいその生活スタイルのなかで、人間は、合理的な思考が育ちます。その結果、ギリシャの自然哲学に代表される「学問」の体系化が起こります。ギリシャの自然哲学は、自然へのとらえ方は、「万物流転」など、モンスーン型地域に近いものともいえますが、その自然に法則を見出し、学問として体系化しようとする点が大きな特徴といえます。

近代ヨーロッパの文化は、ローマ時代にキリスト教を取り入れて以来、ギリシャの自然哲学と一神教が混ざり合った世界観を持つととらえるこ

とができます。そうした文化のなかで、人間や生物を「機械」とみなす「生命機械論」と、生命を「魂」すなわち「精神」を宿すものとする「生気論」の、二つの生命観が対立してきました。そして、それぞれの立場が交錯しながら、自然科学として生命観が議論されてきました。

　生命機械論は、川の流れのような周囲との関係のなかで発揮される生命知とは対照的な生命、そして知へのとらえ方といえます。生命機械論は、身心二元論を提唱したフランスの哲学者ルネ・デカルトを始祖とし、心と分離した身体を、機械のように分離可能な部品の集合体としてとらえます。そして、その究極として、人間の知能を機械的に実現しようとする人工知能（AI）研究があります[30, 43, 52-59]。AI研究のはじまりは、17世紀に、人間の「思考」の機械化を目指したゴットフリート・ライプニッツの四則演算計算機に見出すことができます。

　さて、生命を機械とみなすことで、人工的に知能を創り出そうとした人工知能（AI）研究に関する試みは、機械学習・深層学習といったデータを機械的に分析する便利な道具を生み出した一方で、生命機械論の限界を浮き彫りにしました。1950年代に人工知能（AI）研究を開始したジョン・マッカーシーは、「フレーム問題」という問題に直面します。人間は、自らがおかれた環境のなかで、自在に思考のフレーム（枠組み）を変えながら、その場その場の状況に適したコミュニケーションを行うことができます。しかしながら、機械は、人間が事前にそのおかれた状況に応じた最適な設定を行わなければ、動かすことすらできません。例えば、「歩く」という人間には単純にみえる動作すらも、機械にとっては、どの関節をどのタイミングでどのようなスピードでどのような角度変化させるのか、それらひとつひとつの設定を、数値として与える必要があるのです。デカルトを祖とする生命機械論は、人間や生命の知を理解するうえで、限界に達してしまったのです[29, 43, 60, 61]。

　一方、アリストテレスなどの古代ギリシャ哲学者を始祖とする「生気

論」は、哲学者、物理学者、数学者、心理学者を巻き込み、独自の論が展開されてきました。そして、20世紀末にイタリアの脳神経科学者ジャコモ・リゾラッティが発見した「ミラーニューロン」によって、人間や生命に対する理解が大きく進みました。ミラーニューロンは、私たち人間のもつ、他者の行為を（鏡に映った自分のように）自分事としてとらえる「共感」のメカニズムを明らかにしました。他者に対する共感の連鎖によって、豊かな社会性が育まれるということは、脳研究におけるホットな話題のひとつです[62-65]。他者を別物として分離せず、自分事としてとらえる共感の連鎖が社会の根幹にあるという考え方は、川の流れのような、他者や周囲の環境との関係のなかで生命知を育んでいくメカニズムに通じます。そしてこれは、日本を含む東アジアから南アジアのモンスーン型地域が、そして、ギリシャ自然哲学が持っていた「万物流転」の考え方にもつながるものです。今、生命機械論そのものは否定され、「万物流転」にもつながる生命知の考え方が、学術的には主流となりつつあります。ヨーロッパの思想の根底には、直線的な「天地創造」のとらえ方がありながらも、彼らはその矛盾に気づきはじめています。彼らの思想に相対する、循環する流れのなかで生命をとらえる生命知の考え方を理解しつつあるのです。

　そして、「万物流転」を土台とした文化を創ってきた日本においては、自然の豊かな恵みに対する感受性が、仏教の教えるすべての存在は移り変わるとする「無常観」とともに育ちました。万物がとどまることなく流転することへの情緒的・詠嘆的な哀感である「もののあはれ」が広く受け入れられるようになりました。日本は、「万物流転」を知識として知るだけに留まりません。日々の移り変わりのなかでとらえる文化のなかで育ってきた日本人は、その教えを「学問」というよりはむしろ「生き方」に通じる「道」として体系化させていきました[66-68]。

　万物流転の考え方を、生きる「道」としてとらえる姿勢は、商売のあり方を考えるうえでも大きな役割を果たしています。1729年、人間の心

を知ることを目指して「石門心学」を作り上げていた石田梅岩は、私塾にて「商人の道」にもとづく「商人の心得」を説きます。商人の営利活動を卑しいものとして蔑視されていた当時、石田は、主君のために生命を惜しまない武士と同様に、商人は、買ってくれる人に養われているとし、相手を大切にして正直にすれば買い手の満足が得られると説きました。正直と倹約によって営利活動を肯定し、顧客を第一に考える商人の道は、現代日本のビジネスの基礎といえます。これは、「万物流転」からくる「無常観」が育んできた文化のなかでこそ生まれた「生命観」と考えることができます。

こうした背景のもと、江戸時代末期にヨーロッパの近代科学に触れた日本人は、その豊富な知識や技術を吸収する必要があると考えた一方で、彼らが見落としている生命観が日本にはあると考えはじめました。1870年（明治3年）に生まれた哲学者である西田幾多郎は、デカルト以降に典型的に見られる心身を分離し、人間や生命を機械的に捉える「生命機械論」をよしとせず、心を持つ「主体」と、それを外側から眺める「客体」が分離する以前の主客一体の状態での「純粋経験」の重要性について説くとともに、「場」を共にすることの意味について論じました[69-71]。「万物流転」に根ざした「道」を基本とする日本文化を、「学問」として位置づけた西田の論は、現代に至るまで世界に影響を与えています。

先述の通り、アリストテレスを始祖とする「生気論」は、脳神経科学の発展によって社会性や共感のメカニズムとして理解されています。西田の論じた主客一体の状態での「純粋経験」は、「マインドフルネス」と呼ばれる、瞑想によって今この瞬間の体験に意識を向けることで心の平静を得、心身の治療行為にもつながるものとしても理解されています。ビジネスの文脈においても、新しく事業を創出するスタートアップの活動のなかで、自分よりも相手を、そして関わる人すべての未来に向けた「利他」の精神による「無我夢中」の状態が起こることは、広く経験されていることです。「主客一体」、「心身一如」、「自他統一」、などとい

った日本文化のなかで育まれた「道」は、世界でも知られはじめている考え方といえます。

　今、近代科学にもとづく現代社会において、日本文化のなかで育まれた「生命観」は、ますますその必要性を増しています。ヨーロッパで育まれた近代科学は、「天地創造」を土台としており、選民思想から脱し、直線的でない、持続可能な螺旋的な関係を創ることは大きな課題です。それに気づいている人もまた、「気づいている私」が「気づいていない人」に向けて「啓蒙する」という直線的な関係になりやすく、「共に学ぶ」「共に生きる」という状態を創りづらいのです。もちろん、これは、近代科学の恩恵を受け、発展に貢献している日本人にとっても同様です。直線的な関係から、共に未来に向かう螺旋状の関係を構築していくことは、今後ますます重要となります。現代社会は、国家や大企業などの大きな組織に国民がただ従わされる時代ではなく、個々人の力によって新しい事業や活動をいくらでも生み出すことのできる時代です。そして、その動きは、パソコン一台あれば誰でも手にすることができるデジタル技術によって加速させていくことができます。だからこそ、他者との関係のなかで秩序を生み出し、成長を繰り返していく生命知を発揮していくことが、大きな意味を持つのです。

　人間は、身体の感覚を研ぎ澄ませ、他者と「共に生きる」ことによって、お互いが望む未来を生み出していくことができます。未来を創造するためには、他者との関係が不可欠です。仏教には「絶対他力」という言葉があります。自分自身の力ではどうしようもないほど困窮したとき、天を仰ぎ、「阿弥陀仏の力にすべてを委ねる」ことによって、救いの道が開かれるという教えです。これを現代風に言いかえるならば、未来は自分ひとりでは創ることができず、他者の力、ひいては世界の力を信じ切ってこそ得られるものと解釈できる、生命知に通じる考え方であるといえます。

西田の哲学を物理学、数学、生物学の観点から見直すことによって、生命知という概念を提唱した清水博は、現在、生命知を「いのちの与贈循環」という概念によって再構築し、「他力」の重要性について説いています[72-73]。他力には、「共に生きていく場」を創造するとともに、「心身の活動を治癒する効果」があるといいます。他力によって認知症などの難病から回復し得るなどといった分析もなされており、他力は、日本文化における「道」を超えた「学問」として位置づけられはじめています。

　本書は、デジタル技術を駆使した未来創造に関する世界のさまざまな事例を紹介しながら、生命知という観点で読み解いていきます。これによって、ひとつひとつの事例は、単なる「ニュース」としてではなく、人としての成長をもたらす素材として位置づけられ、未来への物語を描く生命知を発揮する役割を担うはずです。何より、最先端の学問であり、未来を創造する役割を担う生命知は、日本文化を共有する私たちにとって、感覚的に受け入れやすいものであり、世界に向けて発信すべきものであるといえます。デジタル社会を生きる私たちにとって、未来を創造し、未来経営をしていくうえで欠かすことのできない生命知を風土に持つ日本文化のうえで育ったことの価値は計り知れません。日本文化を知る私たちひとりひとりが、生命知を発揮し、その結果として、近代科学が、そして世界の文化が発展する未来を描きながら、デジタル×生命知がもたらす未来経営の物語をはじめましょう。

引用文献

[1]　スコット・ギャロウェイ（著）　the four GAFA四騎士が創り変えた世界　東洋経済新報社　2018
[2]　堀田 創　ダブルハーベスト 勝ち続ける仕組みをつくるAI時代の戦略デザイン
[3]　ポーター・エリスマン（著）, 黒輪 篤嗣（翻訳）　アリババ 中国eコマース覇者の世界戦略　新潮社　2015
[4]　ミンゾン（著）, 土方 奈美（翻訳）　アリババ 世界最強のスマートビジネス　文藝春秋　2019
[5]　GAFA＋Microsoftの時価総額、東証1部超え　560兆円に　日本経済新聞　2020.05.08　https://www.nikkei.com/article/

DGXMZO58879220Y0A500C2EA2000/

[6] ダイヤモンド社（著）　DIAMONDハーバード・ビジネス・レビュー 2017年6月号　ダイヤモンド社　2017

[7] 白井 聡（著）　武器としての「資本論」　東洋経済新報社　2020

[8] 斎藤 幸平（著）　人新世の「資本論」　集英社　2020

[9] レベッカ・ヘンダーソン（著）, 高遠 裕子（翻訳）　資本主義の再構築 公正で持続可能な世界をどう実現するか　日本経済新聞出版　2020

[10] ビル・ゲイツ（著）, 山田 文（翻訳）　地球の未来のため僕が決断したこと　早川書房　2021

[11] 田中 道昭（著）　世界最先端8社の大戦略「デジタル×グリーン×エクイティ」の時代　日経BP　2021

[12] アシュリー・バンス（著）, 斎藤 栄一郎（翻訳）　イーロン・マスク 未来を創る男　講談社　2015

[13] ピーター・ディアマンディス 他（著）, 土方 奈美（翻訳）　2030年:すべてが「加速」する世界に備えよ　NewsPicksパブリッシング　2020

[14] アルン・スンドララジャン（著）, 門脇 弘典（翻訳）　シェアリングエコノミー　日経BP　2016

[15] 宮崎 康二（著）　シェアリング・エコノミー —Uber、Airbnbが変えた世界　日本経済新聞出版社　2015

[16] 長谷川 尭（著）　生き物の建築学　講談社学術文庫　1992

[17] 松沢 哲郎（著）　想像するちから:チンパンジーが教えてくれた人間の心　岩波書店　2011

[18] 岡ノ谷 一夫（著）　「つながり」の進化生物学　朝日出版社　2013

[19] スティーヴン ストロガッツ（著）, 長尾 力（翻訳）, 蔵本 由紀（監修）　SYNC:なぜ自然はシンクロしたがるのか　早川書房　2014

[20] アルバート・ラズロ・バラバシ（著）, 青木 薫（翻訳）　新ネットワーク思考:世界のしくみを読み解く　NHK出版　2002

[21] マーク・ブキャナン（著）, 阪本 芳久（翻訳）　複雑な世界、単純な法則 ネットワーク科学の最前線　草思社　2005

[22] ユクスキュル 他（著）, 日高 敏隆（翻訳）　生物から見た世界　岩波文庫　2005

[23] 日高 敏隆（著）　動物と人間の世界認識:イリュージョンなしに世界は見えない　ちくま学芸文庫　2007

[24] 清水 博（著）　生命知としての場の論理:柳生新陰流に見る共創の理　中央公論社　1996

[25] 清水 博（著）　生命に情報をよむ:バイオホロニクスがえがく新しい情報像　三田出版会　1986

[26] 清水 博（著）　生命を捉えなおす:生きている状態とは何か　中央公論社　1990

[27] 清水 博（著）　生命と場所:意味を創出する関係科学　NTT出版　1992

[28] 清水 博（著）　生命と場所:創造する生命の原理　NTT出版　1999

[29] 矢野 雅文（著）　科学資本のパラダイムシフト　文化科学高等研究院出版局　2021

[30] 松田 雄馬（著）　人工知能の哲学:生命から紐解く知能の謎　東海大学出版部　2017

[31] 松田 雄馬（著）　人工知能はなぜ椅子に座れないのか: 情報化社会における「知」と「生命」　新潮社　2018

[32] レイ・カーツワイル（著）　シンギュラリティは近い：人類が生命を超越するとき　NHK出版　2016

[33] レイ・カーツワイル 他（著）　ポスト・ヒューマン誕生：コンピュータが人類の知性を超えるとき　NHK出版　2007

[34] ユヴァル・ノア・ハラリ（著）,柴田裕之（翻訳）　ホモ・デウス 上：テクノロジーとサピエンスの未来　河出書房新社　2018

[35] ユヴァル・ノア・ハラリ（著）,柴田裕之（翻訳）　ホモ・デウス 下：テクノロジーとサピエンスの未来　河出書房新社　2018

[36] 佐々木 正人（著）　アフォーダンス:新しい認知の理論　岩波書店　1994

[37] 乾 敏郎 他（著）　認知心理学1 知覚と運動　東京大学出版会　1995

[38] 鳥居 修晃 他（著）　知覚と認知の心理学2 視知覚の形成2　培風館　1997

[39] 佐々木 正人 他（著）　アフォーダンスの構想:知覚研究の生態心理学的デザイン　東京大学出版会　2001

[40] 福島 邦彦（著）　視聴覚情報処理　森北出版　2001

[41] 佐々木 正人（著）　コレクション認知科学7 からだ:認識の原点　東京大学出版会　2008

[42] 山口 創（著）　皮膚感覚の不思議―「皮膚」と「心」の身体心理学　講談社　2006

[43] 矢野 雅文 他（著）,河北 秀也（監修）　矢野雅文の述語的科学論　文化科学高等研究院出版社　2018

[44] Gibson, J.J. （著）　Observations on active touch.　Psychological Review, 69(6), 477–491.　1962

[45] 岩村 吉晃（著）　能動的触知覚（アクティヴタッチ）の生理学　バイオメカニズム学会誌Vol.31, No.4　2007

[46] スティーヴン ロック 他（著）,田中 彰 他（翻訳）　内なる治癒力―こころと免疫をめぐる新しい医学　創元社　1990

[47] 辻下守弘 他（著）　筋電図バイオフィードバック療法　金芳堂　2010

[48] 田崎 美弥子（著）　ニューロフィードバックセラピーのすべて　ヒカルランド　2020

[49] 清水 博（著）　新装版 場の思想　東京大学出版会　2014

[50] 松田雄馬（著）　人工知能に未来を託せますか?:誕生と変遷から考える　岩波書店　2020

[51] 和辻 哲郎（著）　風土－人間学的考察　岩波書店　1979

[52] John McCarthy, Marvin Minsky, Nathaniel Rochester, and Claude Shannon　A PROPOSAL FOR THE DARTMOUTH SUMMER RESEARCH PROJECT ON ARTIFICIAL INTELLIGENCE　1955

[53] ヒューバート・L.ドレイファス（著）,黒崎 政男 他（翻訳）　コンピュータには何ができないか:哲学的人工知能批判　産業図書　1992

[54] ジョセフ・ワイゼンバウム（著）,秋葉 忠利（翻訳）　コンピュータ・パワー:人工知能と人間の理性　サイマル出版会　1979

[55] 西垣 通 他（著）　思想としてのパソコン　NTT出版　1997

[56] 星野 力（著）　ロボットにつけるクスリ:誤解だらけのコンピュータサイエンス　アスキー　2000

[57] デイヴィッド バーリンスキ（著）,林 大（翻訳）　史上最大の発明アルゴリズム:現代社会を造りあげた根本原理　ハヤカワ文庫　2001

[58] マーティン ディヴィス（著），岩山 知三郎（翻訳） 数学嫌いのためのコンピュータ論理学:何でも計算になる根本原理 コンピュータエージ社 2003

[59] ハワード ラインゴールド（著），日暮 雅通（翻訳） 新 思考のための道具:知性を拡張するためのテクノロジー ── その歴史と未来 パーソナルメディア 2006

[60] 多賀 厳太郎（著） 脳と身体の動的デザイン:運動・知覚の非線形力学と発達（身体とシステム） 金子書房 2002

[61] ロドニー ブルックス（著），五味 隆志（翻訳） ブルックスの知能ロボット論:なぜMITのロボットは前進し続けるのか? オーム社 2006

[62] ジャコモ リゾラッティ 他（著），茂木 健一郎（監修），柴田 裕之（翻訳） ミラーニューロン 紀伊國屋書店 2009

[63] 開 一夫 他（編集） ソーシャルブレインズ:自己と他者を認知する脳 東京大学出版会 2009

[64] マルコ イアコボーニ（著），塩原 通緒（翻訳） ミラーニューロンの発見:「物まね細胞」が明かす驚きの脳科学 ハヤカワ・ノンフィクション文庫 2011

[65] クリスチャン キーザーズ（著），立木 教夫 他（翻訳） 共感脳:ミラーニューロンの発見と人間本性理解の転換 麗澤大学出版会 2016

[66] 小倉 栄一郎（著） 近江商人の系譜──活躍の舞台と経営の実像 社会思想社 1990

[67] 脇田 修 他（著） 懐徳堂とその人びと 1997

[68] 武光 誠（著） 大坂商人 筑摩書房 2003

[69] 上田 閑照（著） 西田幾多郎を読む 岩波書店 1991

[70] 西田 幾多郎（著） 西田幾多郎全集〈第3巻〉芸術と道徳 働くものから見るものへ 岩波書店 2003

[71] 西田 幾多郎（著），小坂 国継（翻訳） 善の研究 <全注釈> 講談社学術文庫 2006

[72] 清水 博 他（著） 〈いのち〉の普遍学 春秋社 2013

[73] 清水 博（著） 〈いのち〉の自己組織:共に生きていく原理に向かって 東京大学出版会 2016

第一部

生命知がもたらす
デジタル時代の
組織変革

発展著しいデジタル技術を駆使して世界を席巻するテック企業は、これまでのビジネス習慣が通用しなくなったアフターコロナの現代において、ますますその勢いを増し、従来の業界の壁を破壊し続けています。こうしたテック企業の破壊的イノベーションに対抗すべく、今、伝統的な企業はデジタル変革（DX；Digital Transformation）を迫られています[1-6]。

　デジタル変革に向けて、エンジニアをはじめとするデジタル技術に携わる多くの専門家は、デジタル技術への理解を深め、人間とデジタル技術が「共生」することの必要性を訴えています。今、ビジネスを取り巻く環境は、「共生」という概念をはじめ、「ビジネス・エコシステム」「（ビジネスの）持続可能性」など、もともとは生物学の用語であったものに注目が集まっています[7-9]。いうまでもなく、人間は生物の一種であり、生物である人間の営みとしてのビジネスが、生物学用語によって表現できることは、不自然ではありません。むしろ、人間の営みであるビジネスを生物活動としてとらえることで、その本質に迫ることができます。しかしながら、デジタル変革を含め、ビジネス活動を、生物としての人間活動として説明した論はほとんどありません。そのため、「ビジネス・エコシステム」をはじめ、今起こっているビジネスにおける現象の本質がとらえられず、新しいビジネスを自分のものにできないという様子が頻繁に見られます。

　実は、デジタル技術による変革の歴史は、1960年代に提唱された「共生」という考え方にはじまります[10-12]。そこでどのような考え方が提唱され、現代につながっているのかという歴史的な流れを知ると、今、私たちが必要な生物像、ひいては生命知への理解が深まります。第一部では、「共生」にはじまるデジタル変革の歴史を理解したうえで、生命に学び、時々刻々と変化するビジネス環境を、自律的に成長し続けることによって生き抜く組織の姿、停滞した組織に生命を宿すプロセス、そして、デジタル時代を牽引する人材の姿について論じていきます。

混沌とした
世界を生き抜く
生命知と組織の力

2 001年のアメリカ同時多発テロ以降、私たちは今、激しい変化にさらされています。同時期に急速に発展したデジタル技術によって、「ディスラプター」と呼ばれる業界そのものを破壊するテック企業が、米国、そして中国を中心とした世界中から誕生し、かつての「競合他社」との戦いはほんの局地戦にすぎず、大局観をもったビジネス戦略を展開することが、あらゆる業界において求められています。

こうした激しい変化は、生命がさらされている環境と類似します。川の流れのなかに生まれる渦のような秩序にたとえられる生命は、周囲の環境や、他者と協調的な関係を創り出す生命知のはたらきによって、秩序を創り出し、成長を繰り返します。デジタル技術を駆使するテック企業は、常に学習し、成長し続けています。チャレンジを繰り返し、失敗に学んで成長するテック企業は、結果として、生命知のはたらきを実践し、生命さながらの成長プロセスを経て、ビジネス・エコシステムと呼ばれる関係を、顧客や関係会社を巻き込みながら生み出しています。

かつての日本にも、親方の背中をみて、失敗を繰り返しながら身体を通して「身につける」文化がありました。しかしながら、多くの日本企業は、デジタル技術がビジネスの主役になって以来、「失敗を通して学ぶ」ことができず、衰退を繰り返しています。今、デジタル技術を駆使するテック企業から何を学ぶべきなのでしょうか。生命知という観点から歴史を振り返ることで、学ぶべきことと、先んじるべきことを整理することができます。本章では、テック企業が生命のような成長をもたらす原動力である「共生」の歴史から物語をはじめ、現在のテック企業の組織力や、成長著しかった時代の日本企業との共通点を整理しながら、今、私たちが学ぶべき生命知について、読み解いていきましょう。

デジタル変革をもたらした1960年代の「共生」

　1960年、アメリカの音響心理学者であり、アメリカ音響学会会長でもあったジョゼフ・カール・ロブネット・リックライダーは、「Man-Computer Symbiosis（人とコンピュータとの共生）」という論文を発表しました。リックライダーは、当時としては画期的な、人間とコンピュータによる「共生」という考え方を提唱し、これによって、人間はこれまで誰も考えたことのなかった方法で考えることができ、マシンはこれまで到達できなかったデータ処理が可能となるという、互いに能力を引き出し合う可能性を強調しました[10-12]。

　彼は、生態系の中でのイチジクとイチジクコバチという蜂との、切っても切れない共生関係に着想を得ました。イチジクの樹は、卵と幼虫がその樹から栄養を得るイチジクコバチによって授粉されます。こうした、互いに支え合う関係を、人とコンピュータについても考えられるのではないかと、リックライダーは考えました。彼の提唱する概念は、彼が、コンピュータ・サイエンスの技術を開発する技術者という立場ではなく、人間についての探究を行う心理学者であったからこそ、描けた概念なのかもしれません。1960年という時代は、第一次AIブームと呼ばれ、研究者がこぞって人間を凌駕する人工知能（AI）の実現に躍起になっていた時代でした。当時、ほとんどのコンピュータ・サイエンティストは、人間を凌駕するコンピュータの開発に躍起になり、世間の論調としても、人間を脅かす対立的なコンピュータが出現する可能性に警鐘を鳴らしていました。一方、リックライダーは、コンピュータが人間と対立する存在になるという未来像を描きませんでした。彼は、人とコンピュータの違いを冷静に分析したうえで、「人は目標を定め、仮説をまとめ、尺度を決め、評価を実行する。計算機械はルーチン化された仕事はするが、それは技術的かつ科学的思考の洞察や決定の材料に過ぎない」と断じていたのです。

　そして、彼は、「共生」という考え方を軸に、人間の「知」のあり方

についても考察を深めます。1965年に著した「未来の図書館（Symbiont）」という報告書の中で、彼は、人間の「知」がネットワークを介して繋がる情報通信のあり方について提唱します。当時、コンピュータの未来として、人工的に作り上げた「マザー・コンピュータ」などと呼ばれる全知全能のAIが情報を蓄積し、人間をコントロールするするといった絵図が広く描かれていました。リックライダーは、そうした人間と対立する存在としてのコンピュータといった図式とは一線を画し、人間が「知」を共有することによって、「人間はこれまで誰も考えたことのなかった方法で考えることができ、マシンはこれまで到達できなかったデータ処理が可能となる」という未来を描いたのです。この構想は、アメリカ国防総省国防高等研究計画局（ARPA）に受け入れられ、非軍事の将来性のある技術として、投資を受けました。彼は、ARPAの研究部門IPTO（Information Processing Techniques Office）の部長に任命され、「地球規模のコンピュータ・ネットワーク」を構築するARPANETと呼ばれるコンピュータ・ネットワークの研究開発を牽引することとなったのです。これがまさに、現在、私たちが日々利用している、インターネットの原型となり、現代のデジタル社会を支える技術となりました。まさに、インターネットという、社会そのもののデジタル変革を成し遂げた根本が、人とコンピュータの「共生」という、当時としては画期的な考え方だったのです。

　こうした1960年代にリックライダーが起こしたデジタル変革の歴史を振り返ると、私たちの生きるこの情報社会を支える根本思想は、「コンピュータが人間に取って代わる」という対立的な思想ではなく、人間とコンピュータが「共生」することによって、お互いを高めあう、という思想だということがわかります。

　リックライダーの思想が引き起こしたデジタル変革は、インターネットの発明と普及に留まりません。彼が後任に指名したアイバン・サザーランドもまた、「人とコンピュータとの共生」という思想の影響を大きく受け、Sketchpadという、当時としては全く新しいGUIという概念を用いたコンピュータシステムを発明し、画面を使って直観的にコンピュ

ータ操作を行う世界を実現しました。これによって、現在のコンピュータやタブレットなどの端末の「画面によって操作する」という、今、私たちが当然のように行っているコンピュータとの「対話」方法が実現しました。そして、その弟子にあたるアラン・ケイは、「ダイナブック構想」という、子どもでも持ち運べる手軽なコンピュータを考案します。これが、現在のパーソナル・コンピュータ（パソコン）の原型となったのです。ケイの試作品を視察したスティーブ・ジョブスは、その後に、Macintoshを開発します。こうした時代の流れのなかで、コンピュータは、私たちの社会に普及し、社会そのものが、デジタル技術によって支えられるデジタル社会へと変革されていきます。すなわち、人とコンピュータを対立的な存在とせず、共に支え合う「共生」の関係としてみなす考え方がなければ、現代のデジタル社会への変革はなかったといえるのです。

1960年の「共生」が見落としていた人間の成長

　1960年代にリックライダーが提唱した「人とコンピュータの共生」という思想は、現代のデジタル社会への変革をもたらした一方で、その「共生」のイメージについては、生物学における本質をとらえたものではなく、イチジクがイチジクコバチに栄養を与え、イチジクコバチがイチジクの受粉を助けるという、自然を観察すればすぐに見出だせる程度のものでした。この思想は、リックライダー以降のデジタル社会においても見直されることはありませんでした。「人とコンピュータの共生」への理解が不十分なまま、デジタル社会の進歩が進むことは、人とコンピュータの関係を、誤ったものへと導く可能性があります。ここからは、1960年代以降に急速に進んだコンピュータへの理解、そして、脳神経科学や認知発達心理学など、人間への理解からわかる、人とコンピュータの関係について整理していきます。

　昨今、デジタル技術の急速な発展から、それらを単に活用してビジネスを活性化させることを「人とコンピュータの共生」などとする論調がみられます。しかしながら、こうした論調は、1960年代以降にリックライダーらの思想を始祖とする歴史を踏まえておらず、また、デジタル技術による社会変革の流れをとらえられていないため、歴史のなかで蓄積された学びによる恩恵を受けられないばかりか、彼らが行ってきた数々の失敗に学び、成長することすらままなりません。その一方で、これまで解説してきたリックライダーの思想にはじまる歴史に学ぶとともに、その問題点を理解することは、これからのデジタル社会に発展をもたらすにあたって大きな意味があります。

　1960年代の「人とコンピュータの共生」という考え方が見落としていたものを一言で表現するならば、それは、「人間の成長」に尽きます。これを理解するために、人間と機械の成長のプロセスを理解する必要があります。この理解を助けるために、人間と機械（ソフトウェア）の成長プロセスについて図解しました（**図表1-1**）。機械は、本来はマシン語

と呼ばれる0と1のみの、人間にはわからない言語によって記述された命令を、論理的な計算によって実行します。コンピュータが発明された時代は、マシン語によってプログラミングがなされていました。まるでモールス信号の記号を暗記して通信するようにプログラミングを行っていたのです。そして、人間にとってのプログラミング作業を容易にする目的で、プログラミングが作られました。最初は、アセンブリ言語と呼ばれ、mov（データをコピーせよ）、add（加算せよ）など、マシン語の命令を文字に置き換えるだけの単純なものでしたが、やがて、科学技術計算に特化したものや、画面表示が得意なものなど、高度な言語（高水準言語）が開発されるようになります。この流れのなかで、はじめはキーボードと画面に表示された文字だけで行っていたプログラミングが、やがてはディスプレイに表示されたアイコンをマウスでクリックするなど、グラフィカル・ユーザー・インターフェース（GUI）に拡張されてきます。そして、ユーザー・インターフェースの形態はさらに人間の直感に近づき、画面をタッチすることによる操作や、音声による操作など、大きく拡張しています。

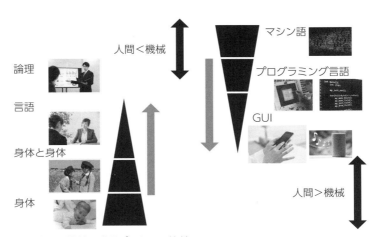

図表1-1　人間と機械の成長プロセスの比較

人とデジタル技術の共生を論じる場合には、このように、機械側の成長プロセスが論じられることが多く、機械が人間の直感に近づくことで、より「共生」が進んでいく、というとらえ方が一般的です。しかしながら、視点を機械側に限定してしまうと、機械が目指している「人間の直感」というもののゴールがどこにあるのかがぼやけてしまい、人間にとっての適切な機械のあり方を見失ってしまいます。そこで重要な視点が、機械の成長プロセスと対になる、人間側の成長プロセスです。

　人間は、この世界に生まれてすぐに、母親と出会います。そして、母親との信頼関係が築かれることによって、安心して、自律的な成長プロセスを経ることができます。生まれたばかりの人間は、生きようという能動的な意思によってこそ、自分の身体がどのような状況にあるのか、周りの環境はどうなっているのかを発見します。成人となった私たちにはイメージするのが難しいかもしれませんが、生まれたばかりの赤ん坊は、自分の身体すらも、満足に動かすことができません。どのように力を加えれば指が動き、ものをつかむことができるのかなど、身体が動くプロセスを、経験によってひとつひとつ学んでいきます。こうした経験による学びこそが成長プロセスであり、自分自身の身体どうしの関係の理解、自分と環境との関係の理解、自分と母親との関係の理解など、さまざまな関係を理解していくなかで、やがては母親以外の家族や近しい人たちとの関係を経験しながら学んでいきます。

　私たちは、赤ん坊のように身体の動きをひとつひとつ確認せずとも社会生活を営むことができるため、普段は、身体による学びはそれほど重要視されないかもしれません。むしろ、母国語を使いこなす成人にとっては、言語によるコミュニケーションのほうが遥かに効率よく情報を処理できるため、言語による論理的思考を行うことは、「知的」に感じられるかもしれません。しかしながら、感覚を研ぎ澄ませ、「素材の声を聞く」料理職人のような業を身につけることや、念じるだけで身体を治すことを可能にするバイオフィードバック医療のように自ら治癒力を発揮することをも可能にする生命知のはたらきをもたらすには、言語による論理的思考だけでは不十分であり、身体による周囲との関係の創造が

不可欠です。人間の知が拠り所とするのは、言語による論理的思考ではなく、身体を伴う関係の創造です。一方、人間の命令に対して論理計算によって処理を行うことを基本とする機械にとっては、論理がすべてであり、知の拠り所は論理以外にありません。機械の進歩（成長）は、その操作方法を人間の直感に近づけていくことと、論理演算をより高速かつ大量にしていくことなのです。

　ここまでの人間と技術の成長プロセスの違いを踏まえたうえで、「人と技術の共生」のあり方を考えると、**図表1-2**のように、共に成長するプロセスとして描くことができます。生命知が、自分自身の自己不完結な状態を自覚することによってはじまることを前提とするならば、人の成長は、生きようとする意思があり、不完結な自己を補う意味で、他者との信頼関係を構築することからはじまります。そして、技術は、無限の可能性をもちながら、人の命令なしには動作しないことを考えると、人に信頼されてはじめて用いられはじめます。人は、技術を通して他者をはじめとする世界のさまざまな事象について、身体経験をもった学びによって成長し、やがては他者や技術を活かしながら成長していきます。人に信頼された技術は、人との信頼関係を構築することで新たな学びを与えると同時に、人にとってよりよい形に改良されていきます。そうすることで、技術そのものも、技術に関わる人も、お互いに成長していくのです。

　人と技術がともに成長することによって、お互いが、成長のスパイラルを描いていきます。ここで重要なことは、人も技術も、自分ひとりでは生きていくことができない自己不完結性を持っており、それを前提として、相手を信頼し、相手とともに未来を切り拓いていくことで、お互

図表1-2　人と技術が共に成長するプロセス

いに成長を繰り返していくということです。ひとりでは達成できない未来は、お互いを信頼しあうことによって現実化します。これこそが、未来を創造していくプロセスであり、デジタル変革（DX）をはじめ、自社や社会が変革していくプロセスなのです。ここからは、私たちが持つ自己不完結性という性質を前提に信頼関係の構築がなされる様子や、人と技術の関係が構築されていく様子をみていくことで、生命知についての理解を深めましょう。

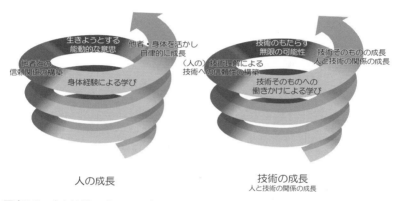

図表1-3　人と技術の成長のスパイラル

混沌とした世界を生き抜く
ユニコーンとアメリカン・サムライ

　今、世界では、デジタル技術を駆使して新しいビジネスを展開するスタートアップと呼ばれる企業が次々に誕生しています。変化の激しいビジネス環境において生まれたばかりの組織が一丸となり、成長を繰り返すその姿は、まさに生命といってよく、生命活動と多くの類似性が見られます。これまで、多くの研究者は、そのビジネス活動と生命活動の類似性を見出す「進化経済学」や「複雑系経済学」などといった学問を創造し、成功するビジネスや経済活動のパターンを模索してきました。昨今のスタートアップ企業において顕著に見られる「失敗を通して学ぶ」ことによる「成長」は、ビジネスのみならず、人間関係や組織経営、優れたリーダーシップに共通する性質と考えられます。

　米国ユニコーン企業（スタートアップでありながら評価額10億ドル以上の企業）でコーチング経験をもつジョナサン・ラスムッセンは、著書『ユニコーン企業のひみつ』を通して、スタートアップ企業の内情を臨場感溢れた表現で紹介しています[13]。

　既に世の中にその名が知れ渡っておらず、その存在すらも保証されていないスタートアップ企業にとっては、新たに市場を開拓し、なくてはならないものとして認知されない限り、待っているのは企業としての死、すなわち倒産以外にありません。そこで、スタートアップ企業が何より大事にするのが、限られた資金の中でスピーディーに失敗を重ね、組織として成長するということです。事前に綿密に練られた計画に基づいた優れたサービスを開発したとしても、いざ、想定していたユーザーに展開すると、見向きもされなかったり、あるいは、既に類似するサービスがリリースされてしまっていたりと、常に想定外に遭遇します。想定外という点では、システムの開発途中に、より優れた開発手法が見出されたとしても、それが事前の計画を逸脱してしまうということもあり得ます。こうした新しいシステム・サービスだからこそ遭遇する想定外に対し、常に組織として学習して成長するためには、企業からプロジェクト

チームに行うべきものが二つあるといいます。それは、強い権限を与え信頼することと、ミッションを通して目的を共有することです。

　最前線で働くプロジェクトチームは、常に想定外にさらされています。ふとした状況の変化から、新しい発想を試してみたいと思いつきます。その瞬間に試した結果がわかれば、さらに発想が広がります。単に権限だけがあり、チームの自由度が高いだけであれば、それぞれの向く方向がバラバラになり、企業としての収集はつきません。スタートアップ企業は、その企業活動、そしてプロジェクトの目的を、ミッションとして提示します。プロジェクトチームは、与えられたミッションにもとづいて自らの仕事を定義します。例えば、音楽ストリーミング配信を行うユニコーン企業であり、ジョナサンも携わっていたSpotifyでは「新しい音楽を簡単に見つけられるようにする」「リビングルームを制する」「朝の通勤のお供になる」といったミッションが与えられ、チャレンジ精神が湧き上がります。こうしたミッションを達成するための打ち手をチーム内で議論しながら、有効打と考えられるものを、開発のしやすさや評価のしやすさなどによって決めていきます。うまくいかなかったものについてはその原因を分析しながら、権限を与えられたチームの判断によって、探索的な試行を続けるなかで、ミッションを実現する最良の方法を獲得しながら、チームとしても成長していくのです。

　このような、ユニコーン企業の自律的に学習していく組織のあり方は、ビジネス活動にのみ見られるものではありません。ピラミッド型組織が当然と考えられてきた軍隊においても、昨今は、チームに強い権限を与える自律的な組織運営がなされています。

　米海軍において最もダメな艦として有名だった潜水艦「サンタフェ」に着任した艦長L・デビッド・マルケもまた、自律的な組織運営を行うことによって、サンタフェを、乗員ひとりひとりがリーダーシップを発揮する最も戦闘能力に秀でた艦として生まれ変わらせました。マルケは、著書『米海軍で屈指の潜水艦艦長による「最強組織」の作り方』の中で、失敗を恐れて誰も目を合わせようとすらしなかった着任当時のサンタフェの様子を、リーダーシップが存在しない艦と称しています[14]。乗員は、

管理の仕組みがなく、担当士官は時間通りに仕事を行わず、異動が繰り返され、約束されていた仕事に着任できないなど、さまざまな不満を抱えていました。乗員は失敗を恐れ、なるべく目立たないようにトラブルには近づかず、自分でない誰かの失敗を願う風土すらありました。

　こうした閉塞感漂う組織の中で、マルケは、ひとりひとりとの話し合いを行いながら、中間管理職である各班の班長を集め、「何をすれば、君たちが実際に艦を動かせるようになるだろうか」と問い立てを行いました。すると、これまで自分たちに十分に権限が与えられていない班員の管理を任せてほしい、という中間管理職の持つ本心が得られ、海軍としては例外といってもよい自律的な組織づくりに舵を切ります。マルケは、艦長として、艦のミッションを伝えたうえで、それぞれの組織が何をすべきかを自律的に考え、組織の長は「これから〜をします」という報告を艦長に行います。艦長であるマルケは、報告に対していくつかの確認を行うものの、「よろしい」以外の返事を行うことはありません。艦長が「よろしい」と答えることがわかっている以上、乗員は、自らの責任において最大限のパフォーマンスを発揮しなければならないと感じるとともに、失敗があれば何が原因だったのかを自ら分析するようになります。形だけの再発防止策のために肥大化した、使えないマニュアルが生まれることはありません。自らの責任において行った最大限の行動と、そこから得られるフィードバックによる学びを繰り返し、それでも解決できないのであれば上司や他の乗員にも学びながら、個人としても、組織としても成長を繰り返していくのです。

　サンタフェのような自律的な組織運営を行う艦は米海軍潜水艦としては例外ではありますが、米軍において、戦闘だけでなく、災害や人道支援、自国民救出作戦など、さまざまな現場における最前線を担い、常に想定外の環境にさらされる米海兵隊もまた、自律的な組織運営を行うなかで、組織としての成長を繰り返してきました。さらに興味深いことに、米海兵隊の組織運営は、太平洋戦争初期において勇猛果敢に戦った日本軍の戦いから徹底的に学んだことによって培われたといいます。厳しい訓練を全員で乗り越え、「あ・うん」の呼吸が推奨されるほどの信頼の

絆と愛が生まれる様子は、過去の米軍にはない、日本において見られる「空気を読む」コミュニケーションに学んだものといわれており、日本のよさを取り込み、勇猛果敢に戦う彼らの姿は「アメリカン・サムライ」と称されています[15, 16]。

　変化の激しい現代において、失敗を学びとして学習を繰り返すスタートアップや米軍最前線においてみられる自律的な組織運営のスタイルは、実際は、日本においても見られた伝統的な組織運営のスタイルを研ぎ澄ませたものであり、「組織的知識創造」として体系化されています。ここからは、組織的知識創造の体系について触れながら、デジタル社会と呼ばれる現代においても通じる考え方を見出しましょう。

図表1-4　ユニコーン企業と潜水艦サンタフェの成長プロセス

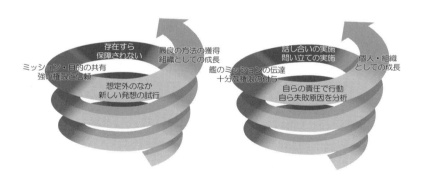

図表1-5　ユニコーン企業と潜水艦サンタフェの成長のスパイラル

かつて混沌とした世界に秩序をもたらした
日本企業の知識創造

　日本企業を中心とした学習して成長する組織における知識創造のあり方を研究してきた野中郁次郎は、組織的知識創造を世界に知らしめる契機になった1996年の著書『知識創造企業』のなかで、当時の日本企業のおかれた環境を次のように記述しています[17]。ここから、デジタル技術の隆盛によって激しい変化に晒される現代のビジネス環境との共通点を見出すことができます。

　　過去五〇年ものあいだ、日本企業は、確実なのは不確実の連続だけという環境の中で生きてきた。第二次世界大戦の壊滅的結果に始まり、朝鮮戦争とベトナム戦争という近隣地域で起こった動乱、そして二度の石油ショック、ニクソン・ショック、円高、最近ではバブル経済の破裂など数多くの経済的危機を乗り越えてきたのである。このような外部環境の不確実性に加えて、日本企業はそれぞれのビジネス分野で、変動する市場、続出する新技術、増える競争相手、急速に陳腐化する製品を見てきた。

　確かに現代社会は、デジタル技術の進展によって世界が急速にネットワーク化を強めており、その変化は日に日に激しさを増しているように感じます。しかしながら、社会そのものの不確実性や、日々開発される新しい技術、それによって変化する市場という点においては、戦後の先進諸国の状況は、現在のそれにそう遠くなかったのかもしれません。

　デジタル技術の新展開とそれによるビジネス環境の変化に対応できずに苦しむ現在の日本企業とは異なり、当時の日本企業にとっては、先の読めない不確実な環境下における敗北の恐怖と、追いつきたいという希望こそが、変化を予見し、新しい技術、新しい製品デザイン、新しい製造プロセス、新しいマーケティング・テクニック、新しい流通チャネル、新しい顧客サービスなどを生み出す原動力となったと、野中は指摘しま

す。

　もし石油ショックの前に、燃費の低いエンジンを開発していなかったら、ホンダ（本田技術工業株式会社）の今はなかったかもしれません。キヤノン株式会社は、最初のマイクロ・コンピュータ付き一眼レフ・カメラAE-1に社の命運を賭けました。ソニー株式会社もまた、日本製品への信頼性がない時代に輸出戦略を敢行しなかったならば、世界のソニーといわれるまでの発展はなかったかもしれません。

　米国の経営学者であるマイケル・ポーターは、当時、日本の自動車産業を分析したうえで、一度のイノベーションが次のイノベーションにつながる、連続的なイノベーションという典型的な日本企業の特徴を指摘しています。安い労働コストによる安価な小型車で海外市場に進出した日本の自動車会社は、最新の工場への投資を次々に行い、ジャスト・イン・タイムなど、多くの品質管理・生産性向上のための技法を開発し、よい品質、少ない故障を実現し、顧客満足度を高めていきました。そのうえで、最先端の製品技術を開発することによって、新しい高級車ブランドを導入するに至ったと、ポーターは分析しています。日本企業の起こす連続的なイノベーションは、昨今のテック企業にみられる失敗に学びながら成長を繰り返す姿勢の原点といえる重要な分析です。しかしながら、ポーターの分析では、連続的なイノベーションがどのように起きるのか、そのメカニズムを説明し、再現することはできませんでした。

　野中は、日本企業の分析を徹底的に行ったうえで、著書『知識創造企業』のなかで、連続的なイノベーションを実現する原動力を、組織の外側に知識を求める当時の日本企業の姿であったとしました。不確実性が大きな時代には、企業の内部だけで、問題を解決できないことが当然であり、当時の日本企業は、貪欲に顧客、下請け、流通業者、官庁、そして競争相手からも新しい洞察やヒントを求めました。「おぼれる者はわらをもつかむ」姿勢が、外部知識を盛んに取り込み、結果として、持続的なイノベーションが実現したと野中は指摘します。

　外部から取り込まれた知識は、組織内部で広く共有され、新しい技術や新製品の開発に反映されます。こうした外から内への情報の流れと、

それによって活性化された内側からのイノベーションとしての新技術・新製品・新サービスという内から外への流れが繰り返され、川の流れの中でつくり出され続ける渦のように、持続的なイノベーションの渦が生み出されます。

外から内への情報の流れにはじまる持続的なイノベーションのプロセスを追っていくと、「外側から知識を求める」ことそれ自体は、学習意欲のある企業やビジネスパーソンとしては当然の行為であり、それが連続的なイノベーションの本質とするのであれば、学習意欲溢れた社員を多く抱える日本企業は、今もなお、その活力を失うことなくグローバル・リーディングカンパニーであり続けているのではないでしょうか。単に知識を習得することと、組織としての持続的なイノベーションによる知識創造を行うことの最大の違いは「ミドル・アップダウン・マネジメント」であると野中は指摘しています。そして、この日本企業の持続的なイノベーションを可能にしたマネジメントを理解することによって、ユニコーン企業をはじめとする自律的な組織運営に対する理解が深まります。

さて、ミドル・アップダウン・マネジメントを理解するにあたって、その前提となる二つのマネジメントを解説します。組織を運営するうえでは、トップに強い権限を集中させる中央集権的なトップダウン・マネジメントと、組織のひとりひとりが自律的に判断し行動する自律分散的なボトムアップ・マネジメントが考えられます。前者は、トップの判断と指示が的確であれば、組織として統制の取れた動きを可能にする一方で、環境の変化など、想定外が生じたときの対処が難しく、また、個人の思考や発想は無視されます。後者は、個人の判断によって想定外への柔軟な対応を可能にする一方で、個々の思考が組織全体に共有されることが難しく、場当たり的な対処が増え、組織としての統制が取れなくなります。そこで重要な役割としてミドル・マネージャー（中間管理職）があります。現場での個々の働きがみえており、限られた範囲内での権限を持つミドル・マネージャーは、ボトムアップによって生み出された知を組織に展開するとともに、トップダウンによって提示された組織全

体のミッションを自分自身の統括するチームの役割として落とし込みます。こうしたミドル・マネージャーの働きによって、個々の知が組織全体の知となり、また組織全体の知が個々に落とし込まれ、新たな知の創出の源泉となる、大きな流れが生み出され続けるのです。

　野中は、ミドル・アップダウン・マネジメントに代表される、組織的な知識創造のプロセスを、「暗黙知を形式知化するプロセス」としたうえで、四段階のプロセスとしてモデルしています[17-20]。「SECIモデル」と呼ばれるこのモデルは、共同化（socialization）、表出化（externalization）、連結化（combination）、内面化（internalization）という四段階からなります（457ページ参照）。

　まず、共同化とは、師匠が弟子に背中を見せるように、直接何かを教えるのではなく、場を共有することで、何かを感じ取るプロセスであり、暗黙知から暗黙知への変換が起こります。次に、表出化は、言語を使った対話のプロセスです。「クルマはどのように進化していくだろうか」などといった問いかけなどを行いながら、共有された暗黙知の土台に立ち、コンセプトが表出されていくプロセスであり、暗黙知から形式知への変換が起こります。次のプロセスは、連結化です。コンセプトを組み合わせてひとつの知識体系をつくり出すプロセスであり、表出化された知を、資料などに起こすことによって整理していきます。形式知から形式知への変換が起こるプロセスです。最後のプロセスである内面化は、行動による学習です。資料などの形で形式知化されたものは、他の人にも追体験をすることができます。これによって、形式知化されている知識を、自分のものとします。形式知から暗黙知への変換が起こります。こうして暗黙知化された知識は、次の共同化のプロセスに生かされ、さらなる知識創造へとつながり、次々に知識が創造されるスパイラルが生み出されます。

　野中はさらに組織的知識創造のプロセスへの分析を進め、2020年に著書『ワイズカンパニー』を出版し、ミドル・マネージャーに代表される、現場のリーダーが実践する「実践知リーダーシップ」についてまとめています[19]。SECIモデルのスパイラルが生み出される過程において、組織

や会社にとっての目的が、「共通善」として判断され、意思決定が起こり、実践されていくまでのプロセスです。ダイナミックに変化するビジネスの現場において、「今・ここ」の文脈の只中で、現実を直観的に理解します。リーダーやメンバーは、共感を通じて新たな意味を構築できるよう、場を創り出します。そして、物語や例を通じて物語を語り、政治力を行使して物語を実行していきます。その一例として、製薬企業でありながら、就業時間の一部を患者とともに過ごすことを推奨するエーザイ株式会社があります。エーザイは、「ヒューマン・ヘルスケア」という企業理念を打ち出した代表の想いと、社員ひとりひとりが患者や医師とともに過ごした物語を本にまとめて共有することで、社員ひとりひとりが企業理念を意識した活動を次々に生み出しています。患者と触れ合うなかで自ずと「今・ここ」の文脈のなかでの共通善が見いだされ、「認知症になっても安心して暮らせるまちづくり」などといった目標が生まれ、実践されています。

　野中の分析したSECIモデルのスパイラルは、組織のなかで生命知が発揮されるプロセスそのものであり、持続的なイノベーションを説得力高く説明します。

　ユニコーン企業においては各チームのマネージャーが、また、米海軍潜水艦サンタフェにおいては中間管理職が実践知リーダーシップを発揮し、持続的なイノベーションが起こされ続けていると考えられます。一方、持続的なイノベーションが起こされにくい組織では、「実践知リーダーシップ」がうまく機能していないなどの理由から、艦長マルケが着任する前の潜水艦サンタフェのような、リーダーシップが存在しない状況になっているものと考えられます。ここからは視点をさらに広げ、持続的なイノベーションが起きる組織についての理解を深めていきましょう。

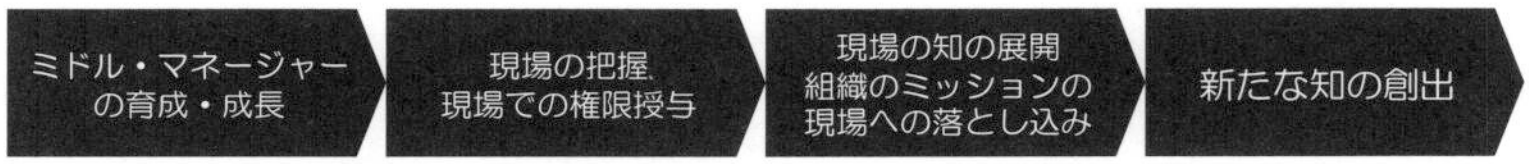
ミドル・マネージャー
の育成・成長
現場の把握、
現場での権限授与
現場の知の展開
組織のミッションの
現場への落とし込み
新たな知の創出

図表1-6　組織的知識創造のプロセス（SECIモデル）

ミドル・マネージャー
の育成・成長
新たな知の創出
現場の把握
現場での権限授与
現場の知の展開
組織のミッションの
現場への落とし込み

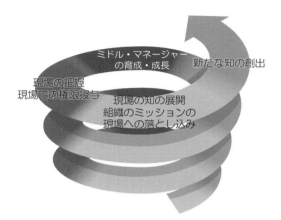

図表1-7　組織的知識創造の成長のスパイラル

顧客とともに生み出す
持続的なイノベーション

　変化の激しい現代社会において、企業が対峙する不確実な相手として「顧客」を無視することはできません。日々、新たなサービスが生まれ、その生活スタイルを変化させている多種多様の顧客のニーズを的確に読み解くことは至難の業のように感じられます。しかしながら、持続的なイノベーションを生み出す組織は、知識創造の大きな流れの中で、顧客とともに価値創造を行います。

　一流のホスピタリティを提供することで知られるホテル、リッツ・カールトンでは、従業員の自律的な意思決定はもちろん、宿泊客との適切なコミュニケーションによって信頼関係をつくり、その結果として、宿泊客の心を満たすとともに、ニーズにかなう最高のサービスをつくり上げる大きな流れを生み出しています。

　元ザ・リッツ・カールトン・ホテル・カンパニー日本支社長の高野登は、著書『リッツ・カールトンが大切にするサービスを超える瞬間』のなかで、宿泊客との、そして従業員間のコミュニケーションについて多くの実話とともに紹介しています[21]。

　リッツ・カールトンでは、お客様（宿泊客）との信頼関係はコミュニケーションからはじまるといいます。言葉を交わすことで、お客様に対する理解が深まるとともに、自分たちの気持ちを直接伝えることで、さらに上のレベルでの信頼関係が築かれます。リッツ・カールトンでは、「紳士淑女」たるお客様にお仕えする従業員もまた、紳士淑女であると考え、積極的にコミュニケーションを取る企業文化が根付いています。

　そして、お客様からの感謝の言葉や手紙を「ワオ・ストーリー」と呼び、全世界の従業員に紹介します。スタッフの行動は「クレド」と呼ばれる企業理念を凝縮した行動指針に基づいて行われます。それと同時に、従業員との約束として、従業員を紳士淑女としたうえで、才能を育成して最大限に伸ばすこと、個人の志を実現してリッツ・カールトンの神秘性を高めることを宣言しています。単に従業員が企業理念を実現するだ

けでなく、会社もまた、約束を守ることによって、信頼関係の連鎖が起こり、従業員やお客様が「神秘的」と感じるほどに、口に出さずとも要望が満たされる空間がつくられるのです。

さて、リッツ・カールトンの組織づくりをみると「持続的なイノベーション」における重要な点を指摘することができます。リッツ・カールトンが日々創造する宿泊客の要望を先読みして叶える「神秘的」とも感じられる空間は、「信頼関係」によって生み出されます。宿泊客と同様に、従業員をも「紳士淑女」とし、従業員と会社との間で、企業理念を実現するとともに、神秘性を高める空間づくりをお互いに約束します。宿泊客、従業員、会社、それぞれが対等であり、最高の空間を実現するために「紳士淑女」たることが約束されているからこそ、そこには信頼関係が生み出されるものと考えられます。

ここでリッツ・カールトンから読み解くことのできる重要な視点として「物語の共有」があります。リッツ・カールトンの創業メンバーは、自分たちがつくり上げたい空間に対する価値観を「クレド」という形に結実させました。クレドに込められた空間には、宿泊客、従業員、会社、それぞれが「紳士淑女」たることによって、生み出される「物語」が感じられます。この「物語」を個々人が描き、実現し、共有するという大きな流れを生み出すことそのものによって、「物語」が現実化するだけでなく、物語が次の物語を生み出す「持続的なイノベーション」が起こされ続けるのです。

変化の激しい時代において、顧客のニーズを先読みすることは難しく、それを可能にするのは、一握りのビジネスの天才か、あるいはAIなどのアルゴリズムを駆使したエンジニアか、といったように感じられるかもしれません。しかしながら、リッツ・カールトンが教える顧客のニーズを先読みする方法は、本章で多くの組織を通してみてきた「持続的なイノベーション」そのものであり、お互いの信頼関係を前提とし、物語を共有することによって、物語が次の物語を生み出す物語の連鎖という大きな流れのなかで、必然的に実現されるものなのです[22, 23]。まさに、顧客とともに生み出す持続的なイノベーションこそが、顧客のニーズを

先読みする正体といえます。

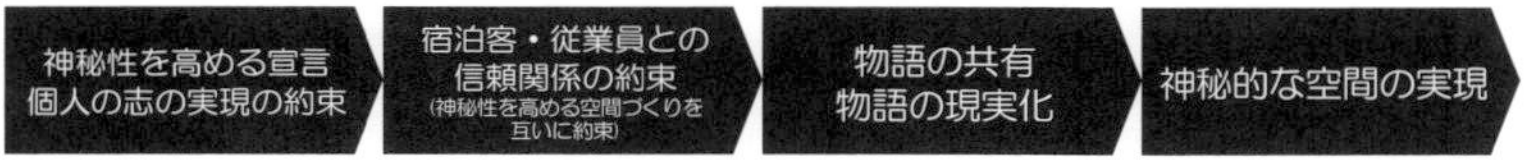

神秘性を高める宣言
個人の志の実現の約束
宿泊客・従業員との
信頼関係の約束
(神秘性を高める空間づくりを
互いに約束)
物語の共有
物語の現実化
神秘的な空間の実現

図表1-8　リッツ・カールトンの成長プロセス

神秘性を高める宣言
個人の志の実現の約束
宿泊客・従業員との
信頼関係の約束
神秘的な空間の実現
物語の共有
物語の現実化

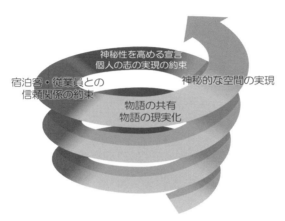

図表1-9　リッツ・カールトンの成長のスパイラル

顧客とともに創造するデジタル×生命知の物語

　顧客とともに生み出す持続的なイノベーションは、ホテルを含めたサービス業や、顧客と直接触れ合う小売業のデジタル技術を用いた事業変革（DX）においても中心的な役割を担います。

　1997年にLVMH（ルイ・ヴィトン＆モエ・ヘネシー）グループの傘下となったフランス発の化粧雑貨販売店であるSephora（セフォラ）は、接客サービスにデジタル技術を取り入れることによって、顧客と共に物語をつくり続けています。

　Sephoraの販売店にはビューティ・エキスパートと呼ばれる専門技術スタッフが直接接客を行い、メイクアップに絞った3000ブランド以上のセレクトアイテムから、顧客にあったものを提案しています。Sephoraのデジタル戦略については、DXの事例を分析した『DX経営図鑑』によくまとめられています[3]。本書を参考にしながら、Sephoraのデジタル戦略と、顧客とともにつくられる物語について考えてみましょう。

　Sephoraは、クライアンテリングと呼ばれるデジタル戦略によって、店舗での体験をエンターテインメントとして演出するとともに、店舗という空間そのものの価値を高めています。クライアンテリングとは、店舗に来訪した顧客の好みや属性を熟知し、その人にあったサービスを提供することを指します。顧客の好みや属性を、過去の購入履歴や好みなどの情報を通して把握することで、接客スタッフは、顧客が何を求めているのかを理解し、適切な提案を行うことができます。

　Sephoraは、Beauty Insiderという会員制のコミュニティを運営しており、商品に対するレビューやECサイトなどの機能も備えています。このBeauty Insiderを通して、顧客の属性や購買履歴データを参照することができます。例えば、Beauty Insider の会員登録時には、肌質や髪質だけでなく、肌の色や目の色、髪の色も入力する項目があります。これを仮登録情報として保存し、店舗訪問時に専門機器で肌色などを測定し、精密な色彩を ID化して登録します。こうして肌色や髪色によって

異なるさまざまな色彩バランスをデータで可視化でき、全ての Sephora スタッフは顧客が求める方向性やシチュエーションにしたがって最適な提案できるようになるのです。

　Sephoraは、ブランドごとの化粧品売り場とは異なり、数多くの商品を「購入前に自由に試せる」ことから、多くの顧客の支持を得てきました。そして何より、直接接客を行うビューティ・エキスパートが、商品を売ることではなく、顧客を一番に考え、顧客のありたい姿をともに実現します。そして、その前提として、ビューティ・エキスパートとしての能力と、顧客情報にもとづくクライアンテリングという空間が約束されることによる信頼関係があります。これはまさに、リッツ・カールトンの宿泊客と従業員が信頼関係でつながり、次々に物語が生み出される姿に重なります。

　体験が約束された空間において信頼関係によってつながる顧客と従業員により、生み出された物語は、次の物語を創り出します。そのプロセスのなかで、顧客のニーズは自ずと満たされます。この持続的な物語の創造は、デジタル技術によって多彩な取り組みとして具現化しています。Sephoraのクライアンテリングは、物語の主役は顧客と従業員であり、デジタル技術は、物語の創造を可能にする手段として働くのです。

クライアンテリング
という価値の約束　→　顧客への理解
顧客からの信頼　→　ありたい姿の実現
(適切な提案)　→　信頼関係による
顧客の未来の実現

図表1-10　Sephoraの成長プロセス

図表1-11　Sephoraの成長のスパイラル

混沌とした世界を生き抜く人間の生命知

　本章では、生命知の観点から、「人と技術の共生」について考察を深めたあと、さまざまな事例を分析し、生命知を発揮することによって、人と人との、そして人と技術との信頼関係が構築され、個人としても組織としても成長のスパイラルを描いていくということを明らかにしました。変化の激しいビジネス環境において成長を繰り返すには、組織のメンバーは、強い権限を持ち、信頼されることが不可欠です。そのうえでミッションを共有することで、ミッションを実現する方法を各自がスピーディーに試行して失敗を繰り返し、学びを得て、最良の方法を見つけ出し、組織にフィードバックすることで、組織としての、さらには個人としての成長をともに実現するのです。

　生命知を発揮することによって成長のスパイラルを描く組織にとって特筆すべきは「物語の共創」です。顧客、従業員、会社、それぞれがミッションを実現することを約束された信頼関係を築くことによって、「物語」が生み出されます。物語を個々人が描き、実現し、共有するという大きな流れを生み出すことそのものによって、「物語」が現実化するだけでなく、物語が次の物語を生み出す、物語の持続的な共創が起こります。そして、物語の共創を通して顧客のニーズだけでなく、従業員にとっても、会社にとっても、理想としていた未来が満たされ続けます。

　こうした生命知を発揮することによる物語の創造の論理は、単に組織運営の仕組みを理解するだけでは十分に理解することはできません。人間と機械のプロセスの違いについて理解し、機械の知である人工知能（AI）に対比した人間の知を深めていくことによって、物語の創造の論理の重要性について、より一段深く理解することができます[24, 25]。

　今、目の前にビールジョッキがあることを想像してみましょう。その中に入った液体が、よく冷えたビールであれ、麦茶であれ、私たちは、のどがカラカラに渇いているときに、そのビールジョッキの取っ手をつかんで口に含み、一気に水分補給を行い、のどを潤すことができます。

しかしながら、AI（と呼ばれる機械学習などのアルゴリズム）を用いて腕のついたロボットがこれを行おうとすると、この様子は大きく異なります。

　彼らはまず「のどが渇いているから水分補給をしてのどを潤そう」などという目的を、自分自身で設定することはありません。「手の届く範囲にビールジョッキを発見するとそれをつかみ、口に運んでビールジョッキ内の液体を流し込み、ビールジョッキの中身がカラになったことを確認したうえでビールジョッキをもとの位置に戻せ」という具体的な指示を、人間が設定する必要があります。すると、AIはまず、カメラによって取得された画像から、ビールジョッキである確率が一定値を超えた場合に、その物体に着目し、物体までの距離を、赤外線センサーなどを用いて計測し、アーム（腕）の届く範囲内であると判断された場合のみ、ビールジョッキの取っ手の角度を考慮したうえでアームを適切な位置、角度に変化させ、ビールジョッキをつかんで持ち上げるに足る力加減（アームの指ごとの力の大きさと方位と回転速度など）を計算したうえでそれを実現し、口の位置にビールジョッキを運び、液体を流し込み、アームへの力のかかり具合（力の大きさと方位）によって中身がカラになったかどうかを確認したうえで、必要な力加減を与えることによって、ビールジョッキをもとの位置に戻すことになります。ここで、ビールジョッキがカラになったかどうかを確認するためには、ビールジョッキがカラの状態での重さなどの情報を前もって登録する必要があります。

　こうしたAIの動作プロセスを、人間や組織のそれと比較すると、その違いが浮き彫りになります。まず、生命知を発揮して成長のスパイラルを描く組織は、組織としてのミッションを共有したうえで、権限と信頼が与えられた個々人が、どのように振る舞うべきかを逐一考え、実行して学びを得るとともに、その学びが組織全体に共有されて、組織として成長していくことに特徴があります。こうした成長のプロセスを持たないAIは、ミッションを与えるだけで動作しないことはもちろん、細かい動作に至るまでを逐一指示する必要があります。そうすると、成長する組織とは異なり、想定外が発生したときの対処はできません。想定

外は発生しないことが前提になっているため、想定外の動作すらも前も
って考慮しておく必要があり、そうでなければ、失敗してもそれに気づ
くことすらなく、失敗した動作を繰り返し続けることになります。ビー
ルジョッキを運ぶことに失敗し、ビールジョッキを落としてしまったと
しても、ビールジョッキを落とすことを想定していなければ、そこにビ
ールジョッキがあるものと想定し、計算を続けるでしょう。

　こうしたAIと呼ばれる技術はあくまで論理的に動作する機械である
ということを理解し、人と技術が、共に自己不完結性を持つことを前提
とすることで、共に成長していくプロセスを描いていくことが可能です。
本章で紹介したSephoraのように、人間だけでは達成できないクライア
ンテリングという価値を実現するという役割が技術に与えられ、それに
よって、技術と人との間だけでなく、従業員と顧客の間にも信頼関係が
生まれ、それによって、顧客のありたい姿を実現する未来に導かれます。

　本章では、「人と技術の共生」という話題からはじめ、生命知を発揮
する組織についての理解を深めました。次章では、停滞した組織を変革
し、生命知を発揮する組織に生まれ変わらせるプロセスについて検討し
ていきます。

第 2 章

停滞した
組織に宿す
生命知

第 1章では、生命知を発揮する組織の成長が、個人の成長とともに起こり、直線的でないスパイラル状の成長プロセスを経て、未来創造を実現するということをまとめました。昨今、注目を集めるデジタル変革（DX；Digital Transformation）を実現するテック企業は、予測不可能なビジネス環境において、環境の変化にあわせて柔軟に事業そのものを変革するという点で、生命知を発揮し、スパイラル状の成長プロセスを描いているといえます。第1章で紹介した組織においても、個人と組織が、ともに生命知を発揮する、活気あふれる状況がみられました。

　こうした組織においては、顧客やビジネス環境の変化とともに変革を繰り返し、新たな物語を創造し続ける持続的イノベーションが生じやすい環境といえます。しかしながら、かつては影響力のあった組織であっても、今では時代の変化に取り残され、停滞した状況から抜け出せないという状況は珍しくありません。そして、それは日本という社会そのものについても同様です。1990年代以降、日本経済はそれまでの経済成長の勢いを失い、停滞が続いています[26-28]。その原因として、それまで日本が世界的に評価されていたものづくりの品質で戦う時代からITによるサービスで戦う時代に変化したなど多くの指摘がなされていますが、いずれにしても、社会全体が停滞し、個人としても、社会としても、生命知の発揮がなされづらい状況であることには間違いありません。

　停滞した組織を生命にたとえるならば、病に苦しみ、免疫力が低下し、自ら健康的な状態を維持して活発に活動することが難しい状態といえます。健康な身体がなければ、新しいことを学び、新しい活動にチャレンジしようとする意欲がわかず、それによって、さらに身体や心が停滞していく悪循環に陥ります。そうした状況を打破し、よい循環を生み出し、生命の活力を取り戻すには、単に、投薬や手術による病因の除去だけではなく、内なる免疫力を高め、心身ともに健康な状態を生み出し続ける取り組みが必要になります。本章では、そうした「自（おの）ずから」よい状態を生み出す「自然（じねん）」という考え方を紹介し、組織を、デジタル変革（DX）を含む変革を起こす健全な状態にしていくプロセスについて解説します。

停滞した組織に活力を与える
自然（じねん）医療

　停滞した組織への処方箋を考えるうえで、医療に関する考え方は、大きなヒントになります。昨今、複雑化した現代社会を背景に、病は多様化し、精神的な病に対するアプローチを無視できなくなってきています。身体と心はたがいに関係しあっています。投薬によって精神的な平静を取り戻すことは知られているものの、その効果は一時的なものであり、心身ともに健康的で活発な生活を行うことなしに、根本的な解決に導くのは難しいといえます。健康的な生活は、自（おの）ずから病が解消される高い免疫力の発揮を可能にします。現代の医療、特に、精神的な病にアプローチする心理療法と呼ばれる医療は、自（おの）ずから病が解消されていく方法論を明らかにします[29-32]。

　20世紀に活躍した心理学者であった河合隼雄は、著書『心理療法序説』のなかで、心理療法に関するアプローチを四つに分類しています。まず、第一のアプローチは、西洋医学といわれる、病の原因を発見したうえで、それを取り除く「医学モデル」です。いわゆる非科学的な要素を取り除いた、分析的な手法であり、最も「科学的」なアプローチであると考えられます。この手法は、病の原因となるものをひとつひとつ取り除いていくことができ、まっすぐな階段を上るように、着実に治療に向かっていきます。その一方で、複数の病因がお互いに関連し合っている場合や、ひとつの病因の解決が別の病因を引き起こす場合には、必ずしも解決に至ることができるとは限りません。

　医学モデルの限界を示す一例に、「摂食障害」があります。これは、カロリーの摂りすぎを気にして「食べる」ことを正常に行うことができなくなることから、心身ともに健康な状態が維持できなくなる病です。摂食障害を研究する医療人類学者である磯野真穂は、著書『なぜふつうに食べられないのか』のなかで、摂食障害を持つ患者の心理について分

析しています[33]。磯野は、患者が太りすぎなどを気にしすぎるがゆえに、「食べる」という行為を「カロリー」などの数値に置き換えることに摂食障害が起こる原因があるといいます。「ふつうに食べる」ことができなくなった患者は、本来、私たちが食を通じて行っている、食の席でのコミュニケーションなど、他者との関わりを生み出して維持していく力が失われてしまいます。そして、自分自身がどのような身体状態で健康的に生きていきたいかがわからなくなり、カロリーという数値を下げることだけが生きるモチベーションとなり、その結果として、健康な身体を失ってしまうのです。

　拒食障害のような数値による科学的アプローチが通用しない心の病については、医学モデルだけでは太刀打ちできず、そこで、心理療法においては、第二～第四のアプローチがとられています。

　心理療法に関する第二のアプローチは「教育モデル」です。これは、病因を発見したうえで、治療者側が治療を行うのではなく、助言や指導を行うことによって、患者自らが病因を取り除くように促す方法です。

図表2-1　心理療法に関する四つのアプローチ

これによって、治療者が外側から病因をひとつひとつ解決するだけでなく、病因とその解決方法を知らされた患者は、自分の力で解決していくことが可能になります。この方法は、治療者と患者の関係が良好であり、患者が治療者の助言や指導の意図を的確に理解して実践できるという好条件が揃えば、有効に働く場合があります。しかしながら、そのような好条件が揃うことはそう多くはありません。見ず知らずの治療者に対して、心の病を持った患者が心を開いて自己開示できるのであれば、そもそも心の病は自力で解決できるはずであり、それができないからこそ、患者は問題を抱えているといえます。そこで、心理療法の第三のアプローチである「成熟モデル」が必要になります。

　成熟モデルにおいては、まずは治療者が開いた態度で接することが重要になります。治療者の振る舞いによって、患者が、自らの自由を尊重されており、保護されていると感じると、患者自身の、自律的に成長していこうとするプロセス、すなわち自己成熟過程が進み始め、自己治癒能力が働きはじめます。これによって、患者は、自ずから問題が解消され、治療者からみると、まるで「何もしていないのに」患者の状態がよくなる、といったことが経験されます。河合は、このような患者の自己成熟のはたらきを、さらに推し進めるものが、「自然（じねん）モデル」であると解説します。これは、西洋科学が開花する以前の自然信仰に由来するものであり、中国における「道（タオ）」の考え方をヒントにしています。患者が、よい状態にないのは、「自然の秩序に反する状態」になっていると考えます。そして、すべての人が、「自然の秩序」によって生きている「道」の状態になれば、自ずから問題は解決され、癒されていくと考え、まず、治療者が「道」の状態になったうえで、患者の「道」の状態が自然に生まれてくることを願うのです。古代ギリシャでは「インキュベーション」という儀式が行われていたといいます。これは、「癒し」を受けようとする人が神殿の定められた場所に籠り、祈りを続けて「夢をみる」儀式だったといわれています。この一連の儀式によって、古代ギリシャ人は「道」の状態になり、自ずと癒されていった

といいます。古代日本における観音信仰も同様であると指摘されており、「道」の状態になることで、自己と他者、そして自己を取り巻く環境の間に「流れ」が生まれ、自ずと、よい循環が生まれはじめることによって、問題が解決されていく、と解釈することができます。

　河合の「自然（じねん）モデル」という考え方は、これまで本書で解説してきた生命知が発揮された状態に通じます。川の流れのなかにできる渦のような秩序にたとえられる生命が、自己と他者、そして周囲の環境との関係を創り出していくことによって、よい循環が生まれ、自らを成長させていくとともに、他者とともに成長していくことによって、未来への道が切り拓かれていきます。この状態を創り出すには、自分自身が「道」の状態になり、自ずとよい循環が生まれることを願うという、言葉だけを耳にすると非科学的にも聞こえる姿勢が重要になります。もちろん、この考え方は決して非科学的であるというわけではありません。医学モデルや教育モデルの考え方は、動物を訓練し、しつけるイメージに近いものといえます。いわば、患者の気持ちよりも病因に着目し、その病因を取り除くことが最良であるとしたうえで、問題を解決していくという考え方です。その一方で、成熟モデルや自然（じねん）モデルの考え方は、植物が自分の力で花を咲かせるように育てるイメージに近いものといえます。植物を育てるには、土壌をはじめとする周囲の環境と「よい状態」に整えることが重要であり、そうした環境を整えたうえで、植物が自ずから生長していくのを「待つ」姿勢が必要です。待つことなしに、植物の生長を見守ることはできません。このように、「待つ」という姿勢なしに、心の病に対処することは難しく、その際には、周囲によい循環が生まれることを願いながら、自分自身が「よい状態」になることが重要であるということです。

　この考え方は、そのまま、停滞した組織に活力を生み出すことにもつながります。一度停滞した組織には、動物をしつけるような医学モデルや教育モデルだけでは不十分です。心を持った人間による組織に対して

自然（じねん）モデル

| 問題、悩み | 治療者が「道」の状態にある | （クライエントの）「道」の状態が自然に生まれる | 自ずと癒される |

生命知が発揮されるプロセス

| 自己不完結な状態 | 生命維持のため周囲との関係を構築 | 他者を活かす場の役割に | 他者を主役に |

図表2-2　自然モデルと生命知が発揮されるプロセスの比較

は、成熟モデルや自然（じねん）モデルのように、自らが「道」になり、よい循環が生まれ、個人としても組織としても、生命知が発揮されることを願うという姿勢が何より重要です。病因を特定して解決していくだけではなく、自らが変化して、個人としても組織としても成長し、スパイラル状に未来に向かっていく、生命知が発揮されるプロセスを描くことは、停滞した組織に活力を与えるうえでも重要であり、そのためには、「待つ」という姿勢が不可欠であるということを、心理療法は教えてくれます。

　今、日本経済の停滞は、私たちの生活に対する将来不安に直結し、生きづらさを感じさせています。医療技術の発達による長寿命化の一方、少子化によって働き手が減少し、高齢者の医療費を逼迫するとともに、若年層への高齢者の介護負担が増加する結果となるなど、若年層が未来に対する希望を持つことが難しくなっています。こうした日本経済の停滞は、30年前と比較すると顕著に理解できます。平成元年と平成31年（2019年）の世界の時価総額ランキングをみると、平成元年は、世界一位のNTT（日本電信電話株式会社）を筆頭に、上位50位のうち32社を日本企業が占めていました。一方、平成31年になると、43位のトヨタ自動車株式会社を残すのみです[34]。当時、デジタル技術の中核を担う半導体事業をも、日本企業は世界を席巻していました。平成元年には世界一位のNEC（日本電気株式会社）を筆頭に、50％以上のシェアを日本企業が占めていた一方、昨今では、世界10位前後に東芝メモリ（キオクシア）が顔を出している程度であり、当時の勢いはみる影もありません[35, 36]。

世界での日本企業の影響力の低下は、多くの評論家によって論じられている一方、その多くは、ビジネスの現場における感覚と乖離するものであったり、統計データと異なる、外側から見た憶測にすぎないものも少なくありません。例えば、「高度経済成長には市場が読みやすかった」という論は、戦後の激しいビジネス環境の変化を理解した発言ではありません。また、「市場の需要が日本の得意なハードウェア（ものづくり）から、日本の不得意なソフトウェアに移行した」という論も、正確ではありません。マイクロソフト社がウィンドウズOSを市場に投入する前の1980年代には、TRONと呼ばれる東京大学名誉教授の坂村健が開発したOSが、世界を席巻していました[34-39]。TRONは日米貿易摩擦を背景とした流れのなかでその力を失いましたが、戦後の何もなかった頃から世界を席巻する国に急成長を果たした日本の本来の生命知が持続していたならば、そうしたビジネス環境の淘汰圧に対しても柔軟に対処できたのではないでしょうか。

　日本の人材不足、教育における問題を指摘する声も多く聞かれますが、そうした論もまた、正確な分析に基づくものとはいえません。経済停滞が続く今もなお、日本は優秀な人材で溢れているといえます。例えば、21世紀に入ってからの自然科学系のノーベル賞受賞者数として、日本はアメリカに次ぐ第二位であり、少なくとも自然科学を牽引する優秀な人材を日本が輩出していることには間違いありません[40]。もちろん、日本の人材育成・教育についての問題は山積みではありますが、何もかもを否定することは誤っています。

　日本は優秀な人材で溢れていることから、今、経済の停滞した日本という患者に対し、その原因を分析し、それを除去しようとする「医学モデル」のアプローチによる経済復興論が多く論じられており、医学的な対処療法は十分に試みられていると考えられます。その一方で、日本という組織、また、それぞれの日本企業という組織に対して、その自然治

癒力を頼みにした「自然（じねん）モデル」によるアプローチは十分に行われているとはいえません。さらに、昨今のデジタル技術の急速な発展が、ますます自然（じねん）モデルによるアプローチを難しくしています。本来は、自然（じねん）モデルによる停滞した組織の変革、すなわち自然（じねん）医療を行うなかで、前章でみたSephoraのように、顧客との物語の共創を行う最良の手段としてデジタル技術を位置づけなければなりません。しかしながら、先にデジタル技術に目を向けてしまうと、組織本来の自然治癒力、すなわち、失敗に学びながら成長を繰り返す力を取り戻す前に、デジタル技術を導入することになり、組織のなかにデジタル技術が十分に位置づけられないのです。今、日本という国に、そして多くの停滞した組織に必要なものは、自然（じねん）医療による、組織が本来もつ自然治癒力であり、それは、周囲の環境にあわせて自らが変化し、成長を繰り返すことによる、変化の激しいビジネス環境への適応力ともいえます。停滞した組織は、自らが変化して成長していくことができず、結果として同じ過ちを繰り返します。ここからは、そうした停滞した組織に活力を与えるための自然（じねん）医療を進めていくにはどうすればよいのかについて、より具体的に考えていきましょう。

停滞した組織に生命が宿るとき

　1962年に創業した世界最大の小売企業であるウォルマートは、その古い企業体質と、気鋭のテック企業であるアマゾン社の躍進から、ほんの数年前まで「時代遅れの企業」と揶揄されていました。しかしながら、2014年、ダグ・マクミランがCEOに就任して以来、「デジタルシフト」の方針を打ち出し、EC（eコマース＝電子商取引）を展開する企業への出資・買収を推進しました[3,9]。それまでのウォルマートは、買収した企業を「ウォルマート化」することで事業拡大を行っていましたが、マクミランは、ウォルマート自体が、テック企業のように変化し続けるような組織に変革することに力を入れました。ネット通販のスタートアップ企業であるジェット・ドットコムを買収し、その共同創業者であるマーク・ロアをウォルマートEC部門の総責任者に据えました。同時に、顧客との関係性を重視した方針を打ち出し、商品をオンラインで購入して店舗ですぐに受け取ることができる「ストアピックアップ＆デリバリー」、自宅の冷蔵庫まで食料を配達する「イン・ホーム・デリバリー」、全米の75%のエリアに翌日配送を行う「ネクストデイ・デリバリー」など、数多くの施策を実現しました。

　ウォルマートは、それまで企業理念としていた「エブリデイ・ロープライス」という考え方を再定義し、節約によってよりよいライフスタイルを実現するために、顧客体験に力を入れ始めました。それを受け、店舗のあり方を再定義し、求める人材像についての再定義をも実施しました。それを受け、EC関連のスタートアップ企業を次々と買収、エンジニアを大量に獲得し、彼らの知見を店舗オペレーションのデジタル化や社員教育に活かし、実証実験を繰り返しながら、数々の施策を実現し、これまで不可能だった方法で、顧客や従業員にサービスが提供できるようになったのです。

　こうした華々しいウォルマートの変革を支えたのは、何より、買収した企業を「ウォルマート化」することをやめ、ウォルマート自体が変化し続ける企業体質に生まれ変わる決断をしたことが最初のきっかけでした。そして、ウォルマートの変革プロセスを図示すると、生命知が発揮されるプロセスに酷似していることがわかります（**図表2-3**）。まさに、「時代遅れの企業」と揶揄され、自社だけでは変革を起こすことができないと自覚したことから「道」が生まれ、自ずとデジタルシフトの方針が打ち出され、それによって企業理念の再定義が起こり、店舗のあり方・求める人材像・顧客体験の再定義がなされることによって、スタートアップ企業やエンジニアが活かされ、新しい未来である数々の施策が現実化したといえるのです。

　ウォルマートのように自社が「時代遅れの企業」と感じ、変革の必要性に直面することは、昨今の激しいビジネス環境の変化のなか、不可避であるといえます。そうした状況において、単純にデジタル技術を導入することが変革につながると考えるのは、あまりに安直といわざるを得ません。新しい技術や、それを用いたITシステムを導入することは、自社の自己不完結な状態を補って新しい会社へと生まれ変わることであり、そのためには、まず、自社自体が、他者である新しい技術・システム・人材・スタートアップ企業との関係を構築し、それらを活かすことのできる「場」の役割を担うことで、他者を活かす「道」を生み出す必要があります。そして、興味深いことに、この知見は、ウォルマートの

図表2-3　ウォルマートの変革プロセスと生命知が発揮されるプロセスの比較

ような巨大企業そのものの変革だけでなく、新しい技術やシステムを自社に導入する際に、如何なく発揮されます。

　あまり意識がされていないことかもしれませんが、企業におけるデジタル変革は、企業内にITシステムを導入しようとするときには必ず起こります。ITシステムは、社内業務の効率化や、顧客にとっての自社のサービス利用の利便性の向上、顧客や社内情報の一元管理など、さまざまな役割があります。多くの日本企業では、ITシステムの開発を、専門の開発会社に発注します。ところが、ITシステムの開発は、その多くが「失敗」するといわれており、開発会社と発注者企業とのコミュニケーションがうまく取れず、委託元が訴えられ、極端な場合には数億円の支払いを要求される、という状況が頻繁に起きているのです。そうでなくても、多額の資金と担当者の多大な労力を投じて開発したにもかかわらず、「使い勝手が悪いから」と結局使われないままになってしまう社内システムは、多くの企業でみられます。

　こうしたITシステム導入という、自社の変革の必要性が論じられることの少ない領域において、ITシステムや開発会社を活かす「道」を生み出すことでシステム導入を成功させるためには、システム開発の問題について知ることが近道です。

　ITシステム開発の問題について詳細に分析する政府CIO補佐官の細川義洋は、著書『システムを外注するときに読む本』のなかで、自身の長年の開発・コンサルティング経験に基づき、具体的な解決策を提示しています。細川は、システムの開発は発注者と開発会社の協業であるとし、自社の事業を理解する発注者がシステム開発をリードする必要性を説いています[41]。システム開発は、その多くが、発注者企業の社長や役員をはじめとする決裁権を持つ役職者の強い想いによって開始されるものの、開発会社に開発を丸投げしたり、発注者企業の担当者が開発するシステムについて不勉強だったり、システムのユーザとなるはずの社員へのヒ

アリングがうまくいかなかったりと、その多くはコミュニケーションの問題です。

　システム開発に限らず、業務においてコミュニケーションの問題が生じる原因の多くは、多くの場合、誰がどのような業務を行っているのかを理解できていないことによります。もしも、業務において、どのような人が関わっており、誰がどのような業務を行い、どのタイミングでどのような情報が必要なのか、その全体像が手に取るようにわかっていれば、起こり得る問題を前もって予測しながら、最適なタイミングで最適なコミュニケーションを行うことができます。しかしながら、そうした業務の全体像を把握するためには、長年の経験を通して実際に業務に携わることが必要であり、経験をしたことのない業務の全体像を把握することは容易ではありません。

　そのように、未だ経験のない分野を歩いていくための地図のような役割を果たすのが、業務の全体像を示す業務フロー図（フローチャート）です。業務フロー図には、どのような役割の人が、どのような作業を行い、それぞれの作業がどのように関わり合っているのかが記されています。**図表2-4**には、システム開発の代表例であるウェブサイト制作の業務フロー図を記しています。ここには、ウェブサイト制作プロジェクト全体を統括するディレクターと、ウェブサイトのデザインを作成するデザイナーと、システムとしてウェブサイトを動作させるためのプログラミングをはじめとする開発業務を行う開発者の三者が記されています。これをみると、まずディレクターが調査・検討を行ったあとで案を作成し、ワイヤーフレームと呼ばれるウェブサイトの骨組みを作成したうえで、デザイナーがモックアップと呼ばれる、イラストだけでウェブサイトを表現したものを作成し、ウェブサイト全体のデザインを顧客とレビューし、修正の必要がなければ開発者がコーディング（プログラミング）作業を実施したうえで、ディレクターが最終レビューを行う、という一連の流れがわかります。この全体の流れがわかっていれば、顧客は、コ

ーディング作業の段階で新たな要望を出すと、プロジェクト全体が頓挫するため、デザインレビューの際にしっかりと意見のすり合わせを行う必要がある、などということがわかります。また、デザイナーの立場で開発者に作業依頼を行う場合であっても、しっかりと擦り合わせされたデザインを渡しておかなければ、開発者は適切なコーディング作業に移れないということがわかります。さらにいうならば、こうした業務フロー全体が理解できていれば、どういった情報を共有するITシステムが必要か、それによってどういった業務が効率化されるか、といったことが、システムを導入する前から予想できるようになります。業務フロー図の共有は、システム開発にかかわらず、業務の全体像を共有し、全員が、安心して円滑なコミュニケーションを行うために不可欠なのです。

コミュニケーションが円滑でない組織の典型的な例として、組織のメンバー間での情報共有がなされず、組織の意思決定が一部の人々によってのみなされる「井戸端会議型」と呼ばれる形態があります[42, 43]。井戸端会議型の組織では、個々人が仮に問題を認識していても、その声が全体に届くことはなく、また、一度決まったことが一部の声の大きな人によって簡単に覆されてしまうため、極端にモチベーションが下がります。

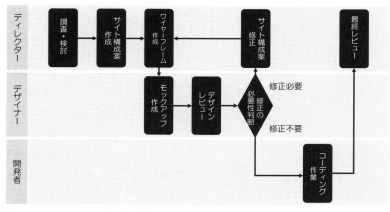

図表2-4　ウェブサイト制作の業務フロー図

こうした井戸端会議型の組織にとってまず必要なのは、全員が、業務フローなどの全体像を把握するための情報を共有することです。

　朝会や夕会など、多くの組織で行われている定例会の目的は、チームの状況を全員が把握できるようにすることが第一です。些細な相談事であっても、掲示板などを利用して共有していくことを繰り返していくことによって、チーム内に安心感がうまれます。情報が行き届いているということがわかることで、安心して意思決定に関わる意見を発することができるようになります。そうすることで、個々が抱える問題がチームの問題として共有され、全体で同じ方向を向いて解決していくことができるようになるのです。一度こうした安心感が生まれると、チーム内でビジョンや価値観が共有され、自分自身の解釈などをポジティブに話し合うことができるようになります。そして、さらなる成長を目指し、勉強会や読書会が半自発的に生まれるようになります。停滞した組織に生命が宿り、他者を活かしあうための「道」が生まれるためには、こうした情報共有によって、全員が全体像を把握できるような風土を生み出していくことが第一歩なのです。

それでも起こる組織の停滞

　一度組織が生命知を取り戻せば、自律的な成長に向けて動き出します。しかしながら、停滞してしまった組織の渦中にあれば、自分ひとりの力では変革のしようがないと感じてしまいます。そうした場合にありがちな決断として、自分自身で組織を創る（起業する）というものがあります。未だ手垢のついていない、真っ白のキャンバスに自分自身の判断で絵を描くのだから、停滞した組織よりもよほど理想的な組織になる、と考えるのは、極々自然なことです。しかしながら、たとえ自分自身の想いでつくり出した組織であっても、停滞が起こり、「こんなはずではなかった」という思いに駆られてしまうのは、よくあることなのです。経営コンサルタントの神田昌典は、著書『成功者の告白』のなかで、起業後に事業を拡大していくなかで起きる人間関係の問題について小説風の物語を通して紹介し、自然（じねん）モデルに通じる解決策を具体的に示しています[44]。

　特に昨今は、デジタル技術の進歩により、ひとりや少数人数での事業創造や変革を行うハードルは、一昔前に比較して格段に下がりました。そして、新たに開発した製品やサービスが大手企業に採用される、SNSなどのメディアを通して注目が集まるなどの契機を経て、事業が軌道に乗り始めるまでは、正しいプロセスを経て、実現することが夢物語ではなくなりました。しかしながら、いざ、事業が軌道に乗り始め、拡大を始めたときに起こる問題については、ほとんど論じられていません。

　神田は、著書のなかで、会社を設立し、事業を拡大していくステップを二段階に分け、それぞれを創業期、成長期としたうえで、各段階における社員の役割について解説しています。二つの段階では四人の役者がおり、それぞれ、アイデアを起案して実現に向けて行動力を発揮する起業家、提案されたアイデアの具現化を行う実務家、ルーチン化された日

常業務をシステム化する管理者、そして、チーム全体の精神的な支えになるまとめ役です。創業期には、起業家と実務家が協力し合うことで事業を創出、拡大します。そして、成長期に入ると、実務家と管理者が協力し合って業務を安定させます。そこで問題になるのが、成長期における起業家の役割です。成長期においては、会社は、業務の安定に向けた内側の活動に力を入れる必要があり、新しい試みを同時に行うと社員は混乱をきたします。しかしながら、常に最先端の情報に触れ、顧客の一歩先のニーズへの対応や、競合他社への対策など、攻めの姿勢にある起業家にとっては、業務の安定などに時間を取られている場合ではありません。起業家は、常に新しい取り組みに向けて舵を切ろうとし、これこそが社内の混乱を引き起こすとともに、起業家である社長と、社員との溝を広げていき、事業は拡大するにもかかわらず、組織としてはコミュニケーション不全が起こるという状況に陥ります。こうした状況下においては、実務家と管理者が謀反を起こすか、あるいは、実務家と管理者が社内ルールを極端に厳格化して組織を硬直化させ、衰退させていきます。

　こうした新しい組織における混乱を避け、自律的に成長する組織に変革するためには、社内のシステム化を行う前に、三段階のプロセスが必要になります。最初の段階は、怒りの解放です。社員ひとりひとりが持つ不満や不信感に対し、リーダーたる社長が一対一の対話によって耳を傾けるとともに、どのような状況になれば満足か、それぞれの社員の想いを理解します。こうして怒りを解放した後、次の段階として、お互いの存在を認め合います。例えば、グッド&ニューという、毎日のポジティブなニュースを共有するワークや、承認の輪という、お互いに感謝の言葉をかけあうワークを行います。こうしたワークを続けるだけで信頼関係が生まれ、アメリカの校内暴力が絶えない学校にすら、チームワークが生まれたといいます。そして最後の段階は、第1章で紹介した、リッツ・カールトンが発祥のクレドによる企業理念の共有です[21-23]。クレドに記載された各項目を、単に社訓のように読み上げるのではなく、自

分自身の感想や体験を通した気づきとして共有することで、自分事としての落とし込みを行うことができます。

　以上の三段階を行うことによって信頼関係が構築されたうえで企業理念が共有されるので、自律的に、社内業務の仕組み化へのアイデアが生まれ、実行されていきます。停滞した組織においては、全員が疑心暗鬼に陥っており、生命知の循環を生み出すのに不可欠な、自分自身が自己不完結であるという自覚ができずにいます。そうした状況から、他者を活かす「道」を生み出すには、身体を使った承認の輪などのワークが有効に働きます。身体的に他者を受け入れる風土を創り出し、雪解けが起こることによって、お互いがお互いを活かしあい、組織としても個人としても成長に向かう生命知の循環が生まれるのです。

失敗に学べない日本企業のこれから

　昨今の日本企業の世界におけるプレゼンスの低下をみて、デジタル変革を国策として推進する必要性が強調されています。テック企業が次々に生まれ、デジタル技術を駆使することによってイノベーションを牽引するアメリカや中国企業をみて、日本は国策としてのデジタル変革が遅れている、という声があちこちで聞こえます。

　実際のところ、日本は、国策として多くのデジタル変革を推進するプロジェクトを実施してきました。しかしながら、その多くは跡形もなく消え去ってしまっており、私たちの多くの血税が文字通り水泡に帰しています。そうした歴史はあまり振り返られることはありませんが、歴史に学ばないことは、同じ失敗を繰り返すことにつながります。ここでは、日本の国策としての失敗プロジェクトとして代表的な、1980年代の「第五世代コンピュータ」と、2000年代の「情報大航海」と呼ばれる二つの国家プロジェクトについて紹介しながら、私たちが今学ぶべきことを考えていきます。

　1982年、世界は、1950年代の最初のAIブームに続く「第二次AIブーム」の真っ只なかでした。医師や弁護士など、高度な技能をもつ専門家（エキスパート）の知のすべてを集約する「エキスパート・マシン」こそが、次の世代のコンピュータのあるべき姿であるという世界の潮流に乗り、経済産業省の前身である通商産業省は、570億円という巨額の国家予算を投じ、オールジャパンのAIを開発しようとしていました[45-47]。

　通商産業省は、コンピュータのそれまでの進化を段階的に整理し、第一世代を半導体が発明する以前の真空管コンピュータ、第二世代を半導体部品であるトランジスタ、第三世代を、半導体を集積した集積回路（IC）、第四世代を、半導体をさらに集積した大規模集積回路（LSI）としたうえで、次世代の「第五世代コンピュータ」は人工知能（AI）であ

るとし、技術者の代わりにプログラム開発を行うAIそのものを実現するといった夢物語が語られました。そして、多くの人材が投入されたにもかかわらず、何の成果も得られることなく、本プロジェクトは、1994年に活動を終えることになりました。

　もしも、当時の通商産業省が失敗に学ぶ組織であれば、参加した企業や研究者とともに第五世代コンピュータの開発状況を整理しながら課題について論じあい、そのうえで、当初描いた第五世代コンピュータの理想像そのものを見直しながら、今、世界が最も必要とする新しいコンピュータのあり方を模索し、最良の手を打ち続けられたはずです。しかしながら、現実はその真逆に動きます。参加した企業や研究者のなかで「第五世代コンピュータ」は古傷として残り、その後は、「AI」という言葉を口にするだけで「非国民扱い」を受けるような状況が、近年のAIブームの直前まで続きました。失敗は、学びの教材としての意味を持つものではなく、決して触れてはいけないパンドラの箱と化したのです。

　AIをはじめとするデジタル技術開発に関する失敗事例は、枚挙に暇がありません。2006年、グーグル社の検索サービスをはじめ、世界の「新興企業」によって、かつて世界を席巻した日本の大手電機メーカーが市場を奪われるようになり、日本のものづくり業界は大きく動揺していました。「アメリカに負けてはいけない。オールジャパンで、勝てる検索エンジンをつくろう！」などと、さまざまな思惑のもと、日本の産業界は、経済産業省が中心となり「情報大航海プロジェクト」を立ち上げました[48-51]。大手電機メーカーがこぞって参画し、総勢50社ほどの民間企業を巻き込み、国家予算300億円を投入して「３年後にはオールジャパンの検索エンジンを実用化しよう」という計画でした（実際に投じられた金額は３年間で150億円）。

　そして、情報大航海プロジェクトもまた、残骸のような「情報大航海

プロジェクト・コンソーシアム」のウェブサイト以上の成果が得られることなく、幕を閉じることになります。もちろん、プロジェクト発足当時、経済産業省の担当者をはじめとする関係者は、「第五世代コンピュータ」プロジェクトの経緯についてはよく知っており、「第五世代コンピュータのようにはしない」ということを繰り返し説明していました。にもかかわらず、同じ失敗を繰り返してしまうのは、失敗から学びを得ること、すなわち失敗を糧にして成長を繰り返す、という組織ができていないことに起因すると考えられます。

　筆者は、これまで幾つもの産学官連携プロジェクトに参加してきました。数十人のものから百名を超えるものまでさまざまなプロジェクトがありましたが、参加者のほとんどが40代〜50代の企業の部長・課長クラスの日本人男性から構成されていました。もちろん、その中には、日本を代表する研究者やビジネスパーソンの方々も少なくありませんが、そこで発言される意見のほとんどは均質化されたものばかりであるだけでなく、未来へのわくわくした期待もなければ、危機感もありません。たとえ、ひとりひとりは、未来への危機感や展望を持っていたとしても、均質化の「空気」のなかにかき消されてしまい、自分が発言することによって、たとえ誤りがあったとしてもそこから学びを得、成長を繰り返そう、といったモチベーションを起こすことは容易ではありません。

　しかしながら、そうした停滞した状況であっても、個人にできることは少なくありません。自分でない他者は、必ず、自分にはない経験があり、自分にはない知識を持っています。自分自身が自己不完結な状態にあることを知っていれば、他者のこうした経験や知識がいかに重要であるかを発見できます。それによって、自分自身のなかに他者を活かす場が生まれれば、他者を主役にした物語を描くことができはじめます。本章でみてきたウォルマートの変革は、まさに、そのようにして、自社自身の自己不完結な状態を自覚し、他社を主役にすることによってもたらされました。自分自身の自己不完結な状態を自覚することは、停滞した

組織におかれた状況にあっても、個々人ができることであり、それによって他者を活かす「道」を創り出すことができれば、自ずと停滞した組織に生命知の循環が生まれるのです。

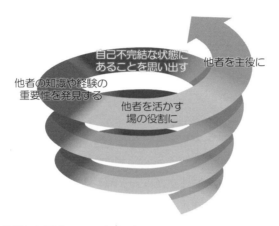

図表2-5　停滞した組織において個人が自己変革を生み出すイメージ

第 3 章

デジタル変革を
実践する生命知

第 ２章では、生命知の停滞が起こる組織に対して、心理療法における「自然（じねん）」という考え方を用いることで、再び生命知の循環が起こり、組織の活気が取り戻されるということをまとめました。これは、変化の激しいビジネス環境において、デジタル技術によって組織を変革するデジタル変革（DX）を必要とする多くの企業やビジネスパーソンにとっても重要な考え方です。しかしながら、いざ「自然（じねん）」による変革を実践しようとすると、わかっていても、停滞から抜け出せないということが頻繁に起こります。

　本章では、デジタル技術を伴った変革を妨げる三つのパターンを紹介しながら、それらを未然に防ぎ、生命知を発揮することによって、変革を実践するプロセスについて解説します。それは、生命知の流れを無自覚に堰き止めるパターン、顧客や従業員など関わる人の心を理解できないパターン、そして、ひとりよがりの思い込みに陥って現実を見誤ってしまうパターンです。

　これらのパターンとその対処法を知っておくことは、自分自身が変革の主体者となったとき、無自覚に変革を妨げることを未然に防ぐことにつながります。第２章で解説したように、たとえ生命知の停滞が起こっても、自らの自己不完結性を理解してさえいれば、それをきっかけとして、他者を活かす「道」を創り出し、お互いに信頼関係が生まれ、組織に活力を取り戻すことができます。しかしながら、人間は、知らず知らずのうちに、自らの自己不完結性を見失ってしまうものです。そうなったときに何が起こるのか、それを防ぐにはどういった手段があるかについて、まとめてみましょう。

無自覚に堰き止める生命知の流れ

　昨今のDXを掲げた取り組みは、組織経営におけるさまざまな問題を浮き彫りにしています。そのうちの最たる例のひとつが「表敬訪問」と揶揄される、日本企業のビジネスパーソンが無意識に行っている、組織経営を妨げる迷惑行為です[52-55]。今、多くの日本企業は、デジタル技術による変革の様子を肌で感じようと、社長以下の団体によって、アメリカのシリコンバレーや、中国の深圳のスタートアップ企業を訪問しています。そして、DXへのモチベーションが高まったと喜んで帰っていきます。ところが、ここに「一期一会」を大事にする日本文化を継承するはずの日本のビジネスパーソンにあるまじき失態があります。

　日本企業の団体を受け入れるスタートアップ企業は、協業によって自らの事業を大きく成長させようという狙いがあり、日本企業の訪問を歓迎することは少なくありません。限られた資金のなかで急成長を目指す彼らにとっては、ひとつひとつの出会いが真剣勝負です。しかしながら、もし、日本企業が「勉強になった」「機会があれば連絡します」などといってその後の約束もなく帰国したとしたら、彼らはどう考えるでしょうか。毎月のサラリーが約束された大企業のビジネスパーソンとは違い、スタートアップ企業にとっては限られた時間を何に費やすかで生死が決まります。彼らにとって、日本企業の団体に会うことそれ自体が投資なのです。そして、訪問があったにもかかわらず協業の提案がされなかったということは、彼らが投資した時間が無駄になったということです。このようなお互いにとってのビジネスの進展を考えない「表敬訪問」を経験したスタートアップ企業は、二度と再び門戸を開いてくれることはないでしょう。日本企業にとっては、表面上は「刺激になった」といって浮かれているかもしれませんが、その一方で、将来のパートナーというかけがえのないものを失ったことに気づいているのでしょうか。一度の出会いに誠心誠意を尽くすという一期一会の考えは、持続可能な事業を生み出すことを目的に世界中で必要とされています。しかしながら、

一期一会を蔑ろにする日本のビジネスパーソンは、世界のビジネスから取り残されているのです。

　DXに関する組織経営の失敗は、これだけではありません。AI（と呼ばれる機械学習をはじめとするアルゴリズム）などのデジタル技術に関する他社の成功事例をみて、自社でも同様のプロジェクトをはじめようとするパターンは、数多く見受けられます。もちろん、他社の事例に学びながら、自社の事業を改革していくことは、ビジネス環境の変化が激しい昨今であれば特に重要な姿勢ではあります。しかしながら、デジタル技術導入のプロセスを理解しないまま、まるで技術を「お買い物」のように考え、開発者や開発会社とのコミュニケーションに心血を注ぐことなく、依頼だけをして開発を丸投げしてしまうと、本来必要なものとは大きく異なるシステムが生み出されてしまいます。誰の役にも立たず、運用すらされない「AIらしきもの」はこうして生まれ、多くの企業の中で日の目をみることなく眠っています。

　昨今のAIやデータ分析を伴うプロジェクトはさらに複雑です。AIやデータ分析プロジェクトの失敗のほとんどは、AIやデータ分析が、統計的な手法を用いているということを理解していないことによって起こります。統計的な手法を用いる以上は、「100%の精度」を実現するのは理論上不可能であり、ある程度の誤差を許容する必要があります。これが、AIやデータ分析について不勉強ななかでイメージするものとかけ離れてしまうのです。

　例えば、あなたが今、さまざまな形のネジを製作する部品工場を経営しており、「現在、作業員が目視で行っている検品作業をAIによって自動化できないだろうか」と考えたとします。そして、AI開発を得意とする開発者に「製作されたネジが正しい形かどうかを判定してほしい」とだけを伝えるとすると、開発者は頭を悩ませてしまいます。もちろん、ある程度の精度のものであれば開発は可能です。しかしながら、どの程度の精度を求められているのか、どこにカメラを設置できるのか、依頼主はどの程度自分で汗をかいてデータを取るつもりがあるのかなど、不明点を明確にすることなしに、業務として引き受けることは困難なので

す。

　このような状況下において、もし良心的かつプロジェクトマネジメントにも長けた開発者がいるとすれば、あなたに対して、要件を明確にするように伝えるか、あるいは要件の明確化をお手伝いするか、要件が明確でないと判断してお断りするかを事前に行います。しかしながら、開発者は必ずしもプロジェクトマネジメント力を兼ね備えているわけではありません。卓越した技術力に強みを持つ開発会社や開発者のなかには、伝えられた情報のみで開発を進めることもあります。特に、「決まった形のネジを認識する」だけであれば、技術力さえあれば、（開発業務経験のない）中高生であっても実現することは不可能ではありません。そして、技術力だけを頼りにして作られたデモをみて「ちゃんと（ネジを）認識している！」と判断したあなたは、実際に作られたシステムの導入を決め、それまで目視を依頼していた作業員に別の業務を任せ、目視業務の人員削減を行ったとします。

　そして、いざシステムを導入してみると、あなたは、最初の想定との違いに愕然とします。決まった形のネジ以外を認識することはできず、また、決まった形のネジですらも、光の加減やネジを撮影する角度などを工夫しないと想定通りに認識しないということに気づきます。当然ながら、これでは目視業務を効率化することはできないどころか、業務全体に支障が生じます。そこであなたは、開発者に抗議をしてはじめて、「そのような使い方は想定に含まれていない」と伝えられ、最初に開発を依頼した段階で、自分自身が要件を正しく伝えていなかったことに気づくのです。

　さて、一見無関係にみえる表敬訪問とAI開発の二つの事例は、いずれも、「相手を尊重していない」という点で一致しており、一方の過ちを犯す人は、もう一方の過ちを犯すことが極めて多いのです。昨今、デジタル技術の進歩が著しいことは、多くの人が知るところであり、何らかの形でデジタル技術に携わろうとする人は少なくありません。しかしながら、ことデジタル技術に関しては、その裏側で何が起こっているのか、携わっている技術者がどのような業務を行っているのか、どのよう

にすれば円滑なコミュニケーションが可能なのかを「敢えて」知ろうとしないことが極めて多いのです。

　恐らくは、デジタル技術に関しては特殊な技能を持った専門家が扱うべきもので、素人の自分は何も知らなくて当たり前、という思い込みが、デジタル技術に明るいわけではない多くの人にとって無意識に存在するのではないかと考えられます。第2章で紹介したように、扱うものがデジタル技術であろうがなかろうが、業務フロー図（フローチャート）などを使うことで、関わる人や業務の全体像を理解することができます。それを知ろうとする姿勢なしに、技術者との信頼関係を構築することはできません。生命知を発揮するには、まず、自分自身の自己不完結性を自覚し、他者との信頼関係を構築しようとすることがはじまりであるということは、これまで述べてきた通りです。特にデジタル技術に関しては、知らず知らずに自分自身の自己不完結性に無自覚になる可能性があるということを知ったうえで、まずは知ろうとすることからはじめることが、無自覚に堰き止めている生命知の流れを創り出すうえで、極めて重要であるといえます。

生命知を堰き止める五つの問題

　無自覚に堰き止められる生命知の循環は、その構造を理解しておくことで、未然に防ぐことにも、組織の問題を解決していくことにもつながります。無自覚というものは案外に厄介なものであり、実際に問題が発生するまで気づかないということも少なくありません。実際に問題が発生したときに、その構造を知っておけば、自ら、解決に向けた道筋を描いていくことができます。発生する問題は、大別してコミュニケーションの問題、業務プロセスの問題、情報/データ連携の問題、情報/データ分析プロセスの問題、そして、意思決定プロセスの問題の五段階が考えられます。先ほどの一例である、ネジを認識するシステムの導入を円滑に進めるにあたって、堰き止めていた生命知の流れについての分析を行っていきましょう。

①　コミュニケーションの問題

　ネジを認識するシステムの導入におけるそもそもの失敗は、開発者に対する依頼の段階で、本来の目的である「現在、作業員が目視で行っている検品作業をAIによって自動化」するということを伝えていないことが発端といえます。開発者に丸投げするのではなく、どういった情報を伝えればどういう結果になるのか、開発者の立場に立ったコミュニケーションが必要であることはいうまでもありません。そして、そうしたコミュニケーションを行うにあたっては、今回の開発業務の全体像の把握と、そのための大前提となる自分自身の自己不完結性への理解が出発点となります。自らが自己不完結であることを知っていれば、何を知らなければならないのか、すべきことは何かなど、まず自分にできることは何かを考え始めます。そして、開発者に丸投げするという姿勢から、自分自身も学びを得て「一緒に考える」という姿勢を持ち始めることができます。

②　目的・業務プロセス設計の問題

　仮に開発者とのコミュニケーションが表面上は円滑だったとしても、多くの問題に直面する可能性が残っています。最初に目的としていた「現在、作業員が目視で行っている検品作業をAIによって自動化」するということが適切だったかどうかについては多くの検討の余地があります。今、作業員が行っている検品作業の工程がどのようなものであり、そのなかのどこを自動化し、どこを手作業とすべきなのかを検討することは、検品作業を知らない開発者には不可能であり、現在行われている作業工程を把握したうえで、理想の作業を描き直す必要があります。

　そこで問題となるのが、現在の作業を単純に自動化すればよいというものではない、ということです。作業員は、ネジについての知識が豊富にあり、どこをチェックすればその品質が保たれるかどうかを暗黙的に把握しています。そして、どのように身体を使えば効率よく作業が進むかを理解しています。しかしながら、人間にとっての効率と、機械にとっての効率は別物です。人間の行っている作業をそのまま自動化しようとすると必ず無理が生じます。前章で述べた「人と技術の共生」プロセスを思い出しながら、まず、現在の作業工程を（検品作業としての）業務フロー図にして開発者に伝え、そのうえで、開発者とディスカッションを進めながら、システムを導入したあとの理想的な業務プロセスを設計すること（システム導入後の業務フロー図を描くこと）が必要です。

③　情報/データ連携の問題

　目的・業務プロセス設計が適切になされていたとしても、まだ問題は山積みです。設計した目的を達成するために必要な情報/データが十分に集積され、利用可能な形で準備されていることが必要です。でなければ、目的が達成できるかどうかをデータで検証することも、目的を達成するために機械学習を行うこともできません。

　今回の場合であれば、目的を達成するためには「○○という条件下で○○の精度を達成する必要がある」という条件と性能を明確にする必要があります。そのうえで、条件を満たす画像データを準備することで、

ようやく性能の検証ができるようになります。このため、②で作成した
システム導入後の業務フロー図を使いながら、必要な情報・データを準
備していく必要があります。②で意識した「人と技術の共生」プロセス
は、ここでも活かされるのです。

④ 情報/データ分析・検証プロセスの問題

　目的を達成するためのデータが準備されていたとしても、その分析・
検証プロセスが不適切であれば、その性能を正しく評価することができ
ず、AIシステムを運用するに足るかどうかを判断することはできません。AIシステムの性能評価を正しく行ううえでは、統計的なものの見
方をとらえる必要があります。

　例えば、部品工場の経営者であるあなたが、AIシステムの運用担当
者から「（開発会社が）開発したシステムの精度が悪い」という話を聞
いたとします。そこで、開発会社に対して「運用担当者が、精度が悪い
と言っている」と伝えても、開発会社は何も判断ができません。元々想
定していた条件を満たすデータに対して、どれくらいの確率で問題が生
じているのか、その確率は開発時の想定と異なるのか、想定と異なると
すると具体的にどのデータによってそれを判断したのか、そういった状
況の分析がなければ、「精度が悪そう」という印象だけでは前に進めま
せん。抜け漏れのない、適切な状況把握が必要です。統計的なものの見
方ができれば、分析・検証プロセスを土台に、問題の全体像をとらえる
ことができ、関わる人だけでなく、システムやデータにも、寄り添った
姿勢でプロジェクトに臨むことができます。分析・検証プロセスについ
ては後ほど改めて説明します。

⑤ 意思決定プロセスの問題

　分析・検証プロセスまでが適切になされたとしても、まだ問題は起こ
り得ます。分析・検証結果に基づいた意思決定が適切になされなければ、
そもそも組織経営が適切になされません。例えば、収集するデータ量を
10倍にすればおよそ半年後にはAIシステムの精度が求める数値に達す

ることが明らかになったときに、データ収集の工数を割いてまで精度向上を行うことを最良とするのか、あるいは、システムの運用方法を再検討して分析し直す必要があるのかなどを精査して実行に移す必要があります。

　以上の問題は、すべて、生命知の循環が堰き止められていることによって生じます。そして、コミュニケーションの問題から順に循環を起こしていく、すなわち、コミュニケーションから順に変革を起こしていくことによって、ひとつひとつの循環を起こす土台が生まれ、自ずと問題が解決していくかのように、プロジェクトそのものがうまく回り始めます（**図表3-1**）。昨今、DXの失敗事例に関する多くの解説書には、こうした問題が事例とともに示されているものの、その問題の構造について論じられているものはあまり多くありません。自己不完結性にはじまる生命知の循環によって、他者を活かす「道」を創り出していくことが、変革に向けての道のりであるといえます。

意思決定の変革

情報分析の変革

情報/データ連携の変革

業務の変革

コミュニケーションの変革

図表3-1　共創コミュニケーションを土台にした変革の順序

みえない心の流れの俯瞰プロセス

　自己不完結性にはじまる生命知の循環は、他者と心をひとつにし、お互いを活かしあう「道」を創り出します。生命知が発揮されると、他者への信頼が生まれると同時に、自ずと未来が創造されます。他者と心をひとつにすることで、お互いの心の流れを感じ取ることができるようになります。しかしながら、ここまで述べてきたように、ことデジタル技術を用いたシステムの開発や導入となると、他者との心の通い合いが無自覚に失われがちです。こうした事態を未然に防ぐために、ここでは、マーケティングにおいて盛んに用いられる、カスタマージャーニーマップというツールを利用する方法を紹介します[56, 57]。

　カスタマージャーニーマップとは、カスタマー（顧客）のジャーニー（旅、すなわち行動）をマップ（図解）するためのツールであり、顧客が商品を購入するまでの行動や心理を理解するためのツールです。カスタマージャーニーマップは、顧客行動を段階的に分割し、段階ごとの顧客心理を理解することから、顧客の商品購入に至るプロセスだけでなく、ウェブサイトでのユーザー行動や、ジムなどの施設における利用者行動など、さまざまな人の行動とその裏側にある心理を理解するために利用することができます。

　カスタマージャーニーマップの作成は、八ステップによって実現できます。まず、どの商品・サービスに対し、どのようなシチュエーション（顧客が広告をみてから購入に至るまで、などの行動のスタートとゴール）に対するカスタマージャーニーマップを作成するのか、すなわちカスタマージャーニーマップのテーマ決めを行います。次に、代表的な顧客を意味するペルソナを設定します。このペルソナは、架空の人物を想像で描くのではなく、実在の人物を設定したうえで、その人の情報をなるべく細かく知ることが重要です。そして、テーマで決めた行動のスタートとゴールを幾つかの段階に分け、行動を洗い出します。その後、各行動の段階において、ペルソナとあなた（あるいは自社）が接するポイ

y

第3章　デジタル変革を実践する生命知

b

d

ント、すなわち顧客接点を明確にします。例えば、ウェブサイトや店舗を訪問する行動が顧客接点に該当します。そして、それぞれの行動におけるペルソナの感情を記載していきます。ここまでを行うことで、それまで想像していなかった顧客の感情を「自分事」として想像することができるようになります。

　一例として、化粧品サイトを訪問したユーザーのカスタマージャーニーマップを**図表3-2**に記します。ここに記載した「感情変化」には、ユーザーがサイトを訪問する前、そして、サイト訪問後にどのような感情なのかが記載されており、ユーザー側から化粧品サイトをみたときに、いかに不安な状態だったかを自分事として感じ取ることができるようになり、化粧品サイトの持つ課題を整理することができるようになります。ユーザーの心理を自分事として感じ取ることで、ユーザーと直に対話する際にも、そうでない場合にも、ユーザーに寄り添った考え方ができるようになり、それが信頼関係の構築につながっていくのです。

　カスタマージャーニーマップは、ユーザー心理だけでなく、業務を行う従業員の心理を理解するうえでも力を発揮します。先ほどのネジ工場の場合の、受注から出荷までの全工程の従業員心理（全工程を管理するマネージャーの業務とその心理）をカスタマージャーニーマップとして記したものが**図表3-3**です。これをみると、生産管理から出荷指示まで、心理的負荷が大きく、その原因として、業務がベテラン頼みになっており、若手社員がうまくリスク管理をできなかったり、生産現場にベテラ

図表3-2　化粧品サイトのカスタマージャーニーマップの例

ン社員がいない場合にミスが起こりやすいなどが挙げられています。こうした状況を考えると、この工場は、品質管理を行うAI開発を行う前に、生産から出荷までを管理するシステムを導入することこそが必要であるということがわかります。これによって、ベテラン社員の知見を全員で共有しながら、若手社員であってもシステムの力を借りながら管理業務を円滑にすることが可能です。カスタマージャーニーマップを利用することで、こうした社員の心理に寄り添う検討ができるようになると、経営者と従業員の信頼関係が構築され、停滞していた生命知の循環が生まれることでしょう。

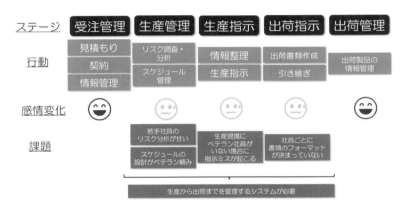

図表3-3　カスタマージャーニーマップを従業員心理の理解に用いる例

ひとりよがりの思い込みを排除する
仮説検証プロセス

　生命知の循環が起こる状態は、他者と心をひとつにすることから、論理よりも感情が重視されるものと誤解されがちです。しかしながら、実際は、自分自身の一時的な感情に流されることは、他者と共感しあい、心をひとつにすることと真逆の結果をもたらします。他者の感情を理解することによって、（勘違いなどによって生じていた）自分自身の一時的な感情から解放され、他者との心の壁が解かれ、文字通り心がひとつになる状態が実現するのです。

　この効果は、これまで繰り返し述べてきた、業務の全体像を把握するということについても同様です。業務全体像を把握することで、これまで、一部しかみえずにひとりよがりになっていた思い込みから解放され、業務を行うひとりひとりとの心をひとつにすることができます[58-64]。そして、全体像を把握するという観点で重要なものに、統計的な考え方による分析と、仮説の検証があります。統計的なものの見方ができなければ、そもそも全体像を把握することの重要性をつかむことができず、結果として、ひとりよがりの思い込みに陥ることで、生命知の流れを堰き止めることにつながります。一方、大まかにであっても、統計的な考え方ができていれば、現状を客観的にとらえ、自己不完結性を自覚するとともに、他者とともに信頼関係を構築し、生命知の循環を創り出すことができるようになります。

　統計的な考え方を知るために、まず、統計のもつ危険性を知ることからはじめましょう。例えば、近年、「若者の海外離れ」が問題になっているとします[65]。そこで、**図表3-4**の赤線のように、実際に20代の日本人の出国者割合を調べてみると、2000年以降、激減していることがわかります。これをみて、「若者の海外離れ」がデータで検証されたと判断するならば、あなたは「統計のウソ」に騙されてしまっています。統計データというものは、ウソを真実のように見せかける手段として頻繁に使われています。もし、「出国者のなかで20代の占める割合が激減して

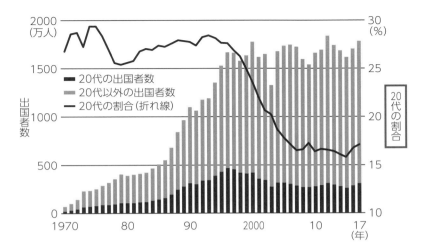

図表3-4　若者の「海外離れ」を示すグラフ

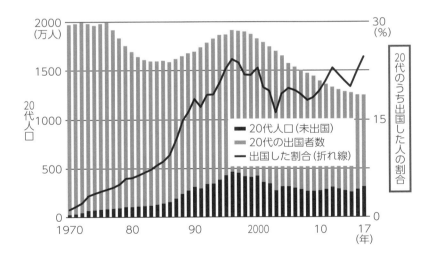

図表3-5　若者の「海外離れのウソ」を示すグラフ

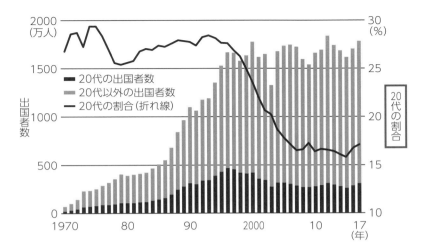

図表3-4　若者の「海外離れ」を示すグラフ

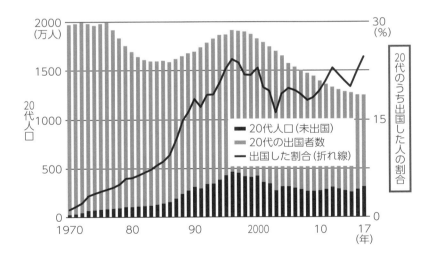

図表3-5　若者の「海外離れのウソ」を示すグラフ

第3章　デジタル変革を実践する生命知

111

いる」ことが「20代が海外に行かなくなっている」証拠とするならば、「（出国者以外も含めた）全員の20代が占める割合が一定」でなければなります。しかしながら、実際は、少子化の影響で、20代が占める割合そのものが激減しています。この事実を考慮し、20代だけに限定して、海外に出国している人の割合を計算し直したものが**図表3-5**の折れ線で示すグラフです。これをみると、むしろ、20代のうち海外に出国している人の割合は激増している、ということがわかるのです。

　この事例は、仮説としての「若者の海外離れ」を検証するプロセスであり、仮説検証のプロセスにおける四ステップをすべて備えています（**図表3-6**）。まず、「若者の海外離れ」という仮説を検証するにあたって、把握すべき「全体」を定義します。この場合であれば、仮説を検証するために必要な情報は、「若者」たる20代全員が、把握すべき「全体」として定義するに相応しいと考えられます。「若者」の分析を行いたい場合に、「全体」の中に「若者以外」が含まれてしまうと、誤った検証結果を導いてしまいます。このため、定義した全体が、仮説を検証するために必要な「全体」であるかどうかを検討することが重要です。

　次に、全体を定義できた後は、全体のデータを収集します。もちろん、国勢調査などの政府が公開しているデータ（オープンデータ）のように、すでに収集されているデータそのものを用いるのであれば、データ全体を把握することができます。しかしながら、例えば幼稚園の園児の情報を知りたいなどの場合は、ゼロからデータを収集する必要があります。こうした場合、必ずしも全員のデータを集められるとは限らず、ランダムに抽出した100人のデータをもとに全体を類推する、などという考え方を採用せざるを得ません。この場合、例えば、抽出した100人の平均値が同年代の身体特徴（身長や体重など）の平均値とほぼ一致するなどの証拠から、ある程度にランダム抽出できていることを確認しながら、同時に全体の情報は類推によって得たものであり、例外もあり得る、ということをも意識しておく必要があります。

　こうして、全体を把握できた後は、全体のうちの対象となる人や事象

の影響を把握します。「若者の海外離れ」の仮説検証に対しては、全20代の数のうち、「出国者数」が、年々どのように推移しているかを把握することになります。すると、さきほどの**図表3-5**のように、「若者の海外への出国者割合は増加している」という結論を導くことができ、「若者の海外離れ」が誤りであるという正しい情報を伝えて「若者の海外離れ」に対する政策を中断するように努めるなどの「対策」の実施につなげることができるようになります。

　この仮説検証のプロセスは、AIシステムの性能検証においても同様に用いることができます。開発したAIシステムが、当初想定していた性能と異なっているように感じた場合、まず、当初の想定を「全体」として定義し、「全体」を把握あるいは類推するために必要なデータを収集します。そして、そのデータを用いて、当初の想定通りでないものの割合がどれくらい含まれているかを、全体における対象の影響として評価します。例えば、ネジの形を認識するAIシステムであれば、「製作されたネジが正しい形かどうかを判定する」という目的に対し、それを類推するために必要なデータ（映像データ）を揃えることで、そのなかのどの程度が、想定通りに警告を発することができたのかを評価します。このときに、「九割はネジを正しく認識する」のであれば、AIシステム

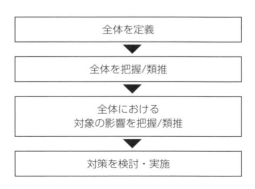

図表3-6 仮説検証のプロセス

だけで検品作業を行うことはできないにしても、検品作業を行う作業員の業務をサポートする役割を果たすことはできます。もちろん、こうした影響の把握がどの程度正しく行えるかは、収集したデータがどの程度全体を代表できているかに依存します。一部のデータから全体を類推するイメージを**図表3-7**に示します。大量の白玉/黒玉が袋に入っているなかで、黒玉の割合がどれくらい含まれているかを判断するには、白玉に偏った選び方をしてはいけず、なるべくよく振ってランダムに抽出する必要があります。同様に、ネジの映像データを収集する場合も、なるべく多様な条件でのデータ収集を行う必要があります。こうしたプロセスを経ることによって、AIシステムの評価や、データ分析結果への判断を、適切に行うことができるようになります。

　以上の仮説検証のプロセスを理解しておくことは、（エンジニアやサイエンティストにかかわらず）AIシステムやデータ分析に関わるすべての人にとって必要な考え方です。大まかにであっても仮説検証のプロセスを理解し、運用することさえできれば、エンジニアやサイエンティストと協力しあいながら、デジタル変革を進めていくことができるようになります。

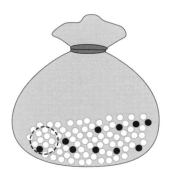

図表3-7　一部のデータから全体を類推するイメージ

無自覚な自己・組織を変革していくために

　昨今、デジタル技術を駆使した変革を繰り返すテック企業が世界を席巻するなか、日本企業はAIをはじめとするデジタル技術の開発や運用に対して遅れを取っており、「日本はAI後進国」などとする論調をあちこちで耳にします[66, 67]。こうしたAI開発・運用の遅れを背景に、政府もまた、いわゆる「AI人材100万人計画」といわれる「AI戦略」を推進しており[68]、小中学校教育に至るまで、プログラミング教育をはじめとするAIにつながる教育を導入しようとしています。しかしながら、本書のこれまでの議論を受けるならば、今、日本にとって必要なのは単純なAI人材ではなく、自己不完結性を自覚し、デジタル技術や、他者との信頼関係を構築し、生命知の循環を創り出していくことのできる人材なのではないでしょうか。

　21世紀に入ってデジタル技術が急速に発展すると同時に、脳神経科学を中心として、脳や人間心理への理解が急速に進んでいます。そして、人間心理の教えるところもまた、今、世界にとって必要な教育は、AIへの単純な理解を行う人材ではなく、他者との信頼関係を構築することのできる人材の育成であるということです。

　1996年に、イタリアの脳科学者であるジャコモ・リゾラッティは、手を握ったり、食べ物を口に運ぶ「運動」を司る脳部位である「運動野」の一部に、「ミラーニューロン」と呼ばれる神経細胞を発見しました[69-72]。この神経細胞は、単に自分自身が運動するだけでなく、他人が同様の行為を行っているのを「見ただけ」でも同じように反応することがわかったのです。これは、他人の行為を「自分事」のように感じる神経細胞として注目を集めました。

　リゾラッティはさらに研究を進め、ミラーニューロンが、単純に他人の行為をみているだけではなく、「行為の意味」をみているということを発見しました。例えば、食べ物を口に運ぶという行為に反応するミラーニューロンは、食べ物ではないただの立体を口に運んだときには反応

しなかったのです。これは、他人を「みる」ときに、他人の行為を単純に（客観的に）観察するのではなく、「今、食べ物を口に運ぼうとしている」というような、その行為の裏側にある目的・ビジョンをも理解することを意味しています。さらに興味深いことに、ミラーニューロンには、他人の感じる情動に対しても反応する「情動のミラーニューロン系」が存在することがわかり、他人の行為をみると、運動野のミラーニューロンから、情報系を経由し、内蔵反応に至るまでの一連のプロセスが反応するということがわかってきたのです。これは、他人の行為を「みる」という行為そのものが、他人の体験する「身体経験」そのものを追体験する行為に他ならないということであり、他人への「共感」や、「物語の共有」が起こる土台になっています。こうした他人の行為を自分自身の身体経験としてとらえる「ミラーメカニズム」そのものが、他者と共に生き、社会を形成するという人類にとっての文明形成の土台になっているということを考えると、社会を生き、社会を変革し、未来を創造するという、人類が太古の時代から繰り返してきた営みの根幹には、他者との物語の共創の力があるということが理解されます。そうした人類の営みを大きくとらえ、デジタル技術を適切に位置付けることができれば、社会は人間を豊かにする方向に変革されていくはずです。

　本章で論じた重要な視点は、生命知の流れは無自覚に堰き止められるということと、それを未然に防ぐためには、ひとりよがりの思い込みを排除し、全体像を客観的に把握することによって、他者との心をひとつにすることができるようになるということです。これは、「人と技術の共生」を別の視点で表現したものであり、論理的・統計的な考え方を前提とした技術を、全体像を把握する目的で用いたならば、ひとりよがりの思い込みは排除され、生命知の発揮につながっていくのです。本章の最後に、論理的思考と人間がもつ生命知が共に活かされることによって実現する、五段階の組織の変革プロセスについて解説します（**図表3-8**）。

　まず、多くの組織において、個々人に依存した散発的で偏ったコミュニケーションを、ツールと信頼関係による共創コミュニケーションに変

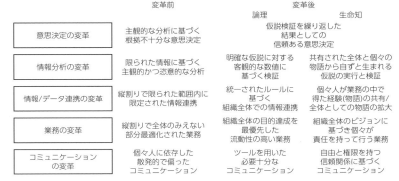

	変革前	変革後	
		論理	生命知
意思決定の変革	主観的な分析に基づく根拠不十分な意思決定	仮説検証を繰り返した結果としての信頼ある意思決定	
情報分析の変革	限られた情報に基づく主観的かつ恣意的な分析	明確な仮説に対する客観的な数値に基づく検証	共有された全体と個々の物語から自ずと生まれる仮説の実行と検証
情報/データ連携の変革	縦割りで限られた範囲内に限定された情報連携	統一されたルールに基づく組織全体での情報連携	個々人が業務の中で得た経験(物語)の共有/全体としての物語の拡大
業務の変革	縦割りで全体のみえない部分最適化された業務	組織全体の目的達成を最優先した流動性の高い業務	組織全体のビジョンに基づき個々が責任を持って行う業務
コミュニケーションの変革	個々人に依存した散発的で偏ったコミュニケーション	ツールを用いた必要十分なコミュニケーション	自由と権限を持つ信頼関係に基づくコミュニケーション

図表3-8　論理と生命知による五段階の変革プロセス

革します。次に、縦割りで全体のみえない部分最適化された業務を、目的とプロセス設計によって、また組織全体のビジョンによって、高い流動性を保ちながらも核になるビジョン・目的・プロセスを共有した業務プロセスに変革します。そして、縦割りで、ひとりひとりが限られた範囲内のみに責任を持つ情報連携を、組織全体での統一されたルールに基づく情報連携を行うとともに、個々人の物語を共有することによって刺激を受け合い、全体として物語が拡大していくような情報連携を行います。さらに、限られた情報に基づく主観的かつ恣意的な分析は、システマチックな仮説検証のプロセスを実行することによって、明確な仮説に対する客観的な数値に基づく検証を行うとともに、日々の業務のなかで実行に移すことで物語として結実させていきます。こうした仮説検証のプロセスのうえで、主観的な分析に基づく根拠不十分な意思決定は、仮説検証を繰り返した結果としての信頼ある意思決定に変革されていきます。

　もちろん、現実の変革は、必ずしも五段階で進むわけではなく、いくつかの段階が同時に進んだり、うまくいかずに立ち戻って自組織ならではの変革プロセスを見つけながら進んでいくものです。いずれにしても、無自覚に堰き止められる生命知の流れがあるということを知り、論理的思考によって全体像を把握することでそれに気づき、自己不完結性を自

覚することによって他者との信頼関係を構築していくことによって生命知が発揮されはじめれば、組織としても個人としても成長のスパイラルを描くことができるでしょう。

引用文献 ─────────────

[1] 安部 慶喜 他（著）　DXの真髄 日本企業が変革すべき21の習慣病　日経BP　2020
[2] ジェラルド・C・ケイン 他（著），庭田 よう子（翻訳）　DX（デジタルトランスフォーメーション）経営戦略　NTT出版　2020
[3] 金澤 一央 他（著）　DX経営図鑑　アルク　2021
[4] 西山 圭太（著）　DXの思考法 日本経済復活への最強戦略　文藝春秋　2021
[5] 石角 友愛（著）　いまこそ知りたいDX戦略 自社のコアを再定義し、デジタル化する　ディスカヴァー・トゥエンティワン　2021
[6] 則武 譲二（著）　戦略論とDXの交点:DXの核心を経営理論から読み解く　東洋経済新報社　2021
[7] ダイヤモンド社（著）　DIAMONDハーバード・ビジネス・レビュー 2017年6月号　ダイヤモンド社　2017
[8] ビル・ゲイツ（著），山田 文（翻訳）　地球の未来のため僕が決断したこと　早川書房　2021
[9] 田中 道昭（著）　世界最先端8社の大戦略「デジタル×グリーン×エクイティ」の時代　日経BP　2021
[10] J.C.R.Licklider（著）　Man-Computer Symbiosis　IRE Transactions on Human Factors in Electronics, volume HFE-1　1960
[11] 西垣 通 他（著）　思想としてのパソコン　NTT出版　1997
[12] ハワード ラインゴールド（著），日暮 雅通（翻訳）　新 思考のための道具:知性を拡張するためのテクノロジー ── その歴史と未来　パーソナルメディア　2006
[13] Jonathan Rasmusson（著），島田 浩二 他（翻訳）　ユニコーン企業のひみつ ── Spotifyで学んだソフトウェアづくりと働き方　オライリージャパン　2021
[14] L・デビッド・マルケ（著），花塚 恵（翻訳）　米海軍で屈指の潜水艦艦長による「最強組織」の作り方　東洋経済新報社　2014
[15] 野中 郁次郎（著）　アメリカ海兵隊─非営利型組織の自己革新　中央公論新社　1995
[16] 野中 郁次郎（著）　知的機動力の本質 - アメリカ海兵隊の組織論的研究　中央公論新社　2017
[17] 野中 郁次郎 他（著），梅本 勝博（翻訳）　知識創造企業　東洋経済新報社　1996
[18] 野中 郁次郎 他（著）　直観の経営「共感の哲学」で読み解く動態経営論　KADOKAWA　2019
[19] 野中 郁次郎 他（著），黒輪 篤嗣（翻訳）　ワイズカンパニー:知識創造から知識実践への新しいモデル　東洋経済新報社　2020
[20] 野中 郁次郎 他（著）　共感経営「物語り戦略」で輝く現場　日本経済新聞出版　2020
[21] 高野 登（著）　リッツ・カールトンが大切にする サービスを超える瞬間　かん

き出版　2005

[22] 高野 登（著）　リッツ・カールトン一瞬で心が通う「言葉がけ」の習慣　日本実業出版社　2011

[23] 高野 登（著）　リッツ・カールトンたった一言からはじまる「信頼」の物語　日本実業出版社　2013

[24] 松田雄馬（著）　人工知能の哲学：生命から紐解く知能の謎　東海大学出版部　2017

[25] 松田雄馬（著）　人工知能はなぜ椅子に座れないのか: 情報化社会における「知」と「生命」　新潮社　2018

[26] 山口 栄一（著）　イノベーションはなぜ途絶えたか: 科学立国日本の危機　筑摩書房　2016

[27] 落合 陽一（著）　日本再興戦略　幻冬舎　2018

[28] 豊田 長康（著）　科学立国の危機: 失速する日本の研究力　東洋経済新報社　2019

[29] 河合 隼雄（著）　心理療法序説　岩波書店　2009

[30] 清水 博（著）　〈いのち〉の自己組織: 共に生きていく原理に向かって　東京大学出版会　2016

[31] 稲葉俊郎（著）　いのちを呼びさますもの：ひとのこころとからだ　アノニマ・スタジオ　2017

[32] 稲葉俊郎（著）　いのちは のちの いのちへ：新しい医療のかたち　アノニマ・スタジオ　2020

[33] 磯野 真穂（著）　なぜふつうに食べられないのか: 拒食と過食の文化人類学　春秋社　2015

[34] ダイヤモンド社（著）　週刊ダイヤモンド18年8月25日号 平成経済全史30　さらばレガシー、その先へ　ダイヤモンド社　2018

[35] パナも撤退、「日の丸半導体」凋落　30年間で見る影なく惨敗　日本経済新聞　2019.11.28　https://www.sankei.com/article/20191128-ZYCNUHCBDNJAJAFJUBCTMKHC5E/

[36] 三輪晴治（著）　日本半導体産業の発展と衰退　世界経済評論IMPACT　2021.05.24　http://www.world-economic-review.jp/impact/article2159.html

[37] 日本の半導体はなぜ沈んでしまったのか？　ニューズウィーク日本版　2018.12.25　https://www.newsweekjapan.jp/stories/world/2018/12/post-11458_1.php

[38] 国産OS「BTRON」が日米の貿易問題になった1989年　日経XTECH　2019.06.05　https://xtech.nikkei.com/atcl/nxt/column/18/00215/060300034/

[39] 坂村 健（著）　DXとは何か 意識改革からニューノーマルへ　KADOKAWA　2021

[40] 30年目の 「ノーベル賞受賞者を囲むフォーラム」　読売新聞　2017.06.12　https://www.yomiuri.co.jp/fukayomi/20170609-OYT8T50022/

[41] 細川 義洋（著）　システムを「外注」するときに読む本　ダイヤモンド社　2017

[42] 沢渡 あまね 他（著）　ここはウォーターフォール市、アジャイル町 ストーリーで学ぶアジャイルな組織のつくり方　翔泳社　2020

[43] 沢渡 あまね 他（著）　業務改善の問題地図　〜「で、どこから変える？」〜進まない、続かない、だれトク改善ごっこ　技術評論社　2020

［44］神田　昌典（著）　成功者の告白　講談社　2006

［45］古川　康一 他（著）　第五世代コンピュータ入門　オーム社　1987

［46］第五世代コンピュータ・プロジェクト 最終評価報告書　電子計算機基礎技術開発推進委員会　1993.03.30　https://www.jipdec.or.jp/archives/publications/J0005062

［47］第五世代コンピューターは“黒歴史”か　日経XECH　2015.07.15　https://xtech.nikkei.com/dm/article/COLUMN/20150610/422584/

［48］情報大航海プロジェクト・コンソーシアム – 情報大航海コンソーシアム　経済産業省　2007.04.16　http://www.igvpj-cons.org/

［49］情報大航海プロジェクトへの批判と経産省の回答　日経XECH　2006.12.12　https://xtech.nikkei.com/it/article/COLUMN/20061206/256126/

［50］平成19〜21年度 情報大航海プロジェクト　経済産業省商務情報政策局情報処理振興課　2011.01.07　https://www.meti.go.jp/policy/tech_evaluation/c00/C0000000H22/110107_jyouhou1/07-2.pdf

［51］国産検索エンジン開発が頓挫した先にあるもの　ITemediaエンタープライズ　2013.02.01　https://www.itmedia.co.jp/enterprise/articles/1302/01/news021.html

［52］表敬訪問は嫌われる　会話は「等価交換」で　日本経済新聞　2014.04.13　https://www.nikkei.com/article/DGXNZO69518410X00C14A4X12000/

［53］シリコンバレーで嫌われる日本企業の「後出しジャンケン」体質　DIAMOND ONLINE　2017.08.26　https://diamond.jp/articles/-/150308

［54］エストニア視察の日本企業が急増。「とりあえず」視察は社員の福利厚生にしかならない　BUSINESS INSIDER　2018.09.20　https://www.businessinsider.jp/post-175458

［55］日本企業の視察受け入れ「メリットない」　米中で嘆き　朝日新聞デジタル　2019.06.01　https://www.asahi.com/articles/ASM5W416HM5WULFA00N.html

［56］James Kalbach（著），武舎 広幸 他（翻訳）　マッピングエクスペリエンス ―カスタマージャーニー、サービスブループリント、その他ダイアグラムから価値を創る　オライリージャパン　2018

［57］加藤 希尊（著）　はじめてのカスタマージャーニーマップワークショップ（MarkeZine BOOKS）「顧客視点」で考えるビジネスの課題と可能性　翔泳社　2018

［58］松田雄馬 他（著）　AI・データサイエンスのための 図解でわかる数学プログラミング　ソーテック社　2021

［59］下山 輝昌 他（著）　Python実践データ分析100本ノック　秀和システム　2019

［60］清水誠　データ分析 はじめの一歩：数値情報から何を読みとるか?　講談社　1996

［61］豊田秀樹　違いを見ぬく統計学：実験計画と分散分析入門　講談社　1994

［62］和達三樹 他　キーポイント確率統計　岩波書店　1993

［63］松下貢　統計分布を知れば世界が分かる：身長・体重から格差問題まで　中公新書　2019

［64］オリヴィエ・レイ 他　統計の歴史　原書房　2020

［65］20代出国者減＝海外旅行離れ?　データで世界を正しく見る　日経クロストレンド　2019.02.14　https://xtrend.nikkei.com/atcl/contents/

watch/00013/00237/

［66］多田 和市（著） AI後進国 ニッポンが危ない！ 脱出のカギはディープラーニング人材の育成　日経BP　2018

［67］日本「AI後進国」の危機感を　ソフトバンクG孫正義氏　日本経済新聞電子版 2019.07.27　https://www.nikkei.com/article/ DGXMZO47884170X20C19A7EA1000/

［68］AI戦略 2019〜人・産業・地域・政府全てにAI〜　内閣府/統合イノベーション戦略推進会議決定　2019.06.11　https://www.kantei.go.jp/jp/singi/ai_senryaku/pdf/aistratagy2019.pdf

［69］ジャコモ リゾラッティ 他（著）,茂木健一郎（監修）,柴田裕之（翻訳）　ミラーニューロン　紀伊國屋書店　2009

［70］開 一夫 他（編集）　ソーシャルブレインズ:自己と他者を認知する脳　東京大学出版会　2009

［71］マルコ イアコボーニ（著）,塩原 通緒（翻訳）　ミラーニューロンの発見:「物まね細胞」が明かす驚きの脳科学　ハヤカワ・ノンフィクション文庫　2011

［72］クリスチャン キーザーズ（著）,立木 教夫 他（翻訳）　共感脳: ミラーニューロンの発見と人間本性理解の転換　麗澤大学出版会　2016

第二部

生命知がもたらす
デジタル社会の
人間らしさ

第 一部では、現代のデジタル社会において、生命知を発揮しながら未来を創造するための考え方を論じてきました。生命知の観点から「人と技術の共生」のあるべき姿、すなわち、人と技術が共に成長する姿を考えると、人は、自らの自己不完結性を補い、他者との、そして技術との信頼関係を構築することによって、お互いを活かし合う物語を創造できます。同時に、無限の可能性を持ちながらも人の命令なしには動作しない技術は、人からの信頼、そして、人からの働きかけがあってはじめて、人と共に未来を創造していきます。人と技術は、お互いに信頼し合ってこそ、成長し続けるものなのです。

　第二部では、人と技術の信頼関係を前提としたデジタル技術のあるべき姿について、四つの大きな視点から論じていきます。まず、秩序をもたらし人間らしさを発揮させるという視点について論じたうえで、身体とその創造性を切り拓く可能性という視点について紹介します。そして、創造性への新たな視点としての身体拡張とニューロ・テクノロジーという視点を紹介し、業界ごとの未来経営を可能にするという視点を論じます。いずれの視点も、生命知を前提とし、人間らしい身体の創造性を発揮する可能性を展開するという意味で、デジタル技術への新たなとらえ方を可能にすることを目指し、論を展開していきます。

第 **4** 章

デジタル変革による
秩序がもたらす
人間らしさ

20 世紀の終わりにアメリカのカリフォルニア州で創業したグーグルは、その優れた検索エンジンに留まらず、私たちの生活そのものを一変させました。企業は、グーグルの検索結果に表示される広告に出稿することで、精度の高い顧客獲得を実現し、一般ユーザーは、それによって今まで知り得なかった情報を知ることができるようになりました。グーグルは、ひとりひとりの把握し得る小さな世界を大きく広げました。

　しかしながら、世界では今、グーグルをはじめとするテック企業が、人間が本来持つ「創造性」を奪っているとして問題視されはじめています。デジタル世界そのものを「創造」したといってもいいグーグルが、私たち人間の創造性を奪うとすれば、それはどういうことなのでしょうか。その一方で、画一的な社会のように感じられる中国では、信用経済の浸透によって、「人間らしい」他人を信じられる社会が実現しはじめています。また、エストニアをはじめとするデジタル先進諸国では、デジタル行政などが進み、「お役所仕事」に生活の時間を取られることのない「人間らしい」社会が実現しています。

　デジタル技術は人間らしさを奪うのか、それとも人間らしさを発揮するのか。グーグルがもたらしたデジタル変革をとらえ直すことで、その両側の側面がみえてきます。本章では、グーグルが行ったことを振り返りながら、デジタル変革のもつ、人間らしさを発揮する場合もあれば、奪う場合もあるという二つの側面を理解したうえで、生命知を発揮するデジタル変革のあり方について、世界の事例とともに探究していきます。

グーグルの実現した人間らしさと、
奪われていく私たちの創造性

　デジタル変革、すなわちデジタル技術による事業や社会の変革を論じるうえで、グーグル誕生前後で何が起こったのかを知っておくことには大きな意味があります。グーグルが行ってきた世界に対する変革を理解することによって、今、世界中で起こっているテック企業による変革の意図とそのメカニズムがわかります[1-4]。

　グーグル誕生前のインターネットの世界は、個人が発信する些末な日記から、大学や研究機関などが発信する貴重な情報に至るまで、玉石混交の創作物で溢れかえっていました。こうした混沌としたインターネット世界に秩序を与えていたのが、ヤフーをはじめとするポータルサイトでした。ポータルサイトの分野別に整理されたコンテンツの一覧を辿ることで、当時のインターネットユーザーは、自分にとって必要な情報の手がかりを知ることができました。そして、それらをひとつひとつチェックしていくことで、時には時間をかけて、情報収集を行っていました。そうした時間のかかるウェブサーフィンを瞬時に行うことを可能にしたのが、グーグルの検索エンジンです。

　グーグルは、ヤフーなどのポータルサイトのように、人間が行う分野別の分類では、ひとりひとりにとって必要な情報を提供するのは不可能と考え、人間ではなく、アルゴリズムの力にすべてを委ねる道を選びます。ユーザーが指示したキーワードに対し、そのユーザーが最も必要とする情報源にたどり着くには、そのキーワードを含むページのうち、最も多くのリンクが貼られているページを「よいページ」と考え、「ページランク」という指標の高い順に情報を提示するという考え方を採用します。その根本は、あるキーワードを指示したユーザーが求めるサイトを、リンク数などの「多数決」で評価する、民主主義の考え方でした。

　人間の主観を排除し、民主主義を基本としながら情報システムを設計していく思想は「データ民主主義」と呼ばれ、今ではテック企業の「当たり前」とされています。グーグルもまた、ページランクを基本的な考

え方としながらも、そのアルゴリズムを改善していくにあたって、Aという案とBという案のどちらを採用するかを、その双方を試したうえでアクセス数が伸びた方を選択するA/Bテストを繰り返しながら、「よりよい」アルゴリズムが見出されていきます[5]。

グーグルに注目が集まりはじめた21世紀初頭から、グーグル社員は、インターネットそのものを擬人化し、「こういう姿になりたいという意志をインターネット自身が持っている」と考え、その意志に導かれるように技術開発を行うといいます。インターネットが意志を持ち、人間の主観には遥かに及ばない「知」を実現しようとするその姿からは、グーグル誕生前の玉石混交の創作物で溢れかえる混沌とした世界に対して、インターネットならではの「秩序を形成する」という明確な姿勢を感じ取ることができます。

グーグル社員が重きをおく「インターネットが持つ意思」は、情報で溢れかえった混沌とした世界のなかで溺れようとする私たちを秩序によって解放し、あらゆる情報へのアクセスできることによって平静を取り戻させ、新たな情報によって新しいものを生み出す「人間らしい」創造的な生き方をもたらしてくれました。

その一方で、グーグルは、私たちの持つ「人間らしさ」を奪ってしまったという指摘が、同時になされています。それは、グーグルの思想の根本には、この世界の混沌には、人間の持つひとりよがりの思い込みがあり、データの力で思い込みを排除することができるというゆるぎない考え方があるということです。グーグルの指摘する通り、人間の思い込みは、社会を誤った方向に導く力があり、排除する必要があるということには間違いありません。データという考え方が重要視されていなかった中世ヨーロッパにおいては、人間の思い込みが「魔女狩り」などの悲劇を生み出しました。こうした悲劇から世界を救ったのは、まさにデータを分析することによって、人間の誤った思い込みを排除しようとする近代科学です。魔女狩りのような社会現象でなくとも、私たちは、日々の生活のなかで、多くの思い込みに遭遇します。グーグルは、そうした人間の思い込みを排除し、データの力によって遥かな高みを目指す「デ

ータ民主主義」こそが、世界に唯一の秩序をもたらすと考えています。

　たしかに、中世から近代への歴史の流れを考えると、データ民主主義は、一見正しそうにも感じます。しかしながら、データ民主主義は、「人間らしさ」を見誤っていることから生じる大きな矛盾をはらんでいるのです。

　データ民主主義を考える上で見落としてはならない視点は、彼らが基本とする「データ」そのものが「人間行動」であるということです。人間は、自分自身のおかれた環境によって、その行動を変えます。ポータルサイトであれば、玉石混交の混沌とした環境のなかから自分にとって有益な情報のありかを嗅ぎつける嗅覚を鍛えなければなりません。その一方でデータ民主主義を根本原理とする検索サイトを用いる環境に慣れていれば、大多数が良しとする情報を常に目にすることになり、自ずと、大多数が賛同していれば正しい、という刷り込みがなされていきます。有益な情報のありかを嗅ぎつける嗅覚の代わりに、大多数と同じ行動を取る行動が身につくようになるのです。この行動の成れの果てとしては、古代ギリシアの民主主義が陥った「衆愚政治」があります。古代ギリシアの民衆が、大多数が求める「パンとサーカス」という刹那的な快楽にのみ関心を持つようになったように、インターネット空間は、キャッチーな画像・映像や、刺激的な見出しだけの中身の薄い記事などで溢れかえっています。データ民主主義は、真実をみる目を曇らせる人間の思い込みという厄介なものを排除したと同時に、「人間らしい」創造的な行為そのものを混乱せしめていることは、見落としてはならない重要な問題です。

　データ民主主義が奪う人間の創造性においてわかりやすい考え方として「フィルターバブル問題」があります[6, 7]。これは、データ民主主義による「パーソナライゼーション」が引き起こします。インターネットユーザーひとりひとりにとってより適した情報を提供するために、グーグルの検索エンジンだけでなく、フェイスブックなどのSNSは、ひとりひとりの行動履歴をもとに、表示する情報を決めるパーソナライゼーションという手法を採用しています。これによって、自分がみる情報が、過

去の自分自身によって決められてしまうため、ユーザーは、知らず知らずのうちに、自分がみている世界が「世界のすべて」であると感じるようになってしまいます。このように、パーソナライゼーションによって判別（フィルタリング）された世界に、ユーザー自身が閉じ込められてしまう様子を「フィルターバブル」といい、知らず知らずに、自分の世界を広げていこうとする創造的な行為を阻害するものとして、問題視されています。

　データ民主主義は、グーグル以前のインターネット黎明期において、玉石混交の情報で溢れかえった混沌とした世界に対し、秩序を与えることには成功しました。玉石混交という「病」に対し、適切な医学モデルによって対処したといえます。しかしながら、データ民主主義は、人間が本来持つ創造性、すなわち、まだ見ぬ世界に対する好奇心から、自分自身の力で世界を広げていこうとする「人間らしさ」を奪っているといえます[8, 9]。人間が本来持つ好奇心によって自ずから、その創造性を発揮していくためには、人間らしさを発揮する自然（じねん）モデルによるアプローチが何よりも必要であるといえます。これは、データ民主主義が残している大きな課題である一方で、デジタル変革が世界中で起こっている今、少しずつ解かれはじめている問題でもあります。ここからは、世界のデジタル変革が見出しはじめている「人間らしさ」について考えていきます。

アリババの実現した良識ある社会と、中国社会のアタリマエ

データ民主主義は、インターネット世界だけでなく、現実世界の混沌に対しても秩序を与えてきました。その新しい秩序は、無秩序な古代世界に文明をもたらしたプロセスにも似ており、「経済圏」と称されることもあります[10-14]。

世界最大級オンラインショッピングモール通販サイト「淘宝（タオバオ）」を代表にした中国のテック企業であるアリババは、データ民主主義をさらに発展させたビジネス展開を実施しています。データを分析することで新たなビジネスを創造し、新たなビジネスによって収集するデータを拡大し、それによってさらに新たなビジネスを創造する、成長がさらに成長を生み出す「データエコシステム」を築き上げています。アリババのデータエコシステムもまた、グーグルが行ったように、混沌とした世界に秩序を与えることから始まりました。

アリババの創業は1999年です。グーグルの誕生とほぼ同時期に、中国浙江省にて産声を上げます。既にシアトルでインターネットに出会い、中国初のインターネット企業である中国黄頁（イエローページ）を立ち上げた馬雲（ジャック・マー）は、中国の混沌とした小売業そのものに秩序をもたらします。当時の中国の人々は、無数にある個人商店のような小さな店舗で買い物をしていました。それは「商売」といえるものではなく、露店のような店舗が無数にあるような無秩序なものでした。街には当然のように偽札が横行しており、人々は安心して買い物ができる状況ではありませんでした。そうした状況のなか、馬は、個人商店が出店できるオンラインショッピングモール「淘宝（タオバオ）」を2003年に立ち上げました。さらに、売り手にとっても買い手にとってもお金や商品を持ち逃げされるなどの状況が起こらないように、オンライン決済プラットフォーム「支付宝（アリペイ）」を立ち上げ、信用のおけるオンライン取引を実現しました。

アリババは現在、世界時価総額ランキング10位となる5700億ドルを超

える巨大企業であり、オフラインをも組み合わせた広域なプラットフォームビジネスを展開していることから、「一党独裁の中国の国策によってAIビジネスを拡大してきた」などという想像がなされがちです。しかしながら、偽札が氾濫し、有象無象の個人商店がひしめき合っている中国の様子を知ると、オンラインショッピングモール上での店舗や商品に対する評価や、安心して決済ができるオンライン決済が、混沌とした社会にどれほど秩序を与えてきたかがわかります。アリババは、オンラインサービスを軸にして、安心して商売ができる社会基盤を作り上げたといえるのです。

　日本や他国と比較しても極めて人口が多く、歴史的に、役所や役人の目が届かない（あるいは賄賂によって役人を買収できる）ことが当たり前の中国社会では、（親族以外の）他人を信じることは「正直者が馬鹿をみる」行為であり、理にかなうものではありませんでした。こうした背景のなか、アリババは、「芝麻（ジーマ）信用」という、ひとりひとりを評価するスコアを開発しました。ひとりひとりを評価すると聞くと、日本の感覚からすると、監視されているようにも感じます。しかしながら、正直者が馬鹿をみる中国においては、自分が行った善行に対してスコアが上がり、それを他人に見せられるということは、自らの信用を高めることにつながります。芝麻（ジーマ）信用の導入によって、中国では、人々がよい行動を目指すように、行動様式が変化しています。社会そのものが無秩序であったがゆえに、中国は、アリババによって秩序をもたらされたといえるのです。

　アリババのもたらした社会変革は、一党独裁の中国の国策によるものではなく、無秩序な中国社会をデータの力によって変革し続ける「データエコシステム」の形成によって、なされたものに他なりません。そして、データエコシステムは、単純に技術のないところに技術を導入するだけではうまくいきません。無秩序な社会で何が起こっており、どういった秩序があれば、人々が安心することができるのかを検討することによって、はじめてデータエコシステムはその入口に立つことができます。人々の気持ちを知ることが、変革を持続的に起こし続ける出発点なので

す。

　アリババは、その変革のプロセスを四段階によって説明しています
（**図表4-1**）。まず第一段階は、混沌とした市場に秩序を与える「オンラ
イン市場の構築」だったといいます。アリババ創業時、中国は、オンラ
イン市場のない「真空状態」でした。その状態に対し、信頼できる決済
システムが秩序を与えたのです。そして、第二段階は、「協調的ネット
ワークの構築」でした。タオバオを介して商売を行っていたプレイヤー
（個人商店）が肥大化するに伴い、その役割が分かれていきます。例え
ば、出店者にサポートサービスを提供するサービス・プロバイダーとし
ての役割や、インターネットに不慣れな人向けの講師の役割です。素人
くさい自撮り写真の魅力的な女性が店舗の顔となり、ブランドとしての
価値を持ちはじめたことによる「ウェブセレブ」も登場します。こうし
た自然発生した様々な役割のプレイヤーが活躍し、それぞれが協調した
ネットワークを築けるようにコーディネータとしての役割を、タオバオ
は担ったのです。

　ここまでのアリババの変革は、あくまで売り手と買い手、売り手の中
のさまざまな役割という、多くのプレイヤーを結びつけるネットワー

図表4-1　アリババの変革プロセス

ク・コーディネーションでした。この後の変革を理解するうえで重要な
のは、ネットワーク・コーディネーションを適切に行うにあたっては、
よりよいコーディネーションを行うための適切なマッチング・アルゴリ
ズムの仕組みが必要であるということです。これには、グーグルの行っ
た検索キーワードと情報源とのマッチング・アルゴリズムの開発と同様
に、それぞれのプレイヤーに対するマッチング・アルゴリズムの開発・
改良が不可欠です。この開発のプロセスにおいて、プレイヤーごとの生
のデータだけでなく、マッチングを行ううえでのプレイヤーの評価など、
プレイヤーやネットワークを理解し、制御する高度なアルゴリズムが生
まれます。彼らはこれを「データ・インテリジェンス」と呼び、これを
きっかけにして、プレイヤーを評価してマイクロローンなどの融資を行
うなど、データ・インテリジェンスを用いたビジネス「スマートビジネ
ス」を展開し始めます。こうしたスマートビジネスの始まりが第三段階
であり、第四段階には、スマートビジネスに本格的に着手、ソーシャル
メディアの立ち上げや世界進出など、飛躍的な成長を遂げます。

　グーグルがインターネットの意思に基づくデータ民主主義を実現して
いるのに対し、アリババは、よりデータの向こう側の「人」に着目し、
データを通じて発掘される新たなサービスを展開する、人により重きを
置いたデータエコシステムを形成していることが特徴的です。アリババ
をはじめとした中国のデータ利用のあり方は、昨今、データを用いたビ
ジネスにおいて苦戦を強いられている日本企業にとっても学ぶところが
大きいところです。中国においてデジタルビジネスを展開するコンサル
タントの藤井保文は、著書『アフターデジタル２』のなかで、中国企業
からみた日本企業のデータ利用の問題点を指摘しています[14]。

　日本企業のなかには、使いもしない情報をユーザーに入力させ、その
データをアップセルやクロスセル（購入した商品に対して組み合わせて
使うことのできる商品の購入を促すなどのセールス手法）にのみ用いる
ことは少なくありません。そうした現状に対し、ある中国企業幹部は、
この現状を、ユーザーが提供してくれたデータを自社の利益にしか用い
ないことは、ユーザーにとって不義理であり、ユーザーから信任されず、

愛想をつかされてしまうと断言するといいます。データを単なるデータとして捉えるのではなく、その向こう側の「人」に着目したうえで、その人が今どのような状況で、どのようにすれば価値を感じてもらえるかを考えないと、ユーザーに愛され、選ばれ続けることはありません。ユーザーが感じている混沌とした状況をデータによって把握し、秩序を与えることによって、ユーザーの混乱を救おうという姿勢があり、そのうえで、適切な施策を講じることができるならば、ユーザーから選ばれ続けるとともに、データエコシステムとしての成長が起こり続けるはずです。

　中国という巨大な市場は未だ発展途上であり、アリババの展開するデータエコシステムが成熟を迎えた際に、現在と同様に発展を続けるということはないかもしれません。しかしながら、商売において「人」に着目したうえで、その人が置かれた混沌とした状況に秩序を与えることで信任が得られ、愛され続けるということは、時代を問わずに重要な考え方であるということを、アリババは教えているのではないでしょうか。

エストニアのデジタル行政にみる
参画意識の重要性

　2020年にはじまったコロナウイルス感染症の流行は、私たちに、社会インフラとしてのデジタル技術の重要性を広く認識させました。コロナ禍であっても、テック企業をはじめとするIT関連企業の成長は衰えるどころか、むしろその勢いを加速させています。その一方で、本来、感染症対策の中心となるべき日本の行政のデジタル基盤に関しては、脆弱さが浮き彫りになりました。感染者との接触を知らせるアプリで見つかった不具合は何か月も放置され、ワクチン予約システムにも障害が起こるなど、行政のITリテラシーの低さが社会に大きな影響を与えました。日本の行政におけるデジタル化が進まず、煩雑な手続きが横行し、コロナ禍であるにもかかわらず「紙文化」を手離そうとしない、非効率的で硬直した組織の様子は「ブラック霞が関」などと揶揄され[15]、その対応が急がれています。

　その一方で、20世紀末より、行政のデジタル化に着手し、今や「電子立国」として世界から注目されている国があります。1991年にソビエト連邦からいち早く独立を果たした北欧の小国、エストニアです[16-19]。約4.5万㎢、九州と同じくらいの国土に、人口約130万人という、沖縄県の人口にも満たない少数の人口が点在しており、独立当初から、いかにして社会基盤を築くかということは大きな課題でした。未だ国そのものがないという混沌とした状況のなか、社会基盤という秩序を与えるべく、注目されたのが、当時黎明期であったインターネットであり、発展しつつあるデジタル技術でした。

　エストニアは、コミュニケーションツールSkypeを開発していたスカイプ・テクノロジーズ社を輩出したスタートアップ国家であり、平均賃金も旧ソビエト連邦のなかで最も高いことが知られています。また、そのデジタル行政は、議員や職員の透明化の役割を果たしており、汚職がなく、脱税の心配もありません。日本のマイナンバーカードのように、ちぐはぐな運用をすることはなく、情報公開が進み、政治家の不透明な

動きは国民が厳しく追及することから、行政システムへの高い信頼が得られています。もちろん、ITリテラシーが十分でない国民も少なくありませんが、そうした人々に対して、アナログな対応を取るのではなく、ITが取り扱えるようにサポートするという姿勢も特徴的です。

　こうした信頼の高いデジタル行政を運用できているのは、何よりも、ソビエト連邦から独立した1991年の混沌とした状況に対し、自分たちで秩序を作らなければならないという国家運営に対する主体的な姿勢によるものと考えられています。そうした姿勢は、個人情報に関する議論ひとつをみても、日本との違いは明確です。日本では、個人情報にアクセスするためのマイナンバーカードに対する根強い反対意見があり、「個人情報が抜き取られる可能性がある」など、リスクに対して保守的な姿勢を取ります。しかしながら、自分たちで国家運営を行う必要性に迫られたエストニアでは、「個人情報の漏洩を防ぎながら国家運営していくにはどのような仕組みがベストなのか」という主体的な姿勢を取らざるを得ません。現状を変えないことを良しとする日本の行政とは異なり、変化することを前提として、ひとつひとつの問題に対して主体的に向き合いながら、信頼性のあるシステムを段階的に実現していけば、「デジタルは紙より信用できる」ということが当たり前になります。問題が解決されたシステムにおいて管理されたデータは、間違いを起こし得る人が管理する紙よりも遥かに安全なのです。

　エストニアの電子政府は、政治の透明性を確保するだけでなく、政治への市民参加を後押ししています。国民参加型のポータルサイトがあり、国民の意思を政府に伝えるとともに、新たな法案やアイデア、批判のための会議を立ち上げることもできます。市民が公聴会に参加でき、法案の審議がどこまで進んでいるのかを検索することも可能です。もちろん、住民登録、土地登記などの行政サービスはすべてシステム上で行うことができ、諸々の手続きのために待たされたり、数日間かけて書類の郵送を行ったりといった手間のかかることはありません。

　2020年3月にWHOがパンデミックを表明してすぐ、エストニアの起業家たちの呼びかけにより、オンラインハッカソン「Hack the Crisis」

が開催され、20か国から1000人以上が参加し、感染症対策に向けたアイデアがいくつも実現しました[20]。デジタル行政の基盤だけでなく、その主体的な姿勢によるアントレプレナーシップ（起業家精神）を多くの国民が共有するからこそ、時々刻々と変化する国際情勢に対しても柔軟に対応し、新しい取り組みを次々に実施することができるといえます。こうした電子立国エストニアの姿勢は、ソビエト連邦から独立した後の混沌とした状況に対して自ら秩序を与えようとする主体性が基盤にあります。もちろん、この主体性が世代を超えて受け継がれる保証はなく、長い年月が経過したときに、エストニアが今のような先進性を持つとは限りませんが、自らの主体性によって国家という秩序をつくり上げたエストニアから学ぶべきものは少なくないのではないでしょうか。

デジタル技術と人間らしさ、
そして創造性とは何か

　本章では、グーグル、アリババ、エストニアの三つの事例を通し、社会インフラを提供する「プラットフォーマー」と呼ばれる企業や国家が生まれるまでのプロセスについて概観してきました。彼らに共通するのは、デジタル技術によって、混沌とした状況から秩序をもたらしたということです。

　プラットフォーマーとなるまでに成長するには、一般的には、顧客の潜在的なニーズを把握し、ニーズを満たすサービスを提供する必要があるなどといわれます。それ自体は、確かに誤っていません。しかしながら、「ニーズ」という視点では、社会全体の混沌とした状況という大きな視点に着目することができず、小さなサービスに留まってしまいがちであり、社会そのものをデジタル変革しようという思いにまでには至りません。

　日本という社会基盤の整った国にいると、この世界が如何に混沌とした状況にあるかを見落としてしまいます。しかしながら、たとえ日本国内で生まれ育った人であったとしても、例えば怪我をして車椅子生活をはじめてみるなどすると、普段とは全く違った景色がみえてきます。店に入ろうとしても段差があって入れなかったり、道路に思わぬくぼ地があったり、また、車椅子への理解がある人がほとんどおらず、何をするにもゼロから説明する必要に迫られたり。こうした異なる視点で世界をみると、如何にこの世界が混沌としており、新しい秩序が必要であるということを意識させられます[21-23]。

　この世界の混沌とした状況を理解するには、生物からみた世界を知るとその本質に迫ることができます。1963年、アメリカのヘルドとハインという二人の心理学者によって行われた2匹の子猫を使った有名な実験は、生物からみた世界の混沌と、秩序を見出すプロセスを教えてくれます[24]。「ゴンドラ猫」と呼ばれる彼らの実験は、歩けるようになったばかりの2匹の子猫（生後8〜12週）を、1日3時間、**図表4-2**のような周

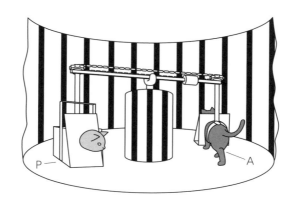

図表4-2　ゴンドラ猫の実験

囲を縦線で囲まれた装置の中に入れ、互いにつなぐことによって行いました。片方の猫（A）は自分で動き回ることができ、もう片方の猫（P）はゴンドラの中に入れられていて、自分で動き回ることができません。ゴンドラは、自分で動ける方の猫の動きと連動し、点対称の動きをするような仕掛けになっています。つまり、2匹の猫のみている景色はまったく同じ縦線の繰り返しであり、唯一の違いは、自分の意志で動いているかどうかだけでした。この唯一の違いが2匹にもたらした結果は、非常に興味深いものでした。

　この装置から解放された2匹の猫に、ある視覚テストを行ってみると、驚くべき事実が明らかになりました。自らの意思で動き回ることのできる「能動的な」猫の視覚は、正常に機能しました。つまり「世界を知覚する」ことに支障をきたすことはありませんでした。一方、ゴンドラに入れられ、自らの意思で動くことを禁じられた「受動的な」猫は、見ようとする行為自体を行えたものの、視覚刺激に対する反応をすることができませんでした。つまり、受動的な「ゴンドラ猫」は、空間認識能力が正常に機能せず、モノにぶつかったり、障害物を避けることができなかったり、リーチも不適切であったり、という状態だったのです。

　ゴンドラ猫の実験は、私たちが普段当たり前のように行っている「も

のをみる」すなわち「世界を認識する」という行為が、生まれ持って得た能力ではなく、自分自身の身体を使って主体的に動くことによって身についた「秩序」だということを教えています。人間も含め、生後間もない赤ん坊は、そもそも視力が悪く、ほとんどものをみることができません。視力は、カメラのピントを合わせるように考えられがちですが、ピントを合わせる前に、見たものが自分にとって近いかどうか、ぶつかりそうかどうか、どれくらいの距離にあるのかといった、自分との関係については、実際に自分の身をもって経験することなしに身につけることができません。自らの身体による経験なしには、この混沌とした世界に意味を見出すことができないのです。もし、自分の身体を動かすことによってものをみようとすると、「なるほどこれだけ踏み込むと景色はこのように動くのか」「自分のこの動きに対して近くのエサはこれだけ動くのか」「エサのにおいがこの辺でしていたが、それは、視覚によって認識されるこれだったのか」など、視覚情報と自分自身の身体運動との関係における「秩序」を、ひとつずつ見出していくことができ、やがては自分の力で世界をみることができるようになります。これは、自らの身体経験によって時々刻々と変化する世界に秩序を（恣意的に）見出すという、生物が生きるために獲得した「創造性」の原点であるといえます。

受動的なゴンドラ猫は、能動的に動く猫によって動かされることはできていました。これは、グーグルによって与えられる情報を鵜呑みにするのと同じ状況かもしれません。与えられた情報が世界のすべてであると誤解することなく、自らの力で情報を咀嚼し、自分自身もまた情報をつくり出しながら世界と相互作用することを行っていれば、ゴンドラ猫のように世界をみることができなくなるという状況は避けられるはずです。さらに、アリババに参画するプレイヤーや、エストニアの国家運営に携わる国民のように主体性を持つことができれば、自分自身もまた、秩序を作る側として、その創造性を発揮していくことができるはずです。デジタル技術は、人間や生物が本来持つ「創造性」という人間らしさを奪うものでもあり、また、後押しするものでもあります。このデジタル

社会のなかで人間らしさを発揮していくことができるかどうかは、自身
の主体性に委ねられているといえます。

第 **5** 章

デジタル変革の
歴史が見落とす
身体と創造性

デジタル変革の動きを短期的にみると、これまでのビジネスのあり方が通用しなくなり、先のみえない時代に突入したようにも思えます。しかしながら、生命知を理解していると、変革を繰り返すことそれ自体が、生命が成長し続け、生き続けていくことそのものであるということがわかり、社会の変化が、より人間らしいものに成長を続けていくようにみえてきます。

実際、人類の歴史を読み解いてみると、その文明の起源そのものがデジタル変革だったことがわかり、デジタル変革とは何かということが理解できます。こうした歴史の流れを理解すると、昨今、紙に記載されたアナログ情報をデジタル情報に置き換える「デジタル化」だけではデジタル変革とはいえず、人類の知的創造におけるデジタル変革のあり方が理解できます。

その一方で、人類の歴史とともにあったデータ処理に基づくデジタル変革の先に、人間ひとりひとりの能力を凌駕したアルゴリズムの出現を予期する「データ至上主義」という考え方が、今、世界では懸念されています。これは、一時、世間を賑わせた「AIが人間の仕事を奪う」という世俗的な懸念とは一線を画し、人類のあり方そのものである、デジタル技術の発展のもつ意味が問われているといえます。実際、グーグルの開発者らは、インターネットの、そしてデジタルの意思に従って研究開発を進めており、その先には、明確に人間を凌駕するデータ至上主義を是とする考え方があります。こうした考え方は、日本ではなじみが薄く、ユダヤ・キリスト教文化圏の影響を強く受けた考え方であり、日本の文化圏で育った人々からすると、別の視点で未来をとらえられる可能性があります。そして、そのキーワードが、これまで論じてきた「人間らしさ」であると筆者は考えています。

本章では、人類の歴史におけるデジタル変革の意味を整理することからはじまり、そこから必然的に生まれるデータ至上主義という考え方の構造を理解しながら、日本という視点の可能性を模索し、デジタル変革と人間らしさとの接点について、考察していきます。

デジタル変革のはじまりとしての
データ処理、そして数理計画

　デジタル変革、すなわち、単にアナログ情報をデジタルのそれに置き換えるだけでなく、デジタル化することによって事業や社会の仕組みを変革する行為には、二つの方向性があります。ひとつは、すべてをコンピューティング・システムによって代替するというものであり、もうひとつは、「人と技術の共生」を行うというものです。これは、前章で扱ったインターネット黎明期におけるグーグルとヤフーの検索エンジンに対しての考え方であるととらえるとイメージしやすいかもしれません。人手による分類を良しとするヤフーに対し、グーグルはすべてをアルゴリズムに委ねるデータ民主主義の道を選び、その結果として市場を独占するに至りました。この考え方そのものに対する是非が今、世界では問われています。デジタル変革のあるべき姿は、すべてコンピューティング・システムに委ねるべきなのか、それとも人間との共生を行うべきなのか。その答えを探るためには、デジタル変革の原点ともいえる人類史のはじまりに遡る必要があります。

　デジタル変革の中核を担うコンピューティング・システムの起源は、人類が「言語」を扱うことに始まったと、イスラエルの歴史学者、ユヴァル・ノア・ハラリは指摘します[25, 26]。人間の認知能力の限界として、直接安定的な関係を維持できる人数は150人程度であるということが指摘されています。しかしながら、「同じ文化を共有する」「同じ宗教を信仰する」など、神話や物語といった「虚構」を共有することによって、柔軟に協力しあう関係を構築でき、150人を遥かに超える規模の文明を持つに至ったのではないかとハラリは推測します。そして、人間の認知能力を遥かに超える人数を管理する際に、古代シュメール人の発明として「書記体系」と呼ばれるデータ処理システムが生まれたといいます。書記体系は、住民の税の支払いなどを管理する目的で使用され、現代でも、都市計画の中核としての役割を担っています。

　書記体系のもたらすインパクトを説明するうえで最も重要な考え方の

ひとつが「数理計画」と呼ばれるものであり、税金の徴収額など、目的を最も効率よく達成するための基礎数学です[27-30]。例えば今、痩せた土地と、農業に適した肥えた土地があり、後者の土地にほとんど農民がいないとするならば、前者の土地にいる農民を移り住まわせたほうが、より多くの収穫が期待できます。このように、人的リソースの配置によって生産量をコントロールでき、その結果として、税収はコントロールできるようになります。こうした計算を行う数理計画の中でも特にシンプルな手法で計算できるものを「線形計画」と呼び、都市計画や資源の配分を決めるための手法となっているだけでなく、経営工学やオペレーションズリサーチといった名称で、企業や国、自治体といった大きな組織の経営を行うための根本的な計算手法として知られています。

　線形計画は、20世紀のアメリカの映画の中での「現在、大企業を、そして世界を動かしているのは線形計画法である」「ソ連の指導部は、今やマルクス経済学ではなく、線形計画法を使って政策を決めている」という台詞が示す通り、企業や国の経営にとってなくてはならないものです。情報を「書記体系」によって収集し、企業や国といった組織の目的を達成するために最適なリソース配分を「数理計画」によって行います。これによって、組織にとって最良の個人の行動は自動的に決められるようになります。もちろん、組織にとって最良の行動が、個人にとっても都合のよい行動であるとは限らず、組織と個人の利益が相反する場合もあります。そうした場合は、組織の目的を、その組織にとっての収益最大とするのではなく、「組織の収益と個々人の満足度の和」を最大とするなどの方法によって、個々人の行動は、本人にとっても、また組織にとっても都合がよいように決めることができます。このように、組織としての目的を、どのような関数（目的関数）によって表現するかについては、それぞれの組織の哲学が反映されることにはなりますが、現在のように、何度でも試行しながらデータを蓄積することができるのであれば、AかBかいずれの目的関数が優れているかは、両方を試行して結果を比較するテスト、すなわちA/Bテストによって決着がついてしまう場合も多々あります。

数理計画は、個々人の欲求も含めて目的関数という数式の上で表現することによって、すべての人にとって最適な行動を決定することができます。そして、目的関数は、A/Bテストを繰り返すなど、データを蓄積することで、より適したものに改善できます。データを蓄積し、目的関数を改善し続けることで、数理計画は、あらゆる人にとって（その人が考えるよりも）優れた意思決定を行うことができる可能性があります。すなわち、情報を蓄積し、目的関数を改善し続け、最適な意思決定を行うコンピューティング・システムは、やがては人間を超えるアルゴリズムを生み出す可能性があります。このようにデータによって生み出されたアルゴリズムに意思決定を委ねることを是とする考え方を、ハラリは「データ至上主義」とし、これによって、人ひとりひとりに価値がなくなってしまうことを懸念しています[31, 32]。

　データ至上主義という考え方によると、人間ひとりひとりの持つ経験は、それ単体では意味がありません。しかしながら、それは、コンピューティング・システムによって共有されることで、データとしての意味を持ち、アルゴリズムやコンピューティング・システムそのものを改善し、豊かにすることに貢献するという意味で価値を持つといいます。実際、グーグルの検索エンジンは、検索エンジンそのものだけでなく、ひとりひとりから発信される情報を、欲する人と結び付けることで価値を提供しており、発信される情報が増えれば増えるほど、検索エンジンの価値は高まります。昨今、「シェアリング・エコノミー」などと呼ばれ、個々人の知識や所有物を共有することで（個々の価値はほとんどなくとも）全体として価値を生み出すという考え方[33, 34]は、データ至上主義が生み出す必然といえます。

　こうしたデータ至上主義を是とするのであれば、デジタル変革のあるべき姿は、人間ひとりひとりの経験を無価値としたうえで、データに基づいて最適なアルゴリズムを模索することが最良となります。実際、人間ひとりひとりの経験が無価値であるかどうかに関わらず、データによってより適した方法を模索することは、私たち人類が長い歴史の中で築き上げてきた近代科学の根本的に重要な考え方であることには間違いあ

りません。一方、人間ひとりひとりの経験に何らかの価値があるとするならば、デジタル変革は、コンピューティング・システムによる意思決定を超える可能性があります。その鍵を握るのが、「身体」による情報の創造です。

データ至上主義が見落とす身体と創造性

　データによってアルゴリズムを改善することそれ自体が近代科学の根本的な考え方である一方、コンピューティング・システムに個々人の意思決定のすべてを委ねることを是とし、個々人の経験そのものを無価値とするデータ至上主義は、人間が身体を通して情報をつくり出すプロセスを理解できていません。

　筆者は、これまでの著作において、人間は、身体を通して情報を創造し続けることによって生きていくことができるとし、データ処理との根本的な違いを論じてきました[35-37]。前章で解説した「ゴンドラ猫」のように、自分自身の身体を能動的に動かそうとすることを行わなければ、世界を認識することすらできなくなります。すべての人がそれを行うならば、誰ひとりとして情報を創造する人はいなくなり、データを集積するコンピューティング・システムは、データによる改善ができなくなります。データ至上主義は、こうして、生きていくことそのものができなくなるのです。

　こうした現象は、既に、デジタル変革の失敗として、いたるところで見られています。前章で紹介したエストニアの電子政府に対比し、日本が行政のデジタル変革に失敗したという評価が頻繁になされています。元デジタル改革相の平井卓也は、日経BPの書籍『なぜデジタル政府は失敗し続けるのか』のなかのインタビューで、2020年の新型コロナウイルスの大流行における日本の政策を「敗戦」とし、その原因を分析しています[38]。平井は、日本ほどの通信インフラを持たない国がITで成果を上げている一方で、日本が過去のインフラ投資やIT戦略を役立てることができなかったのは、「国民起点でデジタル化を考えていなかった」ことが原因であると考えています。エストニアには、旧ソ連から独立したばかりの混沌とした状況のなか、自分たちで国の秩序をつくり出さなければならないという能動的な「参画意識」が中心にありました。その一方で、日本政府の根本的な発想は、「政府から国民に（意思決定を）

下ろす」、すなわち、国民をゴンドラ猫のように扱うというものでした。国民起点とは、国民ひとりひとりが、能動的に政策に参画する、すなわち、政策に則って新型コロナウイルスに対処することであり、そのためには、データ至上主義が見落としている、人間の、身体を通して情報をつくり出すプロセスを理解する必要があります。

　身体を通して情報をつくり出すことは、それ自体が、世界を認識することです。ゴンドラ猫が世界を認識できなかったのは、情報をつくり出すことができなかったからであると説明することもできます。例えば、人間が「椅子」を認識する状況を考えます。私たちは、椅子を認識する際に「背もたれがあって」「四脚で」などという形状の特徴そのものを思い浮かべがちです。しかしながら、形状の特徴は、「背もたれがない椅子もある」「四脚でない椅子もある」などという例外を必然的に伴います。椅子を認識する際に重要なことは、椅子は、「座る」という行為を達成させるに足る物体であるということです。

　座るという行為を達成するためには、身体が必要です。人間は、身体を持っているからこそ「疲れたときに座る」「作業をするときに座る」「リラックスして人と話をするために座る」など、各々にとっての行為を達成することができ、それ自体が、行為の「目的」と考えることができます。

　私たちは、「椅子を認識する」以前に、「身体」を持ち、自分自身の人生という「物語」を生きています。この「物語」は、自分自身が今存在している「場」と表現されます。例えば、「山道をひとりで歩き続け、くたくたになり、一服したいと思っている」という物語の中に自分が位置づけられているとします。その中で、ひとつの「岩」を見たとします。その人は、何を意識するでもなく、その岩に腰をかけるでしょう。これが、「山道を歩いてくたくたになっている」という物語の中に、その「岩」が位置づけられた瞬間です。くたくたになったその人にとって、岩の材質が玄武岩であろうが花崗岩であろうが、山頂から転がってそこにあるものであろうが誰かが持ってきたものであろうが、ひとまずは関係のない話です。その人にとっては「山道を歩いてくたくたになってい

る」という物語の中に「腰かけるために手ごろな岩があった」ことが重要であり、そのときはじめて、その岩と人が、「腰をかけられるもの」と「腰をかけるもの」という関係を作り出すのです。さらに、そこに岩があり、腰を掛けて一服することができたことによって、その人の物語は変化し、新たな関係が作り出されることでしょう。椅子を認識するということは、このように、物語の中に「関係」が創り出されるということであり、それがまさに「意味を見出す（創り出す）」ということ、さらにいうならば、「自分の人生を生きるということ」です。

　自分の意思で、自分自身の人生という物語を生きることなしに、椅子という物語における関係は創り出せず、椅子という意味を創造すること、すなわち、椅子を認識することはできません。これが、ゴンドラ猫が世界を認識できなかった所以であり、日本政府の「敗戦」の根本原因です。これこそが、人間が生きるという生命の成長を行ううえでの身体の役割であり、創造性の原理なのです。データ至上主義は、ひとりひとりが生きることそのものともいえる創造性を奪うものなのです。

　データ至上主義への批判の一例として、ドイツ・ベルリンの「グーグルキャンパス」への反対運動が挙げられます[9]。2016年、グーグルは、地元のスタートアップを支援するキャンパス（インキュベーション・ハブやコワーキングスペース、カフェなどが併設された施設）を設立する計画を発表しました。すると、ベルリン住民からは強い反発が起こり、街中に "Let's stop the Google campus" などという文言の貼り紙が貼られ、「反グーグル」を売りにしたアンチ・グーグル・カフェまでが登場し、グーグルは、キャンパス設立を断念せざるを得なくなりました[39, 40]。

　アメリカの投資家であり、エコノミストであるジョージ・ギルダーは、著書『グーグルが消える日』において、グーグルを「（データ至上主義を実現する）世界システムを開発し、実現した史上初の企業」としたうえで、「世界はグーグルの決定論的発想に耐えられなくなっている」と指摘します[8]。近代科学の基礎を作った17世紀の科学者アイザック・ニュートンの物理学は、宇宙には物理法則という唯一の基本法則があり、

その法則にしたがって世界は動いていると考えます。物理学にしたがうならば、人間もまた、物理法則にしたがう物体であり、人間社会もまた同様です。物理法則のみを是とするのであれば、人間の意思決定を含むすべての現象は、予め決定しているものと考えられ、そうした発想は「決定論的」発想と呼ばれます。そして、決定論的発想の行きつく先はデータ至上主義であり、人間は、そして社会は、世界の情報を集約して意思決定を行う「世界システム」にのみ意思決定を依存して生きればよいことになります。ギルダーは、そうした決定論的発想に、世界は耐えられなくなっているとしたうえで、「無味乾燥な決定論的発想には、人間の意識や創造性の入る余地はない」としています。

　決定論的発想と、その帰結としてのデータ至上主義は、人間が、身体を通してのみ情報を創造し続けることができ、それによってのみ、生きていくことができると考えることによって、（単に否定するのではなく）論を発展させることができます。グーグルの「世界システム」は、人類の発展のプロセスにおいて必然的に生まれたものであり、身体の役割と、創造性の原理を理解することによって、人類はさらに発展することができます。そして、これによって、デジタル変革への理解が一段深まることになります。

身体と創造性が切り拓く学習して成長する
持続可能な社会像

　身体によって実現される創造性は、デジタル変革において、コンピューティング・システムに並び立つ、中核とされるべき考え方といえます。デジタル変革において、コンピューティング・システムと、それを用いたデータ分析は、医学モデルとしての役割を担い、組織の意思決定において中核的な役割を担います。それと同時に、個々人の身体によって発揮される創造性は、自然（じねん）モデルとしての役割を担い、人間のもつ潜在的な能力を呼び覚まします。このように、身体による創造性は、デジタル変革において大きな可能性を持つにもかかわらず、未だ、ほとんど注目されておらず、手つかずの「ブルーオーシャン」といえます。

　デジタル変革としての重要性がほとんど認識されていない身体による創造性は、医学においては重要な位置づけを担っています。医学モデルによる治療ではなく、自然（じねん）モデルに踏み込んだ治療法と位置づけることができるバイオフィードバック療法は、身体の健康状態を、投薬などによる治療ではなく、患者自身でコントロールするという考え方に基づいて開発されました[41-43]。

　バイオフィードバック療法は、筋緊張度、皮膚の表面温度、脳波、脈拍など、身体の生理的活動を、装置を使ってモニタリングし、患者自身がその活動を確認することによって実現します。モニタリングの方法は、画面を使って波形をみるというよりはむしろ、閃光や音など、さまざまな手段によって、その変化がわかりやすいようなものを採用します。患者は、モニタリングのできるバイオフィードバック装置を身体に取り付け、音を聞いたり光を見たりすることによって、常に自分の身体活動の状態を知ることができます。例えば、身体をリラックスさせたいとき、本当にリラックスできているかどうかを、常に、身体活動の状態を見ながら知ることができるので、身体を動かしながら、その活動の変化を確かめられるのです。これによって、自分の身体活動を理想に近づけていくことが可能なのです。これにより、心拍数を減少させたり、血流量を

増減させたりなどができるだけでなく、脳波すらコントロールできるようになるといいます。

　自分自身で身体をコントロールできるということは、当然ながら、医者にいわれるがまま、ただ薬を飲み続けて様子をみるということはなくなります。ただ健康状態を維持するだけでなく、自分自身にとっての理想の身体能力を手に入れることすら可能になります。例えば、スポーツや、外国語会話の習得など、身体を用いる活動すべてが変革する可能性を秘めているのです。

　バイオフィードバックに代表される、身体による創造性の発揮は、身体を通して「身につける」学習を繰り返し、成長していく個人をつくり出し、それによって「老いる」ことなく成長し続ける、持続可能な社会を実現する原動力となり得ます。しかしながら、そうした社会への変革を成し遂げるためには、現在の社会が医学モデルに大きく偏っており、自然（じねん）モデルとの両輪が必要であるということを理解するだけでなく、自然モデルとしての、身体による創造性の原理を理解したうえで、デジタル技術と人間の役割を位置づけなおす必要があります。

創造性のメカニズムが導き出す人と
デジタル技術の共創のあり方

　身体による創造性の原理を理解していれば、バイオフィードバックによる効果が期待できることは想像に難くありません。そして、昨今は、バイオフィードバックが生じる際、脳を中心とした身体内部で何が起こっているのか、そのメカニズムをも、詳細に理解されています。「アクティブタッチ（ハブティクス）」と呼ばれるそのメカニズムは、デジタル技術の、人が学習し成長するプロセスにおける役割、すなわち、人とデジタル技術の生き方（ライフスタイル）の共創のあり方を描き出します[44, 45]。

　アクティブタッチ（ハブティクス）とは、私たちが、触ってものの感触をつかんだり、性質を知ったりしようとするときに、自分の意思で身体を動かす行為（タッチ）を意味します。この、自分で触ろうとする能動的な意思が、ものを知覚するのに重要な役割を担うことは、ゴンドラ猫の実験によって明らかにされていました。アクティブタッチの仕組みは、次のようなものであると考えられています。

　今、あなたの左上に、触れることのできる対象物があるとします。これに触れて手を動かすと、受容器と呼ばれる熱や圧力などを知覚する細胞の器官によって、対象物が信号としてとらえられます。それらの信号は、まず、大脳の体性感覚野という領野に届けられ知覚されます。その感覚を得ながら、同時に手先を動かすことを考えるとします。この「手先を動かす」という手先への指令そのものが、さきほど得た信号を知覚する際にも用いられます。指令そのものが、信号を知覚する際に利用される仕組みは、指令自体が遠方にコピーされているようにみえることから「遠心コピー」と呼ばれています。そして、遠心コピーの仕組みがあるからこそ、手がブレるなどして予測できない動きをしたせいで、予測とは異なる信号を受け取った際にも、そのブレを感じることなく手先からの信号を知覚することができます。すなわち、運動指令の情報が感覚野にも伝わり、感覚そのものを調整しているということです。その後、

行動の指令が大脳から発せられることで、どのような運動をするのかが決められ、それによって手先が動かされます。このように、私たちは、手を動かし、それによって感覚を得、それを受けたうえで次の行動を決める、といったサイクルによって、運動と知覚を一体のものとしています。身体を通して外の世界を知るということは、それらが協働して初めて可能になるのです。

　遠心コピーによるアクティブタッチの仕組みは、バイオフィードバックの枠を超え、身体や脳に対して適切なアシストを行うことで、「身体で覚える」「身につける」ことをデジタル技術によって実現する具体的なプロセスを教えています。手を動かし、それによって感覚を得、それを受けたうえで次の行動を決める、といったサイクルによって、運動と知覚を一体のものとする一連のプロセスのなかで、自分にはできなかった力強い手の動かし方をアシストする「ロボットスーツ」があったならば、その補助を受けながら、徐々に理想的な身体の使い方を身につけることができます。得る感覚が増幅され、精密な感覚の違いを理解することができるならば、徐々に自分自身の感覚を研ぎ澄ませることができます。さらに、意思決定して行動を起こすまでの一連の動きをアシストされ続けたならば、理想的な意思決定すらも身につけることができる可能性があります。このような、デジタル技術の力を借りながら、理想の生き方（ライフスタイル）に近づけていく、人とデジタル技術による生き方（ライフスタイル）の共創は、既に、さまざまな形で実現しつつあります。

　次章では、デジタル技術の全体像をとらえ、身体による創造性を発揮する技術のあり方を模索していきましょう。

第 **6** 章

デジタル技術が切り拓く身体と創造性への新たな可能性

前 章では、デジタル変革の行きつく先のひとつが「データ至上主義」であり、そのなかでは、人ひとりひとりに価値がなくなるとされること、それに対比して、「自然（じねん）」の考え方が土台にあるならば、学習して成長する人間らしい創造性を発揮する社会が実現する可能性があるということを論じてきました。

　世界で日々発展していくデジタル技術を目の当たりにすると、まるでSFの世界が実現してくるように感じられ、研究者の中には、SFを題材にデジタル技術を解説する人も少なくありません。実際、映画や小説などに登場するシーンはわかりやすく、かつ未来感も感じられるため、SFを題材にすることで、デジタル変革の本質を理解したように錯覚します。しかしながら、SFには必ずしもビジネスや生活の裏側までもが描かれているわけではなく、なぜその技術がビジネスや生活を支えているのかを理解するうえでは適切とはいえません。

　今、私たちは、デジタル社会への考察を重ねることによって、現代社会を「医学」と「自然（じねん）」の両面からとらえる視点を得ました。これにより、人間らしく生きることそのもののためにデジタル技術を位置づけるという、未来創造に向けた方向性を得ることができます。

　本章では、この方向性を背骨に位置づけたうえで、デジタル技術をとらえていきましょう。

未来創造のためのデジタル技術のとらえ方

　空飛ぶ車が世界中を駆け巡り、人々が装着するウェアラブルデバイスは、毎日の健康状態を的確に把握し、自宅のキッチンのロボットシェフがその人の趣味趣向の移り変わりに合わせて、プリインストールされた匠の技で調理を行う。街中でシェアリングされる電気自動車は、各家庭や建物の太陽光発電によって発電された電気を貯蔵して最適に配分する役割を担う。建設現場での作業は自動化された建設機械が担い、現場監督は、自宅からVRゴーグルを使ってその場にいるかのような感覚で最終確認ができる。人々は、デジタル技術の力で安心安全な生活を謳歌している。

　昨今、こうしたSFに描かれたような未来予想を、科学者や投資家が行っています[46-51]。これらは決して荒唐無稽の未来予想ではなく、既に実現されているデジタル技術に基づくものです。AIなどのデジタル技術が身近になり、このような未来予想を聞いたり、同業他社による未来感のある取り組みを見聞きすると、「我が社にも同じ技術を」と、他社に（他国に）キャッチアップしようとする思考に陥りがちです。そうしたキャッチアップ思考は、短絡的な未来予想の追随に終始するため、技術を自分自身の力で理解しようとする能動性を放棄してしまいます。一方、こうした未来予想をそのまま受け取るのではなく、その裏側にあるメカニズムに踏み込んで理解できたならば、自分なりの未来予測を組み立てることができ、自分の力で未来を切り拓いていくことができるはずです。それでは、デジタル技術の基礎を理解したうえで、それがなぜ、どのように社会を変えていくことができるのかを理解しましょう。

入力・処理・出力というコンピューティングの基本

　デジタル技術を支えるコンピュータ（電子計算機）は、そもそも、人間の論理的思考であるコンピューティング（計算）を自動化することを

目的に生まれました[52-54]。コンピュータというハードウェアを用意し、どのような計算を行いたいかをコンピュータに教えさえすれば、どのような計算に対しても答えを導き出すことができます。この、どのような計算を行いたいかをアルゴリズム（計算手法）と呼び、コンピュータには、プログラムという形で教えます。この一連のプロセスをイメージするうえで最も単純なものは電卓です。電卓によって、足し算を行うのであれば、数字を「入力」し、プログラムされた足し算という計算によって「処理」し、答えを「出力」します。

　デジタル技術は、どのような複雑なものであったとしても、必ず「入力」「処理」「出力」の三段階のプロセスに分解して理解することができます。**図表6-1**のように「入力」「処理」「出力」によって、1と2と3の足し算は、入力を1と2と3に、処理を足し算にすることによって、答えとしての6を出力します。同様に、脈拍を測ることができる腕時計型のセンサーデバイスによって取得した生体データを入力とし、入力されたデータに不健康状態の特徴を持つかどうかを判定することによって、健康かどうかの判定結果を出力する健康診断システムの要素が説明できます。昨今は、入力データを取得するための多種多様なセンサーデバイスや、処理としてのAIなどと呼ばれる複雑なアルゴリズムが誕生した

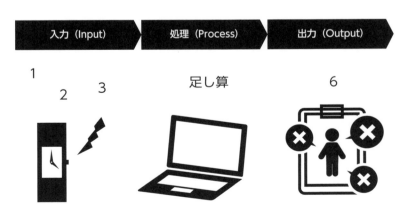

図表6-1　デジタル技術の基礎であるコンピューティングの流れ

だけでなく、5Gをはじめとする高速通信ネットワークによって入力データの収集が容易になり、GPUをはじめとするアルゴリズムの計算を高速化するハードウェアによって複雑な処理が実現できるようになりました。そうした処理に基づくデジタル技術は、予測・制御という二つの大きな枠によって整理することができます。

デジタル技術を代表する予測・制御技術とその入力・処理・出力

　デジタル技術は、主に予測技術と制御技術のいずれかに分類することができます（**図表6-2**）。いずれも、人間の論理的な思考や行動をアルゴリズムによって模倣したものと考えるとイメージしやすいかもしれません。例えば、店舗内の来客が普段の二倍だとすると、商品の購入量もそれに伴って増加すると考えます。こうした、買い物客の状況から行動を予測する技術を総称して予測技術と呼びます。一方、ドローンをはじめとするハードウェアなどの動作を制御する技術を総称して制御技術と呼び、映写機などの動きを制御することで映像そのものを加工したりなど、複雑な動作が可能です。

図表6-2　デジタル技術を代表する予測・制御技術

予測技術は、入力として（主に）画像、音声、言語など、数値化されておらずデータベースによって扱うことのできない非構造化データと呼ばれるものと、既に数値化されている構造化データと呼ばれる時系列データなどに分けられます[27, 55, 56]。そして、画像を検索したり、認識したり、変化を予測したりなどの目的を実現する予測技術として、類似度計算、分類、回帰があり、予測技術はこの三つに大まかに分類されます（**図表6-3**）。例えば、二つのいちごの画像がどれだけ類似しているかを計算することによって、似た動画を検索できるようになります。熟れたいちごとまだ熟れていないいちごの間に線を引く（分類する）ことができれば、その線のどちらに属するかによって、いちごの熟れ具合を認識することができます。また、時系列データを曲線で近似することによって、将来のデータの変化を予測することができます。

　これらの予測技術は、深層学習と呼ばれる、人間の脳の構造を模したニューラルネットワークによって実現することができ、データが増えれば増えるほど、その分類や曲線近似の精度は高まります。深層学習はこのように、予測技術の根幹であり、これらの技術を活かす可能性が得られてはじめて、その力を発揮します。予測技術としてとらえることのできるデジタル技術のそれぞれについて、入力・処理・出力に整理したものを**図表6-4**に示します。

　さて、予測技術を支える深層学習は、制御技術としてもその能力を発揮します[27, 57-73]。例えば、画像を分類するためにさまざまな熟れたいちごを学習したニューラルネットワークは、熟れたいちごの特徴を保持し

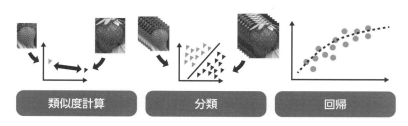

図表6-3　予測技術の大まかな分類

図表6-4 予測技術の入力・処理・出力

	技術	入力	処理	出力
画像	顔認識	顔画像 非顔画像	分類	顔判定結果
	物体認識	物体画像 非物体画像	分類	物体判定結果
	画像検索	画像	類似度計算	類似画像
音声	音声感情認識	音声 感情情報	分類	感情判定結果
	特定話者認識	音声 話者情報	分類	話者判定結果
言語	文章分類	文章 分類情報	分類	文章分類結果
	文章検索	文章	類似度計算	類似文章
	文章要約	文章	文重要度計算	要約文章
時系列 データ	時系列予測	時系列データ	回帰	予測結果

ています。このように、ニューラルネットワークが学習した画像の特徴を保持する仕組みを利用し、ゴッホの絵画を学習したニューラルネットワークに写真を入力することで、ゴッホ風の絵に変換するなど、深層学習は、新たな画像などのデータを作り出すことができます。

　制御技術の基本は、ドローンやロボットアームを動作させることです。こうした機械を適切に動作させるうえで二つの重要な役割があり、制御技術は主に、これら二つの役割の組み合わせによって実現することができます（**図表6-5**）。そのひとつは、例えば物流において、荷物をどこからどこまで運搬するべきか、その順番を決める「経路探索」という役割です。これによって、物流の経路を決定するだけでなく、ドローンのそれぞれのプロペラや、ロボットアームのそれぞれの関節をどのような手順で動作させるべきかを決定することができます。そして、二つ目の役割は、運搬すべき製品をどの工場がどのような配分で生産するべきか、その分担を決める「負荷分散」という役割です。これによって、ドローンのそれぞれのプロペラの出力をどの程度にすべきか、ロボットアームのそれぞれの関節がどの程度の負荷を分担すべきかを決定することがで

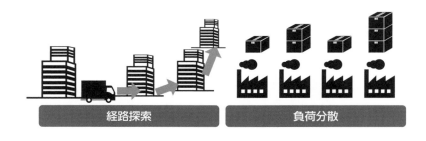

経路探索　負荷分散　作業順位付け　作業分担
制御のイメージ

図表6-5　制御技術の根幹となる経路探索と負荷分散

きます。

　これら経路探索と負荷分散という二つの役割を適切に組み合わせることで、**図表6-6**に記載されているようなさまざまな技術が実現でき、それらは主に、「作る」「見せる」「動かす」「計画する」という四つの技術に分けることができます。学習済みのニューラルネットワークを用いることによって、音声や文章、会話、画像といったものが生成できるだけでなく、素材を組み上げる経路と負荷を制御することによって、3Dプリンターというものづくりができるようになります。見せる映像を制御することによって、建物や造形物に映像を投影させて幻想的な演出を作り出すプロジェクションマッピングをはじめ、ホログラムや、人の動きと連動させることで没入感を生み出すVR（仮想現実）、スマートフォンのカメラを通して現実を覗き込むことで、現実世界にポケモンなどのゲームのキャラクターが出現したようにみえるAR（拡張現実）といった技術が実現できます。動かす技術のひとつのキーワードは、UxV（Unmanned Vehicle）と呼ばれる「無人機」であり、ドローンをはじめとする空を飛ぶUAV（Unmanned Aerial Vehicle）や、地面を走行するUGV（Unmanned Ground Vehicle）、潜水艦のように水中を航行するUUV（Unmanned Underwater Vehicle）など、さまざまなものが開発されています。昨今は歩行ロボットやロボットアームなども盛んに開発

図表6-6　制御技術の入力・処理・出力

技術		入力	処理	出力
作る	音声合成	条件 音声	学習済み ネットワーク	合成音声
	文章生成	条件 文章	学習済み ネットワーク	文章
	会話生成 （チャットボット）	条件	学習済み ネットワーク	会話
	画像・映像生成	画像	学習済み ネットワーク	生成画像
	3Dプリンター	図面 素材	加工	3D物体
見せる	プロジェクション マッピング	映像 立体物	投影	立体感 （視覚効果）
	ホログラム	映像 投影対象	投影	立体感 （視覚効果）
	VR	空間映像 身体位置	映像加工	没入感 （視覚効果）
	AR	空間映像 投影対象	合成	合成映像
動かす	ドローン（UAV）	位置情報 移動情報	モーター制御	移動
	自動運転車（UGV）	位置情報 移動情報	モーター制御	移動
	UUV	位置情報 移動情報	モーター制御	移動
	歩行ロボット	位置情報 移動情報	モーター制御 人工筋肉制御	移動
	ロボットアーム	位置情報 移動情報	モーター制御 人工筋肉制御	移動・把持
	ロボットスーツ	位置情報 移動情報	モーター制御 人工筋肉制御	移動・形状変化
計画する	ネットワーク制御	ネットワーク情報	経路探索	最適経路
	物流オペレーション	生産情報 消費情報 ネットワーク情報	経路探索	最適物流計画
	数理計画	目的関数 制約条件	最適化計算	最適解
	構造設計	目的関数 制約条件	構造計算	最適構造

されているだけでなく、ロボットスーツと呼ばれ、自分の身体を動かそうとする方向への力をアシストし、重い荷物を簡単に運べるようにしたり、不自由な身体を支援することにも用いられています。

　さて、これら「作る」「見せる」「動かす」技術はわかりやすく、目につくものでもありますが、今、実際に社会を変革しているのは制御技術の経路探索と負荷分散という二つの役割によって行う「計画する」という技術であるといえます。経路や負荷を制御することによって、クラウドと呼ばれる世界中のどこかにあるサーバーを適切に利用することのできるネットワーク制御が可能になります。また、どの工場にどれだけの原材料を輸送し、各工場ではどの製品をどれだけ生産し、どのようなタイミングでどの倉庫に輸送し、店舗や企業、各家庭に輸送するのか、モノの流れを管理する物流オペレーションもまた、経路や負荷の制御によって可能になります。これは、広くは第5章で紹介した数理計画と呼ばれるものであり、古くから行政や国家の都市計画に用いられているものではありますが、昨今、センサーデバイスなどの普及によって、人の行動データや生体データがリアルタイムに収集できるようになったため、従来では考えられないほどの速度と精度での制御が可能になってきています。だからこそ、どの配達員がどの家庭・企業に食料品を運搬するかを計算することができ、Uber Eatsなどの配達サービスが普及しているのです。同様の制御技術は、構造物を設計する構造設計にも用いられています。どの部材をどのように配置すると最も低コストなデザインが実現するのかを計算することによって、建築などの構造物が設計できます。さらに、高分子の構造を踏まえて求める機能を実現するために必要な配置を計算することによって、創薬などに役立てることも可能です。「計画する」制御技術は、小さな構造設計から行政や国家、さらに国家を超えたレベルに至るまで、社会を「最適に」計画することができるのです。

予測・制御から理解する「不確実性」の背景

　ここまでみてきたように、デジタル技術とは、予測と制御に大別することができ、「計画する」ことを目的とした制御技術は今、社会そのも

のを変革しています。制御技術は、目的さえ与えれば、最適な経路を選択するとともに、最適な負荷分散を実現します。すなわち、目的に応じて最適な制御を実現できるため、目的の設定が重要な役割を担います。特に、昨今は、スマートフォンをはじめとするセンサリング可能なデバイスの普及によって、リアルタイムに行動情報が収集できるようになり、これまで行政が都市計画として行っていた社会や人の行動の最適化が、一企業のデジタル技術によって可能になりました。そこでますます、それらの企業が、どのように社会を変革していきたいかというビジョンが、最適制御を行う目的として、社会を形づくるようになってきました。だからこそ、社会変革にはビジョンが不可欠なのです。

　社会変革のビジョンを育てていくにあたって、予測・制御技術のそれぞれに対して理解しておくべき重要なことは、それらの技術と「不確実性」との関係です[74-76]。変化の激しい現代は、「不確実な時代」などと呼ばれ、将来の予測が難しいといわれています。この意味を理解し、社会変革について適切な手を打ち続けていくためには、予測・制御技術と不確実性との関係の理解が不可欠です。予測や制御は、そのいずれも、私たち人間が（脳や身体によって）行っている行為であり、感覚的には理解しやすいかもしれません。海上の漁師は、微妙な気圧の変化を身体全体で感じ取り、天候の変化を予測します。そのうえで、荒れた海であっても、自らの望む方向に舟を動かします。こうした複雑な環境のなかであっても人間は身体によって学びを得て成長しているからこそ、秩序を見出すとともに、望む動きを実現します。

　脳や身体に関する研究から、環境の複雑さをどのようにとらえるべきかは既に理解されており、大まかには「情報が得られているかどうか」「（予測や制御すべきものが）少数か多数か」によって理解できます（**図表6-7**）。人間活動であれば、十分に情報があれば、自分ひとりでは意思決定は容易ですが、意思決定の人数が多い場合は無秩序になりがちです。さらに、情報が十分にない場合は、自分ひとりであっても最良の意思決定ができるとは限らず、「運」という名の確率に頼らざるを得ません。これは、デジタル技術としての予測・制御技術についても同様です。

第6章　デジタル技術が切り拓く身体と創造性への新たな可能性

167

図表6-7　予測・制御技術と不確定性

予測技術

	少数	多数
限定空間 （完全情報）	完全に可能	完全に可能
無限定空間 （不完全情報）	確率的に可能	数の増加に従い 不確定性が増加する

制御技術

	少数	多数
限定空間 （完全情報）	完全に可能	秩序を与えることで 完全に可能
無限定空間 （不完全情報）	確率的に可能	秩序を与えることで 確率的に可能

　例えば、個人のパソコンだけを利用して計算をするならば、その結果は完全に予測できます。エクセルを開いて決まった計算するのであれば、想定外は起こりません。パソコン上で3Dなどのシミュレータを動かす場合も、必ず想定した動きになります。これが多数になったとしても、情報が完全に共有されている「限定空間」であれば、その動きは完全に予測できます。多くの集団で何らかの作業を共同で行う場合も、ルールを統一するなど、秩序を与えることによって、その結果を完全に制御することができます。

　結果が「不確実」になるのは、情報が不完全な「無限定空間」においてです。現実空間においては、完全に情報を集めることができません。パソコン上でシミュレーションを行う場合とは異なり、現実空間では、全く同じ現象を再現することは困難です。例えばボールを投げる際にも、自分の身体を全く同じようにコントロールするのが困難であることはもちろん、仮に全く同じ距離・方位に同じ力でボールを投げたとしても、風の向きや気圧によってもその経路は影響を受けます。そこで、現実空間のように、情報が不完全な「無限定空間」においては、そういった想定できない影響を「ノイズ」として確率的に扱うことになります。確率的に物事を扱う場合、ボール一個などの少数の挙動を予測することはそ

れなりに意味がありますが、その数が増えると、不確定性が増大し、予測することは困難になります。無限定空間においては、客観的な予測は困難なのです。その一方で、私たちは、無限定空間においても、多数の人とうまく連携しながらチームワークを発揮していくことができます。人間の身体も同様です。多数の筋肉などの細胞は、現実空間という無限定空間においても、うまく連携しながら動作します。制御を行ううえでは、たとえ無限定空間であっても、秩序を与えることで、その不確定性を単数に近い状況に下げることができるのです。こうした秩序を与えることができるようになってきているからこそ、昨今のロボット技術は、転ばずに歩く二足歩行や、人間の力をアシストするロボットスーツなどを実現できるようになってきたのです。

　不確実な時代といわれる現代において、未来を創造していくためには、客観的な予測に頼るのではなく、自ら秩序を形成し、制御していく必要があるということは、こうしたデジタル技術からも理解することができます。

デジタル技術の社会実装パターンのとらえ方

　さて、ここまでの議論を踏まえ、社会実装、すなわち実際に社会で用いられている、あるいは用いられようとしている技術の代表例についてのまとめを行いました（**図表6-8**）。社会実装についての解説から、「健康・食」「まちづくり」「環境」「宇宙」「ファッション・エンタメ」という五つのテーマに対して、予測・制御技術に対する分類を行いました。これらのテーマはわかりやすさもあり、デモンストレーションの意味合いでも頻繁に扱われます。

　例えば、健康・食のテーマであれば、「作る」技術として3Dフードプリンタという、3Dプリンターによって食品を作る技術が、「見せる」技術としてプロジェクションマッピングなどによる食の演出が、ロボットを自動で、あるいは遠隔で動かすことによってロボットシェフだったり遠隔医療だったりが実現し、さらに、収穫量を計画された植物工場によって人々の健康と食の安全が保障される仕組みが実現しつつある、とい

図表6-8　デジタル技術の社会実装の代表例

	制御			
	作る	見せる	動かす	計画する
健康・食	3Dフードプリンタ	食の演出	遠隔手術ロボットシェフ	植物工場
まちづくり	建設3Dプリンタ	建築VRイルミネーション	空飛ぶ車無人タクシー巡回ドローン	シェアリング電子政府EVの蓄電池化
環境	植物由来プラスティック再生プラスティック	VRによる地球環境理解	ドローンリモートセンシング	エネルギー効率化再生可能エネルギー協調発電
宇宙	宇宙でのロケット製造	星間テレイグジスタンス	小型衛星探査ロボット	衛星コンステレーション
ファッション・エンタメ	3Dプリントファッション	変化する服VRファッション没入型メディア	ヒューマノイドロボットペットロボット	ドローン空の広告

	予測			
	画像	音声	言語	時系列データ
健康・食	画像診断	音声感情認識病態診断	セルフメディケーション	ウェアラブルデバイス予兆医療
まちづくり	動線把握	感情把握	トレンド予測企業価値予測	不動産予測人口予測
環境	魚群探知生体調査		環境意識調査	気候変動予測人口変動予測
宇宙	リモートセンシング地球環境変動モニタリング		人類知の構造化	宇宙地球環境変動予測
ファッション・エンタメ	感情コンピューティング		人狼知能つぶやきの可視化	トレンド予測

うことがいわれており、表に記載しています。このような形で、「健康・食」をはじめとするさまざまなテーマにおける制御と予測の技術が提唱され、実験的に開始されている一方、これまで強調してきた「計画する」

技術の重要性が、この表をみることで明らかになります。

　健康・食のテーマに垣間見られるように、植物工場は、常に一定収穫を効率的に達成する無駄のない社会を実現しようとしているといえます。もちろん、情報が完全である「限定空間」においては、人にとっての必要栄養量もすべて知られており、それを満たすために管理を行うことによって、人の健康は保障されます。しかしながら、実際のところ現実空間は情報が不完全である「無限定空間」であり、今知られている必要な栄養素をサプリメントなどによって満たしたとしても、健康な生活が保障できるとは限りません。効率的で無駄のない社会は、医学モデルの観点からは合理的である一方で、人間らしさが欠落し、人間の成長を支えるものとはいえません。このため、数年間のビジネスとしては成り立つとしても、持続可能性を欠いたものになりがちです。

　こうした社会実装における持続可能性を考えるうえで、昨今、特に重要性を増している「感情」というキーワードによって、医学モデル・自然（じねん）モデル双方のアプローチからデジタル技術の社会実装を検討していきましょう。

社会実装における感情理解と医学・自然（じねん）モデル

　昨今のデータ分析のアプローチがこれまでのそれと一線を画すものとして、センサーデバイスによる膨大な量の行動データや生体データが取得できるようになったことが挙げられます。これによって、人々の行動の変化から感情の動きを予測できるようになるだけでなく、その感情を前提とした広告などのアプローチによって、感情を誘導する「感情マーケティング」などが頻繁になされるようになりました[77-79]。実際、スマートフォンを通してSNSなどを使い続けていると、感情を刺激するゲームなどの広告が流れ、これによって、時間の浪費を迫られます。

　こうした感情の誘導は、マーケティングだけでなく、人事・教育など、多くの分野でも注目されています。人間行動は、常に合理的な意思決定によってなされているわけではなく、感情によって大きく左右されることは「行動経済学」などの分野で古くから着目されており[80-83]、昨今、

デジタル技術によって従業員の生産性向上や、ウェブサイトのユーザビリティ向上などの目的で導入が進んでいます。最近では、「ゲーミフィケーション」というゲームデザインの要素を取り入れて人間行動を「よい」方向に導こうとするサービスなども多く、人間の感情をうまくコントロールして行動を変容させていこうとする動きは、良くも悪くも、今後ますます盛んになっていくものと考えられます。

　もちろん、人間行動を合理的なアプローチのみによって決定していく考え方には限界があり、経営学においても、合理的な経営工学と、人間らしさに重きを置く人間関係論といった二つの大きな軸が両輪のように発展してきた歴史があり、人間感情を考えることが重要であることはいうまでもありません。しかしながら、昨今の感情に関する扱い方は、人間感情を軽んじたものも多く、人間らしさを損ねてしまうものも少なくありません。

　人間の感情は複雑です。私たちは、喜怒哀楽と称される四種類の感情を持つといわれています。しかしながら、そうした四つの感情のなかにも、長年の念願が叶って全身で喜びを表現する場合と、思い入れのないゲームをクリアして衝動的に喜ぶ場合とでは、大きな差があるなど、感情というものは、その場その場で変化する性質を持っています。そのように変化し続ける感情は、色に例えられることがあります。虹のような多種多様な色合いは、色の三原色の組み合わせで生み出されます。心もまた、三原色のように、組み合わせによって創られると考えられています。それが、「興奮性」と「抑制性」と呼ばれる二つの感情です[84-93]。前者は、「快楽」をつかさどるとされる（脳内）神経伝達物質であるドーパミンの働きや、「怒り」や「覚醒」をつかさどるとされるノルアドレナリンの働きが代表的であり、これを刺激することで、モチベーションを向上し、集中力や判断力を高める効果があります。しかしながら、興奮性の感情が暴走すると依存症に陥り、躁状態を引き起こし、統合失調症の原因となるともいわれています。そして、これらの働きを抑制し、平常心を持ち続ける働きをするのが、後者の抑制性の感情です。「安心」をつかさどるとされるセロトニンは、ドーパミンやノルアドレナリンの

効果を抑制し、バランスを取る働きをするとともに、呼吸や歩行などの反復運動における土台としての役割を担います。セロトニンと同様に、心を落ち着かせる働きをするオキシトシンは、スキンシップなどの人と人との親密なコミュニケーションによって分泌され、温かく幸せな気持ちになるといわれます。

　興奮性・抑制性の感情において、マーケティングやゲーミフィケーションなどの手段によって効果がみえやすいのは前者であり、抑制性の感情には注目が集まりにくいため、誰もがデジタル技術を避けて通ることができない今、抑制性の感情によってバランスを取るためには、瞑想など限られた手段に頼らざるを得ません。しかしながら、持続可能な社会をデジタル技術によってデザインしていくためには、興奮性だけでなく、抑制性をも考慮していくことが不可欠です。ここからは、持続可能な社会デザインとして、興奮性・抑制性のバランスを考慮するうえで不可欠な身体性について検討していきます。

未来創造としての身体拡張という考え方

　ここまでみてきたように、デジタル技術によって無限定空間における制御を計画していく場合には、効率的で無駄のない社会デザインがなされがちであり、人間らしさを蔑ろにするという側面がありました。そこで、人間らしさを尊重するにあたっては、感情、すなわち興奮性・抑制性のバランスが重要であるということをお伝えしました。興奮性と抑制性のバランスは、医学モデルと自然（じねん）モデルとのバランスにもつながります。相反する二者のバランスではなく、自然（じねん）という土台に医学を位置づけることができれば、その役割に物語が生まれます。これは、自己と他者との関係についても同様であり、自己の物語に他者を位置づけることは、第3章で紹介したミラーニューロンの働きに対応します[94-97]。他者に共感するとき、身体全体が「まるで自分が経験している」状態に変化しており、他者の物語を自らのそれとして身体全体が引き受ける状態が生まれます。

　他者への共感によって、自分の世界は大きく拡張していきます。人間にとって成長とは、自己感覚を拡張していくことであるといえます。さまざまな他者を自分事として経験することによって、自分自身の物語が深く広くなり、更なる物語を生きる土台が形作られます。こうした他者との関わり合いによる物語の創造のスパイラルこそが、身体を、そして精神を成長させ、豊かな人間に向かっていくことに他なりません。こうした人間にとっての成長に対し、デジタル技術がどのように寄与することができるのでしょうか。人間らしい、持続可能な社会を実現するには、何が必要なのでしょうか。まずは、身体拡張という考え方から考察していきます。

成長して拡張していく私たちの身体

　ペンを使って文字を書くとき、まるでペン先にまで神経が伸びるように、感覚が研ぎ澄まされています。これは、脳のなかの「身体地図（ボ

ディ・マップ）」として解説され[98]、実際に、道具を使いこなす私たちの脳内では、道具に対応する部位ができており、脳は道具を自分の身体の一部として感じています。これを簡単に実感できる実験として「ラバーハンド錯視」があります[99]。

　ラバーハンド錯視とは、**図表6-9**のように、ゴムの手と自分の手を同じ姿勢にし、自分の手を隠したうえで、ブラシで同時に撫でると、まるでゴムの手が自分の手のように感じるようになり、やがては自分の手の存在を忘れ、ゴムの手を見ながら、感覚を得るようになります。視覚情報と感覚情報が同時に得られることで、脳がゴムの手を自分の身体のように錯覚するこの現象は、脳が自分の身体をどのように「自分の身体」としており、どのように感覚が研ぎ澄まされているかを端的に説明します。道具や他者も同様に、脳内で自分の身体として知覚することによって、その感覚を研ぎ澄ませていくものと考えられます。

　今、私たちはデジタル技術によるさまざまな道具を扱います。人間の感覚は、その道具のそれぞれに対して研ぎ澄まされています。UI/UXを研究する慶應義塾大学准教授の渡邊恵太は、コンクリートのざらざら感や、ハチミツの抵抗感などを、マウスカーソルを動かすことによって体験できるヴィジュアル・ハプティクスを開発しています[100]。こうした

図表6-9　ラバーハンド錯視

感覚そのものが研ぎ澄まされることこそ、私たち人間が学び、成長していることの裏付けといえます。

　道具を自分事として感じる「自己感」は、前章でみてきたように、バイオフィードバックによって自ら病気を治す働きを呼び覚まし[41-43]、動きをアシストするアシスト・スーツによって、さらにその成長を後押しできます。未だ知られていない人間の能力を開花させることにも貢献します。アメリカのシューズメーカーであるナイキは、活動量測定デバイスを早い時期から取り入れ、ランナーのデータに基づくトレーニングを後押ししてきました。バイオフィードバックの考え方をいち早く取り入れて、スポーツアプリで最大のシェアを獲得しています。

　このように、成長による自己感の拡張は、少しずつ世に知られるようになってきているものの、人類は、まだまだその真髄に迫る取り組みは、ほとんどみられません。自己感が個人に閉じてしまっている以上、治療やスポーツ、エンターテインメントといった分野に閉じてしまわざるを得ないのです[101-103]。この自己感の拡張が、人と人との経験の共有にまで拡大されたとき、その真の意味を理解することになるかもしれません。デジタル技術を通しての自己感の拡張は、発想を拡げ、世界のつながりを拡げ、生きるということそのものを豊かにします。その試みは、私たちがよく知るVR（拡張現実）などの技術を通して、少しずつ始まっています。

自己感の拡張が変えるデジタル時代の能力継承

　VR（仮想現実）とは、液晶画面を搭載したゴーグルなどのデバイスを装着することで、3次元世界に身体全体が「没入」できるような感覚に浸れる技術です。「2016年はVR元年」などといわれ、多くの企業から、安価でVR体験を行うことを可能にするVRゴーグルが発売された一方、当初期待されていたほどの市場の広がりは得られず、ブームに終わったとの見方も少なくありません。

　しかしながら、筆者は、遅かれ早かれ、VRが「なくては生きていけない」時代が到来すると考えています。これほどまでにデジタル技術が

発展しているにもかかわらず、人類は未だ、文字で情報を読み、口頭での伝達を当たり前に考えています。例えば、新入社員が業務に関する技能を磨く際、先輩からの口頭説明や文字による情報に頼りながら、一人前になるまで長い時間をかけて試行錯誤を繰り返します。運転免許の教習を行う際も、口頭でノウハウを伝えられ、長い試行錯誤を行ってようやく、そのノウハウの意図を理解するに至ります。こうした状況は、デジタル技術が進歩している今、大きな違和感を覚えざるを得ません。

　例えば、現代のVR技術とアシスト・スーツを組み合わせることで、一流のドライバーの身体感覚を伝えることは十分に可能です。これまで運転に縁がなかったとしても、その一流の感覚を、身体を通して伝えられることで、身体そのものが一流ドライバーのようになったものと錯覚します。そして、その感覚は、徐々に自分自身のものになっていきます。運転技術や業務に関わる技術だけでなく、スポーツであれ、語学の習得であれ、身体を伴うあらゆる技能は、（技術開発の難易度の差はあれ）同じ方法によって「開発」できます。身体による感覚を共有することで、一流の視野が少しずつみえてくるようになると、これまで発想もしなかった景色がみえてきます。こうした技術が社会に普及すれば、遠くない未来には「昔は文字とかでノウハウを伝えていたらしいよ」「え!? 身体感覚も共有せずにどうやって理解できるの!?」などといった会話がなされるようになるかもしれません。そうした技能を習得するイメージをつかむための、百年近く前の実験を紹介します。

常人離れの能力を実現する八面六臂の心の働き

　身体による能力開発に関する研究は、1930年代の日本において既に行われていました。京城帝国大学の心理学者であった黒田亮は、その研究を著書『続・勘の研究』にまとめています[104]。黒田は、8人や10人ともいわれる人数の訴訟を聞き、ひとつひとつに正確に対処したとされる聖徳太子の逸話に着目し、そうした常人離れした能力を人間が持つことは可能かを検討しました。

　黒田によると、聖徳太子以外にも、日本には、複数の行為を同時に行

う者が多くいたといいます。その一例は、日本の地方で古くからいたとされる、「八人芸」といわれる、八人分の芸を同時に行う芸人です。ひとりで太鼓をたたき、笛を吹き、雨を降らせる音を鳴らし、大勢の人が駆けていく光景を聴覚的に人びとに髣髴とさせるなどの芸を披露したといわれています。他にも、「脳の五重奏」と呼ばれる、日本語と英語を、順番を逆にするなどして自在に織り交ぜ、同時に書写する所業を行う人がいたとされています。

　黒田は、こうした人間離れした所作が、常人にも可能かどうかを、実験によって検証しました。黒田は、研究室の学生など、多くの被験者に、目と耳の両方から得られる情報から、複数の計算問題や暗記問題を同時にこなさせ、その一方で、右手と左手でさらに別々の作業を同時に行うという課題を与え、被験者がどのように課題に対処するかを観察しました。その結果は、驚くべきものであると同時に、納得感のあるものでした。最初は、その動作ひとつひとつがぎこちなく、失敗続きだったものが、やがて、作業を正確に行うことができるようになると同時に、それらの作業を、「心の平静状態」を保ったままに行えるようになってきたというのです。

　黒田の行った実験は、**図表6-10**のような部屋で行われました。Oは被験者の、Eは実験者の、それぞれ座席の位置を示します。被験者が腰を掛けた場合に、ちょうど目の高さに、前面のひとつのスクリーンに小枠を設置します。その枠の内側上部に小電球が取り付けられており、その内部を照らすようになっています。小枠の奥の方には、幅を調整できる小窓が開いており、その窓を通して、視覚刺激が現われる仕組みになっています。小電球の点滅は、実験者の前に置かれた実験テーブル上の電鍵（スイッチ）K（K3からK5）によって、実験者が操作します。被験者の行う操作は以下の通りです。

（左手の操作）

1．1種類の鋼鉄球（パチンコ玉のようなもの）をひとつの金属管に投入

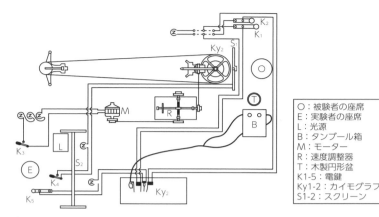

図表6-10　黒田の実験室を上から見た様子

2．大小2種類の鋼鉄球を別々の金属管に投入

（右手の操作）

1．目でスクリーン上の赤／黒の円を確認し、それぞれに対応する電鍵を押下

2．目で奇数／偶数の数字を確認し、それぞれに対応する電鍵を押下

3．目で2種類の特定の数字を確認し、それぞれに対応する電鍵を押下

（暗算）

1．耳で問題を聞き、1桁の数字3個ずつの足し算を計算

2．耳で問題を聞き、2桁の数字2個ずつの足し算、および1桁の数字4個ずつの足し算を計算

3．耳で問題を聞き、1桁の数字2個ずつの足し算を計算

4．耳で問題を聞き、1桁の数字2個ずつの足し算、および1桁の数字3個ずつの足し算を計算

5．耳で1桁の数字10個と、10個の単語を交互に聞き、数は足し算し、単語は順々に暗記

　これらの複雑な操作を被験者は2週間にわたって行い、単純なものから徐々に複雑なものへと、段階的に移行していきます。その結果、この

実験の被験者は口を揃えて次のようにいったといいます。「最初に最も困難を感ずるのは、金属管の孔の位置がどの辺であるかの見当をつけること」であり、その後、各動作の習熟に苦労はするものの、「ある程度の練習効果の到来とともに、作業につきまとった不確かさやぎこちなさがだんだん姿を隠し、これに代わって、心の平静状態が現われる」といいます。実際、それらの様子は、カイモグラフ記録描線という運動記録を表す曲線を観測した結果、規則性が見いだされたことによって、データとしても示されました。

　最初にぎこちなかった動作に、徐々に慣れていき、やがて「心の平静状態」を保ったままに、一連の動作を行うことができるようになるという黒田の実験は、まさにデジタル技術による技能習得の大きな可能性を示唆しているといえます。黒田は、ここで得られた身体全体が一連の動作をまるで「ひとつ」の作業のように身につけていく様子を「八面六臂の心の働き」とし、「心の組織全体を一変させるというところに、学習の重大なる意義がある」と解説しています。身体による経験の共有がデジタル技術によって可能になった今、「心の組織全体を一変させる」ことが当たり前になる未来は、すぐそこまで来ているといえます。

自己の世界を拡げるか、他者に乗っ取られるか

　昨今、SNSをはじめとするコミュニティの普及により、さまざまな顔を持つことが当たり前となり、ともすると「本当の自分」を見失いがちな時代といえなくもありません。ゲーミフィケーションによる感情的な誘惑がはびこり、興奮性の刹那的な感覚によって自分自身の意思がコントロールされるようになると、自分が本当にやりたいことは何なのか、そもそも、自分には意思があるのか、などと考えてしまいかねません。

　結局のところ、感情を利用した誘惑から抗う術は、「能動性」において他にありません。自分自身が他者や道具と能動的に関わり合いを持ちながら、常に自己変容を繰り返し、成長することによって得る「自己感」を感じながら生きていけば、本当の自分を見失うことなく、新たな能力を開花させていくことができるのは間違いありません。

しかしながら、新しい技術が生まれれば、それを自らの糧にできる人とそうでない人の差は当然ながら生まれます。「もう技術は発達しなくていい」と言っている人は、過去の技術に恩恵を受けていた人なのでしょう。このような声は、人間の持つ可能性に気づいていないのはもちろん、世界全体に対して無関心であると言わざるを得ません。もちろん、無関心であることそれ自体は悪いことではありません。しかしながら、お金を稼いで「飯を食う」以上は、少なくとも、目の前のお客さんに対して関心を持つべきであり、子どもや孫たちが路頭に迷わず、「飯を食う」ことができるようになってほしいと願うのであれば、彼らがみている世界に対して関心を持つ必要があるでしょう。今、世界は、無関心なままでいたい人には生きづらいかもしれませんが、関心のある人にとってはどこまでも世界が広がっていくといえ、どちらの生き方を選択するかが問われているのかもしれません。しかしながら、この選択を、すべて個人に委ね、うまくいかないことを「自己責任」とするのは生きづらい世の中でしかありません。ネットワークを介してつながりをつくることが今ほど容易な時代はなく、助け合うことで未来はより豊かになっていくものと筆者は考えています。

未来創造におけるニューロ・テクノロジー

　身体経験による技能獲得の手段として注目すべき技術として、脳内の信号を直接読み取るニューロ・テクノロジーがあります。心を読み、思考を伝達する手段として、「脳を直接つなげられれば」というSFのような発想は既に現実化しており、「全人類の思考をクラウド上にアップロードする」などのアイデアを実現しようとする動きも広まっているほど、脳研究による成果をビジネスにつなげようという動きは近年、急速に加速しています[105-110]。

　ここで重要なことは、私たちの脳は、コンピュータ上のような限定空間ではなく、不完全情報の中で挙動する無限定空間であるということです。無限定空間において、120億ともいわれる多数の神経細胞からなる脳の挙動から思考を単に「予測」することよりもむしろ、そうした情報を用いて現実空間に秩序を与える「制御」を行うことにこそ、大きな意味があるということです。すなわち、思考を単純に「抽出」するだけで終わるのではなく、脳の挙動を理解したうえで脳の、そして身体の能力を開発していくということにこそ、ニューロ・テクノロジーの目指す真の姿があるということです。

　脳を理解し、脳や身体能力を高めるためには、「今ここ」の思考を脳から取り出すのではなく、動作や意思決定を行っている際の脳を観察することによって、自分自身への理解を深めていく、というバイオフィードバックにも通じる一連のプロセスが有効です。脳を観察できない過去の時代は、脳を経験的に理解した「つもり」になり、その真髄を見落としていました。今、私たちは、脳の信号を直接読み取るニューロ・テクノロジーを手にしています。だからこそ、これまで知られていなかった脳の力を理解し、高めていくことが可能です。このように、脳の持つ潜在能力を知り、高めていくという視点を持ちながら、ニューロ・テクノロジーについての理解を深めていきましょう。

脳を解読するブレイン・デコーディング

「他人の夢を覗きみることができれば」

　SFやアニメに出てきそうな願望は、既に現実化しています。2013年、ATR脳情報研究所の神谷之康らの研究グループは、睡眠中の人間の脳活動パターンから、夢の内容を解読することに成功しました[111]。神谷らは、網膜から「見た」ものを映す大脳視覚野が、夢をみているときにも活動することに着目し、fMRI（機能的磁気共鳴画像）によって睡眠中の脳活動パターンを計測し、計測時に見た夢に含まれる物体のカテゴリーを分類したうえで、脳活動パターンと、夢に含まれる物体との相関を計算しました。これによって、睡眠中の脳活動パターンを計測することによって、夢に含まれる物体を予測できるようになったのです。

　このように、脳の活動情報から見たものや感じたことなどを読み取る技術の総称をブレイン・デコーディングと呼び、他人の夢を覗きみることだけでなく、クラウドファンディングの成果を予測するなど、人間行動に関わる意識下の脳活動を捉えることが可能です。アメリカの認知神経科学者ブライアン・ナットソンらの研究グループは、クラウドファンディングによって資金調達を行うプロジェクトのピッチ（ショート・プレゼンテーション）を被験者30人に評価してもらうと同時に脳活動を計測しました。すると、「報酬」に関わる側坐核（前脳に存在する神経細胞の集団）の活動を把握することで、クラウドファンディングの資金調達の成功可能性を予測できることがわかりました[112]。この結果は、被験者の行動データだけではとらえられない意識下の人間行動を把握できるようになり、これまで知られていなかった人間行動の根本原理を突き止められる可能性を示唆する重要なものです。

　ブレイン・デコーディングは、脳内での思考や意思決定を客観的にとらえることにより、思い込みのない正確な「人間の把握」を可能にします。これまでは、他人の心の中を除くには、アンケート調査など、あやふやなものに頼らざるを得ませんでした。決して言語化できない心の中を、一旦、あやふやな言語で置き換えて伝えざるを得ないが故に、毎回

異なる解答をし、混乱を招くのが人間というものです。しかしながら、「身体は正直」という言葉通り、言語を介さず、脳や身体を客観的に観察することによって、「本当は気に入っている」「本当は興味がない」などの心の声を知ることができます。新しい製品を開発する際の顧客の本音を理解して、よりよい製品開発につなげるなど、ビジネスにとって今後は欠かせない手段となっていく可能性があります。

　そして、さらに興味深いことに、脳内を正確に知ることができるブレイン・デコーディングは、自分自身の行動が身体に与える影響をリアルタイムに把握して治療につなげるバイオフィードバックに貢献することができるとして注目されています。ブレイン・デコーディングによるバイオフィードバックは「ニューロフィードバック」と呼ばれています。

脳を鍛えるニューロフィードバック

　仕事をしていて注意力が散漫になったり、スポーツの試合前などに集中力を高めようとするときなどに、集中しようとしても知らず知らずのうちに他のことに気を取られる、などといった経験は、誰もが一度はあるのではないでしょうか。達人は、自分がベストパフォーマンスを出せる状態を、経験によって学んでいます。しかしながら、その域に達するまでは、長い鍛錬の道のりを経る必要があります。

　昨今、ブレイン・デコーディングによって、自分の脳の状態をリアルタイムに把握し、よりよい状態に自分自身を導くニューロフィードバックが注目され、この十年間で飛躍的に研究が進んでいます[104, 113]。主に治療目的で用いられるこの手法は、例えば、てんかん患者の異常な脳波を自分自身で観測することにより、瞑想などを用いながら脳波が落ち着くことを患者自身で確認しながら、自らの力で治療を行うことを可能にします。ニューロフィードバックは、てんかん患者だけでなく、発達障害、うつ病など、さまざまな病状に対する効果が報告されています。もちろん、注意力を高め、パフォーマンスを向上する研究も行われており、自らの力で能力開発を行うことを後押しする技術として、今後、なくてはならないものとなるのは間違いありません。

ブレイン・マシン・インターフェースによる身体拡張

　ニューロ・テクノロジーは、脳活動を把握し、リアルタイムに自らの脳状態をとらえて行動を改善するだけでなく、身体拡張にも寄与することが知られています。すなわち、「身体地図（ボディ・マップ）」の発達による自己感の拡張です。

　私たちは、道具を使いこなしていくなかで、それが自分自身の一部であるように認識し、自己の世界を拡張していきます。これまで私たち人類は、さまざまな道具を手にしてきました。思考を文字にする鉛筆や、ハンドルによる操縦という意思を力強い動きに変換する自動車をはじめとする乗り物など、新しい道具を手にする度に、私たちの自己感は拡張されてきました。

　今、私たちは、脳活動をリアルタイムに把握するブレイン・デコーディングという技術を手にしています。これによって、「思うだけで」道具を自在に動かす技術の普及が進んでいます。今や、脳波で猫耳を動かすガジェットがパーティーを盛り上げ、脳活動計測デバイスによって睡眠や瞑想の質を高めるなど、既に一般家庭に入り込むまでの製品化が進んでいます。さらに、フロリダ大学では、2016年に脳波によるドローン操作のコンテストが開催されました。ドローンが前に進むことをイメージするだけで実際に動かすことができ、思考を鍛えることで自在な制御を可能にする技術は既に一般にまで普及してきたといえます。こうした思考による道具の制御は、私たちの身体地図の可能性をより高め、八面六臂の心の働きを、これまでになかったものへ高める可能性を示唆しています。

「心を読む」ことに対する危うさ

　今、心を読むブレイン・デコーディング技術は、プログラミングによって実現できるほど、その普及が進んでいます。例えば、2007年に設立されたカナダのスタートアップ企業であるインテラクソン社は、ヘッドセット型の脳活動計測デバイスMuse/Muse2を販売し、Pythonなどを

用いて自在にプログラミングができるようになりました[114]。こうした市販のデバイスを用いることによって、誰もが「心を読む」技術を手にしているといえます。

　過去にも、「心を読む」技術としては、指の発汗の量からウソを見抜く「ウソ発見器」など、さまざまなものがありましたが、その精度は低く、また、ウソかホントかを見抜く程度で、「誰もが自在に心を読む」という世界には程遠いものでした。しかしながら、今や、誰もが高い精度で心を読むことができる時代に近づいているといえます。それは、大きな可能性を秘めていると同時に、赤の他人に思考を奪われる危険をも秘めています。

　もちろん、ヘッドセット型をはじめとする装着する「非侵襲」の脳計測デバイスであれば、そのデバイスを用いないことで、心を読まれることを防ぐことができます。しかしながら、現在、アメリカの投資家であり実業家であるイーロン・マスクが創業したニューラリンク社のように、脳に直接チップを埋め込む「侵襲」型のデバイスを開発する企業も増え、普及しつつあります。侵襲型のデバイスであれば、常に外側から脳活動が計測できるようになります。デバイスのセキュリティ設定を誤れば、脳内の情報がだだ洩れになり、うまく利用すれば「オレオレ詐欺」以上の被害が横行することも考えられます。

　デジタルデバイスのセキュリティ設定にまで企業側が責任を持つことは難しいため、被害が発生すれば「自己責任」とされがちです。もちろん、セキュリティの問題を「自己責任」と断じるのは理屈の上では正しく、簡単な解決策のようにもみえます。しかしながら、すべての被害を「自己責任」とする考え方は、あらゆる被害が前もって想定できることが前提です。人はあらゆる問題を前もって想定できるほど全知全能ではありません。そう考えると、異なる角度からのデジタルデバイス利用の考え方が必要になります。そのヒントとなるのは「能動性」という言葉です。人は、自ら意思を持って能動的に選択する限りは、誤った選択を起こしにくく、たとえ誤ってしまってもすぐに解決できる可能性があります。例えば、思うだけでドローンを操作したいのであれば、わざわざ

侵襲型のデバイスを手術によって埋め込まずとも、非侵襲のデバイスで十分です。それ以外にも、腕の筋肉の活動を計測する筋電位センサーを用いるなどの手段もあります。数多あるデジタルデバイスのなかから、何も考えずに「便利だから使う」「他人が使っているから使ってみる」という受動的な選択を行ってしまうと、知らず知らずのうちに被害に巻き込まれることが起こってしまいます。しかしながら、「自分の理想の生き方を実現するために使う」という能動的な選択があれば、起こり得るリスクをイメージして防いでいくことがしやすく、また、たとえ失敗したとしても、そこから学びを得て、理想の生き方の実現に近づいていくはずです。理想の生き方を能動的に実現していくという姿勢があれば、デジタルデバイスは、そのために、大きな力となるでしょう。

デジタル技術は学習して
成長する社会を実現するのか

　本章では、デジタル技術のとらえ方にはじまり、それらが如何に社会を変革しているのかを概観しながら、社会実装のあるべき姿を模索してきました。まず、デジタル技術を、入力、処理、出力、という大きな流れでとらえる考え方を紹介し、これによって、さまざまなデジタル技術を要素分解したうえで、予測と制御という、デジタル技術の大枠について考えてきました。

　デジタル技術は、完全情報による限定空間であれば、完全な予測と制御を可能にします。しかしながら、私たちの生きる現実世界は不完全情報による無限定空間であり、客観的な未来の予測は困難です。無限定空間において未来を限定していくには、客観的な予測ではなく、自ら秩序を与える制御の考え方が不可欠になります。

　制御技術を用いた社会の変革としては、数理計画に代表される社会を「目的」に従って最適化する手法が広く行われています。これは、効率的で無駄のない社会を実現するという意味では、無秩序ななか、目的を達成するために調査を行い、情報を収集し、交渉をするなどという煩雑かつ無駄の多い、人間性を奪いかねない多大な労力から、私たちは解放され、人間らしい生き方のための土台を築くことができます。すなわち、無秩序な社会に対する医学モデル的アプローチが実現するということです。そうなると、医学モデルでは達成できない自ずから「よりよい生き方」が実現できる自然（じねん）モデル的アプローチが必要になります。それこそが、身体経験によって自己感を拡大し、人と人とのつながりを充実させていく自らの世界の拡大です。

　デジタル技術の発展は、他者の経験をもVR（仮想現実）空間やアシスト・スーツなどの力によって、言語を介することなく疑似体験し、バイオフィードバックやニューロフィードバックの力によって自らの能力を発掘していく可能性を拡げています。すなわち、デジタル技術は、人間の生き方そのものを変革する可能性を秘めているのです。

身体による
創造性を発揮する
未来経営

本章では、これまでの議論を受け、実際の企業がデジタル変革によってよりよい社会を実現するための具体的なプロセスを解説します。第4章では、今世紀初頭にはじまったデジタル変革によるデータエコシステムの形成と、その成り立ちとして、混沌とした世界に秩序を与えるデジタル技術の役割と、それによって実現する人間らしさについて解説してきました。第5章では、デジタル変革による新しい社会像をより具体的にしていきました。文明のはじまりに遡り、言語と書記体系という、デジタル変革の考え方の基礎を解説したうえで、「データ至上主義」という課題に対して、身体によって創造性を発揮し続ける人間らしい新たな社会像を提示しました。第6章では、デジタル技術を具体的に解説したうえで、無限定空間において自ら秩序を与える制御の考え方を土台にした自己感を拡大していくデジタル技術のあり方について解説してきました。

これまで描いてきた社会像を実現していくためには、第一歩として、世界でどのようなデジタル変革が起きているのか、業界ごとの大きな流れを把握することが必要です。デジタル変革の観点から多種多様な業界の流れを把握すると、その共通点がみえてきます。それがわかると、業界の壁をこえて事業拡大を行う「ディスラプター」が、どのような法則で事業をとらえ、事業創造を行っているかが理解できます。その仕組みを理解することによって、自社自身が、ディスラプターとしての役割を担う可能性がみえてきます。

そこで、本章後半では、自社を、デジタル変革を繰り返す企業に変革していくためのアイデア創造と、そこで得られたアイデアを実現可能なロードマップに昇華していくための幾つかのフレームワークワークについて紹介します。

業界を超えて共通する
持続可能なデジタル変革の法則

　前章までの内容を受け、人と技術の共生関係から、人と社会システムの共生関係を描くことができます（**図表7-1**）。デジタル技術に基づく社会システムは、混沌とした世界に秩序を与えると同時に、人々を非人間的な労働力から解放します。これによって、人々は、安心して生活を営むことができると同時に、自己と他者の関係にもとづく人間性を成長させ、社会を豊かなものにしていきます。人の成長によって、社会システムは、その目的そのものを変化させ、その時の人々の成長を支える土台となります。こうした人と社会システムとの未来の共生関係こそが、デジタル変革が目指し、つくり上げるべきものであり、それによって、私たち人間の社会は持続可能性な成長を繰り返すことができます。

　以上の考え方は理想的ではありますが、実際の多くの社会システムは、こうした人との共生関係が成り立っていません。時代の変化のなかで、人との共生関係が成り立たなくなった社会システムは淘汰されます。そして今、多くの「企業」という社会システムがかつての力を失い、変革を迫られているのは、人、すなわち顧客や社会を構成するすべての人との共生関係が成り立たなくなってしまっていることが背景にあるといえ

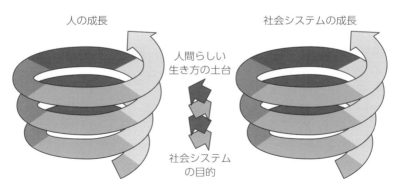

人の成長　　　　　　　　　　社会システムの成長

人間らしい
生き方の土台

社会システム
の目的

図表7-1　デジタル変革による人と社会システムの共創関係

ます。

　前章でみてきたように、デジタル技術は、社会全体に影響を与えます。そのため、企業がどういった業界に属していようと、デジタル技術が進化することで、その企業を取り巻く環境は変化します。変化した環境の中であっても人との共生関係が成り立たなければ、その企業は淘汰されます。もちろん、今も昔も、ビジネス環境はめまぐるしく変化を繰り返しており、その変化のなかで、学習し成長し続ける企業、すなわち変革を繰り返す企業でなければ、その企業は事業の存続が危うくなります[115-120]。

　さて、ここで重要なことは、企業が学習し成長を繰り返す、すなわち変革を繰り返す前提として、社会の人々を取り巻く環境そのものが目まぐるしく変化しているということを押さえておく必要があります。人々を取り巻く環境は、常に混沌としています。だからこそ、そうした混沌とした環境に秩序を与えることによって、人々は、「人間らしい」生活を取り戻すことができます。すなわち、企業が変革を行う理由は、社会の人々の環境に秩序を与え、人間らしい生活を提供することにあるといえるのです。

　ここまでを通してみてきたように、混沌とした世界に秩序を与えることができるのが、デジタル技術であり、歴史的に「データ処理システム」の役割を担ってきたものです。デジタル技術による秩序によって、企業

環境変化による既存事業の縮退　　　　　新しい環境に適した事業変革

図表7-2　企業を取り巻く環境と変革のイメージ

活動そのものが生まれ変わります。そうしたデジタル変革は、企業活動における事業や、事業プロセスに対して行われます。すなわち、技術×事業や、技術×事業プロセスというマトリクスによって整理していくことで、共通法則を見出すことができます。共通法則がわかると、自社がどのような業界であれ、行うべき変革のイメージがみえてきます。その共通法則を見出すために、現在、多種多様な業界で起きているデジタル変革を三段階に分けて分析していきます。まず、デジタル変革によってプレイヤーそのものが変化する金融・小売業界を紹介します。次に、プレイヤーそのものは変化しないものの、社会の変化によってこれまでの業務のあり方が通用しなくなったエネルギー・建設・医療業界を紹介します。最後に、人としての成長を支えるHR・教育業界を紹介します。いずれの段階においても共通するのは、デジタル変革によって、より「人間らしい」生活が実現できているということです。

第7章 身体による創造性を発揮する未来経営

技術によってプレイヤーが変化する
金融・小売業界

　インターネットの普及によってテレビや新聞が、インターネットメディアに姿を変えていったように、金融や小売業界もまた、その姿を大きく変えつつあります[121-127]。金融業界の特徴は、インターネットを介して「誰でも参入できるようになった」ことと、データ分析をはじめとするデジタル技術の普及によってこれまでの事業を遥かに「賢く」展開できるようになったことです。一方、小売業界の特徴は、アマゾンをはじめとするeコマース（電子商取引）の登場によって、金融業界と同様に「誰でも参入できるようになった」ことと、それによって従来の実店舗が、大きくその姿を変えつつある、ということが挙げられます。さらに重要なことは、これらの業界がインターネットの登場によって「誰でも参入できる」ようになる前には社会には秩序があり、「誰でも参加できる」ようになったことで、混沌とした状況がはじまったということです。混沌に秩序を与えるデジタル技術は今、どのような変化をもたらしているのでしょうか。これらの二つの業界に起きている変化を大雑把にとらえてみましょう。

典型的な事業変革が起こる金融業界

　金融業界における変革のパターンは、大きく二種類に分けられます。まず、インターネットを介して「誰でも参入できるようになった」ことによる、「マッチング」技術による既存事業の置き換えです。次に、データ分析技術による、これまでの事業の高度化です。前者は、事業者そのものが置き換わる一方で、後者は、既存の事業者を含む、技術力のある事業者の競争力の強化、という現象が起こっています。

　これら二種類のパターンは、それぞれの技術を縦軸に、事業を横軸に配置した**図表7-3**のようなマトリクスにまとめることができます（これを「技術×事業マトリクス」と呼称します）。金融業界の典型的な事業として、銀行・保険・証券が挙げられます。銀行の代表的な業務である

お金の貸し借りは、インターネット出現前は、銀行のような社会的に信用のおける大きな組織が行う必要がありました。しかしながら、インターネットの出現によって、貸す人と借りる人が（銀行を介さずともに）容易に出会えるようになりました。これが「ソーシャルレンディング」と呼ばれる新しい銀行業の形態です。同様に、生命保険などの保険料を割り勘することによって負担額を減らす新しい保険の形がP2P保険であり、保険会社よりも安価な保険が実現するとして注目されています。さらに、トレーディングの新しい形態として、SNSなどのコミュニティのなかで情報共有を行い、他の投資家の手法を真似たりアイデアを共有するソーシャル・トレーディングが起こりはじめています。このように、従来の銀行・保険・証券業に対応する新しい形態の事業が、インターネットを介したネットワークやコミュニティによって代替されはじめています。

次に、データ分析技術による銀行・保険・証券業の高度化の代表例をまとめます。まず、銀行業において、顧客（個人あるいは企業）のさまざまな情報から、融資を行うべきかどうか、行うならばどれくらいの金額まで融資できるかどうかを「信用リスク」として計算し、管理する「与信管理」があります。従来、与信管理は、担当者の勘や経験に基づ

図表7-3　金融業界の事業変革

いてなされていましたが、昨今は、企業活動に関する種々のデータを用いた分析が盛んになされています。保険業においても、被保険者の行動データなどを用いた保険料の算定などが行われています。テレマティクス保険という、自動車の走行データなどから運転手の安全性を把握し、安全運転かどうかによって保険料を算出する仕組みです。証券業においても、これまでデータとして扱われていなかった数値化されていない企業に関する文書情報などを数値化（データ化）し、株価の予測に用いるなど、データ分析の幅が広がっています。

　以上のように、インターネットの出現によるプレイヤーの移り変わりと、多種多様なデータを扱えるようになったことによる既存業務の高度化が、金融業界で起こっている変革の特徴であり、既存の金融事業者であろうがなかろうが、こうした技術をうまく使いながら、事業を創造・変革する企業が、これからの金融業界のプレイヤーになっていくと考えられます。

自らの事業への問い直しから変革を起こす小売業界

　小売業界における変革のパターンは、アマゾンをはじめとするeコマース（電子商取引）の登場によって「誰でも参入できるようになった」ことと、それによって、従来の実店舗の役割が変化しているということが挙げられます。

　小売業界の変遷について、**図表7-4**にまとめています。まず、従来の店舗での小売業において、顧客の行動は、店舗を訪問、欲しいものを探し、レジに並んで決済を行い、商品を受け取るという流れです。それに対し、eコマースは、商品をオンラインで検索し、配送を待って商品受け取りを行うため、顧客にとっては、店舗訪問や店舗内での商品探しという手間を省いてくれます。それと同時に、店舗を出店する企業側としても、eコマースは、実店舗を運営するコストを削減できるので、大きなメリットといえます。さらにeコマースは、オンラインショップ訪問者（顧客）がどこから来て、どのような行動を経て購買に至ったかの行動プロセスをすべてデータとして取得できるので、訪問者の購買行動に

最適なレイアウト（オンラインショップのデザイン）に近づけることができます。

　一方、実店舗においては、訪問者が買いたいもののイメージが明確に定まっていない場合に、店舗内を歩き回りながら、店舗という「場」そのものの空気感を身体で感じ、徐々に自分が欲しているイメージ（物語）を明確にしていくというメリットがあります。店舗という場のなかで、自分自身の物語が描かれ、未来の自分像を創造したうえで、その未来にとって不可欠な商品を見つけ、商品と共に物語を購入する、というプロセスを経ることができるのは、店舗という現実空間に身を置くことによる最大の利点といえます。もちろん、オンラインショップにおいても「場」を共有することは不可能ではありません。しかしながら、オンラインショップが画面内からの視覚情報という限られた身体感覚のみによって「場」の共有を行うのに対し、実店舗は、360度の視覚情報を含む五感を総動員した「場」の共有が可能です。必要な商品を効率的に購入できるオンラインショップに比較し、実店舗は、必要な商品が明確でない、あるいはよりよい何かを「創造」したいという、自分自身の成長という人間の根源的な本能に従う場合において大きな力を発揮します。こうした実店舗の持つメリットを最大限に発揮する代表的な方法として、

図表7-4　「買い物」のパターンの変遷

クライアンテリングとショールーミングがあります。

　まず、クライアンテリングとは、第1章において紹介したフランス発の化粧雑貨販売店であるSephora（セフォラ）のように、店舗スタッフが信頼できるアドバイザーとなり、顧客との長期的な関係を築いていく方法です。セフォラでは、ビューティエキスパートと呼ばれる専門スタッフを各店舗に配置し、顧客が店舗を訪問する際に、肌の色や好みなどを測定するとともに、データベースに登録された過去の購入履歴などのデータを総動員し、顧客にとっての「なりたい自分」という物語を共に描き、最良の商品・サービス選択を行っていました。データベースによって、顧客との「長いお付き合い」を実現しているといえます。

　次に、ショールーミングとは、「店で調べて家で買う」という消費者行動に店舗側が合わせ、実店舗の、商品購入の場ではなく、商品を知ってもらうショールームの場としての役割を持たせるという方法です。アメリカの高級百貨店であるメイシーズでは、百貨店の高級な雰囲気を引き立たせ、訪問者が、ディスプレイや店舗そのものを体感してもらうことができるような演出をしています。そして、実店舗内の気になる商品をスキャンして「買い物かご」に入れ、カフェでの優雅な時間を楽しみながら購入するかどうかを決め、購入後はホテルのクラークのように受け取り場所でレジ待ちをせずに商品をピックアップできるような顧客行動が設計されています。

　また、中国のアリババ傘下のスーパーマーケットであるフーマーフレッシュは、購入した商品が「本物」であるかどうか、安心して食べられるものであるかどうかを懸念する中国ならではの消費者の懸念を払拭するため、どの商品も、仕入れルートや生産者情報をスマートフォンで確認できるような仕組みを採用しています。実店舗で買い物をしながら品質確認をし、オンラインで購入するという顧客行動が設計されています。

　こうした実店舗における顧客行動をうまく設計し、顧客との「長いお付き合い」をしていくためには、データベースの共有などのデジタル技術が必須であり、これによって、顧客行動を、顧客が望む形に設計していくことができます。もちろん、顧客行動の設計にあたっては、最初か

ら最適なものがわかっているわけではなく、（仮説を持ったうえで）試行錯誤を繰り返し、失敗に学びながら成長していく組織・企業でなければならないということはいうまでもありません。

事業の持続可能性に直面する
エネルギー・建設・医療業界

　金融業界や小売業界が、インターネットの普及によって「誰でも参入できる」ようになり、プレイヤーの入れ替わりが起きている一方で、社会インフラを支えるエネルギー・建設事業や、社会生活を支える医療業界は、急激なプレイヤーの変化は起きていません。しかしながら、同じプレイヤーであっても、社会の変化に対応し、変革を繰り返すことができなければ、事業そのものを存続できなくなってしまいます[128-139]。

　例えば、エネルギー業界は、地球環境の持続可能性に直面しており、カーボンニュートラル（地球全体の二酸化炭素増加量をゼロにする試み）実現に向けた変革が急務とされています[128-131]。それ以外にも、人口減少による過疎化地域のインフラ維持管理の問題など、さまざまな問題があり、エネルギー業界が直面するこれらの課題は「五つのD」といわれています。同様に、建設業界や医療業界においても、少子高齢化による働き手の不足など、さまざまな問題があり、大雑把には**図表7-5**のようにまとめられます。

　以上の三業界に代表される社会インフラや社会生活を支える業界の変革については、事業のプロセスを大まかにとらえることが必要です。そのためには、プロセスごとにどのような変革がなされるべきかをまとめることが必要であり、プロセス×技術のマトリクス（ここでは「プロセス×技術マトリクス」と呼称します）が有効です。そのうえで、事業プロセス全体に対して（すなわち事業スタイルとして）どのような変革が

エネルギー業界	建設業界	医療業界
Depopulation（人口減少） De-carbonization（脱炭素化） Deregulation（自由化） Decentralization（分散化） Digitalization（デジタル化）	少子化（若手減少） ベテラン退職 技術継承断絶 デジタル化	少子高齢化 医療費負担増 寿命拡大（必要性増大） デジタル化

図表7-5　エネルギー・建設・医療業界の直面する課題

必要かを理解していくことが重要です。こうした事業プロセスごと、ま
た事業プロセス全体を大まかにとらえる視点で、三業界の変革をみてい
きましょう。

持続可能な変革が求められるエネルギー業界

　エネルギー業界の直面する課題は、先述の通り、人口減少（Depopula-
tion）、脱炭素化（De-carbonization）、自由化（Deregulation）、分散化
（Decentralization）、デジタル化（Digitalization）、それぞれの頭文字を
取り、「五つのD」と呼称されています。これまでのエネルギー業界は、
人口が増加していくことを前提として設計されていました。既に国内
（あるいは地域内）に多くの人口を抱え、エネルギーが不足するのであ
れば、大規模な発電所がそのエネルギー需要を一手に引き受け、送電し
てしまうのが最も効率的です。季節変動などから需要量を予測し、その
需要量をある程度超えるように発電しておけば、その国（あるいは地域）
の電力需要はまかなえ、安定した電力供給を行うことができます。この
ような背景から、発電量の制御のしやすい火力発電をメインにし、必ず
必要になる電力量を原子力発電によってまかなっていました。しかしな
がら、カーボンニュートラルの観点から、太陽光発電をはじめとした代
替エネルギーへの移行が急務となっています。

　問題はそれだけではありません。エネルギー供給に関しては、人口が
ある程度密集している地域に対しては問題がみえにくい一方、人々の住
居がまばらな過疎地域においては、その問題が顕在化します。エネルギ
ーをはじめ、人々の生活にとってなくてはならないサービスは「ユニバ
ーサル・サービス」と呼ばれ、電力・ガス・水道・電話回線・インター
ネット回線がこれに該当します。ユニバーサル・サービスは、あまねく
すべての人々に公平にサービスがなされる必要があり、過疎地域におい
ては、そのインフラを敷設し、維持管理するコストが、人口密集地域に
比べて相対的に大きくなり（ひとりあたりの負担額が大きくなり）、過
疎地域に対するサービスの提供をし続けることが困難になるのです。特
に、昨今の人口減少によって、過疎地域に対するサービス維持の負担は

大きくなり続けています。このため、ユニバーサル・サービスを維持するために、家庭ごとの発電の分散化や、電力サービス提供の自由化が進められています。しかしながら、こうした分散した発電による方法は、大規模な発電所による一括の発電に比べ、地域全体の需要量をまかなうような発電の計画を行うことが難しく、さまざまな変革が考案されはじめています。

　各家庭で分散して発電された電力は、それを必要とする場所に届けられる必要があります。これが、先述の金融や小売事業などのインターネットを介した「マッチング」と同様の考え方ができます。そして、単に電力の需要と供給をマッチングするだけでなく、エネルギーを送電するその先では、エネルギーを用いた家電によるサービス事業を行うことが可能です。各家庭で家具を買いそろえるのではなく、自動化がなされた家具による家事サービスを月額で受けるような構想が考えられています。たとえ分散して発電された電力であっても、それらを適切に束ね、不足する家庭や企業に供給し、エネルギーを供給するだけでなく、エネルギーを用いる家事などをサービスとして設計できれば、国や地域の中でのエネルギーの動きが適切に設計できます。こうした観点から、未来のエネルギー事業の変革に関するプランが東京電力ホールディングスの経営技術戦略研究所において議論され、東京電力にて環境保全事業を展開してきた竹内純子によってまとめられた著書『エネルギー産業の2050年 Utility3.0へのゲームチェンジ』にまとめられました。このUtility3.0が

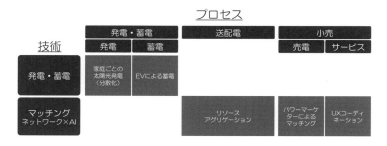

図表7-6　Utility3.0が提唱するこれからのエネルギー業界

描き出すエネルギー事業の変革のイメージをプロセス×技術マトリクスにしたものを、**図表7-6**に示します。

　エネルギー事業のプロセスは、大まかには、電力を作って貯蔵し（発電・蓄電）、送り（送配電）、売る（小売）という三つのプロセスからなります。Utility3.0においては、分散した家庭ごとの太陽光発電の電力を一旦蓄電する際に、EV（電気自動車）を用いることが考案されています。家庭で保有するよりもシェアすることがこれから増えていくであろう（公共の）電気自動車を蓄電池として用いることで、発電量に応じた電気自動車サービスを計画できます。そして、発電・蓄電された電力資源を束ねる「リソース・アグリゲーション」を行う事業者が、売電を行う事業者とマッチングし、電力を供給します。そのうえで、各地域の家庭や企業を束ねる「パワーマーケター」が電力を供給、電力によって家事サービスなどのサービス提供を行う「UXコーディネーター」と呼ばれる事業者が、各家庭や企業にサービスを提供することになります。

　ただ、東京電力の試算によると、現在利用している火力発電所や原子力発電所による発電をゼロにすることはできず、引き続き、現在のエネルギー事業は、規模を減らしつつも存続していくと考えられます。その一方で、ネットワーク・デジタル技術を用いた電力需要・供給のマッチングや、電気自動車・家電などを用いたサービス事業を、既存の、あるいは新しい事業者が展開できる可能性は大きく拓けているといえます。

現場の人手不足に直面する建設業界

　建設業界の直面する課題は、これまで現場で建設業務を行っていたベテラン技術者が定年退職を迎え、また長引く不況によって30代から40代の職員の採用が控えられていたことから技術継承がうまくなされておらず、「誰でも働ける」ような業務変革を行う必要があるということです[132-134]。建設業界のような「現場の知」に頼る業界は、（技能を持たない若手など）誰でも働けるような環境ではなく、若手は現場で鍛えられて「自力で成長する」ような教育がなされてきました。しかしながら、デジタル化が進んだ現代社会において、デジタルの力を使わずに昔なが

らの業務の方法のみを用いていても、効率が悪いばかりか、デジタル技術に慣れた若手にとって親和性が悪く、「人間らしい」労働環境とはいえません。デジタル技術による業務変革を行うとともに、事業そのもののスタイルを変革していくことは、建設業界にとって急務といえます。

　建設業界における変革もまた、プロセス×技術マトリクスによって整理できます（**図表7-7**）。まず、建設事業の業務プロセスは、大まかに調査・計測、施工計画、施工、検査の四段階です。調査・設計とは、ある建造物を建設するにあたって、その現場の調査・計測を行います。土地の詳細な立地や面積、標高、そして土壌成分などを調査・計測することにより、建てようとしている建造物が建造できるのかどうか、基礎としてどのようなものが必要かなどの情報を得ます。こうした情報に基づき、施工計画を立案します。建造物の具体的な設計や、施工に必要な人員・工数などを詳細に計画します。そして、計画に基づいた施工がなされ、計画とのずれなどを管理しながら、施工計画を遂行します。建設現場での実作業になるので、事故なく安全に、そのうえで計画通りに施工を実施するための管理が重要です。最後の検査においては、施工された建造物が計画通りの品質に仕上がっているかどうかを検査します。これらそれぞれの段階において、デジタル技術による業務変革がなされています。

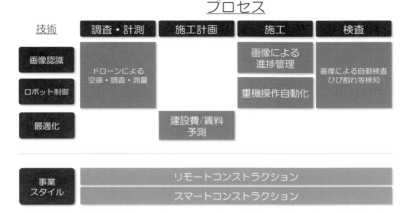

図表7-7　建設業界の変革イメージ

　まず、検査・計測段階においては、これまですべて人手による作業であったものが、ドローンによる空撮などによって高度化しています。全自動による調査・計測とはいかないまでも、これまでは長年の経験と労力を必要としていた広大な土地の計測作業が簡素化できるようになってきています。やがては、業務経験のほとんどない若手職員であっても、調査・設計ができるようにシステム化が進んでいくことでしょう。

　次に、施工計画においては、建設費の予測や、条件の範囲内で最も安価な設計の自動化など、施工計画の一部（あるいは全部）を自動化するシステムができつつあります。施工計画を一部自動化することによって、高度な技術が不要な建造物は計画コストを下げ、そうでない建造物についても、自動計算の助けを借りながらよりよい計画を行うことが可能になります。そして、施工段階においては、画像による進捗管理や、重機の操作などの自動化などにより、これまで人手で行っていた作業を自動化するだけでなく、画像データなどを用いてよりきめ細やかな施工管理を行うように変革がなされはじめています。最後に、検査段階においては、画像によるひび割れなどの自動検知技術があり、維持管理の検査手法としても用いられはじめています。

これら四段階のデジタル化を行うにあたっては、BIM/CIMという考え方が重要です。BIM/CIMとは、それぞれ、Building Information Modeling（ビルディング インフォメーション モデリング）、Construction Information Modeling/Management（コンストラクション インフォメーション モデリング／マネージメント）の略称であり、建造物の三次元モデルに材料や品質コストなどの属性を関連づけ、四段階すべてを三次元データによって一元管理していこうとする考え方です。四段階それぞれにおいて、現実空間を三次元データによって再現、設計、管理できるようになれば、これから計画・施工する建造物を、前もって三次元データとしてシミュレートし、疑似体験することが可能になります。これによって、人の流れをシミュレートして災害時の避難経路を確保したり、VRによって疑似体験して発注者と設計者との間での合意形成がしやすくなったりなど、さまざまなメリットがあります。

　それだけでなく、四段階を一気通貫でデジタル化して設計、管理する環境が整うようになれば、現場監督が、現場で逐一施工を見守らなくとも、遠隔で安全点検や施工の遅れなどの原因究明などができ、遠隔での工事を意味するリモートコンストラクションに一歩近づきます。それだけでなく、デジタルデータによる一元管理は、四段階全体のプロセスを最適化するスマートコンストラクションにもつながります。こうしたリモートコンストラクションやスマートコンストラクションの試みは、国土交通省や大手建設会社を中心にさまざまな企業が取り組んでいます。建設業は、一か所の工事に長い時間を要するなど、息の長い業界であるため、変革にはある程度の時間を要する可能性もありますが、こうした変革が徐々に進んでいくことと考えられます。建設業界におけるデジタル変革は、長年の経験を必要とする人手による作業を、経験の少ない若手職員にすら実現できる作業に変革し、「人間らしい」職場環境の実現に向けて進み始めています。

超高齢化社会に向けての変革を迫られる医療業界

　医療業界は、これから来る急激な少子高齢化に伴い、ひとり当たりの

医療費負担の増加に備え、変革を迫られています[136-139]。医療従事者への負荷を減らすためには、国民ひとりひとりが自力で健康を維持し、医療機関にかからずとも自力である程度の治療ができる「セルフメディケーション」が重要であるといわれています。

実際、デジタル技術が普及していることを前提に、医療機関を眺めてみると、無駄が多く、非効率的で、医療従事者と患者の双方が、不必要な負担を負っているようにみえます。医療機関に関する負担をデジタル技術によって減らすだけでも、医療従事者にとっても患者にとっても「人間らしい」医療に近づきます。そして、その結果として、不必要に医療機関を利用することもなくなり、誰もが健康で長生きできる社会に近づきます。そして、その先には、本書で繰り返し強調している、身体感覚を伴う成長をデジタル技術がサポートし、健康の一歩先にある、まだ見ぬ身体能力を発揮しながら生きていくことができる社会が実現する可能性が十分にあります。

医療業界における変革もまた、プロセス×技術マトリクスによって整理できます（**図表7-8**）。医療の基本的な業務プロセスは、診察、診断、治療の三段階に分けられます。診察とは、医療機関を最初に訪問した患

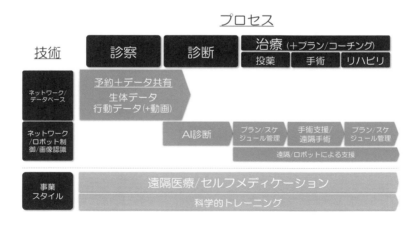

図表7-8　医療業界の変革イメージ

者が、医師から病状に関する質問をしたり、身体の状態を確認すること
です。そして、診断とは、病状を判断し、病名を特定することです。その
結果を受け、治療を行います。治療は、投薬、手術、リハビリなどの
プロセスがあります。

　以上のプロセスをデジタル技術によってサポートすることを考えると、
まず、診察における医師からの口頭の質問は、日々の行動データや生体
データを用いることで、格段に精度が高まります。それだけでなく、診
断や治療のプロセスを前提に、日々のデータ（行動データ・生体データ
や発作が起こった際の画像データなど）を取得し、保存できるようなス
マートフォンアプリを用いると、医師とのコミュニケーションもスムー
ズになり、投薬のスケジュール管理なども容易になるので、必要以上に
医療機関を訪問する必要もなくなり、オンラインでのやりとりで完結す
る「遠隔医療」に一歩近づきます。もちろん、レントゲンなどの特殊な
機器による撮影や、体の状態を詳細に把握する診察など、医療機関に出
向く必要のある場合もあります。こうした場合であっても、オンライン
でデータのやりとりなどを行ったうえで、医療機関に出向くことで、待
ち時間などの無駄な時間をなくすことができ、必要な処置や、不安事項
の相談など、人間らしいコミュニケーションに時間を費やすことが可能
です。デジタル技術を医療全体を支えるインフラアプリケーションとし
て用いることで、診察や診断における無駄がなくなり、人間らしいやり
とりに時間を使うことができるようになるのです。

　こうしたインフラアプリケーションの下地ができるようになると、医
療行為が、本書で繰り返し述べてきた「医学モデル」から「自然（じね
ん）モデル」へのアプローチに近づき、悪い箇所を治療する以前に、健
康で長生きの理想の生活スタイルを保ちながら成長していくという、生
活スタイルの変革に近づいていきます。医療のスタイルとしても、遠隔
医療やセルフメディケーションに近づくだけでなく、スポーツなど体を
鍛えることにも、日々の行動データなどが役立ち、「科学的トレーニン
グ」にも貢献します。健康を維持し、身体能力を高めるという目的にま

で広げていくと、医療事業は、医師免許取得者などに限らず、誰もが参入できる領域となります。誰もが健康で長生きすることを求める今、健康を維持し、身体能力を高めることへの需要はますます高まるため、従来の医療従事者だけでなく、新規参入者による医療業界の変革が起こる可能性は、十分に考えられます。その際、新規参入者が医療を提供する企業として支持されるかどうかは、目の前の問題に対処する「医学モデル」だけでなく、生活スタイルを変革し、健康を維持し、身体能力を高めるなかで、生活の力で身体を治していく「自然（じねん）モデル」のアプローチが重要になるということは、本書で繰り返し強調してきた通りです。

学び方・働き方の変革に貢献できる
HR・教育業界

　医療業界を通してみてきたように、医療の変革は、生活スタイルの変革につながるものであり、健康を維持し、誰もが身体能力を高めながら長生きできる社会が実現すると、医療機関や医療制度によって「生かされる」社会から、自ら、自ずから「生きていく」ことができる社会に変革していくはずです。寿命が延び、医療費をはじめとする医療制度への負担が増大していく昨今、医療を医療としてとらえず、社会の生活スタイルの変革の変革と考えると、誰もが「生きていく」ことができる社会に近づいていくでしょう。

　こうした誰もが「生きていく」ことができる社会への変革に向けて、大事な業界として、身体の健康を維持するだけでなく、身体の成長を支える教育業界、そして、成長した人々が企業のなかで健やかにその能力を発揮しながら成長していける環境作りを行うHR（ヒューマン・リソース）業界は、自然（じねん）モデルを土台とする社会の実現にとって、なくてはならない業界といえます[140-147]。

　これらの業界に共通する特徴としては、社会の変化に対して従来の教育、すなわち、社会に出て働くための技能習得としての学習システムが時代遅れになっているという認識から、学校教育や社内教育の仕組みの変革が迫られているという事情があります。もちろん、その背景には、本書で繰り返し強調してきたように、失敗に学びながら成長を繰り返し、変革し続けていくことが、私たち人間の生命としての生き方であって、現在、さまざまな企業が変革を迫られているように、教育システムもまた、変革を余儀なくされているという、社会全体の大きな流れがあります。

　その一方で、常に変革を起こさなければ顧客から見限られ、その活動を継続できなくなる環境にいる企業や事業所間のビジネスパーソンと異なり、そうした顧客からの判断に晒されることの少ない（HR業界を含む）教育業界は、その変革の方向性が適切であるかどうかを判断しづらい環境下にあるといえます。ここからは、現状のHR・教育業界の変革

を紹介するとともに、自然（じねん）モデルを土台とした社会の実現に向けたHR・教育業界の可能性についてまとめていきます。

デジタル変革組織を支えるHR業界

　昨今、社内教育を含む職場環境作りを責務とするHR業界にとって、「人生100年時代」という言葉がひとつのキーワードとなっています[148, 149]。人口が減少していくなか、これまで定年退職して引退していた高齢者にとって、100歳まで続く「老後」の生活費をどのように工面しながら生きていくのかという、働き方・生き方の再設計が求められています。そして、この背景には、かつての成長期の日本企業を支えてきた「年功序列」「終身雇用」という制度の形骸化があります。かつて、企業が成長していくなか、勤労年数に応じて高いポジションが与えられるとともに部下も増え、定年まで働いたあとは、企業年金で「余生」を優雅に暮らす、という図式は、変革を繰り返さなければ成長しない現代社会においては過去のものとなり、定年退職者の長寿命化とあいまって、企業は、社員の「働き方」「生き方」を支えられなくなっています。

　こうした背景から、社員の「学び直し」の場を用意し、能力や将来像に応じたポジションとのマッチングを行うなど、社員を知り、学びの場・活躍の場を用意し、場合によっては社外のよりよい環境を求めて転職を行う（あるいは他企業から出戻る）支援を行う、といった新しいHRのスタイルがはじまっています。こうしたHR業界における変革を、プロセス×技術マトリクスによって整理したものを**図表7-9**に記載します。

　HRの業務プロセスは、大まかに分けると、人を採用し、適切な部署に配置し、社内教育によって人材・組織開発を実施し、健康や安全、離職など、心のケア・対策に関する四つの業務に分類できます。かつては「慣例に従って」なされていたHRの業務も、昨今は、基礎的なデータ分析をはじめ、積極的にデジタル技術導入が試みられています。特に、昨今はこれまで取れなかった行動データなど、多種多様なデータが取得できるようになってきたことを受け、徐々にではありますが、デジタル技術導入の幅が広がっています。

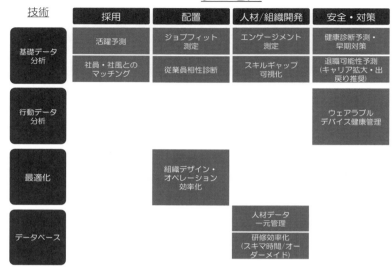

図表7-9　現状のHR業界のデジタル技術導入イメージ

　まず、採用においては、人事部門担当者の勘や経験だけでなく、基礎データに基づく活躍予測を行い、社員・社風とマッチするかどうかをデータによって判断する仕組みを導入する企業が増えています。次に、社員を適切な部署に配置する業務においても、ジョブフィット診断や、現場の社員との相性などを分析する仕組みが積極的に用いられています。常に変化するビジネス環境に対応するための組織デザインやオペレーションを最適化によって効率化する試みもなされています。そして、実際に働いている社員に対しても、会社や業務に対するモチベーションを測定するエンゲージメント測定や、スキルギャップの可視化などを行い、より適した業務に配置転換するなどして能力の発揮をサポートする考え方も一般化しつつあります。最後に、社員の健康面や心理面でのケア・対策に対しては、健康診断だけでなく、将来的な健康状態を予測することで健康な生活ができるような支援を行ったり、退職可能性の高い社員に対してキャリアを拡大する支援などが行われています。

昨今、デジタル変革の流れを受け、HR業務においても、社内の人材データを一元管理し、より適した組織を目指したオペレーションの変革がはじまるなど、徐々にではありますが、変革の機運が高まりはじめ、「人間らしい」働き方ができる下地ができはじめています。しかしながら、HR業務を捉える場合に重要なのは、HR業務単体での変革を行おうとしても、それが企業としての営利活動につながらなければ、ビジネス現場の足を引っ張る役割にしかならないということです。HR業務の変革には、顧客と接し、よりよい商品・サービスを世に出すビジネス現場との二人三脚の取り組みが不可欠であり、組織として、社会の変化を取り込んで成長していく施策を実施するなかで、HR業務が自ずと変革されていく、という流れが理想的です。

人の成長を支える教育業界

　ここまでみてきたように、さまざまな業界の変革を受け、学校教育もまた変革を行う必要があるのではないかという機運が高まっており、教育（Education）×技術（Technology）の造語としてEdTechという言葉が、学校教育の業界において注目を集めています[145, 146]。過去の学校教育においては、学校で学んだ知識が社会人になっても活かせることを前提に、教育制度が組み立てられていました。しかしながら、学校教育に携わる先生方や保護者の目線からみても、今、社会は目まぐるしく変化しているなかで、学校で学んだ知識では生きていくことができないのではないかという疑問から、試行錯誤的に学校教育にデジタル技術が導入されはじめています。

　昨今取り組まれているEdTechの事例をまとめた、デジタルハリウッド大学大学院教授の佐藤昌宏の著書『EdTechが変える教育の未来』[145]を参考にしながら、デジタル技術による新しい学校教育のプロセスを大まかにまとめたプロセス×技術マトリクスを**図表7-10**に示します。学校教育の提供する業務としては、児童・生徒の生活を支え、成長を見守るという意味では多岐に渡りますが、EdTechとして紹介されている事例をまとめると、（児童・生徒への）教材提供、授業実施、学習状況管理、

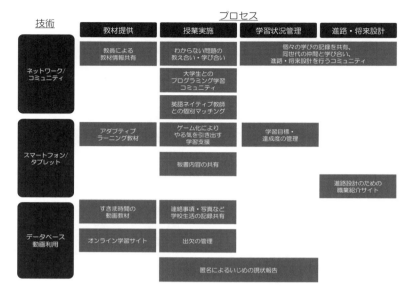

技術	プロセス			
	教材提供	授業実施	学習状況管理	進路・将来設計
ネットワーク/コミュニティ	教員による教材情報共有	わからない問題の教え合い・学び合い	園々の学びの記録を共有、同世代の仲間と学び合い、進路・将来設計を行うコミュニティ	
		大学生とのプログラミング学習コミュニティ		
		英語ネイティブ教師との個別マッチング		
スマートフォン/タブレット	アダプティブラーニング教材	ゲーム化によりやる気を引き出す学習支援	学習目標・達成度の管理	
		板書内容の共有		
				進路設計のための職業紹介サイト
データベース動画利用	すきま時間の動画教材	連絡事項・写真など学校生活の記録共有		
	オンライン学習サイト	出欠の管理		
		匿名によるいじめの現状報告		

図表7-10 現状の教育業界のデジタル技術導入イメージ

進路・将来設計という四段階にまとめられます。そして、デジタル技術としても、インターネットを介したコミュニティ作り、スマートフォンやタブレットの利用、教材としての動画利用やデータベース利用など、基礎的なもので包含できます。そして、EdTechとして世に提供されているサービスは、そのほとんどが、児童や生徒の未来を共に創るという視点ではなく、教材や授業など、既存の教育形態をデジタル技術によって置き換えたり、コンテンツとしての授業科目を増やしたりなどの視点に閉じていることが特徴と考えられます。

　もちろん、既存の教育形態をデジタル技術によって置き換えるだけでも、「学びの場」としての機能は十分に高まります。教員同士で教材や授業の情報を共有してよりよい授業にブラッシュアップできる環境を整えたり、アダプティブラーニングという、各自の習熟度にあった問題を自動的に出題できる仕組みを利用したり、動画コンテンツをはじめとするオンライン学習サイトを利用することによって、既存の科目の習熟度

は高まります。それだけでなく、わからない問題を教え合うコミュニティや、プログラミングを大学生に教えてもらう環境、英語をネイティブと直接会話することで習得する環境などが整うことで、これまでの学校環境では習得できなかった知識が身につき、これまでの学校教育に比べ、好奇心を持つことのできる環境になる可能性は十分にあります。しかしながら、そもそも、何を学習してどのような将来像を描くのか、学校での学びを一過性の「自由研究」とせず、社会で働き、価値を生み出すための糧としていくためには何が必要かについては、EdTechだけでなく、学校教育の業界においてはほとんど語られることはありません。

　実際、学校教育において何を教えるべきかを考えるうえでは、今、世の中で必要とされていることが参考にされがちです。しかしながら、社会の変化とともに自らが成長することを前提とすると、今、必要な知識そのもの（例えばプログラミングやプロダクトデザインなどの技能）は、児童や生徒が社会に出る十年後、二十年後にも役に立つとは限りません。失敗に学びながら学習し成長を繰り返し、変革を起こし続ける人材になるためには、知識そのものの習得ではなく、変革に挑戦し続けているビジネスパーソンなどの人々と場を共にすることが何よりも重要であり、誰も正解がわからない中で「共に未来を創造していこう」という姿勢を、EdTech提供者が持つことが重要であるといえます。

　学校教育に直接携わる人々は、先生や保護者などに限られるかもしれません。しかしながら、学校教育を受けた児童・生徒が社会に出て、共に成長し続ける仲間になると考えると、社会に生きる私たちすべてが、教育業界に何らかの形で関わっているといえます。児童・生徒の学ぶ場を他人事とせず、共に未来を創る人たちが研鑽を積む場と考え、何ができるかを考えてみると、教育業界は、社会との親和性の強い形に変革していくこととなるでしょう。

人間らしさを支えるデジタル変革を
実現するために

　本章では、業界を問わずに通用するデジタル変革の考え方にはじまり、業界の種類を大まかに三種類に分類したうえで、それぞれの業界に対する変革の構造を整理し、その概要を解説するとともに、デジタル変革が「人間らしい」社会の実現に貢献しうるということを解説しました。

　第一段落として紹介した業界は、デジタル技術によって、プレイヤーが変化する業界であり、その代表例として、金融業界と小売業界を紹介しました。インターネットの普及によってテレビや新聞が、インターネットメディアに姿を変えていったのと同じように、金融や小売業界もまた、インターネットを介して「誰でも参入できるようになった」ことによる変革が特徴です。「誰でも参加できる」ようになったことで、それまでの業界としての秩序が壊され、混乱状態に陥りました。今、こうした業界は、顧客との関係を設計しなおし、顧客との「長いお付き合い」をしていくためにデジタル技術を位置づけ、変革を実現しています。

　第二段階として紹介した業界は、プレイヤーそのものは変化しないものの、社会の変化によってこれまでの人手に頼った業務のあり方が通用しなくなり、デジタル技術による業務の変革を必要としている業界です。その代表例として、エネルギー業界、建設業界、医療業界を紹介しました。人手に頼った業務は、長年の経験を必要とし、若手職員や顧客にとっては「時代遅れ」となっています。そうした業務をデジタル技術によって変革できれば、「人間らしい」職場環境が実現します。それだけでなく、デジタル技術によるアシストが進めば、潜在的な身体能力を発揮しながら生きていく社会の実現に貢献することも可能になります。こうした社会を支える業界は、「人間らしい」社会の実現に向けて動き出しているのです。

　第三段階として紹介した業界は、人としての成長を支える業界であり、その代表例として、HR業界と教育業界を紹介しました。社会の変化に対応し、従来の教育システムは時代遅れになっています。本書でみてき

たように、人としての成長を支える役割は、デジタル技術にとって最も重要なものといえます。こうした人の成長という視点からデジタル技術が扱われることはほとんどなく、HR業界や教育業界におけるデジタル変革は、あくまで、従来の教育システムを変えずにデジタル技術を使っているにすぎません。人の成長という観点からデジタル技術をとらえ直すことによって、人としての成長を支える業界のデジタル変革は、大きく進むことでしょう。

　本章に続く第三部では、経営学の観点からデジタル変革を考え、あるべきデジタル変革についての理論を構築します。そして、第四部では、具体的にデジタル変革を進めるうえでのプロセスを描くとともに、デジタル変革による「人間らしい」社会が目指すその先の未来について、脳科学的視点を含めて解説します。

引用文献

[1]　梅田 望夫（著）　ウェブ進化論 本当の大変化はこれから始まる　筑摩書房　2006

[2]　佐々木 俊尚（著）　グーグル―Google既存のビジネスを破壊する　文藝春秋　2006

[3]　スコット・ギャロウェイ（著）　the four GAFA四騎士が創り変えた世界　東洋経済新報社　2018

[4]　エリック・シュミット 他（著）　How Google Works（ハウ・グーグル・ワークス）私たちの働き方とマネジメント　日本経済新聞出版　2017

[5]　Ron Kohavi他（著）, 大杉 直也（翻訳）　A/Bテスト実践ガイド 真のデータドリブンへ至る信用できる実験とは　KADOKAWA　2021

[6]　イーライ・パリサー（著）, 井口 耕二（翻訳）　閉じこもるインターネット――グーグル・パーソナライズ・民主主義　早川書房　2012

[7]　イーライ・パリサー（著）, 井口 耕二（翻訳）　フィルターバブル――インターネットが隠していること　早川書房　2016

[8]　ジョージ・ギルダー（著）, 武田 玲子（翻訳）　グーグルが消える日Life after Google　SBクリエイティブ　2019

[9]　小林 弘人（著）　After GAFA分散化する世界の未来地図　KADOKAWA　2020

[10]　張燕（著, 編集）, 永井麻生子（翻訳）　ジャック・マー アリババの経営哲学　ディスカヴァー・トゥエンティワン　2014

[11]　ポーター・エリスマン（著）, 黒輪 篤嗣（翻訳）　アリババ 中国eコマース覇者の世界戦略　新潮社　2015

[12]　ミンゾン（著）, 土方 奈美（翻訳）　アリババ 世界最強のスマートビジネス　文藝春秋　2019

［13］藤井 保文 他（著） アフターデジタル オフラインのない時代に生き残る 日経BP 2019
［14］藤井 保文（著） アフターデジタル2UXと自由 日経BP 2020
［15］千正 康裕（著） ブラック霞が関 新潮社 2020
［16］ラウル アリキヴィ 他（著） 未来型国家エストニアの挑戦 電子政府がひらく世界 インプレスR&D 2016
［17］e-Governance Academy（著） e-エストニア デジタル・ガバナンスの最前線 日経BP 2019
［18］小森 宏美（著） エストニアを知るための59章 エリア・スタディーズ 明石書店 2012
［19］日本経済新聞出版（編集） まるわかり!行政のデジタル化 デジタル庁からスマートシティ、スーパーシティまで 日本経済新聞出版 2021
［20］世界最先端のIT国家、エストニアを知っていますか【第5回】IT化の本質は不確実な未来への準備 IT SECURITY ANNEX 2020.11.17 https://www.uniadex.co.jp/annex/security/usefulinfo/detail/estonia_5.html
［21］鳥居 修晃 他（著） 知覚と認知の心理学2 視知覚の形成2 培風館 1997
［22］山口 真美（著） 赤ちゃんは世界をどう見ているのか 平凡社新書 2006
［23］山口 真美 他（著） 赤ちゃんの視覚と心の発達 東京大学出版会 2008
［24］Richard Held, Alan Hein Movement-Produced Stimulation in the Development of Visually Guided Behavior. Journal of Comparative and Physiological Psychology.56（5）.pp.872-876 1963
［25］ユヴァル・ノア・ハラリ（著）,柴田裕之（翻訳） サピエンス全史（上）文明の構造と人類の幸福 河出書房新社 2016
［26］ユヴァル・ノア・ハラリ（著）,柴田裕之（翻訳） サピエンス全史（下）文明の構造と人類の幸福 河出書房新社 2016
［27］松田雄馬 他（著） AI・データサイエンスのための 図解でわかる数学プログラミング ソーテック社 2021
［28］下山 輝昌 他（著） Python実践データ分析100本ノック 秀和システム 2019
［29］梅谷 俊治（著） しっかり学ぶ数理最適化 モデルからアルゴリズムまで 講談社 2020
［30］福島 雅夫（著） 数理計画入門 朝倉書店 1996
［31］ユヴァル・ノア・ハラリ（著）,柴田裕之（翻訳） ホモ・デウス 上: テクノロジーとサピエンスの未来 河出書房新社 2018
［32］ユヴァル・ノア・ハラリ（著）,柴田裕之（翻訳） ホモ・デウス 下: テクノロジーとサピエンスの未来 河出書房新社 2018
［33］アルン・スンドラランジャン（著）,門脇 弘典（翻訳） シェアリングエコノミー 日経BP 2016
［34］宮崎 康二（著） シェアリング・エコノミー —Uber、Airbnbが変えた世界 日本経済新聞出版社 2015
［35］松田雄馬（著） 人工知能の哲学:生命から紐解く知能の謎 東海大学出版部 2017
［36］松田雄馬（著） 人工知能はなぜ椅子に座れないのか: 情報化社会における「知」と「生命」 新潮社 2018
［37］松田雄馬（著） 人工知能に未来を託せますか?:誕生と変遷から考える 岩波書店 2020

[38] 日経コンピュータ（著）　なぜデジタル政府は失敗し続けるのか 消えた年金からコロナ対策まで　日経BP　2021

[39] パンクな街にグーグルは要らない、再開発に反対運動 独ベルリン　AFPBB News　2018.07.08　https://www.afpbb.com/articles/-/3178932

[40] グーグル、ベルリンのスタートアップ支援キャンパス断念　THE WALL STREET JOURNAL　2018.10.25　https://jp.wsj.com/articles/SB11100629502 9520739718045845552602164559272

[41] スティーヴン ロック 他（著）, 田中 彰 他（翻訳）　内なる治癒力—こころと免疫をめぐる新しい医学　創元社　1990

[42] 辻下守弘 他（著）　筋電図バイオフィードバック療法　金芳堂　2010

[43] 田崎 美弥子（著）　ニューロフィードバックセラピーのすべて　ヒカルランド 2020

[44] 山口 創（著）　皮膚感覚の不思議—「皮膚」と「心」の身体心理学　講談社 2006

[45] Gibson, J.J.（著）　Observations on active touch.　Psychological Review, 69 (6), 477–491.　1962

[46] 川口 伸明（著）　2060 未来創造の白地図 ~人類史上最高にエキサイティングな冒険が始まる　技術評論社　2020

[47] ピーター・ディアマンディス 他（著）, 土方 奈美（翻訳）　2030年:すべてが「加速」する世界に備えよ　NewsPicksパブリッシング　2020

[48] 成毛 眞（著）　2040年の未来予測　日経BP　2021

[49] 成毛 眞（著）　アフターコロナの生存戦略 不安定な情勢でも自由に遊び存分に稼ぐための新コンセプト　KADOKAWA　2020

[50] 原田 曜平 他（著）　アフターコロナのニュービジネス大全 新しい生活様式×世界15カ国の先進事例　ディスカヴァー・トゥエンティワン　2021

[51] 日高洋祐 他（著）　Beyond MaaS日本から始まる新モビリティ革命 —移動と都市の未来—　日経BP　2020

[52] デイヴィッド バーリンスキ（著）, 林 大（翻訳）　史上最大の発明アルゴリズム:現代社会を造りあげた根本原理　ハヤカワ文庫　2001

[53] マーティン ディヴィス（著）, 岩山 知三郎（翻訳）　数学嫌いのためのコンピュータ論理学:何でも計算になる根本原理　コンピュータエージ社　2003

[54] ハワード ラインゴールド（著）, 日暮 雅通（翻訳）　新 思考のための道具:知性を拡張するためのテクノロジー — その歴史と未来　パーソナルメディア 2006

[55] 渡部 徹太郎（著）　図解即戦力 ビッグデータ分析のシステムと開発がこれ1冊でしっかりわかる教科書　技術評論社　2019

[56] 川上 明久 他（著）　クラウドでデータ活用!データ基盤の設計パターン　日経 BP　2020

[57] 斎藤康毅　ゼロから作るDeep Learning：Pythonで学ぶディープラーニングの理論と実装　オライリージャパン　2016

[58] 斎藤康毅　ゼロから作るDeep Learning❷：自然言語処理編　オライリージャパン　2018

[59] 斎藤康毅　ゼロから作るDeep Learning❸：フレームワーク編　オライリージャパン　2020

[60] 中井悦司　TensorFlowとKerasで動かしながら学ぶ：ディープラーニングの仕

組み 畳み込みニューラルネットワーク徹底解説　マイナビ出版　2019

[61] 多田智史（著）, 石井一夫（監修）　あたらしい人工知能の教科書：プロダクト/サービス開発に必要な基礎知識　翔泳社　2016

[62] 川島賢（著）　今すぐ試したい!機械学習・深層学習（ディープラーニング）画像認識プログラミングレシピ　秀和システム　2019

[63] Francois Chollet他（著）　PythonとKerasによるディープラーニング　マイナビ出版　2018

[64] 太田 満久 他（著）　現場で使える!TensorFlow開発入門Kerasによる深層学習モデル構築手法　翔泳社　2018

[65] 原田達也（著）　画像認識　講談社　2017

[66] 坪井祐太 他（著）　深層学習による自然言語処理　講談社　2017

[67] 中山光樹（著）　機械学習・深層学習による自然言語処理入門：scikit-learnとTensorFlowを使った実践プログラミング　マイナビ出版　2020

[68] Jakub Langr他（著）　実践GAN：敵対的生成ネットワークによる深層学習　マイナビ出版　2020

[69] マーク・ブキャナン 他（著）　歴史は「べき乗則」で動く：種の絶滅から戦争までを読み解く複雑系科学　早川書房　2009

[70] 長沼伸一郎（著）　物理数学の直観的方法：理工系で学ぶ数学「難所突破」の特効薬　講談社　2011

[71] 長沼伸一郎（著）　:経済数学の直観的方法：確率・統計編　講談社　2016

[72] かくあき（著）　現場で使える！Python科学技術計算入門NumPy/SymPy/SciPy/pandasによる数値計算・データ処理手法　翔泳社　2020

[73] 中井悦司（著）　TensorFlowで学ぶディープラーニング入門：畳み込みニューラルネットワーク徹底解説　マイナビ出版　2016

[74] 矢野 雅文（著）　日本を変える。分離の科学技術から非分離の科学技術へ　文化科学高等研究院出版社　2012

[75] 矢野 雅文 他（著）, 河北 秀也（監修）　矢野雅文の述語的科学論　文化科学高等研究院出版社　2018

[76] 矢野 雅文（著）　科学資本のパラダイムシフト　文化科学高等研究院出版局　2021

[77] ショシャナ・ズボフ（著）, 野中 香方子（翻訳）　監視資本主義: 人類の未来を賭けた闘い　東洋経済新報社　2021

[78] ジェイミー バートレット（著）, 秋山 勝（翻訳）　文庫 操られる民主主義: デジタル・テクノロジーはいかにして社会を破壊するか　草思社　2020

[79] 福田 直子（著）　デジタル・ポピュリズム 操作される世論と民主主義　集英社　2018

[80] ミシェル バデリー 他（著）, 土方 奈美（翻訳）　〔エッセンシャル版〕行動経済学　早川書房　2018

[81] 友野 典男（著）　行動経済学 経済は「感情」で動いている　光文社　2006

[82] 依田 高典（著）　行動経済学—感情に揺れる経済心理　中央公論新社　2010

[83] 依田 高典（著）　「ココロ」の経済学: 行動経済学から読み解く人間のふしぎ　筑摩書房　2016

[84] Alan Turing　The Chemical Basis of Morphogenesis　Philosophical Transactions of the Royal Society　1952

[85] G.ニコリス他（著）　散逸構造—自己秩序形成の物理学的基礎　岩波書店　1980

[86] I.プリゴジン 他（著）　混沌からの秩序　みすず書房　1987

[87] 蔵本 由紀（著）　非線形科学　集英社新書　2007

[88] 蔵本 由紀（著）　非線形科学:同期する世界　集英社新書　2014

[89] 森 肇 他（著）　散逸構造とカオス　現代物理学叢書　2000

[90] 蔵本 由紀（編集）　非線形・非平衡現象の数理 第1巻　リズム現象の世界　東京大学出版会　2005

[91] 松下 貢（編集）　非線形・非平衡現象の数理 第2巻　生物にみられるパターンとその起源　東京大学出版会　2005

[92] 柳田 英二（編集）　非線形・非平衡現象の数理 第3巻　爆発と凝集　東京大学出版会　2006

[93] 三村 昌泰（編集）　非線形・非平衡現象の数理 第4巻　パターン形成とダイナミクス　東京大学出版会　2006

[94] ジャコモ リゾラッティ 他（著）,茂木健一郎（監修）,柴田裕之（翻訳）　ミラーニューロン　紀伊國屋書店　2009

[95] 開 一夫 他（編集）　ソーシャルブレインズ:自己と他者を認知する脳　東京大学出版会　2009

[96] マルコ イアコボーニ（著）,塩原 通緒（翻訳）　ミラーニューロンの発見:「物まね細胞」が明かす驚きの脳科学　ハヤカワ・ノンフィクション文庫　2011

[97] クリスチャン キーザーズ（著）,立木 教夫 他（翻訳）　共感脳:ミラーニューロンの発見と人間本性理解の転換　麗澤大学出版会　2016

[98] サンドラ ブレイクスリー 他（著）,小松 淳子（翻訳）　脳の中の身体地図—ボディ・マップのおかげで、たいていのことがうまくいくわけ　インターシフト　2009

[99] Botvinick, M.他（著）　Rubber hands 'feel' touch that eyes see　Nature, 391: 756.　1998

[100]VisualHaptics: カーソルによる手触り感提示システム　渡邊恵太ウェブサイト　2021　https://keita-lab.jp/VisualHaptics

[101]稲見 昌彦（著）　スーパーヒューマン誕生!人間はSFを超える　NHK出版　2016

[102]稲見 昌彦 他（著）　自在化身体論 —超感覚・超身体・変身・分身・合体が織りなす人類の未来　エヌ・ティー・エス　2021

[103]渡辺 正峰（著）　脳の意識 機械の意識 - 脳神経科学の挑戦　中央公論新社　2017

[104]黒田 亮（著）　勘の研究 続　講談社　1981

[105]茨木 拓也（著）　ニューロテクノロジー 最新脳科学が未来のビジネスを生み出す　技術評論社　2019

[106]「脳を活かす」研究会（編集）　ブレイン・マシン・インタフェース—脳と機械をつなぐ　オーム社　2007

[107]櫻井 芳雄 他（著）　ブレイン - マシン・インタフェース最前線—脳と機械をむすぶ革新技術　工業調査会　2007

[108]ミゲル・ニコレリス（著）,鍛原 多惠子（翻訳）　越境する脳:ブレイン・マシン・インターフェースの最前線　早川書房　2011

[109]櫻井 芳雄（著）　脳と機械をつないでみたら——BMIから見えてきた　岩波書店　2013

[110]吉峰俊樹 他（編集）　BMIの現状と展望　医歯薬出版　2014

[111]Horikawa, T.他（著）　Neural decoding of visual imagery during sleep

Science, 340（6132） 2013

[112]Genevsky, A.他（著） When Brain Beats Behavior:Neuroforecasting Crowdfunding Outcomes Journal of Neuroscience, 37（36）

[113]間瀬 英之（著） 【IT動向リサーチ】ブレインテックの概説と動向～脳科学とテクノロジーによる金融ビジネスの未来～ 日本総研 2021.03.15 https://www.jri.co.jp/page.jsp?id=38453

[114]脳波計デバイスmuse2 GOODBRAIN 2020 https://goodbrain.jp/muse/

[115]安部 慶喜 他（著） DXの真髄 日本企業が変革すべき21の習慣病 日経BP 2020

[116]ジェラルド・C・ケイン 他（著）,庭田 よう子（翻訳） DX（デジタルトランスフォーメーション）経営戦略 NTT出版 2020

[117]金澤 一央 他（著） DX経営図鑑 アルク 2021

[118]西山 圭太（著） DXの思考法 日本経済復活への最強戦略 文藝春秋 2021

[119]石角 友愛（著） いまこそ知りたいDX戦略 自社のコアを再定義し、デジタル化する ディスカヴァー・トゥエンティワン 2021

[120]則武 讓二（著） 戦略論とDXの交点:DXの核心を経営理論から読み解く 東洋経済新報社 2021

[121]大和総研（著） FinTechと金融の未来 10年後に価値のある金融ビジネスとは何か? 日経BP 2018

[122]ブレット キング（著）,藤原 遠他（翻訳） BANK4.0 未来の銀行 東洋経済新報社 2019

[123]阿部 一也 他（著） フィンテックエンジニア養成読本 技術評論社 2019

[124]株式会社日本総合研究所先端技術ラボ 他（著） 金融デジタライゼーションのすべて―DXに臨む金融業界のテクノロジーと実践 きんざい 2021

[125]一般社団法人リテールAI研究会（著） リアル店舗の逆襲：対アマゾンのAI戦略 日経BP 2018

[126]望月 智之（著） 2025年、人は「買い物」をしなくなる クロスメディア・パブリッシング（インプレス） 2019

[127]佐々木康裕（著） D2C「世界観」と「テクノロジー」で勝つブランド戦略 NewsPicksパブリッシング 2020

[128]竹内 純子 他（著） エネルギー産業の2050年Utility3.0へのゲームチェンジ 日本経済新聞出版 2017

[129]橘川 武郎（著） エネルギー・シフト: 再生可能エネルギー主力電源化への道 白桃書房 2020

[130]株式会社メンバーズ・ゼロカーボンマーケティング研究会（著） 脱炭素DXすべてのDXは脱炭素社会実現のために プレジデント社 2021

[131]ビル・ゲイツ（著）,山田 文（翻訳） 地球の未来のため僕が決断したこと 早川書房 2021

[132]木村 駿（著） 建設テック革命 アナログな建設産業が最新テクノロジーで生まれ変わる 日経BP 2018

[133]木村 駿（著） 建設DXデジタルがもたらす建設産業のニューノーマル 日経BP 2020

[134]経済調査会（編纂） 建設ITガイド 2021 特集:BIM/CIM&建築BIMで実現する"建設DX" 経済調査会 2021

[135]北崎 朋希 他（著） 不動産テック 巨大産業の破壊者たち 日経BP 2019

[136] ジェフ・エルトン 他（著），三木 俊哉（翻訳）　ヘルスケア産業のデジタル経営革命 破壊的変化を強みに変える次世代ビジネスモデルと最新戦略　日経BP　2017

[137] 加藤 浩晃（著）　医療4.0（第4次産業革命時代の医療）　日経BP　2018

[138] アクセンチュア（監修）　ヘルスケアの未来　日本経済新聞出版　2020

[139] 加藤 浩晃（著）　デジタルヘルストレンド2021:「医療4.0」時代に向けた100社の取り組み　メディカ出版　2021

[140] 林 明文 他（著）　経営力を鍛える人事のデータ分析30　中央経済社　2017

[141] 労務行政研究所（編集）　HRテクノロジーで人事が変わる　労務行政　2018

[142] 三室 克哉 他（著）　「科学的」人事の衝撃:HRテックで実現するマーケティング思考の人事戦略　東洋経済新報社　2019

[143] バーナード・マー（著），中原 孝子（翻訳）　データ・ドリブン人事戦略 データ主導の人事機能を組織経営に活かす　日本能率協会マネジメントセンター　2019

[144] 須古 勝志 他（著）　HRプロファイリング 本当の適性を見極める「人事の科学」　日本経済新聞出版　2020

[145] 佐藤 昌宏（著）　EdTechが変える教育の未来　インプレス　2018

[146] 山田 浩司（著）　EdTechエドテック テクノロジーで教育が変わり、人類は「進化」する　幻冬舎　2019

[147] ウェイン・ホルムス 他（著），東京学芸大学大学院・教育AI研究プログラム 他（翻訳）　教育AIが変える21世紀の学び：指導と学習の新たなかたち　北大路書房　2020

[148] リンダ グラットン 他（著），池村 千秋（翻訳）　LIFE SHIFT　東洋経済新報社　2016

[149] アンドリュー・スコット 他（著），池村 千秋（翻訳）　LIFE SHIFT2: 100年時代の行動戦略　東洋経済新報社　2021

第7章

身体による創造性を発揮する未来経営

第三部

生命知の観点から
商売の日本史を
紐解く

この部では、「日本文化が生命知を生んだ」との序章での松田の論を受け、経営・マーケティングとコミュニケーション・リレーションシップを専門とする筆者（浅岡）が、商売の日本史を紐解いていきます。

　「デジタル×生命知」と「未来経営」に関する書籍になぜ商売の日本史の話が出てくるのか？　と違和感を覚える方もいるでしょう。このテーマに商売の歴史が必要な理由は、筆者が「生命知」を知の現象形態である「人間（個人）知」「組織（集団）知」「社会知」などが不可分に融合したものととらえており、商いに関わる生命知の基盤がわが国で確立されたのが江戸期だと考えているからです。筆者（浅岡）の解釈では、「人間知」は個人に宿る生きるための知恵、「組織知」は企業や団体を変革・成長させるための知恵、「社会知」は個人・企業・各種団体から構成される社会全体がよりよい形に変容し長く存続していくための知恵を意味し、それらが相互に連携・融合しながら個人、企業・団体、社会、ひいては世界（地球）全体を未来へと導いているのです。

　要するに、本書の目的である「デジタル×生命知」を通じた「未来経営」の実現には、わが国で培われてきた「生命知」の源をたどることが不可欠であり、それが欧米の「生命知」とは一線を画す協調・共生・共創型の「人間知－組織（集団）知－社会知」に相当することを理解・把握して企業経営に積極的に取り入れていく必要があるということです。

　さらにいえば、「人間知－組織知－社会知」をしっかり反映させた経営・マーケティング戦略を踏まえて策定されたDX戦略とロードマップに基づいてデジタルテクノロジー（技術）を活用していくことが、企業を形成しているさまざまな人たちの意識や組織形態、ビジネスモデル、顧客との関係性、社会のなかで果たすべき役割をよりよい方向に変容させ、「未来経営」につながると考えています。

　以上のことを踏まえて、DX戦略に関する誤った認識を正し、実効性のあるDX戦略とロードマップの作成に向けて、日本の商売の歴史を紐解き、日本の商い（企業経営）の理念・戦略の強みと弱みの分析・検討を通じて、日本の強み（人間と人間社会のあり方を大切にする理念・哲学）すなわち「生命知」を生かした「未来経営」を模索していきます。

第 **8** 章

生命知なき
競争戦略の限界と
顧客起点の
経営戦略の台頭

この章では、従来の経営学的な視点に「生命知」という視点を加えつつ、現代企業の経営者にとって欠くべからざる拠り所となっている日本流の経営戦略とは何なのかを明らかにするために、その源流と本質を探り、その後どのような経緯をたどって現在に至っているのかを詳らかにします。ここでいう経営戦略には、時代が下り市場での企業間競争が激化するにつれてマーケティング戦略の要素が付加され、次第に後者の重要性が増してきています。

　企業活動に関しては、世界全体、国家、社会の経済活動を俯瞰・分析し、問題点や法則性を見つけることを本分とする経済学の知見を参考にしつつ、企業ごとに策定される経営戦略とマーケティング戦略をほぼ一体化する形で事業活動を実践するのが一般的です。逆にいえば、マーケティング戦略と関連させずに経営戦略だけを語っても、絵に描いた餅になってしまうのです（これ以降は、一般的に「経営戦略」と称されている概念を企業の実情に合うように「経営・マーケティング戦略」と呼ぶことにします）。

　第三部では「顧客起点（customer -oriented）」という言葉を用いていますが、「顧客起点という言葉は定義があいまいなバズワードなので使わないほうがよい」との意見もあります。しかし、この語は日本で改良されてきたCRMの本質をいい表す重要なキーワードであるため、定義を明らかにしながら使っていくことにします。米国では「顧客中心（customer centric：カスタマーセントリック）」という言葉がよく使われるようになっています。特に、テック企業の雄であるアマゾンや小売業の雄でDX推進を通じて収益構造の変革を果たしたウォルマートが「顧客中心」を経営・マーケティング戦略のキーワードとしていることは、日本企業が今後進むべき方向を指し示しているといえるでしょう。なお、「顧客起点」と「顧客中心」は若干意味合いの異なる言葉ですが、大した差はないので両者の違いを特に気にする必要はありません。

企業の経営・マーケティング戦略を支え続ける競争戦略論の源流を探る

　現代の企業で経営・マーケティング戦略を策定していないところはほぼないといってよいでしょう。その経営・マーケティング戦略の要となっているのは、市場での優位性を確保する、すなわち競合する企業群との競争で優位に立ち勝ち残るための競争戦略理論です。いくら頑張ってよい製品・サービスを開発して提供しても、市場での競争で勝たなければ、利益が得られず撤退を余儀なくされてしまうからです。

　この章では、経営・マーケティング戦略の基盤ともいえる競争戦略論の原点を明らかにし、それが現代企業の経営・マーケティング戦略にどうつながっているかを解説します。

競争戦略論の原点は「孫子の兵法」にある!?

　現代もなお多くの企業経営者の拠り所とされている各種の「競争戦略論」の原点は、紀元前500年ごろの中国春秋時代（紀元前770年～紀元前403年まで）に孫武が著した兵法書『孫子』[1]にあるとされています（最近では『孫子』は孫武と孫臏の著作を統合したものとの説が有力になってきています）。

　『孫子』は計篇、作戦篇、謀攻篇、形篇、勢篇、虚実篇、軍争篇、九変篇、行軍篇、地形篇、九地篇、火攻篇、用爛篇の13部構成になっており、各篇の要点をまとめると**図表8-1**のようになります。

わが国における『孫子』の系譜

　わが国で最初に『孫子』に言及している書物は『続日本紀』（797年刊行）[24]であり、天平宝字4年（760年）の条に『孫子』の「九地篇」（戦いにおいて考慮すべき9種の土地の特性について解説）に関する記述があります。江戸初期（1606年）には徳川家康の庇護を受けた臨済宗の僧侶である閑室元佶（かんしつ げんきつ：1548～1612年）によって『孫子』の印刷本が出版され、江戸後期（1863年）には長州藩の兵学師範で

篇名	概要
計篇	戦いは5事（道、天、地、将、法）と7計（民の人心、将軍の有能さ、自然や地理の有利さ、法治性、軍の戦力、兵の訓練度、賞罰の公平さ）から考えるべきと説いている。
作戦篇	戦いには多大な費用がかかるので、速攻を基本とし長期戦になることを避けるべきと説いている。
謀攻篇	戦わずして降伏させることが最上の策であると説いている。＊毛沢東の抗日戦争における『持久戦論』でも引用されている。
形篇	勝つこととそのための治世について説いている。
勢篇	時の勢いを利用してどのように勝機を掴むかを説いている。
虚実篇	戦術・用兵の具体策を説いている。
軍争篇	戦場で主導権を握る難しさについて説いている。
九変篇	9種類の状況において敵を攻める際の鉄則を説いている。
行軍篇	行軍と布陣において注意すべき事項を説いている。
地形篇	軍を指揮する際に地形をどのように考慮すべきかを説いている。
九地篇	戦いにおいて考慮すべき9種の土地の特性について説いている。
火攻篇	火攻めの対象と方法を論じながら、戦いを避けることも説いている。
用間篇	情報収集の大切さと間諜（スパイ）活動の重要性を説いている。

図表8-1　『孫子』の兵法（へいほう）にみる戦略論の要点

あった吉田松陰（1830～1859年）が『孫子評註』[5]を著しました。明治期に入ると帝国陸軍で軍学書として学ばれたようです。

　さらに時代を下ると、企業経営者向けに『孫子』の兵法（へいほう）を解説する書籍やそれに基づいた経営指南書が相次いで出版されるようになります。そして、その流れは現代まで続き、ここ数年は「孫子ブーム」が起きているようです。ちなみに、集団戦での兵の用い方を表す「兵法」は「へいほう」と読み、剣術などでの戦法を意味する「兵法」は「ひょうほう」と読むのが一般的です。

　『孫子』は紀元前の戦いの書であるにもかかわらず、東洋哲学の礎のように扱われ、後世の中国だけでなく世界各国の書物に引用されてきました。1905年に英国陸軍大尉カルスロップ（E. F. Calthrop）によって日本語版からの英訳本が刊行され、1910年に英国人の中国学者ライオネル・ジャイルズ（Lionel Giles）によって中国語の原典を元にしたより

正確な『孫子』の英語版が出版され、同年にブルーノ・ナヴァラによる
ドイツ語訳も出版されています。また、近現代の中国では抗日独立戦争
において毛沢東が孫子の兵法を活用したことが知られています。毛沢東
は戦争で勝つテクニックを『孫子』から学んだのではなく、転戦する各
地域での人心掌握に適用できる「人間知」「組織（集団）知」「社会知」
を活用したのです。

　紀元前に東洋で著された『孫子』が、世界中に広まり今なお経営の拠
り所とされている最大の理由は、西洋の科学的合理主義に基づく機械
論・機能論的な「戦争論」にはない人間哲学・社会哲学的な要素（本書
でいうところの「生命知」の要素）が含まれており、「戦争」以外の幅
広い領域に応用できたからだと考えられます。

　西洋の競争戦略理論の系譜としては、ナポレオン戦争（1799〜1815年）
を経験したプロイセン王国の軍事学者カール・フォン・クラウゼヴィッ
ツ（Carl Philipp Gottlieb von Clausewitz：1780〜1831年）が1832年に
著した『戦争論』[6-7]や第一次世界大戦（1914〜1918年）に従軍した英国
の軍事評論家リデル・ハート（Liddell-Hart：1895〜1970年）が1929年
に発表した『間接的アプローチの戦略』[8-9]が挙げられますが、いずれも
戦争で敵を打ち負かすための指南書です。つまり、西洋の「戦争論」に
は哲学的要素つまり東洋的な「生命知」がほとんど含まれていないとい
うことです。

　20世紀後半に成立した現代の競争戦略理論は、西洋の機械論・機能論
的な「戦争論」を土台としたものであり、敵（競争相手）を打ち負かす
合理的かつ効率的なスキルを主眼としたものといえます。

　人間哲学・社会哲学の要素が中心の『孫子』は同時代の孔子の『論語』
と共に日本の多くの企業経営者の愛読書ですが、顧客や社会との関係性
やデジタル技術の活用に関しても示唆が得られる内容ですので、ビジネ
スの現場で実務に携わる人たちも概要を把握しておくとよいでしょう。

マスマーケティング＆競争戦略の登場と発展

　前節で紹介した競争戦略理論が必要とされるようになった背景には、次に示すような状況変化が生じたことで大量消費の時代が始まり、企業間・国家間の競争が本格化したことがあると考えられます。

・第二次世界大戦後に国際情勢が安定化に向かった
・生産設備・技術が近代化されることで大量生産が可能になった
・鉄道・道路網が整備されることで物流網の安定化・拡大が進んだ
・量産による製品価格の低下によって消費が喚起された

　また、製品の低価格化と大量消費が定常化すると、「物を大事に使い続ける」という「もったいない」の意識が薄れ、「大量廃棄」という生活環境・地球環境を脅かす現象が起き始めます。

大量生産・消費・廃棄の時代への突入

　第二次世界大戦の終了から2000年ころまでの企業活動を中心とする経済・社会状況の変化を図示すると次のようになります。

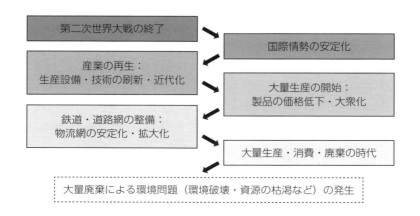

図表8-2　第二次世界大戦終了から大量生産・消費・廃棄の時代へ

　図表8-2に示した流れは、「作れば売れる製品普及の時期」から、「競合他社との市場競争が本格化して企業が生き残り成長・発展するために競争戦略理論の助けが必要な時期」を経て、「生産力の継続的拡大と新規企業の参入と市場の飽和化に伴って競争戦略理論の効力が低下する時期」へ移行していくプロセスとみることもできます。

　ここでひとつ注目していただきたいのが「大量廃棄」というファクターです。「大量生産・消費・廃棄の時代」は、厳密には「大量生産・大量消費の時代」と「大量生産・消費・廃棄の時代」に分かれます。製品が大衆化し普及していく時期には「大量廃棄」は不可避なファクターではありませんでした。ところが、製品の普及が進むと製品の売れ行きが目にみえて低下するようになり、企業は次の一手を考えざるを得なくなってきたのです。

　そこで考え出されたのが、「計画的陳腐化（planned obsolescence）」による製品の買い替え需要の喚起です。この言葉は一般にはあまり知られていませんが、米国のゼネラル・モーターズを世界有数の自動車メーカーに育て上げたアルフレッド・スローン（Alfred Sloan）が1920年代に始めたとされるビジネスモデルであり、「製品の寿命を短くする仕組み（一部の部品の耐久性を作為的に短くするなど）を製造段階で組み込んだり、デザインの頻繁な変更などにより短期間で製品を流行遅れにしたりすることで、旧製品が陳腐化して新製品が売れるようにすること」を意味します。

　「にわかには信じがたい」と思われる方もいるでしょうが、日本のほとんどの自動車メーカーが年に一度マイナーモデルチェンジをし、2、3年に一度フルモデルチェンジをしていたのを思い出してください。また、一時「○○タイマー」というバズワードが流行りWikipedia（日本語版および英語版）[10]にも掲載されていることから、保証期間が切れて2、3か月以内にタイミングよく故障する家電が日本には多く存在した（今も存在している）ことも「計画的陳腐化」と関係しているといわれています（「○○タイマー」はWikipediaでは「都市伝説」とされていますが、保証期間が切れてから短期間のうちに製品が故障し、アフターサービス

を頼んだら「製品を買い替えるのに近い修理費がかかる（特に技術料と出張料が高い）」といわれて仕方なく買い替えたという苦情が関係各所に多く寄せられているという事実が「顧客起点のマーケティング」と大きく乖離していることを家電メーカー各社は真摯に受け止める必要があるでしょう）。

マイケル・ポーターほかの「競争戦略論」が果たした役割

経営・マーケティング戦略的な視点での競争理論の萌芽は、各種の経営史・マーケティング史の研究論文や書籍（『経営理論史』『経営戦略理論史』『マーケティング学説史　アメリカ編』『マーケティング学説史日本編』など[11-17]）から、1960年代の米国にあると推察されます。その端緒とされるのは、1962年に経営史の研究者であるレイモンド・チャンドラー（Raymond Chandler：1888～1959年）が著した『Strategy and structure（経営戦略と組織）』です。その後、1965年にロバート・アンソニー（Robert Anthony：1916～2006年）が『Management Accounting Principles（経営管理システムの基礎）』を、1978年にUCLA教授のジョージ・スタイナー（George Steiner：1929～2020年）が『Management Policy and Strategy（経営方針と戦略）』を著したことで、競争戦略の基礎が形成されたといえるでしょう。

そして、ハーバード大学教授のマイケル・ポーター（Michael Porter：1947年～）が1980年に『Industry Structure and Competitive Strategy：Keys to Profitability（産業構造と競争戦略：収益化への鍵）』、1983年に『Cases in competitive strategy（競争戦略の事例）』、1985年に『Competitive advantage（競争優位性）』、1990年に『The competitive advantage of nations（国家の競争優位性）』、1991年に『On competition（競争戦略論）』を著したことで、経営・マーケティング戦略の要となる競争戦略理論が確立されました。

第二次世界大戦後のこの流れは、起こるべくして起こったと筆者（浅岡）は考えています。局地的な紛争や戦争はあるものの、世界の多くの国や地域が巻き込まれるような戦争がなくなって世界情勢が表面上安定

した状況下で、企業間や国家間での事業競争や経済競争が激化し、物理的な戦争とは異なる次元での戦争が繰り広げられるようになったからです（今まさに米国と中国との間で繰り広げられている熾烈な「デジタル技術の覇権争い」はこの「異次元の戦争」の代表例といってよいでしょう）。

　ただし、この時期にもてはやされた「競争戦略理論」は西欧的な科学的合理主義に基づく理論であったため、「生命知」という人間的な要素が組み入れられていませんでした。当然ながら、そこには「勝者になるか敗者になるか？」「強者になるか弱者になるか？」で評価されるという非人間的・非社会的な側面がありました。もちろん、このような冷徹ともいえる「合理性」が混とんとした経済状況を大きく変革し一定の秩序を生み出す役割を果たしたことは事実です。しかしながら、企業は人間がさまざまな目的をもって集まった「生命知」が宿る組織であるため、徹底した「合理主義」と「生命知」の間に軋みが生じ始めることになります。この現象は、企業内だけで起こるわけではなく、顧客との間や取引先企業との間にも同様のことが起こります。ある意味、生命知なき競争戦略理論が内包する自己矛盾といってもよいでしょう。

　ここまでの流れを踏まえておくと、現在の経営・マーケティング戦略を理解する手助けとなるので、要点を把握しておくことをお勧めします。

「大量生産・消費」（企業起点）から
「生活の質追求」（顧客起点）の時代へ

　前節に示したように、競争戦略理論の限界がみえ始め、大量生産・大量消費・大量廃棄によるさまざまな弊害が広く認識されるようになり、企業は試行錯誤を繰り返しながら生き残りを模索するようになりました。そこで注目され始めたのが「顧客重視」（「顧客第一主義」を掲げる企業も少なくない）の経営・マーケティング手法です。

　少々穿った見方をすれば、最初は「顧客の機嫌をとることでうまく売り込もう」くらいの感覚で始まった「顧客重視」でしたが、顧客が次第に偽物の顧客重視と本物の顧客重視をかぎ分けるようになってきたため、本物を志向せざるを得なくなった、ということでしょう。その当時は意識されていませんでしたが、実はこれは「企業起点」から「顧客起点」への転換の始まりを意味していたのです。

生産・供給過剰と顧客重視型マーケティングの時代

　大量生産・大量消費の時代そして大量廃棄の時代までは、単純な市場環境のなかで競争戦略理論が効果を発揮していましたが、企業が規模拡大や生産技術・方式のイノベーション（革新）を続けるなかで企業の生産能力が高まって生産・供給が過剰になる状況が生じ始めました。1990年代に入ると、わが国の製造業の製造設備がフル稼働すると、国内需要や海外需要（輸出需要）をはるかに上回る供給量となるため、生産調整や雇用調整が必要になってきました（**図表8-3**を参照）。しかし、これらの対症療法（症状の改善だけを目的とする治療法）では根本原因を解消することができず、いわゆる「失われた10年」（日本では1990年代を指す）に陥ったのです。これについては「バブルがはじけたから」という表層的な見方が今なお根強くありますが、社会の変化に合わせた産業構造の転換が必要な時期が来ていることを認識できずに財政出動を中心とした対症療法を続けたことが、わが国の「失われた10年」最大の原因だったと考えられます。

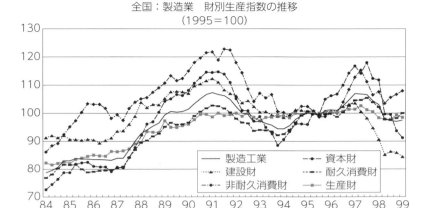

全国：製造業　財別生産指数の推移
（1995＝100）

図表8−3　供給過剰の産業構造
（出所：財団法人 岐阜県産業経済振興センター作成『供給過剰の産業構造』）

　生産性向上による供給過剰に関する説明がよく理解できないという方は、世界中の自動車メーカーが工場をフル稼働させて自動車を製造したらどうなるかを想像してみてください。各メーカーは作った新車の置き場に困るはずです。『どこもかしこも駐車場』（作詞：森山直太朗・御徒町凪、作曲：森山直太朗・御徒町凪）という歌のように、自動車メーカーの工場の周辺は新車置き場だらけになってしまうでしょう。供給過剰の問題は、トイレットペーパーでもインスタントコーヒーでも同様です。「作れば売れる」時代から「売れる商品をどうやって作ってどうやって売るか」という時代へのシフトが起こったのです。

　2020年には、新型コロナ感染症の世界的な流行の影響でマスクやアルコールなどの消毒液が驚くほど高値でも飛ぶように売れました。しかし、それは長続きせず、感染防止効果の高い高品質のマスクやデザインセンスのいいマスク、殺菌効果が高く人に害のない消毒液や使い勝手のよい消毒液ボトルが生き残り、その他は淘汰されていきました。この現象は、高度成長期の企業起点のマーケティングから顧客起点のマーケティングへのシフトのプロセスを超早送りで見せてくれたといえます。

　皮肉なことに、マイケル・ポーターたちが競争戦略理論を完成させた

ころには、生産・消費・廃棄の流れをベースとする単純な競争理論が通用しなくなり始めていたのです（その後、この事実を受け止めたマイケル・ポーターは、自らの競争戦略理論の弱点（市場環境、生産性、顧客意識などの変化によって生じた）を補強するために、2006年に米国のHarvard Business Review誌に「Strategy and Society: The Link Between Competitive Advantage and Corporate Social Responsibility（戦略と社会：競争優位と企業の社会的責任（CSR）の連携）」[18-23]という論文を寄稿していますが、これについては第10章「JS CSR（人間社会起点の経営手法）の成立と発展」で言及します）。

　生命知なき競争戦略理論が通用しにくくなるなかで登場してきたのが「顧客重視型の経営・マーケティング戦略」です。その代表が1990年代初頭に米国で登場し、世界中で注目されて多くの企業で導入・実践されたOne to OneやCRM（顧客関係性マネジメント）と呼ばれるマーケティング手法です。この時点でははっきり意識されてはいませんでしたが、顧客を機能的存在（機械的な存在）ではなく価値観を有する生命的存在として認識するといった意味で「生命知」の要素が組み入れられ始めた時期といえるでしょう。

　これらの手法については、次節で詳しく説明します。

米国流CRM手法の登場

　顧客起点の経営・マーケティング理論の原点はどこにあるのかについては諸説ありますが、欧米を中心とする経営・マーケティング史を概観すると、1995年にドン・ペパーズ（Don Peppers）とマーサ・ロジャース（Martha Rogers）が著した『The One to One Future: Building Relationships One Customer at a Time.（ワン・ツー・ワンの未来：ひとりひとりの顧客との関係性の構築）』[24]に起源がありそうです。これが一般的にワン・ツー・ワン手法と呼ばれるものです。一方、やはり米国で誕生し形を変えながら現代まで生き残っているCRM（Customer Relationships Management：顧客関係性マネジメント）というマーケティング用語は、1985年にRBヘッジズ・ジュニア他が著した『Managing your customer relationship portfolio（企業の顧客関係性ポートフォリオを管理する）』[25]に「customer relationships management」という語が登場したのが最初です（Google Scholarによりサーチ）。この言葉は1991年にQi PAN他が著した『The Application of Customer Relationship Management in Retail Drugstores（ドラッグストアへの顧客関係性マネジメントの適用）』[26]の表題にも登場し、その後多くの文献で用いられるようになります。そして、1990年代中葉に前出のワン・ツー・ワン手法と融合する形でCRMという顧客起点の経営・マーケティング手法が形成されたのです。

　話は現代に飛びますが、1999年にオラクル出身のマーク・ベニオフ（Marc Benioff）が創業したセールスフォース・ドットコムは米フォーブス誌の「世界で最も革新的な企業」ランキングで4年連続第1位に選出されているテック企業ですが、この会社の事業の中核は「カスタマー360」という統合CRMプラットフォームです。営業やマーケティングを中心とする関連部門を全方位（360度）サポートすることで顧客にワンストップサービスを提供するためのシステムであり、第10章で論じるCRMの戦略的デジタル化を実現する環境とソリューションを提供して

いるテック企業の事例といえます。

CRMというマーケティング手法を顧客管理システムやSFAに矮小化した人たち

「CRM＝顧客管理システム」という誤解が今でも蔓延っています。また、「顧客管理システム」と「SFA（Sales Force Automation：営業支援システム）」をほぼ同じ意味で使っているIT企業の多さにも驚かされます。こうなった最大の原因は、CRMが日本に入ってきた当時、外資系のコンサルティングファームのコンサルタントたちが、「CRMは顧客管理システムであり、顧客からできる限り多くの価値を引き出すために顧客情報を効率的に活用するためのシステムである」と喧伝したことにあります。それは、外資系のコンサルティングファームの目的が仕事の効率化と収益の最大化にあり、人間や組織や社会に宿る「生命知」といった複雑で面倒な要素を考慮する気がまったくなかったからでしょう（残念ながらこの傾向は現在も続いています）。それと併行してITベンダーの多くがCRM関係のシステムを開発し、魔法の杖であるかのように効果を謳って日本企業に売り込んだことが、それに拍車をかけました。

米国で誕生した「米国流CRM」は、顧客とのコミュニケーションを通じて関係性を深めることで優良顧客（日本的な表現では「お得意様」）を増やすことを目的とする経営・マーケティング手法でしたが、前述の適切とはいい難いプロモーションのせいで「CRMは役に立たない」という誤った評判が広まってしまったのです。当時よく耳にしたのは、「外資系のコンサルティング会社の勧めでCRMを導入したがうまくいかなかった」という評価でした。ここでひとつお断りしておきますが、筆者（浅岡）は外資系のコンサルティング会社を非難しているわけではなく、西洋的な科学的合理主義に基づく経営哲学や社会哲学と東洋的（特に日本的）な協調・共生・共創を基本とする経営哲学・社会哲学にはかなり大きな違いがあり、それが前述のようなトラブル（ミスマッチ）が生じる原因だといいたいのです。わかりやすい例をひとつ挙げると、米国では、消費者（顧客）に健康被害が及ぶ恐れのある製品だとしても、その

リスクをなくすために要する費用と被害者への賠償費用を秤にかけて改善するか否かを判断するのが当然とされています。一方日本では、そんなことを堂々と主張する企業経営者やコンサルタントはほとんどいません（最近、製品の欠陥を隠ぺいする日本企業が後を絶ちませんが、それは倫理観の欠如から生じる犯罪行為で、先述の米国の件とは別次元の問題です）。

　話が少々横道にそれたので元に戻しますが、上記のフレーズで使われている「CRM」はいずれも「CRMシステム」を指しており、顧客との関係性をマネジメントする「経営・マーケティング手法」としてのCRMとは別ものであることを認識する必要があります。ここまでの説明をまとめると、米国発のCRMがわが国に入ってきた当時、経営・マーケティングの専門家の多くがCRMは経営・マーケティング手法であることが理解できず、間違いだらけのスタートになってしまい、その後遺症が未だに残っているということです。

　その後、「CRMの原点は富山の売薬にある」とか「近江商人や大坂商人の『三方よし』を現代風にアレンジしたもの」といった肯定的な見解が日本のマーケティング関係者から示されるようになったことで再評価され、今では日本企業の多くが「顧客中心」や「顧客起点」といった新たな視点を加える形でCRMを経営・マーケティング戦略に取り込んでいます。

「米国流CRM」が輸入される前から顧客を大事にする経営理念が存在した

　もうひとつ注目すべきは、米国発のワン・ツー・ワン手法やCRM手法が「輸入」されるずっと前から、わが国には「お客様に喜んでいただくために」「お客様を大切に」「お客様との共存共栄」といった経営理念を掲げる企業が数多く存在していたことです。「お客様は神様です」という比喩的なフレーズからもわかるように、「顧客をないがしろにする商いは長続きしない」という理念がわが国の多くの企業に根づいていたのです。これは本書の主要キーワードである「生命知」につながる顧客

（人間）の価値観を起点とする考え方です。そういう下地があったから
こそ、CRMという米国発でかなり不完全な手法が日本に合うように改
良されて日本流CRMとして定着し、「顧客起点」が経営・マーケティン
グの重要キーワードとして注目されるようになったといえます。

　ところで、CRMに関わるキーワードとしてよく使われる「顧客第一
主義」を経営理念に掲げている日本企業には、伝統的な企業が少なく新
興企業が多いことをご存じでしょうか？

　調べてみると、1990年ころから「customer satisfaction（顧客満足）」
との関係で「customer first（顧客第一）」や「customer first policy（顧
客第一主義）」という語が米国で使われるようになり、その後、日本語
訳の「顧客第一主義」が日本に入ってきて体裁のよいキャッチフレーズ
として使われるようになったようです。つまり、「顧客第一主義」は昔
から日本にあった語ではないということです（「顧客第一主義」が内包
する問題については、次節で説明します）。

CRMとDXにどのような関係があるのか？

　ここまでの説明を読んで、「経営・マーケティング手法のCRM（顧客
関係性マネジメント）とDX（デジタルトランスフォーメーション」に
どういう関係があるのかという疑問を感じる方がいらっしゃるでしょう。
実は、「DXの原点はCRMにある」といっても過言ではありません。詳
しい説明はあとの章に譲りますが、多数の顧客を相手にする現代企業で
CRMを成功させるには、顧客情報自体のデジタル化（デジタイゼーシ
ョン）と顧客とのコミュニケーション手段のデジタル化（デジタライゼ
ーション）が必要不可欠であるため、CRMを本気で実践すれば必然的
にDXが推進されることになるのです。

米国流CRM手法の根本的な問題点

　筆者（浅岡）は1990年後半から外資系・非外資系の大手IT企業のWebマーケティングに関わっており、1998年に『One to One：インターネット時代の超マーケティング』[27]の出版に企画・監修者として参画したことで、本格的にCRM手法の世界に足を踏み入れました。ところが、米国発のワン・ツー・ワンおよびCRM手法に深く関わるなかで、「インターネット時代に突入した日本にとって有効な手法だ」と感じると同時に、「これは本当に顧客を大事にする手法なのか？」との疑問が湧いてきたのです。

　以下で、当時の「米国流CRM」に内在していた問題点を明らかにしていきます（実は、ここで論じる問題点のいくつかについては、まだきちんと解決しないまま現在に至っている企業も少なくありません）。

「顧客第一主義」が抱える根本的問題

　最初の疑問は、「日本には『顧客第一主義』という理念はそぐわないのではないか？」です。その理由は、「農耕民族が狭い島国でなるべく諍いを起こさずに生き続けていくには、『共生』の精神が何より大切であり、どちらが一番でどちらが二番といった優先順位をあからさまにつけることを嫌う文化・風土が根づいているから」です。

　これに対して、「お客様に喜んでいただくために」「お客様を大切に」「お客様との共存共栄」といったフレーズに違和感を覚える人が少ないのは、「お客様に喜んでいただくことで儲けさせていただいているのだから、感謝の気持ちを大事にしよう」という日本的（東洋哲学的）な価値観を多くの日本人がもち合わせているからです。ここで注目すべきは、「儲けさせていただいている」の部分。これがなければ、営利事業は成立しないからです。

　数年前に米国のトランプ大統領（当時）が「アメリカファースト」をキャッチフレーズにして大衆を引きつけることに成功し、東京都知事も

「都民ファースト」を掲げて都民の心をつかむことに大成功したようです。かなり穿った見方をすれば、世界中から成功を夢みて集まってきた移民の国である米国と日本中から成功を夢みる人が集まって形成された大都市東京には「自分ファースト」が馴染むのかもしれません。しかしながら、わが国全体としてはこういう非協調主義的（利己的）な考え方はあまり馴染みません（「都民ファースト」については「東京ファーストではなくあくまでも都民を大事にするという意味だ」との説明がなされているようですが、あまり説得力が感じられません）。要するに、顧客を最優先する「顧客第一主義（カスタマーファースト）」と顧客にメリット（価値）がもたらされるように顧客の立場に立って物事を考える「顧客起点」とは、次元の違うものだということです。

「顧客囲い込み」は可能なのか？

筆者（浅岡）は、日本のマーケティング関係者のなかに「米国流CRM」の誤った解釈が蔓延っていることに強い懸念を抱いています。1999年の『CRMからCREへ　One to One戦略を支える実践手法』[28]のなかで「おとなしく囲い込まれている顧客などいるわけがない」と書き、2008年の『日本発・世界標準の新世代One to One＆CRM』[29]では、「顧客には自由意志があり、柵を飛び越える羽根をもっているのだから」と記すことでその理由を説明しています。今でも「顧客囲い込み」に拘っているマーケティング関係者やその種のツールを開発しているITエンジニアは、「顧客囲い込み」と「顧客起点の経営・マーケティング」が真逆の考え方であることを、早く悟る必要があります。そうしないと、効果がほとんどない「顧客囲い込み」ツールを作り続ける恐れがあるからです。

ところで、「顧客囲い込み」の訳語は「customer retention」であるとしているサイトが多く見られますが、「customer retention」の日本語は「顧客の維持」であって「顧客囲い込み」ではありません。ちなみに、米国のアマゾンやアップルなどのHP内では「customer retention」と「customer centric：顧客中心」が同じ文脈で使われることが多く、

コンサルティング会社やIT企業によって日本で矮小化されたような意味では用いられていません。要するに、米国のメガテック企業は、デジタル技術で日本企業に先行しているだけでなく、顧客との関係性を重視した取り組みでも先行しているのです。こういう実情を踏まえて今の日本企業に問いかけたいのは、「お客様との関係を大事にするのは江戸期から続く日本企業の最大の強みだったはずではないのか？」ということです。

企業目線の「顧客ロイヤルティ」は意味をなすのか？

「顧客ロイヤルティ（customer loyalty）」も米国流CRMの重要キーワードとしてわが国に入ってきてしぶとく生き残っているマーケティング用語です。これについても前出の二つの書籍で問題点を指摘しました。「ロイヤルティ」は「忠誠」や「忠節」を意味するので、「顧客ロイヤルティ」は「企業への顧客の忠誠心」という意味ですが、「顧客ロイヤルティ」を口にするマーケティング関係者やコンサルタントは、そんな顧客が本当にいると考えているのでしょうか？　実は、わが国には、「ロイヤルティ」と似て非なる「ご贔屓」や「ご愛顧」という言葉があります。「ロイヤルティ」は企業起点（目線）の言葉であり、「ご贔屓」や「ご愛顧」は顧客起点（目線）の言葉だという点が根本的に異なります。両者の違いを図示すると**図表8-4**のようになります。

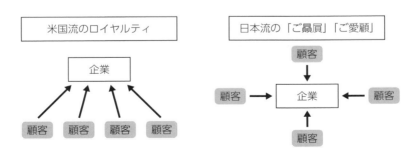

図表8-4　米国流のロイヤルティと日本流の「ご贔屓」「ご愛顧」の違い

「顧客情報」の無断収集・利用の問題

　1990年後半に筆者（浅岡）が最初に関わったのは会員制のWebサイト内での顧客のオブザベーションログ（行動履歴）をとってその情報の分析結果に基づいて表示内容（ページビュー）をカスタマイズすることでアップセールス（顧客が現在購入している商品・サービスの売り上げ増大）やクロスセールス（関連商品・サービスの購入促進）を実現しようというプロジェクトでした。小売り系のメガテック企業であるアマゾンが強力な武器のひとつとして活用している高性能なレコメンド機能の先駆け的なシステムだったのでとても興味深かったのですが、問題は顧客情報が顧客の許可を得ることなく使われていたことです。当時は「顧客の利便性が高まるのだから問題ない」という考え方が支配的だったからでしょう。

　最初は会員のほとんどが法人顧客だったこともあり大きなクレームはありませんでした。しかし、次第に個人顧客を対象とするレコメンドシステムが普及していく過程で、「自分の個人情報が勝手に使われている」「自分の嗜好が知られているようで気持ちが悪い」「どんな情報をどのように収集しているのか教えるべき」「私の個人情報は収集しないでほしい」「自分の個人情報を許可なく使わないでほしい」といったクレームが寄せられるようになりました。

　このような社会的な動きを受けて、2005年に「個人情報の保護に関する法律（個人情報保護法）」が施行され、企業や団体も「個人情報保護方針（会社として個人情報をどのように取り扱うかという方針が記されているもの）」や「プライバシーポリシー（個人情報保護方針の内容に限らず、プライバシーの権利利益を保護するための個人情報の取扱方針をまとめたもの）」を定めて公表するようになりました。

　しかしながら、2019年に発生して社会問題化した「リクナビ事件」に象徴されるような個人情報の不正使用が水面下で多発しており、収まる気配はありません。個人が特定されないようなさまざまな工夫がなされているようですが、根本的な問題は企業の経営陣や現場の担当者たちが顧客との関係性をどのように考えているかにあります。経営陣が「顧客

との信頼関係が事業の根幹」と考えているのであれば、個人情報の問題は情報セキュリティ関係のデジタル技術を活用することと社員に対する個人情報保護教育によってほぼ解決するはずです（完全な解決は無理でしょうが）。もしそうでないならば、いくら対症療法を繰り返してもよい結果は得られないでしょう。

米国では、5億3300万人分の個人情報が流出したフェイスブックは対策が後手後手に回りユーザー離れを止められない状況が続いています。これに対して、アップルは2021年1月28日を「データプライバシーデー」とし、企業がWebサイトやアプリケーションを通じてユーザーのデータをどのように追跡しているかをイラストと共にわかりやすく解説したレポート「A Day in the Life of Your Data」を公開しました。この両者の明暗を分けているのは、個人情報を顧客（今を生きる人間）の価値観が表出した人格的な存在ととらえるか、企業にとって有益な物理的データととらえるかの違いにあるように思われます。

この項の結論は、日本企業は個人情報を顧客の価値観が表出した人格とみなして人間と同等に扱う必要があるということです。

ワン・ツー・ワン＆CRM手法と同時期に出版された『知識創造企業』の意義

この節では、ここまで「米国流CRM」の問題点と日本企業の経営・マーケティングへの影響にフォーカスして話を進めてきましたが、最後に同時期の日本企業に大きな影響を与えた重要なトピックに言及しておきます。

1995年に米国のOxford University Pressから出版された『Knowledge-Creating Company（知識創造企業）：野中郁次郎・竹内弘高 著』は、経営学の分野に「知識（knowledge）」というコンセプトを持ち込み、日本企業のイノベーションのメカニズムを解明した重要な書です（日本では、1996年に東洋経済新報社から『知識創造企業』というタイトルで刊行）[30]。同書で提唱された個々人の暗黙知を組織の形式知へと変換し企業のイノベーションにつなげていくプロセスは、「知識創造理論」「SECI

モデル」として世界中で認知され、経営理論に新たな潮流を生み出したとされています。野中らは長年にわたって国内・国外の企業経営をリサーチした結果、日本的経営に「組織的知識創造」という普遍的な原理があることを解明しました。筆者（浅岡）が特に注目しているのは、「日本企業は暗黙知の重要性を理解してそれを形式知に変換することを得意としている」と「知識を創造するうえでメタファー（暗喩）、知識の共有、冗長性が大きな役割を担っている」の2点です。こういった発想は、欧米（西洋）的な「知識」のとらえ方からは出てこない日本的（東洋哲学的）なものだと考えられます。

　「米国流CRM」手法の根本的な問題点について論じるこの節で「知識創造企業」に言及した第二の理由は、「知識が唯一意味のある資源である」を骨子とするピーター・ドラッカーの知識論を超えるともいわれる知識創造の理論が日本で誕生し、「米国流CRM」と共にわが国のDXの原点となったと考えられるからです。「知識」という人間に宿る生きた情報（暗黙知）を企業知（形式知）に転換することでイノベーション（変革）につなげるという考え方は、一見するとDXとは関係ないようにみえますが、暗黙知を形式知にするには「言語化」が不可欠であり、言語化された知識（情報）を企業内で共有しイノベーション（変革）に生かすにはアナログデータのデジタル化（デジタイゼーション）と業務プロセスのデジタル化（デジタライゼーション）が必要になるからです。

　「知識創造企業」に注目したもうひとつの理由は、「暗黙知」と「形式知」そして「組織的知識創造」と本書の重要なキーワードである「生命知」が深く関係していることにあります。筆者（浅岡）が「生命知」の現象形態と考える「人間（個人）知」「組織（集合）知」と「暗黙知」「形式知」は切り口が異なりますが、本質的な部分は同じです。「人間（個人）知」はひとりひとりの人間に宿る生きるための知恵であり、著作や講演などを通じて他者に教示されるケースを除けば、他者と共有されないのが普通です。そういう意味で「暗黙知」といえます。また、「組織（集合）知」は企業や団体に宿る組織を維持し成長させるための知恵であり、個人知が文章化・図式化されて企業のなかで共有されてはじめ

て意味をもちます。これは「形式知」そのものといえるでしょう。

　なお、野中理論は、『知識創造企業』に留まることなく、『ワイズカンパニー』（2020年、野中郁次郎・竹内弘高 著、東洋経済新報社）[31]において「知識（knowledge）」から「知恵（wisdom）」へと知の範囲を広げ、『共感が未来をつくる』（2021年、野中郁次郎 編著、千倉書房）で「共感（sympathy）」という知の共有・増幅の重要キーワードを取り扱うことで、さらに知の探究の幅を広げています。これらの業績は、日本企業への示唆のみならず海外の多くの企業にも、人間の知恵に根差す「知的経営」という新たな方向性を指し示してくれています。

　ちなみに、筆者（浅岡）は、2000年初頭に「knowledge活用支援システム」の開発プロジェクトに企画＆アドバイザーとして参画した経験があり、「知識」だけでなく「知恵（wisdom）」にも着目して共有や活用を促す必要性を感じ、そのための方法論を模索しました。そして、2008年の『日本発・世界標準の新世代One to One & CRM』のなかで、「顧客情報データベースと連携するナレッジ＆ウィズダム活用支援システム」の構築を提案しています。このプランは狙いどおりの形で実現していませんが、今後も実現に努めたいと考えています。

第 **9** 章

江戸期の商人たちの
経営哲学にみる
生命知と持続可能性

前 章では、第二次世界大戦後に日本の経済状況がどう変化したか、また経営・マーケティング手法がどのように変遷したのかについて解説し、CRM（顧客関係性マネジメント）とDX（デジタルトランスフォーメーション）との関係についても説明しました。その内容を踏まえてこの章では、競争戦略理論も含め、現代の主要な経営・マーケティング手法であるCRM、CSR、SDGsの根本理念がわが国の江戸期（1603〜1868年）に生まれた各種の商いの理念にみられ、それらの理念が現代企業の経営・マーケティング戦略に深く結びついていることを明らかにします。また、それらの理念の成立に深く関わったと考えられる「生命知」と「持続可能性」が現代まで受け継がれて経営・マーケティング手法の基軸となっていることも明らかにしていきます。

　富山の売薬さんの商いにみる「先用後利」という理念は顧客起点の経営手法であるCRMの起源とされ、近江商人が全国各地で商売する際の商訓であった「三方よし」という理念は顧客・地域社会重視型の経営手法であり、CSR（企業の社会的責任）の原点とされています（「三方よし」はCRMの原点でもあるとされています）。また、江戸期の三井越後屋の「現銀安値掛け値なし」というビジネス手法に米国流のマスマーケティング手法（競争戦略理論を含む）の原型をみることができます。さらに、SDGs（持続可能な開発目標）については、世界の都市研究者や環境学者から「江戸（都市としての江戸）は同時代における世界最高レベルのエコシティ」との評価を受けていることから、国土が狭く定住と共生を余儀なくされた江戸時代には、必然的に地域循環型社会（エコシステム）が指向されたことがわかります（循環型社会は最近のトレンドワードである「持続可能性」を実現するための仕組みです）。ここに示した「定住と共生」というキーワードには、国土が狭い島国で暮らす農耕民族という特性が大きく関係していたと考えられます。そういう生活環境が長く続くなかで、風土や文化が異なる人たちがお互いの価値観を認め合って共生するという精神文化が形成されていったのです。

　江戸期の日本社会についてもうひとつ注目すべき点は、本書の重要なテーマである「生命知」の萌芽と醸成の兆しが江戸期に垣間見えること。この点についても、言及していきます。

富山の売薬の「先用後利」にみる
顧客起点経営（CRM）の原点

　米国で生まれてわが国に輸入されてきた主要な経営・マーケティング手法の代表格は大量生産・大量消費時代に企業が市場で勝ち残るための「競争戦略理論」です。しかし、生産能力の向上と新規参入者の増加によって需要と供給のバランスが崩れることで「競争戦略理論」の有効性が低下してくると、新たな経営・マーケティング手法としてCRM（顧客関係性マネジメント）が注目を集めるようになりました。この手法の核心は、米国で提唱された当時は明確に意識されていませんでしたが、実は「顧客起点」にあります。これは、CRMが試行錯誤を繰り返すなかで次第に明らかになってきており、今ではわが国の多くのマーケティング関係者や企業経営者が認めるところとなっています。

　このような流れになった理由は、顧客起点のマーケティング手法の源流がわが国の江戸期に誕生し、明治以降の企業経営に影響を与え続けてきたことにあります。

　ここでもうひとつ重要な視点を追加したいと思います。それは「生命知」と「顧客起点」を関連づけて考えることです。「顧客起点」という場合の顧客は「個客」の集合を意味します。これは「顧客」を「顧客集団」という物理的（機能的）セグメントとしてとらえてきた「企業起点」の考え方とは根本的に異なります。その根底にあるのは「ひとりひとりの人間の行動や思考に目を向ける」という「生命知」に通ずる発想の転換です。もう一歩踏み込んでいえば、「ひとりひとりの人間の生きる価値観（信条や哲学）に目を向ける」ことを通じて製品やサービスを提供する側（企業）と顧客（個客）との関係性を人間起点でとらえ直すことを意味しているのです。近年、四次元的に狭くなった地球のなかで国家や企業が狩猟民族的な武器を手にして生きるか死ぬかの戦いを繰り広げることの限界がみえ始め、「協調・共生・共創」を基本とする東洋的・日本的思考へとシフトすべきとの主張が勢いを増しつつあります。「生命知」の社会哲学的なパラダイムともいえるこの「協調・共生・共創」

の源流が江戸期にあることを明らかにすることは、「未来経営」を考える上で大きな意味があるといえるでしょう。

　ここでひとつお断りしておきたいのは、本書でいうところの「協調・共生・共創」は、明治から昭和初期にかけて富国強兵を目的として確立された集団主義・同調圧力的な思考とは根本的に異なり、市民社会的な自由主義に根差したものであるという点です。残念ながら、日本（特に政官）に集団主義・同調圧力的な考え方が根強く残っているのは事実ですが、インターネットの普及や市民活動の活性化などを通じてその弊害が少しずつ解消され、生命知（人間知）に基づく本物の「協調・共生・共創」が生まれつつあるといえます。

「先用後利」と顧客起点のビジネスモデルとの関係は？
　「置き薬の〇〇堂」「〇〇薬品の配置薬」というTVコマーシャルのフレーズが記憶にある方もいると思います。これらのルーツが富山の「置き薬」にあることをご存じの方は少ないでしょう。富山の「置き薬」という世界に類を見ない独特の商いのシステム（ビジネスモデル）が富山藩公認の形で確立されたのは、江戸初期の元禄年間（1688〜1703年）といわれていますが、売薬さん（売薬行商人）による置き薬の仕組みは江

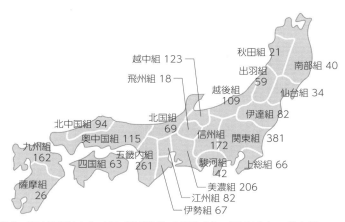

図表9-1　富山売薬さんによる「仲間組」の嘉永6年（1853年）の勢力図
（出所：『イラストでつづる富山売薬の歴史』（鎌田元一監修　薬日新聞社）[32]を参考に筆者作成）

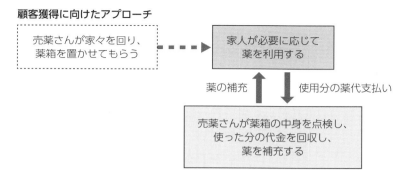

顧客獲得に向けたアプローチ

売薬さんが家々を回り、
薬箱を置かせてもらう

家人が必要に応じて
薬を利用する

薬の補充　　　使用分の薬代支払い

売薬さんが薬箱の中身を点検し、
使った分の代金を回収し、
薬を補充する

図表9-2　富山の置き薬の仕組み

戸期より前から存在していました。（なお、「置き薬」のビジネスモデル
は奈良にも江戸期から存在しており、こちらは「大和の置き薬」と称さ
れています。）

　富山の置き薬の特徴は、売薬さんが各家に置いていった薬箱に入った
各種の薬（頭痛薬、胃腸薬、傷薬（きずぐすり）、打ち身・ねん挫の貼り薬など）を必
要に応じて使い、半年とか1年後に売薬さんが回ってきた際に、使った
分だけ支払う「代金後払いのシステム」にあります。これがすなわち
「先用後利（せんようこうり）（先に使ってもらってあとで利益を得る）」のビジネスモデル
なのです。これは、顧客にとってのメリットを起点としてビジネスを組
み立てる「顧客起点のビジネスモデル」そのものといえます。ちなみに
「先用後利」という言葉は、富山藩の二代藩主 前田正甫（まさとし）（1649〜1706年）
が「用を先に利を後にせよ」と訓示したことから生まれたとされていま
すが、これには諸説あります。

売薬さんの「懸場帳」は正真正銘の「顧客情報データベース」

　富山の置き薬の商いには、もうひとつ忘れてはならない特長がありま
す。それは、「懸場帳（かけばちょう）」と呼ばれる帳面が存在し、それが現代の「顧客
情報データベース」の役割を果たしていたことです。ちなみに、「懸場」
とは売薬さんが販売権をもつ領域（販売テリトリー）を指します。実際

の懸場帳にはピンからキリまであり、薬の種類と数量だけを記した単純なものもあれば、家族構成や婚姻・死亡、各人の既往症、健康状態までを細かく記載した本格的なものもあったようです。懸場帳に質の差が出るのは、売薬さんが顧客ひとりひとりを人間的な視点でとらえようとしているか否かと関係しています。いい方を変えると、「人間（個人）知」に基づいて商いをしているかどうかの違いなのです。

　質の高い「家族カルテ」ともいえる懸場帳（顧客情報データベース）に目を通してから各家に入るようにすれば、現代の賢い医師が診察直前に電子カルテの履歴情報にざっと目を通して「〇〇さん、右足の付け根はまだ痛みますか？」「お出しした薬がなくなってしばらく経ちますが、今回はどうしましょう？」と尋ねるところから診察を始めるのと同じような信頼感と親近感をベースにコミュニケートできます。

　もうひとつ注目すべき点は、「懸場帳」（「薬懸帳」ともいう）が高額で売買されたり、貸借されたりしていたという事実です。この商習慣は江戸期以前からあったようですが、江戸時代には「懸場帳」が「商売地域権利書＋顧客情報」とみなされるようになり、売薬さんの引退時に売

図表9−3　売薬さんの背負行李の中身と懸場帳

（出所：内藤記念くすりの博物館[33]）

買されたり、事情があって売薬行商ができなくなった際に権利を貸したりすることが普通に行われていたようです。この事実は、わが国では江戸時代から顧客情報が金銭に換算されて売買されていたことを意味しています。これは、「顧客情報データベース」の原点であるとともに、日本政府がテコ入れしている「情報銀行」の行方を占うヒントにもなるでしょう。

つまり、江戸期の置き薬の商いは、デジタルテクノロジー（技術）が用いられていない点を除けば、現代のCRM（顧客関係性マネジメント）手法そのものだということです。さらにいえば、最近「顧客起点マーケティング」という言葉が流行っていますが、その考え方やビジネスモデルが江戸初期にすでに存在し、現在まで営々と続いているという事実を認識しておく必要があります。ここで富山の置き薬の商いを紹介したのは、顧客起点のビジネスモデルを組み立てる際の参考となるからです。

なお、現在の配置薬の仕組みや現状を知りたい方は、一般社団法人全国配置薬協会のWebサイト[34]を参照するとよいでしょう。

近江商人の「三方よし」その他にみる
人間社会重視経営（CSR）の原点

　富山の置き薬の「先用後利」と並び立つ商いの理念に、「三方よし（売手よし、買手よし、世間よし）」があります。10年ほど前から日本では「三方よし」が大流行りで、最近では「四方よし」「五方よし」などといったものまで現れて、話題となっています。「四方よし」は「売手よし、買手よし、世間よし、未来よし」で、「五方よし」は「売手よし、買手よし、世間よし、働き手よし、未来よし」とのことですが、こういった主張は奇をてらったパフォーマンスといわざるを得ません（その理由はこのあと説明します）。

「三方よし」と「先用後利」はCRMの原点に位置する商いの理念・手法である

　「三方よし」と「先用後利」はわが国の現状に合うように改良されてきた現在のCRM（日本流のCRM）の原点に位置する商いの理念・手法です。「日本流（Japanese-style）のCRM」については、本章の「米国流マスマーケティングの上陸による日本流商いのディスラプション」の節で具体例を示しながら説明します。なお、以降では「日本流のCRM」を「JS CRM」と略記します。

　経済史や商業史の研究者たちによって、「三方よし」と「先用後利」には商いを未来に向かって持続させるために商いの担い手である雇人（奉公人）や請負人（売薬さん）を大事にする仕組みがあったことが明らかにされています。また、「三方よし」の要素のひとつである「世間よし」（日本のCSRの原点とされる）については、各地に出店を設けてその地域に根を下ろして末長く商売できるように、地域のインフラ整備や祭事に積極的に協力・参加していたという事実を見逃してはいけません。つまり、「三方よし」には「四方よし」や「五方よし」を主張する人たちが付加する「未来よし」や「働き手よし」の要素が元々含まれているのです。

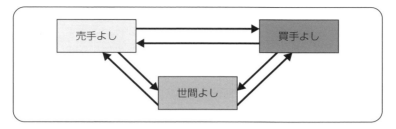

持続可能な地域社会

図表9-4　地域社会における「三方よし」のイメージ

第**9**章┃江戸期の商人たちの経営哲学にみる生命知と持続可能性

　なお、「働き手よし」は日本の現状に合うよう改良された現在のCRM
の重要な補完要素であるERM（Employee Relationship Management：
従業員関係性マネジメント）と同義です。

「三方よし」と顧客・地域社会重視型のビジネスモデルとの関係は？

　この理念が確認できる最古の史料は、宝暦４年（1754年）に主に麻布
を扱う近江商人の二代目 中村治兵衛が書き残した家訓『宗次郎幼主書
置』にあるとされています。これを伊藤忠商事の創業者である初代 伊
藤忠兵衛が近江商人たちに広めたとされていますが、はっきり確認され
ているわけではありません。

　　『宗次郎幼主書置（かきおき）』第八条
　　たとへ他国へ商内（あきない）に参（まい）り候（そうらい）ても、
　この商内物（あきないもの）、この国の人（ひと）一切の人々皆々（み
　なみな）心よく着（き）申（もう）され候（そうろう）ようにと、自
　分の事に思はず、皆（みな）人（ひと）よきようにと思ひ、高利（こ
　うり）望（のぞ）み申（もう）さず、とかく天道（てんどう）のめぐ
　み次第（しだい）と、ただその行（ゆ）く先の人を大切におもふべく
　候（そうろう）、それにては心安堵（あんど）にて、身も息災（そく
　さい）、仏心（ぶっしん）のこと常々（つねづね）信心（しんじん）
　に致され候（そうらい）て、その国々へ入る時に、右の通りに心さし

起こし申さるべく候事（そうろうこと）、第一に候（そうろう）。

（『江戸商家の家訓に学ぶ商いの原点』(荒田弘司 著 すばる舎)[35]p226より引用）

　このほか、「三方よし」のルーツは、伊藤忠商事の創業者である初代伊藤忠兵衛が近江商人の先達（せんだつ）に対する尊敬の思いを込めて発した『商売は菩薩の業（行）（ぼさつ）、商売道の尊さは、売り買い何れをも益し、世の不足をうずめ、御仏の心にかなうもの』という言葉にあるとの説もあります。

　近江国（現在の滋賀県）に本拠（本店や本家）を置き、他国へ行商して歩いた近江商人たちは、各地を行商して歩くうちに商売に成功し地方都市に店を開いてその地域に根を下ろす者も少なくなかったようです。つまり、各消費地に溶け込むビジネスをしていたということです。前出の『宗次郎幼主書置』（かきおき）は、各地の顧客と地域社会への貢献を説いているという意味で確かに「三方よし」の原点といってもよいでしょう。

　多くの人たちが「三方よし」は「売手よし、買手よし、世間よし」を意味する近江商人の格言だと述べていますが、この言葉自体が初めて使われたのは1988年だとする説が有力のようです。『「三方よし」の由来とその現代的意味』（大野正英、日本経営倫理学会誌第19号、2012年）[36]に、下記の記述があるからです。

　　近江商人と関連付けて「三方よし」の表現が登場するのは、昭和63年（1988年）に小倉榮一郎が出版した『近江商人の経営』に「利は余沢、三方よし」という項があり…

　言葉の使い始めの件はともかく、自らの利益のみを追求することをよしとせず、社会の幸せを願う「三方よし」の精神は、現代のCSR（企業の社会的責任）につながるものとして、伊藤忠商事をはじめ、多くの企業の経営理念に取り入れられて生き続けています。

近江商人 西川利右衛門家の「先義後利」も顧客起点の理念

　近江商人 西川利右衛門家の家訓として「先義後利栄　好富施其徳」

（書き下し文は「義を先にし、利を後にすれば栄え、富を好しとし、其の徳を施せ」）が残されています。西川家では、分家や別家の際にこの家訓を掛け軸にして贈ったとのことです。意味を解説すると、「人としての道理をわきまえた行いをしていれば利益は必ず後からついてくるので、得た富に見合った徳を施しなさい」になります（東近江市の近江商人博物館のWebサイト[37]を参考に記述）。

「先義後利」については、大丸のWebサイトに次の記載があります。

　　　元文元年（1736年）、業祖・下村彦右衛門によって「先義而後利者栄」を事業の根本理念として定めました。この言葉は中国の儒学の祖の一人、荀子の栄辱編の中にある「義を先にして利を後にする者は栄える」から引用したものです。

おそらく、西川と下村はどちらか一方が他方を真似たのではなく、併行的に「先義後利」を使い始めたと考えるのが妥当でしょう。

ところで、多くの方が気づかれたかと思いますが、前節で説明した「先用後利」と「先義後利」には共通点があります。「自分（売手）が先に相手（買手）のために行動を起こすことが、利益を得て栄える結果につながる」という考え方です。これは、顧客（個客）にとって価値のある商品やサービスを提供するという「顧客起点」の原点といえるでしょう。そして、そこに「生命知」（人間知）の萌芽をみることができます。両者については、どちらが先かにこだわる必要はありません。それよりも、当時の日本には「先用後利」「先義後利」そして「三方よし」が成立し得る社会・経済・文化的な基盤が出来上がっていたことのほうに注目すべきです。

わが国のCSRの学問的礎を築いた石田梅岩

江戸中期の思想家で、石門心学の創始者である石田梅岩（1685〜1744年）がわが国のCSR（企業の社会的責任）の始祖であるとする見解が最近多くみられるようになりました（「三方よし」の「世間よし」がわが

国のCSRの原点だとする主張が優勢のようですが、白黒つける必要はないでしょう）。梅岩は43歳まで京都の商家に番頭として勤めたのち職を辞し、45歳のとき（1729年）に京都車屋町の自宅で、「聴講自由・席料無料」の看板を掲げて講席を開いたとされます。石門心学の特徴は、商行為の社会的意義を説いたことです。梅岩の主張が広く受け入れられ後世まで伝えられたのは、彼が根っからの学者ではなく、長年商家に勤め商売が何たるかを熟知し何をどう変えるべきかを身をもって感じていた実務家だったからでしょう。

　石田梅岩が『都鄙問答』などの著書に書き遺した主な言葉は、「実の商人は、先も立ち、我も立つことを思うなり」（真の商人は、相手と自分の双方が並び立てる商を考える）、「二重の利を取り、甘き毒を喰ひ、自死するやうなこと多かるべし」（暴利を貪り甘い汁を吸おうとすれば自滅するケースが多い）、「利を求むるに道あり」（利益を追求する際には道理が必要である）ですが、いずれも「取引相手（顧客）にも世間にも受け入れられるような真っ当な商売をしなければならない」という倫理観の表れといえます。そしてこの考え方の根底には、「生命知」への暗黙的な理解があると推察されます。梅岩が提唱した理念は京セラ・第二電電創業者の稲盛和夫が自身の哲学としていることでも知られています。梅岩を見習ってか、稲盛も後年に塾を開いています。

　米国の建国（1776年）よりも前の江戸時代中期に、石田梅岩の著した『都鄙問答』にわが国のCSR（Corporate Social Responsibility：企業の社会的責任）の原点が垣間見えるなど、経営・マーケティングの分野で驚くべきことがたくさん起こっているのです。

住友の伊庭貞剛は日本の近代産業で初めてCSRを実践した

　わが国の企業のCSRについて語るときに忘れてはならないのが、江戸期から明治期を生きた住友第二代総理事の伊庭貞剛（1847〜1926年）です。伊庭は「別子銅山中興の祖」といわれ、煙害などの公害問題を解決するために精錬所を四阪島へ移転させ、木の伐採（精錬所の燃料として利用）と煙害によって禿山と化した別子の山に植林をするなどを積極的

に行ったことを高く評価されています。明治27年（1927年）に別子に赴任した伊庭は、「別子全山を旧のあをあをとした姿にして、之を大自然にかへさねばならない」と訓示したそうです。

　当時を代表する大手企業の経営責任者（総理事）として環境問題の解決に尽力したことは、近代産業におけるCSR、そしてSDGsの祖という評価を確かなものにしたといえます。足尾銅山の鉱毒事件の解決に取り組んだ衆議院議員の田中正造（（1841～1913年）に比べて知名度が低いのが残念ですが、田中が国会で「住友ハ、山ヲ以テ之ヲ子々孫々ニ伝ヘテ、之ヲ宝ニシテ置クト云フノデアル」と演説した記録が残っていることからも、伊庭の先見性がみてとれます。彼もまた、「企業も社会も人で成り立っている」という人間起点の考え方を身体感覚で体得していたのでしょう。

渋沢栄一が明治期の近代産業を育成し社会的存在として位置づけた

　わが国のCSRについて語るときに、もうひとり忘れてはならない人物がいます。明治期に数多くの近代産業を育成し、「日本近代経営の父」や「日本近代資本主義の父」と呼ばれた渋沢栄一（〈1840～1931年）です。渋沢は著書『論語と算盤』で「道徳経済合一」の精神を説いたことで、日本的（東洋的）CSRの基礎を築いた人物とされています。

　「経営（マネジメント）の父」と称される米国の経営学者ピーター・ドラッカーは、1973年に著した『Management：Tasks, Responsibilities,

写真提供：住友史料館

図表9-5　煙害や伐採で禿山と化した別子の山と現在の緑あふれる姿

（出所：住友林業株式会社Webサイト[38]）

Practices（マネジメント：課題、責任、実践)』（Peter F. Drucker, Harper & Row)[39]のなかで、「日本の明治の渋沢栄一や第一次大戦前のドイツのヴァルター・ラーテナウといったはるか昔のリーダーたちのほうが、企業の社会的責任（CSR）を真正面からとらえていた」と述べています。渋沢の「道徳経済合一」の理念には、他者との関係を踏まえて人としてどう生きるべきかを常に自身に問う姿勢が感じられ、その底流に「人間知」「組織（企業）知」「社会知」に関係する知恵・見識（暗黙知）があることがみてとれます。

三井越後屋の「現銀安値掛け値なし」にみる
競争戦略論の原点

　筆者（浅岡）は『日本発・世界標準のOne to One & CRM』（2008年）[29]のなかで、「三井越後屋（「薄利多売」のビジネスモデル）にみるマスマーケティングの原点」という見出しを立てて三井越後屋の「現銀安値掛け値なし」について論じていますが、残念ながら、広く知られるには至っていません。その後、ピーター・ドラッカー（Peter Ferdinand Drucker：1909〜2005年）が1970年代から三井高利が考案した三井越後屋呉服店（1673年に江戸本町一丁目に開業）のビジネスモデルに言及していたことを知り、セミナーや大学の講義などでそのことを話すと、反応が大きく変わるようになりました。

　話が少しそれますが、拙著『CRMからCREへ：One to One戦略を支える実践手法』（1999年）[28]のなかで「三井越後屋の『現銀安値掛け値なし』がマスマーケティングの原点である」と述べたところ、三井グループの関係者から厳しい批判を受けました。それは、「マスマーケティングがダメな手法で時代遅れである」という誤解に基づくもので、見当が外れています。なぜなら、町のテーラーならいざしらず、何万、何百万、何千万といった顧客を相手にせざるを得ない現代企業には「マス（多数）を相手にするためのマーケティング手法」が不可欠だからです。考察・評価すべきポイントは、マスを相手にすること自体にあるのではなく、マスに個別対応できるかどうかにあるのです。

　三井越後屋の「現銀安値掛け値なし」というある意味で西洋の合理主義にも通じる考え方が顧客と社会にもたらしたメリットを現代的なキーワードで表現するならば、オープンマインド（開放型）とエクイティ（公平性）でしょう。それまで特定層の人的ネットワークやコネクションを通じて閉じられた世界で行われてきた大店（ある程度以上資本力がある表通りの店舗）の商売に風穴を開けたインパクトはその後の商売に少なからず変革をもたらし、それが明治期の近代産業へと受け継がれていったのです。

ドラッカーはマーケティングの原点が江戸期の日本にあると考えていた

ピーター・ドラッカーが1973年に著した『Management：Tasks, Responsibilities, Practices（マネジメント：課題、責任、実践）』（Peter F. Drucker, Harper & Row）[39]のなかに、以下のような記述があります。

東洋では、マーケティング手法が西洋よりはるか前から実践されていた。1650年ごろの日本で、三井家の始祖 三井高利が江戸（東京）に百貨店の原型と言える三井越後屋を開業したときにマーケティング手法を発明したのである。彼が従業員に周知した主要な経営方針は次のものであった。
　・顧客のための「仕入係」の役割を果たすこと
　・顧客のニーズに合う製品を企画し、その製造者を見つけること
　・顧客からクレームがあった場合は、異議を唱えずに返金すること
　・品目・製法を限定せず幅広い品物をとりそろえて顧客に提供すること

これは、シアーズ・ローバック（1893年にイリノイ州シカゴに開業した百貨店）の経営方針より250年も先んじていた。

ドラッカーは、この後も書籍や論文誌（Harvard Business Review誌など）で日本の「マーケティング」に何度も言及しています。また、現代マーケティングの第一人者とされるフィリップ・コトラー（Philip Kotler：1931～）も日本の江戸期から始まったマーケティング手法に言及・評価しています。

残念ながら、日本の経営・マーケティング研究者や企業のマーケティング関係者の多くは、米国の経営・マーケティング研究者や理論家たちが日本の経営やマーケティングに注目し調査・分析してきたことをほとんど知りません。日本（東洋）には「温故知新（古きを温ねて新しきを知る）」という金言があるのですから、もう少し自信をもって歴史を紐解くことで日本の良さ（強み）を再発見すべきです。

　ひとつお断りしておきますが、筆者（浅岡）は西洋的なダイナミズム（動的思考）や合理主義は日本の精神文化に内包されている「閉鎖性」や「安定志向」といった弊害を打破するために有効な外的要因だと考えており、日本独特の人間哲学、経営哲学、社会哲学がすべて優れていると主張するつもりは毛頭ありません。

　要するに、西洋（欧米）と東洋（特に日本）の精神文化がさまざまな形でせめぎ合うことで産業や人間社会の未来が形成されてきたのであり、どちらかが相手を淘汰することはあり得ないのです。ただ、GDPや国民所得の増大よりも「持続可能性」が重視される今の時代には、東洋的（特に日本的）な「協調・共生・共創」を基軸とする考え方が重視されるのは必然の流れといえます。

三井越後屋の繁盛を支えたのは顧客起点の四つの新しい経営方針

　ドラッカーとは少し視点が異なりますが、「越後屋」が繁盛した秘訣は幅広い顧客に喜ばれた四つの商いの方針にあったと考えられます。

・店先売り―越後屋が創業した江戸初期の呉服屋は顧客の家や店に反物を持参して選んでもらう訪問販売（「屋敷売り」や「見世物売り」）が基本でした。もちろん、庶民の小店や長屋を訪問することなく、武家や裕福な商家だけを相手にする「閉鎖型の商い」だったのです。ところが、三井高利が越後屋で始めた「店売り」は、広告チラシを配って不特定多数の人たちを店に呼び込む「開放型（オープンマインド）の商い」でした。ドラッカーのいう「マーケティング」の原点がみえてきます。

・現銀安値掛け値なし―これは、現代でいうところの「現金正札販売」のことです（当時は金ではなく銀が主な貨幣だったので「現銀」といういい方がされていました）。これによって、江戸期に生まれた「町人」という「士農工商」を超越した新たな市民階層を顧客として取り込むことに成功したのです。懐にそれほど余裕のない町人にとって、品物と値札をみて買うか買わないかを決められ

るのは、画期的なことでした。広告チラシをみてたくさんの町人たちが店に押しかけたのは、想像に難くありません。呉服の品質や価格に詳しくない町人が値段交渉に神経をすり減らさなくてすむため、大きな安心感を与えたと考えられます。一方、「現銀売り」は店側に「キャッシュフロー（金回り）がよくなる」という大きなメリットをもたらしました。当時は「二節季払い（6月末と12月末の年2回払い）」か「極月払い（12月末の年1回払い）」が当たり前でしたが、現銀払いによって金回りがよくなれば、その分をタイムリーに仕入れに回すことができ、結果として商品の回転が速くなるからです。

・布の切り売り—最近は、画一的な商品の大量販売でコストパフォーマンスを追求してきたスーパーマーケットでさえ、ひとり暮らしの人や高齢者向けに小分けパック商品を提供するのが当たり前になってきました。越後屋の「布の切り売り」も、町人層の「一反（幅が約38センチ、長さが約12メートル50センチ）を買う余裕はないが、尺（長さ約38センチ）単位で買えるならぜひ買いたい」といったニーズに対応することで、全体の売り上げを伸ばそうという画期的な試みだったのです。「店売り」「現銀安値掛け値なし」「布の切り売り」の三つが第二次世界大戦後の欧米や日本の大量生産・大量消費時代を支えたマスマーケティング手法の主要な要素であることは、誰の目にも明らかです。

・その場仕立て—20年ほど前に韓国を訪れた際に、ホテルに「帰国日までにスーツを仕立てます」というチラシが置いてあって、興味をもったことを覚えています。その後、そういうチラシをみかけなくなりましたが、今度は中国のホテルで同じような広告をみるようになりました。数年前にベトナムを妻と二人で訪れたときは、女性用のアオザイ（ベトナムの伝統服）専門店に「明日の朝までに仕立てたアオザイをホテルに届けます」という張り紙をみつけました。こういったサービスは、日本でいうと、30分ほどでジーパンやパンツ（ズボン）の裾上げをしてくれるサービスに近いで

しょうか。「その場仕立て」は日々忙しく働く気の短い江戸町人にぴったりのサービスであり、顧客起点の神髄をここにみることができます。

　ここに示した四つの方策を総合的にみると、もうひとつ気づくことがあります。それは、これらの方策は、マイケル・ポーターの「競争戦略論」の三つの基本要素のひとつである「差別化戦略」（業界内で独自のポジションを築いていく戦略）を実現するための具体的方策そのものだからです。つまり、マスマーケティング時代の企業競争の拠り所として確立され、現在も経営戦略の重要な位置を占めている競争戦略理論の「差別化戦略」の原型ともいえる方策が三井高利によって江戸期に考案されていたのです。

　ここで考える必要があるのが、西洋的な合理主義を土台に生み出されたマイケル・ポーターの競争戦略理論と相通ずる方策が江戸期の日本でなぜ生まれたのか、という点です。これは筆者（浅岡）の推論ですが、三井高利は安定期に入った江戸の飽和的な状況を新規参入や商売の発展にとってマイナス要素とみなし、ブレークスルーを起こす必要性を強く感じたのでしょう。そこに、現状を的確に把握する分析力と変革の必要性を感じ取って変革の実現方法を編み出す知恵（wisdom）を兼ね備えたワイズリーダー三井高利の存在をみることができます。

「エコシティ江戸」にみるSDGsの原点

　江戸の町がエコシティ（持続可能性を重視した循環型の都市）である
という見方は、最近では特に目新しいものではなくなりました。もしそ
うだとすれば、SDGs（Sustainable Development Goals：持続可能な開
発目標）の原点が江戸の町にあったといっても問題ないでしょう。この
仮説が正しいことを、いくつかの資料を用いて明らかにしていきます。

　最初に紹介するのは、『環境・循環型社会白書　平成20年版』[40]の「総説
2　循環型社会の構築に向け転換期を迎えた世界と我が国の取組」です。
このなかの「第2節　循環型社会の歴史」に、「江戸期には、現代社会に
通じる、あるいは国によっては大いに参考にもなるシステムがありました」
との記述があり、江戸時代の持続可能な社会システムについて詳しい説
明があります。そのなかから江戸の町が「エコシティ」であったことを
示すいくつかのトピックを抜粋し、一部編集してご紹介しましょう。

『環境・循環型社会白書　平成20年版』にみる江戸期の循環型システム
・江戸の衛生的な循環システム
　江戸時代は、田畑の土作りや野菜栽培において、都市から出るし尿や

図表9−6　人糞尿を担ぐ農民の姿

（出所：国立国会図書館デジタルコレクション『世渡風俗図会』[41]）

灰などが有効に活用されていましたが、それらは単に農家に引き取られただけでなく、金銭や野菜と取引・交換されていました。こうしたやり取りは、都市周辺の農家の土壌を肥沃にしただけでなく、都市と周辺農村地域の間の循環圏を育て、農家の自立や都市発展の一助となり、経済と環境の循環システム（エコシステム）の好例といえます。

・地域や物の特性を活かした循環圏の構築

　江戸時代には、地域や物の特性を最大限に活かすことが重要だと考えられていました。例えば、当時の生活のなかでよく使われていた「三里四方」という言葉は、半径三里（約12キロメートル）の間で栽培された野菜を食べていれば健康で長寿でいられることを意味しています。場所によっては「四里四方」や「五里四方」などと使い分けられ、栽培される野菜の移動距離には違いがあったようですが、こういった表現からも、地域や物の特性が重視されていた様子が伺えます。こうした考え方は、現代の「地産地消」という言葉のなかに引き継がれています。

・竈の灰も田畑の肥料に

　江戸の都市からは、炊事の度に薪が使われたために大量の灰が出ましたが、これらの灰も農民の肥料として有効活用されていました。都市住

図表9−7　町家のかまどの様子

(出所：国立国会図書館デジタルコレクション『絵本江戸紫』[41])

民は、家庭から出る灰を捨てずに貯めておき、灰買人がその灰を回収して農家に売り、それが肥料として使用されていました。灰は、肥料以外にもさまざまな用途がありましたが、とりわけ肥料は都市と農村の間を往来する資源循環の好例として挙げられます。江戸時代の豪商で、文化人としても有名な灰屋紹益は、井原西鶴の『好色一代男』のモデルともいわれていますが、名前が示すとおり、灰のリサイクルを生業としていました。

・江戸のごみ処理システム

　江戸初期には、屋敷内、「会所地」と呼ばれる町内の空き地、川や堀へごみが投棄されていました。しかし、交通路や水路、防火帯としての機能が阻害されるのみならず、付近の住民が悪臭や蚊、蝿に悩まされるという弊害が出たため、江戸町奉行所が慶安2年（1649年）に「町触まちぶれ」を出して「会所地」にごみを投棄することを禁じ、明暦元年（1655年）には深川永代浦をごみ投棄場に指定しました。また、元禄12年（1699年）ころには、川への投棄等の禁止や、処理業者が適正に処分場まで運搬することを定めた「町触」が出され、現代の不法投棄対策にも通じる適正処理の仕組みが整えられました。

　話が少しそれますが、幕藩体制は幕府が庶民（農商工）を抑圧するための権力構造だったとする見方もあります。もちろん抑圧的な側面があったのは事実ですが、幕府は江戸の小石川に庶民を治療するための「養生所」を開設したり、飢饉が起こった際に「御救米おすくいまい」を給付したり、米相場が高騰して下級武士や庶民が米を買えなくなった際に米相場を強制的に下げさせるなど、人の命を大切にする施策を実施していたことも事実です。これは、中国から入ってきてわが国の社会倫理の土台として定着していた儒教の影響と考えられます。

江戸の町人はリサイクルが得意だった

　江戸の町を美化しすぎる風潮には違和感を覚えますが、災害や飢饉が

多かった江戸時代は、今よりはるかに経済的ゆとりがなく生活資源も限られるなかで人々が明るく生きるために懸命に知恵を絞っていた時代でした。その結果として、さまざまなリサイクルが経済活動として実践されていました。以下は、公益財団法人 ニッポンドットコム、三井住友フィナンシャルグループのWebサイト「江戸の暮らしに学ぶ、新しい循環型社会の在り方」を参考に江戸の町のリサイクルについて記述したものです。

・衣服の糸くずまで使い尽くす知恵

　江戸の武士を象徴する「質素倹約」という表現は、武士が物をむだに使わずに生活していた様子を伺わせます。江戸後期の武士の生活の心得を説いた『経済随筆』（橋本敬簡）では、「衣服を購入するさいには家族で同じ柄の服を購入し、後々つぎはぎしながら使うとよい」、「使えなくなった糸くずは灯心用に使える」といった「もったいない」の知恵が紹介されています。

・衣服は古着屋で買うのが当たり前

　「衣服の糸くずまで使い尽くす知恵」の説明からもわかるように、江戸の町人にとって衣服は一生に何度か新調することはあっても、気軽に

図表9−8　古着を売買する行商人

（出所：国会図書館デジタルコレクション『守貞謾稿』[4]）

買えるものではありませんでした。したがって、「衣服は古着屋で買う」のが当たり前だったようです。それを何度も修繕して使い続ける、子どもの着物に作り変える、といったことが、わが国では大量生産・大量消費・大量廃棄の時代が訪れる昭和の中ごろまで行われていました。

そんな時代にすい星のように現れた「現銀安値掛け値なし」をモットーとする「越後屋呉服店」は、衣服を新調したいという町人の気持ちをかきたてたのではないでしょうか？

・古鉄買いによる金属回収

金属の回収は、古鉄買いという専門の商人がいて、使えないほど古くなった包丁や鍋などの鉄製品、銅や真鍮などの金属類ならどんなものでも買い集めてリサイクルの原材料としていました。現代においても、金属回収は古紙回収とともに資源リサイクルの主要な位置を占め、再生利用の技術が開発され続けています。

・紙くず買いや紙くず拾いによる古紙回収

商家や手習い塾などでは使い古した帳面や書物がかなり出るので、紙くず買いが声をかけ秤にかけて買い取って回ったようです。回収された紙は、問屋に集められ汚れ具合によって選り分けられ、紙漉き職人の手

図表9-9　江戸と京阪の紙屑買いが背負った籠

（出所：国会図書館デジタルコレクション『守貞謾稿』[1]）

図表9－10　江戸と上方（京坂）の傘買い取り人

（出所：国会図書館デジタルコレクション『守貞謾稿』[41]）

で漉き直されました。

・古傘買いによる壊れ傘の回収

傘は破れても少々壊れてもリサイクルするのが当たり前だったようです。江戸では古傘買いが破損具合によって現金で買い取り、上方（京坂）では物々交換が主流で、傘の骨組みを土瓶や団扇などと交換してくれたと『守貞謾稿』（喜田川守貞 著：江戸期の風俗を紹介する随筆）に記されています。回収された傘は問屋に持ち込まれ、傘張りの内職をしている浪人などによって張り替えられて、再び商品として販売されていました。

このほか、「古樽買い」や「ロウソクの流れ買い」といった商売もあったようです。

ここまでの内容を踏まえて結論を述べると、「江戸時代はお上から庶民（町人）までが大小のSDGs（Sustainable Development Goals：持続可能な開発目標）を設定して実現に取り組むエコシティだった」ということになります。

米国流マスマーケティングの上陸による
日本流商いのディスラプション

　大量生産・大量消費を前提とした米国流のマスマーケティングが日本に上陸した時期を特定するのは困難ですが、1950年代の中ごろだと推察されます。

　それ以前の日本を振り返ってみると、わが国におけるマスマーケティング（不特定多数の顧客を相手にする商売）の原点に位置づけられる三井越後屋呉服店（1673年に江戸本町一丁目に開業）がその後の変遷を経て、1904年（明治37年）に「株式会社三越呉服店」の誕生へとつながりました。このとき初代専務の日比翁助が「デパートメントストア宣言」を発したことで、三越呉服店は日本初の百貨店となったのです。このほか、三井系や三菱系の商社が明治初期に創業し、大正期や昭和期の紆余曲折を経て現代の総合商社へと続いています。

　ただし、第二次世界大戦以前のわが国のマスマーケティングは米国流の徹底した合理主義に基づくものではなく、渋沢栄一の「道徳経済合一」を拠り所とする「日本流」の協調・融和型マーケティングであり、最近の流行り言葉である「ディスラプション」を引き起こすほどのインパクトはありませんでした。この協調・融和型マーケティングは、明治期以降は企業経営者にあまり意識されてきませんでしたが、日本企業の強みであると同時に、科学的合理主義をベースとする欧米企業との競争という点では弱みにもなっていたと考えられます。

スーパーマーケットや家電量販店に代表される米国流マスマーケティングの展開

　わが国初のスーパーマーケットとされる「紀ノ国屋」が東京の青山に開業したのは、1953年のことです。その後、1950年代後半から1960年代初頭にかけて大都市で食品スーパーの開業が相次ぎ、1963年には兵庫県の三宮にわが国を代表する総合スーパーマーケット「ダイエー1号店」がオープンしました。1950年代初頭は、第二次世界大戦の終戦処理が終

わり、朝鮮戦争（1950年6月〜1953年7月）の戦時特需も手伝ってわが国の高度経済成長（1960〜1973年）の土台が出来つつあった時期です。

1950年代は、製造業が本格的に復興し成長し始めた時期でもあります。なかでも、繊維、鉄鋼、電化製品、自動車、化学製品、加工食品などの業種の成長が顕著でした。消費という視点で各種の販売業に目を向けると、スーパーマーケットより少し時代が下って1970年代に入ると、家電量販店、カメラ量販店、ドラッグストア、ホームセンター、ファミリーレストラン、コンビニエンスストアなどが次々に開業し、わが国の一般消費者による大量消費の時代が訪れました。

この流れに拍車をかけたのが、第二次世界大戦以降の継続的な人口増加です。**図表9-11**をみるとわかるように、第二次世界大戦以降のわが国の人口は1980年ころまでほぼ一定の割合で増加しており、それに連動して消費需要が拡大していきました。

こうした流れのなかで、これまでの日本にはなかった「大量生産⇒大量消費⇒大量廃棄」という「悪魔のサイクル」が回り始め、公害問題、ごみ処理問題、資源の枯渇などが生じ始めました。

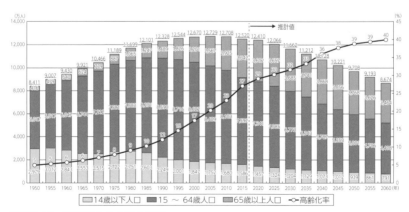

図表9-11　戦後日本の人口の推移

（出所：「平成28年版　情報通信白書」[12]の図表1-1-1-1を転載）

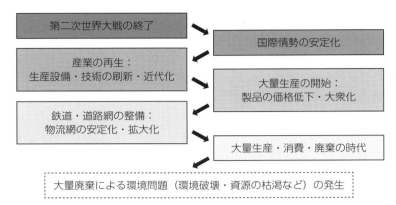

図表9-12　第二次世界大戦終了から大量生産・消費・廃棄の時代へ

（図表8-2の再掲）

米国流マスマーケティングの上陸による流通小売り業界のディスラプション

　食品スーパーの大量出店によって大きな打撃を受けたのは、昔ながらの青果店、魚点、肉店、豆腐店、惣菜店などです。大量仕入れ・大量販売によってコストを下げる米国流のマスマーケティング手法に価格面と利便性（ワンストップで買い物ができる）という点で在来の商店が太刀打ちできるはずがなく、多くの個人商店が廃業に追い込まれました。また、食品以外の雑貨や日常用の衣服なども販売する総合スーパーマーケットが増えるにつれて、衣料品店や雑貨店もダメージを被るようになりました。

　ホームセンターが出店を始めると、雑貨店、ふとん店、衣料品店、家具店、刃物店、農機具店、農協の販売所などが大きな影響を受けることになり、家電量販店の広域展開で「町の電気屋さん」が存亡の危機に陥りました。ドラッグストアの多店舗展開により、地域の薬局・薬店の多くが廃業に至り、ファミリーレストランの登場で町の食堂やレストランが閉店を余儀なくされたのです。また、コンビニエンスストアの全国展開も、雑貨店をはじめとする各種の個人商店に大きなダメージを与えました。

このほか、紳士服チェーン、メガネチェーン、回転ずしチェーンなど、米国流のマスマーケティングを基本とするビジネスモデルが日本中に浸透する過程で、多くの個人商店が淘汰されていったのです。その当時の現象を、筆者は「流通小売り業界のリストラクチャリング（再編成）」と呼んでいましたが、本書を執筆するにあたって「流通小売り業界のディスラプション」に変えることにしました。

ただし、「ディスラプション」といっても、オセロゲームのように個人事業主がすべて潰れて量販店に置き換わったわけではありません。今でも近隣住民で賑わっている地域の商店街が各地に存在することから、個人事業者も量販店と同じ土俵で勝負せずに量販店にはない独自の価値を顧客（個客）に提供することで生き延びられることもわかってきています。そして、そのような商店街では、商店主と地域住民との交流に人間知（個人知）が生かされて相互利他的な場が形成されていると考えられます。

米国流のマスマーケティングがわが国にもたらしたプラスの影響

「マスマーケティングは消費者にとって良くないもの」とか「マスマーケティングは日本の古き良き商いを崩壊させた」という人たちが数多くいますが、それは短絡的かつ一面的な見方です。マスマーケティングは、人口の安定的な増加と産業の近代化による生産能力の向上に伴って生まれた科学的合理性に基づくビジネス手法だという点を見逃してはなりません。日本は米国流のマスマーケティングの荒波を潜り抜けたからこそ、その後の質・量両面での成長が生まれたのです。お金さえ出せば、誰に気兼ねすることなく、品質の安定した商品をいつでもリーズナブルな値段で買うことができるようになったのは、米国流のマスマーケティングがわが国にもたらした最大のメリットといえます。

ここで、日本のマーケティング関係者のほとんどが言及していない、そもそも気がついてさえいない重要な事実を指摘しておきます。それは、わが国の個人商店の商いの仕方には、次に示すような大きな問題がいくつか存在していたために、流通小売り業界のディスラプションが起こっ

たということです。

・決まった卸業者から商品や原材料を仕入れることで、商品の価格が割高にならざるを得なかった
・商売で得た利益の一部を設備などに積極的に投資することで品質を上げる、集客する、価格を下げる、といった努力をほとんどしてこなかった
・なじみの得意客を優遇し新規顧客の獲得に消極的だった（得意客さえ維持すれば商売は安泰、といった安易な考えの経営者が多かった）
・顧客のプライベートに踏み込み過ぎて敬遠されるケースが少なからずあった

　これらの問題を抱えた個人商店が米国流のマスマーケティングを基本とする量販ビジネスに負けるのは、火をみるより明らかです。ちなみに、筆者（浅岡）は最後の二つを「しがらみの商い」と呼んでいます。
　ただし、上記の問題点を独自の努力や工夫で乗り越えて今でも商売を繁盛させている個人商店が少なからず存在することも事実です。近隣住民で賑わっているいくつかの商店街に行ってみて感じるのは、「スーパーよりおいしそうなものがたくさんある」「コストパフォーマンスがいい」「誰に対しても愛想がよく、得意客だけをえこ贔屓している様子がない」「しつこく購入を勧めない」「その商店街を歩くだけで必要なものが揃う」「魚店、肉店、惣菜店などの店が複数あって独自の価値で競争している」などです。これらは、さきほど指摘した四つの問題とリンクしており、それらの問題がほぼ解消されていることを意味しています。
　そういう商店の個人経営者の皆さんは、「JS CRM」（日本の精神文化の強みを取り込んだ日本流のCRM）の神髄がわかっていることになります。もう一歩踏み込んでいえば、「商品やサービスをどう売るかではなく、顧客ひとりひとり（個客）が何を考えているかを対話から察知し相手の価値観を尊重する」という「人間知」の有無が商売の成否を分けているといえます。相手の価値観を尊重すれば、顧客の側も何らかの形

でそれに応えてくれるのが「日本流の関係の基本」だからです。ここからわかるのは、「JS CRM」の神髄と本書の重要なテーマである「生命知」が深く関係していることです。筆者（浅岡）は、「生命知を踏まえて再構築されたCRM＋CSR＋SDGsが未来経営の土台となる」と考えています。

米国流のマスマーケティングがわが国にもたらしたマイナスの影響

　1970年代に始まった量販ビジネスの展開に象徴される米国流のマスマーケティングがわが国にもたらしたマイナスの影響は、いくつかありますが、最大の影響は企業（店舗）と顧客との関係性（リレーションシップ）が希薄になったことでしょう。スーパーマーケットや各種の量販店に行って馴染み客として店主や店員と話をすることはほとんどありません。そういう「余計な手間」を省くことで安い商品を数多く販売するのが、米国流のマスマーケティングの基本だからです。当然の結果として起こるのが、日々のチラシをみてスーパーマーケットや量販店を渡り歩くストアサーフィンです。店舗数が増えて商品の供給が地域住民の総需要を上回ってくれば、この現象が起こるのは当然です。

　こうなってくると、経営者たちは、少しの価格差で顧客が「浮気」をしないようにするにはどうすればいいかと頭を悩ませます。しかし、そもそも「結婚もしていないし恋愛関係にもない」顧客に「浮気をしないように」などという資格などないのです。

　ここまでの話をまとめると、米国流のマスマーケティングを実践することで利益を上げて成長してきた企業が、これまでのやり方に限界を感じ、今まで気に留めてこなかった多数の顧客との関係性を構築するのか、それとも構築せずに別の手段で競争優位性を保つのか、という難問に直面したということです。視点を変えていうならば、西洋的な科学的合理主義に基づきデジタル技術を駆使して多数の顧客を効率的にオペレートする（捌く）という姿勢を貫くか、それともデジタル技術を活用して顧客（個客）との人間的な関係を再構築していくかを選択する時期が来ているのです。後者を選ぶ場合には、「生命知」という観点を取り入れる

ことでこれまでみえていなかったものがはっきりみえてきます。それは、個人が人として尊重され幸福に暮らすことができる社会の実現という最終的な目標となるのです。

米国流マスマーケティングの限界と
日本流の顧客起点経営の再評価

　1980年代の中葉には、生産能力の向上と他企業の新規参入により商品の供給量が人口増加による需要増大を大きく上回るようになり、過当競争時代に突入しました。そして、1990年代に入ると、「計画的陳腐化」や「広告宣伝などのセールスプロモーションの強化」といった対症療法の効果が薄れ始め、米国流マスマーケティングの限界が明らかになってきたのです。また、1990年代は、わが国の人口増加率が下がり商品需要に陰りがみえ始めた時期でもあります。

　1990年代の後半には、米国流のマスマーケティングに行き詰って利益率の低下が顕著になってきた企業の多くが、この問題を解決すべく無料配送サービス、製品保証延長サービス、会員ポイント付与、他店の価格より安くするサービス（ダイナミックプライシングの一種）など、さまざまな取り組みを実施しましたが、十分な効果を上げることはできませんでした。

顧客起点の経営・マーケティング手法が再評価され始めた

　数年前から「顧客起点のCRM」という言葉がよく使われるようになっています。この言葉を使っている人たちに問いかけたくなるのが、「顧客起点ではないCRMとはどんなものか？」です。確かに、米国で誕生した「米国流CRM」は「顧客重視」や「顧客第一」を謳（うた）いながら実際は企業起点で顧客をうまくオペレートしよう（捌こう）とする中途半端な手法でした。

　したがって、ある意味で当然の結果ともいえますが、1990年代の中ごろに日本に入ってきてから期待するほどの成果を出すことができず、数年でブームが終息して一時は「失望期（幻滅期）」に入っていました。しかし、そのまま放っておかないのが日本企業独特の強みです。先見性のある日本企業が江戸期から日本の商理念に脈々と受け継がれてきた富山の置き薬の「先用後利」や近江商人の「三方よし」の顧客起点の考え

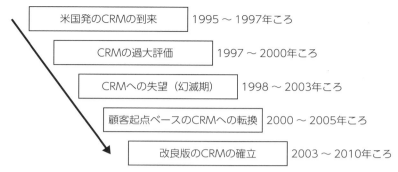

図表9-13　米国発のCRMから改良版のCRMへの変容

方を取り入れることで「米国発のCRM」の弱点・欠点を補強・解消し、「改良版のCRM」を誕生させるに至ったのです（これは、日本企業全体が意識的に行ったわけではありません）。つまり、先見性のある一部の日本企業ではCRMはかなり早い段階から「顧客起点のCRM」に変容していたということです。その後、日本のCRMは細かい修正を繰り返しながら現在でも、経営・マーケティングの要としての役割を担っています。

　なお、**図表9-13**に記載した年代は厳密なものではなく、目安と考えてください。また、米国発のCRMから改良版のCRMへの転換は、日本企業のすべてに浸透しているわけではありません。残念ながら、現在でも改良版のCRMの存在を知らずに米国から入ってきたままのCRMを実践している企業も少なくありません。そういう企業は、顧客起点を基本とする改良版のCRMについて早く学んで転換を図らないとDX推進が成功しない恐れがあることを認識する必要があります。

マスマーケティングを土台とした顧客起点の改良版CRM

　CRMやOne to Oneマーケティングに関する書籍や論文の多くに、「マスマーケティングにとって代わる画期的な手法」といった意味の記述がみられますが、それは大きな誤りです。改良版のCRMは、マスマーケティング（特に競争戦略理論）を土台とし、「顧客との良好な関係の構

築を通じた顧客の定着（リテンション）」と「顧客起点でのビジネスモデルの構築による顧客価値の創造」の二つを芯柱としたものだからです（なお、「米国発のCRM」もマスマーケティングを土台としている点は同じです）。

　ここで再確認しておきたいのは、多数（マス）の顧客と日々取引する現代企業にとって最大の課題が個々の顧客とのつき合いにあり、その問題を根本的に解決するには「改良版のCRM」がどうしても必要だという点です。

　ここまで何度も「生命知」に言及しましたが、人間が個人として生きるために必要な知恵「人間知」、人間が生活の糧を得るために集まって活動するために必要な知恵「組織知」、そして個人生活者、企業や行政団体・民間団体などの集合体としての人間社会の維持・存続に必要な知恵「社会知」、さらに範囲を広げた人間を含む生命・地球全体の環境を持続させるために必要な「地球生命知」を認識することが未来を創造することにつながるのです。

第 10 章

商人の
生命知に学ぶ
持続可能な
事業創造

ITの世界では、「周回遅れ」という言葉が流行っています。IT、AI、DX、どれをとっても「周回遅れ」のレッテルが貼られ、「ぐずぐずしていると、大変なことになる。何はともあれ米国などに追いつかないと」といった過激なメッセージが発せられています。そういうメッセージの発信者の中にはテクノロジー（技術）の遅れがわが国に及ぼす負の影響を懸念する専門家もいますが、ほかの多くは、IT製品を企業に売り込もうとするマーケッターや過激な論調で視聴率や雑誌・書籍の売上を伸ばそうと目論むマスコミ関係者です。

　もちろん、デジタルテクノロジー（技術）が時代遅れになるのを放置してよいわけではありませんし、DX推進が日本企業にとって喫緊の課題であることはいうまでもないでしょう。しかし、企業にとってデジタル技術の活用とDX推進はあくまで設定した目標を実現する手段であることを忘れて大騒ぎするのは本末転倒です。日本には日本のやり方（日本流：Japanese-style）があるということを忘れては単なる「追従者」になってしまいます。

　「日本流」とは、中国の諸子百家の思想や哲学を源流としてわが国で長い時間をかけて育まれてきた多様な価値観が融合した物事のとらえ方・実践の仕方のことであり、本書のメインテーマのひとつである「生命知」が結晶したものともいえます。

　この章では、世界に通用する「もったいない」「おもてなし」「思いやり」「真心」「末永く」「ご贔屓」「ご愛顧」といった日本の商いが試行錯誤を繰り返しながら成長するなかで生まれた独特の価値観（人が外界との関係のなかで生きていく過程で身体感覚を通じて体得した「人間（個人）知」の要素）に基づいて日本流（Japanese-style：JS）にカスタマイズされたJS CRM・JS CSR・JS SDGsの本質を再確認し、それを基軸としたDX（デジタルトランスフォーメーション）について考えていきます。

JS CRM（顧客起点の経営手法）の成立と発展

　先述のように、米国流のCRM（Customer Relationship Management：顧客関係性マネジメント）が日本に入ってきた当時、外資系のコンサルティングファームの多くのコンサルタントが「CRMは顧客管理システムであり、顧客からできる限り多くの価値を引き出すための効果的な顧客情報活用手法である」と喧伝（けんでん）していました。米国で生まれた本来のCRMは、顧客とのコミュニケーションを通じて関係性を深めることで優良顧客（日本的な表現では「お得意様」）を増やすことを目的とする経営・マーケティング戦略的な手法でした。しかし、当初の理解がかなり表層的だったことが原因で「外資系のコンサルティング会社や大手ITベンダーの勧めでCRMシステムを導入したがうまくいかなかった」という声が日本企業に広まり、「CRMシステムは金食い虫」とか「無用の長物（やゆ）」と揶揄されるようになり、「失望期（幻滅期）」に入ってしばらくその状況が続くこととなりました。

　ここでいいたいのは、CRM関係のシステムやツールが使えないということではありません。システムやツールをいわれるままに導入する前に、CRMという方法論を十分に理解してから実践に役立つシステムやツールの導入を検討すべきだったと述べているのです。

　これは、DX（デジタルトランスフォーメーション）についても当てはまるポイントであり、人の話をよく聞かずに「それでどんなツールを入れれば成功するんでしょうか？」などと尋ねる人たちにDXの本質を説くことの大切さを日々実感しています。

CRMの原点は江戸期の日本にある

　前出の失望期（幻滅期）の間に、「CRMの原点は富山の売薬（ばいやく）における『先用後利』という考え方にある」とか「近江商人や大阪商人の『三方よし』を現代風にアレンジしたもの」といった肯定的な見解が日本のマーケティング関係者から示されるようになったことで、CRMが再評価

されるようになりました。事実、「米国流（American-style）CRM」の根幹をなすOne to Oneマーケティングの創始者ドン・ペパーズが日本で講演したときに、「ワン・ツー・ワンという考え方のヒントは日本の富山の薬売りの話から得たものだ」と語っています。CRMの原点については第9章で説明したので詳しくはそちらをみていただくこととして、ここでは富山の薬売りの「先用後利」、近江商人の「三方よし」、三井越後屋の「現銀安値掛け値なし」のいずれも「顧客起点」を土台としたものである、ということだけを記しておきます。

現在の日本企業の多くが「顧客起点」でビジネスを組み立てようとしている

　そして、米国流CRMから日本流CRM（JS CRM）への転換が徐々に進み、現在ではCRMを何らかの形で実践する日本企業のほとんどが「顧客起点」を基軸に据えています。話が本筋からそれますが、今でもCRMのキーワードとして「顧客第一主義」を掲げる企業が少なくないようです。しかし、この言葉は米国流の「customer first」に由来するもので、古くから日本に存在したものではありません。つまり、顧客を大事にする考え方と「顧客第一主義」はイコールではなく、「顧客第一主義」と「顧客起点」もイコールではないのです。

　次に、そもそも「顧客起点とは何か」という話ですが、「顧客起点（customer-driven）」とは企業側の価値観や都合を起点とするのではなく、顧客の価値観や都合を起点にすることを意味します。もう少し具体的に述べると、豊富な商品・サービスから好きなものを選択できる時代が到来し、企業の価値観を顧客に押しつけるプッシュ型の製品・サービスの開発とマーケティングプロモーションが通用しなくなり、顧客にニーズ／ウォンツを教えてもらい、そのなかから製品／サービス化できそうなものを選んでビジネスを組み立てるプル型の経営・マーケティングに移行しつつあるということです。この流れを図示すると、**図表10-1**のようになります。

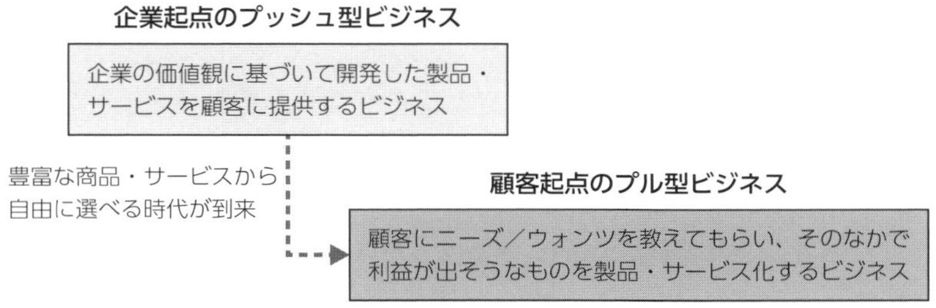

企業起点のプッシュ型ビジネス

企業の価値観に基づいて開発した製品・サービスを顧客に提供するビジネス

豊富な商品・サービスから
自由に選べる時代が到来

顧客起点のプル型ビジネス

顧客にニーズ／ウォンツを教えてもらい、そのなかで利益が出そうなものを製品・サービス化するビジネス

図表10-1　企業起点から顧客起点へのシフト

　ここまでの説明でおわかりいただけたと思いますが、「JS CRM」のコア（核心）は「顧客起点」であり、日本企業の多くの経営・マーケティング戦略にすでに組み込まれているのです。

　もうひとつ大事なことがあります。それは、マーケティング関係者が最近好んで使う「顧客体験（Customer Experience：CX）」「顧客ジャーニー（Customer Journey：CJ）」「顧客エンゲージメント（Customer Engagement：CE）」などはCRM（そして「顧客起点」）の延長線上に生まれてきた言葉であり、いずれも「JS CRM」に包摂されるファクターだということです。

　参考までに、上記の三つの用語について簡単に説明しておきます。顧客体験（カスタマーエクスペリエンス）とは、顧客が商品やサービスに関心を示した時点、購入するかどうかを検討する時点、決断して購入する時点、必要に応じてアフターサポートを受ける時点、商品やサービスを使わなくなる時点において経験することを指します。顧客ジャーニー（カスタマージャーニー）とは、顧客体験を全体プロセスとしてとらえてそれを顧客の旅（ジャーニー）に例えた言葉です（「顧客体験」もプロセス全体を指すとの見方もあります）。顧客エンゲージメントとは、顧客と企業との暗黙的な協約（信頼関係や親密性）を指す言葉で、「米国流CRM」のリレーションシップ（関係性）の重要指標であったロイヤルティ（loyalty：忠誠心）を主客関係のないフラットな言葉に置き換えたものです。

最近注目され始めているCCOという役職

皆さんは企業におけるCCOという役職をご存じでしょうか？　CCOとは「Chief Customer Officer」の略語で、「最高顧客責任者」と訳されます。この言葉は米国で「顧客満足の向上に責任をもつ担当役員」として始まりましたが、CRM（顧客関係性マネジメント）手法の導入に伴って「顧客と良好な関係を築くさまざまな戦略・戦術を策定・実践する責任者」と位置づけられるようになりました。しかしながら、この役職はCIO（最高情報責任者）などに比べて認知度がそれほど高くありませんでした（日本企業ではまだあまり認知されていません）。ところが、2018年に8月に、アメリカンエクスプレス社の役員だったジャニー・ホワイトサイド（Janey Whiteside）が米国ウォルマートのCCO（副社長兼務）に就任して顧客とのつき合い方を大幅に見直し、デジタル技術を活用した新たなビジネスモデルを考案・実践し始めたことで、多くの企業の注目を集めるようになったのです。

参考までに、Walmart U.S.のホームページ内のJaney Whitesideの紹介記事にある下記の記述をみてください。

Janey Whiteside is Walmart's executive vice president and first chief customer officer. She is responsible for looking after Walmart's brand and thinking through the customer journey for both Walmart stores and e-commerce. Janey is charged with building deep relationships with customers and building best-in-class experiences that are tailored to meet their specific needs.

ジャニー・ホワイトサイドは、ウォルマートの副社長兼初代最高顧客責任者（CCO）です。ウォルマートのブランドを管理し、ウォルマートの実店舗とeコマースの両方での顧客ジャーニーについて考量する責任を負っています。ジャニーは、お客様との間に深い関係を築き、個々のニーズに合わせたクラス最高の体験（エクスペリエンス）を構築する責任を負っています。＜浅岡訳＞

　上記の英文の「building deep relationships with customers（お客様との間に深い関係を築き）」の部分がCRM（Customer Relationships Management）の核心といえるでしょう。

　筆者（浅岡）は1990年代後半から「CCOをCRMの最高責任者と位置づけるべき」と主張してきましたが、ここ数年の動きをみていると、実質的にその方向に動いているように感じます。ちなみに、CCOは「Chief Communication Officer：最高コミュニケーション責任者」の略語でもあるので、混同しないよう注意してください。

「顧客起点」から「顧客への価値提供」に至る流れ

　数年前からマーケティングの世界で、「顧客への価値の提供」とか「顧客価値の創出」といった言葉がよく使われるようになってきました。前の項で述べたように「顧客起点」をベースとした「顧客にニーズ／ウォンツを教えてもらい、そのなかで製品化／サービス化できそうなものを選んでビジネスを組み立てる」という考え方が定着すれば、もう一歩進んで「その製品／サービスの提供を通じてどのような価値を顧客に提供できるかが重要」となるのは当然の流れでしょう。これが、「顧客起点で物事を考える」から「顧客に価値を提供する」への流れです。これを図示したのが**図表10-2**です。

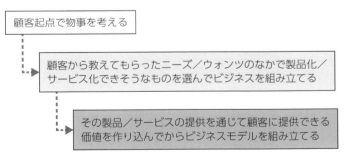

図表10-2 「顧客起点」から「顧客への価値提供」に至る流れ

「顧客への価値提供」は実はとても意味深い言葉です。ここで少しだけ価値論の歴史を紐解いてみましょう。経済学の世界では、イギリス古典派経済学のアダム・スミスやデヴィッド・リカードの「労働価値説（labour theory of value）」やカール・マルクスの「剰余価値説（surplus value）」が製品・サービスの価値を語るときの土台とされてきたため、「企業がいいものだと思って一所懸命作っても売れない」という現象がうまく説明できませんでした。この問題を解決するために生み出されたのがヴァラリー・ゼイタムル（Valarie Zeithaml）やモリス・ホルボック（Morris B. Holbrook）などが1980年代後半から1990年代初頭にかけて提唱した「顧客価値（customer value：CV）」や「顧客知覚価値（customer-perceived value：CPV）」という概念です。それらを基に、経営学者でマーケティング界のグルと称されるフィリップ・コトラー（Philip Kotler）が2000年に「純顧客価値」という新たなキーワードを定義しています。

　要するに、企業側の価値観を基準によい製品やサービスを作っても、顧客のニーズやウォンツに合致しなければ買ってもらえないということです。特に、顧客のニーズやウォンツが多様化し変化し続ける現代社会では、「顧客起点」と「顧客への価値提供」（ここの「価値提供」は顧客のニーズやウォンツを的確に満たすことを意味している）を抜きにしてビジネスモデルを考えることは不可能に近いといえます。

DXの本格スタートはCRMの統合的なデジタライゼーションから

　最初に、企業や行政組織におけるDX実践の基本プロセスを確認しておきましょう。DXの基本プロセスは、個別の業務／製造プロセスのアナログ情報のデジタル化を意味する「デジタイゼーション（digitization）の推進」、個別の業務／製造プロセスのデジタル化を意味する「デジタライゼーション（digitalization）の推進」、経営・マーケティング戦略に基づく事業変革・新ビジネスモデルの構築・組織変革を意味する「デジタルトランスフォーメーション（digital transformation）推進」の三つのフェーズで構成されます。これを図示すると、**図表10-3**のように

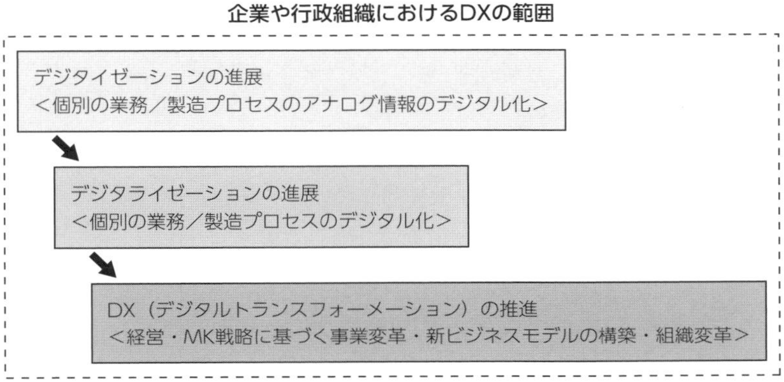

企業や行政組織におけるDXの範囲

デジタイゼーションの進展
＜個別の業務／製造プロセスのアナログ情報のデジタル化＞

↓

デジタライゼーションの進展
＜個別の業務／製造プロセスのデジタル化＞

↓

DX（デジタルトランスフォーメーション）の推進
＜経営・MK戦略に基づく事業変革・新ビジネスモデルの構築・組織変革＞

図表10-3　デジタイゼーション、デジタライゼーション、DXの関係

なります。なお、以降の図表では「マーケティング」を「MK」と略します。

　この図からわかるのは、DXを推進し始める以前に、多くの企業ではデジタイゼーションやデジタライゼーションがある程度進んでいるということです。DXを推進する過程でデジタイゼーションとデジタライゼーションをさらに進めなければならないのは当然ですが、それだけではDXを実践したことにはなりません。DXならではの変革をスタートさせなければ、ただのIT化・デジタル化で終わってしまうからです。

　だとすれば、DX推進で最初にとりかかるべきは何でしょうか？　それは、経営・マーケティング戦略の実現において重要な役割を担う「JS CRM」手法全体を戦略的にデジタライズすることです。その理由は、日本企業の経営理念に合うように改良されてきた「JS CRM」が顧客起点で事業を再構成するための手法であり、顧客に新たな価値を提供するビジネスモデルを構築するための手法でもあるからです。

　以前から、eCRMという考え方やCRMシステムというデジタルソリューションはありましたが、それらは機能単位のデジタル化に留まり、CRMという手法全体を戦略的にデジタライズするといったレベルのものではありませんでした。ここでいう「戦略的に」とは、下記のような

個別的な方策を統合してひとつのシステムとして機能するようにデジタライズすることを意味します。

・顧客との快適かつ有益なコミュニケーションの実現
・顧客との信頼関係の醸成
・顧客エンゲージメント（共益的関係性）の確立
・顧客のニーズ・ウォンツのヒアリング
・顧客体験や顧客ジャーニーの共有化
・顧客に新たな価値を提供するビジネスモデルの創生　　など

上述の説明を図に表すと**図表10-4**のようになります。

ここまでの説明を通じて、CRM（顧客関係性マネジメント）をDX戦略と関連づけることの意味と必要性がおわかりいただけたのではないかと思います。この節の内容はDXの本質を理解する上で重要ですので、しっかり把握しておくことが重要です。

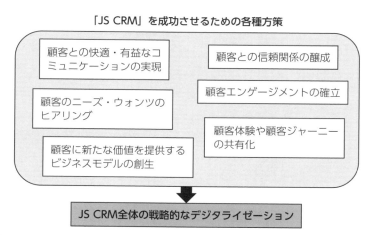

図表10-4　JS CRM全体を統合的にデジタライズするイメージ

JS ERM（従業員重視の経営手法）の成立と発展

　企業でのDX推進が成功するか否かは、社員の多くがDX推進の会社方針を理解して積極的に参画するかどうかにかかっています。そこで重要な役割を果たすのが「JS ERM」です。

そもそもERMとは何なのか？

　ここでいうERMは「Employee Relationship Management（従業員関係性マネジメント）」のことであり、2005年ころから使われるようになったERM（Enterprise Risk Management：全社的リスク管理）とはまったく別のものです。ERM（従業員関係性マネジメント）というマーケティング用語は筆者（浅岡）が1990年代の後半にCRM（顧客関係性マネジメント）を成功させる必須要件として定義し、企業セミナーやコンサルティングの場で提唱してきた言葉です（書籍・論文などでのこの言葉の初出は、2008年刊行の『日本発・世界標準の「新世代One to One & CRM」』（浅岡伴夫ほか著、五月書房）[29]です）。ERM（employee relationship management）という言葉をGoogle Scholarなどで調べると、米国では2010年ころから、従業員を大事にすることで成長していた米国のサウスウエスト航空やSASインスティテュートを評価する文献で使われるようになっています。

　『日本発・世界標準の「新世代One to One & CRM」』のなかで筆者は、「ERMなくしてCRMなし」という見出しを立て、下記のように日本企業におけるERMの大切さを説いています。

　　＜前略＞
　　1990年代後半から2000年初頭にかけて、日本では経営不振打開のための大量リストラの嵐が吹き荒れていた。CRMが「顧客関係性マネジメント」であるのに対し、ERMは「従業員関係性マネジメント」である。「ERMなくしてCRMなし」をわかりやすく言えば、「経

営陣が自分たちだけ生き残ろうと従業員の首を端から切りながら、一方で顧客を大事にしろと従業員に言ったところで、まったく説得力がない。従業員が安心して働ける環境があってはじめて顧客を大切にしようという考え方が生まれてくる」

　　＜後略＞

　この内容をその後の状況と照らし合わせて考えると、興味深い事実がみえてきます。2000年前後の大量リストラのあと、景気が回復に向かっても企業の多くは従業員不足に正社員の採用増で対応しようとせず、非正規雇用（パート社員や派遣社員）で賄おうとしてきました。その結果として従業員のモチベーションが低下し続け、情報漏洩その他の不祥事が相次ぐようになったのです。その反省からか、ここ数年は正社員の採用増や勤勉／有能な非正規社員の正社員登用を増やす傾向が顕著になってきています。

　これは、少し前まで日本企業の多くが大事にしていた「愛社精神」を従業員たちに取り戻させたいという意識の表れとも考えられます。「顧客起点でビジネスモデルを組み立てて顧客に新たな価値を提供していくことが自社の生き残りや成長に必須」と経営陣がいくら声高に叫んでも、自分の会社に愛着をもてない従業員たちが本気で顧客のことを考えてくれるはずがないことに、経営者たちが気づき始めたのでしょう。今また「ERMなくしてCRMなし」が再認識されるときがやってきたといえます。ただし、今の「愛社精神」は「従業員を大切にする会社の具体的施策を評価するなかで従業員たちが会社を大事に思う気持ち」程度のフラットなものだということを、経営者たちは理解しておくべきです。

　少し視点を変えて「JS ERM」の重要性を再確認しておきましょう。数年前から「カスタマーサクセス」という言葉がよく使われるようになりました（書籍も何冊か出ています）。いかにも目新しそうなこの言葉も、CX（顧客エクスペリエンス）やCJ（顧客ジャーニー）などと同様に、「JS CRM」の延長線上に生み出されたファクターにほかなりませんが、今問題にしているのはそのことではありません。「カスタマーサ

クセスを通じて顧客に成功を届けることが企業に成功をもたらすために不可欠」と主張するのであれば、「エンプロイー（従業員）サクセス」という言葉もつくる必要があるという点です。「デジタル技術の導入を通じての業務プロセス改善は、顧客の利便性という視点で行われなければDXとは呼べない」と主張する人がいますが、それは一面的な見方といわざるをえません。そのプロセス改善を通じて社員（従業員）の仕事も楽になるようにしなければ、すなわち「従業員サクセス」も併行して実現しなければ、真のDXと呼ぶに値しないからです。

CRMとERMは表裏一体の関係

「ERMなくしてCRMなし」という言葉からもおわかりの方もいるでしょうが、ERMとCRMは表裏一体の関係にあります。この関係を理解するためには、企業の従業員と顧客との関係について考えることが必要です。

図表10-5の矢線の実線／点線の別は矢印の両側の関係性を表しています。図からわかるように、企業と顧客とのつながりはそのほとんどが一般の従業員によって成り立っているため、経営陣が従業員を疎かにすれば（ERMを軽視すれば）それがそのまま顧客との関係に跳ね返ってくる（CRMが機能しなくなる）ということです。

二つの図から、CRM（顧客関係性マネジメント）とERM（従業員関

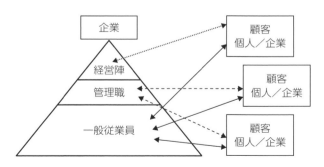

図表10-5　企業と顧客との関係

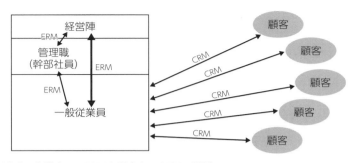

図表10-6　企業内でのERMと顧客とのCRMの関係

係性マネジメント）は互いがなくては成立し得ないものであることがおわかりいただけると思います。

　ここでもうひとつ述べておきたいのは、ERMは企業という組織を人間の集合体すなわち疑似生命体として有機的に機能させるために不可欠だという点です。これまで何度か説明したように、人間は基本的に個人プレイヤーですが、ひとりでは生きていけない類的な存在であるため、必要に応じて集団を形成します。そのひとつが、何らかの目的をもって創設された企業なのです。欧米の企業では、従業員を企業という装置を機能させる部品とみなすことで効率を上げて利益を最大化するという考え方が主流でしたが、近年になって従業員ひとりひとりの能力を引き出して結集させることが利益の最大化につながるという方向にシフトし始めています。これは米国発のピープルマネジメントやコーチングといった心理学的なアプローチに基づくものですが、それらはいずれも企業を成長させることを目的とした手法であり、従業員をひとりの人間としてとらえて尊重するという視点が欠落しています。そして、この根源的な問題を解決する鍵が「生命知」にあるのです。

　従業員ひとりひとりを生きる人間ととらえてそこに宿る「人間（個人）知」を増幅させながら、それを企業全体の「組織（集団）知」に変えていくことが、企業を構成する従業員や経営陣と企業という組織体をよりよい方向に変容させていくことにつながり、それには生命知に基づくJSERMが必要だということです。

DX推進にはERMが不可欠

　DX推進にERMが不可欠な理由を図で表すと、**図表10-7**のようになります。

　この節の結論は、「直接的な理由『DXの成功には全従業員の主体的参画が必要』とCRMを介する間接的な理由『CRMの実践と成功にはERMが必要不可欠』から『ERMなくしてDXの成功なし』がいえる」です。要するに、CRMの成功もDXの成功も現場で日々実務をこなしている従業員の皆さんの気持ち（モチベーション）次第なのです。

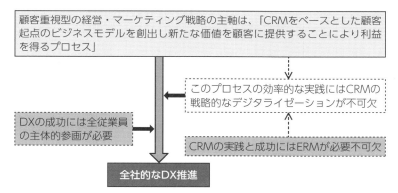

図表10-7　DX推進にERMが不可欠な理由

JS CSR（人間社会起点の経営手法）の成立と発展

　企業内で地味な存在で表舞台に登場することがほとんどなかったCSR（企業の社会的責任）が見直されるきっかけとなったのは、米国のエンロン事件（不正な経理操作による粉飾決算に起因する経営破綻事件）やワールドコム事件（不正融資・不正経理による倒産事件）、日本の雪印、三菱自動車、パロマの不祥事、不二家などによる偽装・隠ぺい事件が次々に明るみに出たからです。こういう事件に関する新聞記事や報道をみる度に、利益追求と保身しか頭にない一部の企業経営者たちのせいで日本企業全体が貶められていることに憤りを感じます。

　第三部では、ここまでわが国の商いの理念や手法のよい点に焦点を当ててきましたが、実は現代の不正や不祥事は昔からあったことです。例えば、富山の薬売りや卸問屋のなかには効果のない偽薬を売って利益を貪った者がいたようですし、「近江商人が通った後は、ぺんぺん草も生えない」と陰口を叩かれる心ない近江商人も少なからずいたようです。江戸期に「日本の台所」と称された大坂（当時は「大阪」ではなく「大坂」と表記）の経済・社会の発展に貢献した大坂商人のなかにも仲間と組んで商品相場を吊り上げて大儲けする不届き者がいたようです。

　現代に話を戻しましょう。これらの事件を通じて、法令や社会倫理に反する活動をすると企業の評価（株価や顧客の評価）が大幅に下がり経営破綻や財政危機に直結することがわかってきました。その結果、企業のビジネスにとってCSRがきわめて重要であるとの認識が広まり、現在では顧客起点のビジネスモデルを組み立てるときに考慮すべき必須のファクターとなっているのです。

そもそもCSRとは何か？

　CSRは「Corporate Social Responsibility」の略語で「企業の社会的責任」と訳すのが一般的です。これでも何となく意味はわかりますが、もう少し明確な定義を知っておく必要があるでしょう。**図表10-8**は、『企

欧州委員会グリーンペーパーでの定義	責任ある行動は持続可能なビジネスの成功につながるという認識を企業が持ち、事業活動やステークホルダーとの関係の中に、社会や環境に関する問題意識を自主的に取り入れていくための概念
「国際ビジネスリーダーズ会議」（Prince of Wales International Business Leadership Forum）での定義	倫理観、従業員・コミュニティ・環境に対する配慮に基づいた、透明で開かれた企業活動
「持続可能な発展のための世界経済人会議」（World Business Council for Sustainable Development）での定義	従業員とその家族、地域社会、社会全体の生活の質を向上させるとともに、倫理ある活動を行い経済発展に貢献するための企業の継続的な責務

図表10-8 CSR（corporate social responsibility）の主要な定義

業の社会的責任（Corporate Social Responsibility：CSR）に関する基礎調査報告書』（独立行政法人 国際協力機構、アイ・シー・ネット株式会社 2005年）[44]から主要なCSRの定義を抜粋したものです。

　欧州委員会による定義の冒頭にある「責任ある行動は持続可能なビジネスの成功につながる」がCSRの重要なポイントを示唆しています。「CSRは単なる綺麗事ではなく、社会との適正・適切な関係性を重視することでビジネスを成功に導くことができる」と述べているのです。

　このほか、『日本におけるCSRの系譜と現状』（ニッセイ基礎研究所 川村雅彦著、2009年）[45]にある次の記述が参考になります。

　CSRとは、企業が本業を通じて社会的課題を解決し、社会の持続可能な発展を図るとともに、企業価値の創造や競争力向上に結び付けるべき企業戦略である。その意味で、企業活動の経済的・環境的・社会的側面は密接不可分のものであり、CSRは本業とは別の特殊な取組ではなく、本業のプロセスとプロダクトにおいて実践すべきものである。

　この記述も、「CSR活動は企業価値の創造や競争力向上に結び付けるべき企業戦略である」点がCSRの本質を突いているといえるでしょう。

起点（1956年）	経済同友会によるCSR決議
第Ⅰ期 （1960年代）	産業公害に対する企業不信・企業性悪説 ⇒住民運動の活発化、現場での個別対応
第Ⅱ期 （1970年代）	石油ショック後の企業の利益至上主義批判 ⇒企業の公害部新設、利益還元の財団設立
第Ⅲ期 （1980年代）	カネ余りとバブル拡大、地価高騰 ⇒企業市民としてのフィランソロピー（企業による社会貢献）、メセナ（企業による芸術・文化の援護活動）
第Ⅳ期 （1990年代）	バブル崩壊と企業倫理問題、地球環境問題 ⇒経団連憲章の策定、地球環境部の設置
第Ⅴ期 （2000年代）	相次ぐ企業不祥事、ステークホルダーの台頭 ⇒SRIファンドの登場、CSR組織の創設へ
CSR元年 （2003年）	リコー、帝人、ソニー、ユニ・チャーム、キヤノンなどがCSR経営への転換を機関決定

図表10-9　わが国におけるCSRの系譜

（出所：『日本におけるCSRの系譜と現状』（ニッセイ基礎研究所 川村雅彦　2009年）[45]より情報を抜粋し、『日本におけるCSRの展開とその可能性』（橋村政哉　社会政策学会誌『社会政策』第8巻第1号）[46]により情報を追補）

ここでいう「企業戦略」とは経営・マーケティング戦略のことです。

　話は変わりますが、日本でCSRという言葉が使われ始めたのは2000年ごろからです。ただ、わが国には「環境経営」という考え方が古くからあり、1956年には経済同友会が「経営者の社会的責任の自覚と実践」という決議をしています。これ以後のわが国でのCSRの系譜をまとめた**図表10-9**をみてください。

「JS CSR」は「JS CRM」を補強する重要な要素

　ここで、これまで何度か言及した「三方よし」について再確認しておきましょう。近江商人や大坂商人の商いの理念として江戸期に生まれ現在まで脈々と生き続けている「三方よし」（言葉自体は昭和になってから誕生）を現代に適合するように再解釈して日本企業の経営・マーケティング戦略の核としようという考え方が、数年前から広まりつつあります。しかし、そういう主張には「三方よし」の実現方法が具体的に示されておらず、少々説得力に欠けます。

　そこで本書では、「現代版三方よし」の実体を「JS CRM＋JS ERM＋

JS CSR + α」と定義することで、実効性を伴う方法論を組み立ててい きます。これを概念図で表すと、**図表10-10**のようになります。

　この図でわかることは、「JS CRM」は企業と顧客の関係を対象範囲 としているため、「伝統的な三方よし」の「売手よし」と「買手よし」 の二つしかカバーしていないこと、そこにわが国の現状に合わせて改良 された「JS CSR」を加えることで「世間よし」までカバーできるとい う点です。

　図表10-10でひとつ注意が必要なのは、左側の「売手よし」から、「企 業価値の創造・競争力向上」にも矢線が伸びている点です。この矢線は、 「CSV（共通価値）ベースの競争優位戦略」が企業（売手）の競争力を 高める手法として使われていることと関係しています。多くの日本企業 では、競争優位戦略とCRMの両方が経営・マーケティング戦略に取り 込まれているということです。

　「現代版三方よし（暫定版）」に「CSVベースの競争戦略手法」を統合 しているのは、1980年代後半に競争戦略理論を完成させたとされるマイ ケル・ポーターが、『ハーバード・ビジネス・レビュー（2006年12月号）』 の「Strategy and Society：戦略と社会」においてCSRからCSVへの転 換について論じ、同誌（2011年１月・２月合併号）の「Creating Shared

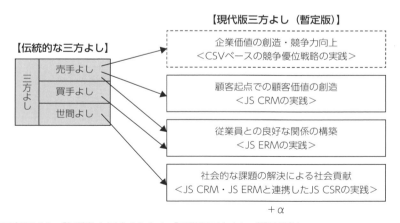

図表10-10　「伝統的な三方よし」と「現代版三方よし（暫定版）」

Value（CSV）：共通価値」[47]の冒頭で次のように述べているからです。

「共通価値」（shared values）という概念は、経済的価値を創出しながら、社会的ニーズに対応することで社会的価値も創出するというアプローチであり、成長の次なる推進力となるだろう。GE、IBM、グーグル、インテル、ジョンソン・エンド・ジョンソン、ネスレ、ユニリーバ、ウォルマートなどは、すでに共通価値の創造に取り組んでいるが、まだ端緒についたばかりである。共通価値がもたらすチャンスを見極める方法は、「製品と市場を見直す」「バリューチェーンの生産性を再定義する」「事業を営む地域に産業クラスターを開発する」の３つである。これまでの資本主義の考え方は、「企業の利益と公共の利益はトレード・オフである」「低コストを追求することが利益の最大化につながる」といったものであり、依然支配的である。しかし、もはや正しいとは言えず、また賢明とは言いがたい。共通価値の創造に取り組むことで、新しい資本主義が生まれてくる。

<DIAMOND ハーバード・ビジネス・レビュー2011年7月号より引用>

マイケル・ポーターは、企業の競争優位性のみを重視してきた「競争戦略手法」の弱点を補強するために「社会との適合性」に関わる「CSV（共通価値）」という要素を付加したと考えられます。ちなみにポーターのCSVの要点は、「社会のニーズや問題に取り組むことで社会的価値を創造し、その結果、経済的価値を創造する」ことにより「企業の事業活動を通じて企業の成功と社会の進歩を実現する」にあります。

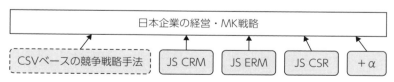

図表10-11　日本企業の経営・MK戦略に取り込まれている各種の要素

ここまでの説明を経営・マーケティング戦略の視点から図示すると**図表10-11**のようになります。

JS CRM⇒JS ERM⇒JS CSRの流れをDX戦略の軸に据える

　DX戦略は、経営・マーケティング戦略を策定したあとにその中身を踏まえて策定します。したがって、DX戦略において最初に組み込むべき重要なファクターは、「CSVベースの競争戦略手法」と「JS CRM手法」です。そして、その延長線上にあるJS ERM手法とJS CSR手法を組み入れる必要があります。

　前述の一連のプロセスを図示すると**図表10-12**のようになります。

　皆さんのなかには、「経営・マーケティング戦略にCSVベースの競争戦略手法、JS CRM、JS ERM、JS CSRを組み入れる必要があることはわかったが、どうしてDX戦略にも組み込まなくてはならないのか?」という方がいるでしょう。それに対する答えは、「デジタル技術を全社的に活用することで経営・マーケティング戦略を効果的かつ効率的に実践することがDX戦略の目的だから」になります。もう少し具体的に説明すると、経営・マーケティング戦略の要であるCSVベースの競争戦略手法、JS CRM、JS ERM、JS CSRはいずれも戦略的な手法（方法論）であり、効果的に実践するには手法を業務プロセス（一連の実行ステップ）にブレークダウンすることが不可欠であり、さらにそれらのプロセスを戦略的にデジタル化する必要があるからです。

　上記の説明の理解を深めるために、**図表10-13**をみてください。

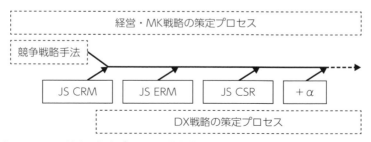

図表10-12　DX戦略の策定プロセスと競争戦略手法、CRM、ERM、CSRとの関係

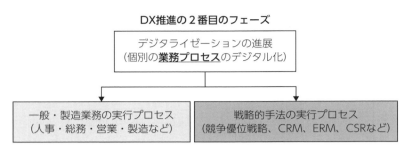

図表10-13 「一般・製造業務の実行プロセス」と「戦略的手法の実行プロセス」の関係

　この節でDX戦略とCSVベースの競争戦略手法、JS CRM、JS ERM、JS CSRなどとの関係についてかなり紙面を割いて説明しているのは、これらの戦略的手法（方法論）の実行プロセスを総体的にデジタル化することが、事業革新、組織・人員体制の最適化、顧客価値の創造を通じた新たなビジネスモデルの構築などにつながるクリティカルな（DX推進の成否を分ける重要な）要件であるからにほかなりません。

　もうひとつ付言しておきたいのが、JS CRM、JS ERM、JS CSRにはわが国で長年培われてきた「人間知」「組織知」「社会知」が大きな影響を与えていることです。人間（だけでなくあらゆる生命や自然）を起点に物事を考えるという精神文化を踏まえて未来を思考する時代が来つつあるのです。

JS SDGs（持続可能な地球起点の経営手法）の成立と発展

　2015年頃から新聞・テレビ・雑誌などのマスコミやインターネットの世界を賑わせているトレンドワードに、「持続可能社会（サステイナブルソサエティ：sustainable society）」があります。SDGsは国家・地域・団体・企業などを対象とするものですが、本書の性格上企業に焦点を当てて話を進めていきます。

　この節のタイトルにある「JS SDGs」とは、明治初期から公害や環境破壊を何度も経験しその度に技術開発やわが国に宿る環境回復への強い意志などで乗り越えてきたわが国独自のSDGsを指しています。日本には持続可能性に関わる優れた技術開発や手法、取り組みが長年に渡って数多くなされてきているにもかかわらず、それらの製品化やトータライズが十分なされていないため、まだ世界に誇れる形に至っていないのがとても残念です。

　ところで、SDGsとの関係が深い「もったいない」という日本発祥の世界語を「節約」といった物質的合理性で短絡的にとらえる人たちがいますが、これは日本人を支えてきた人間哲学、社会哲学を象徴する言葉であり、JS SDGsの本質を示唆する重要なキーワードです。人間が五感を通して体得した価値観をいい表した言葉ともいえるでしょう。

そもそもSDGsとは何か？

　SDGsとは、「Sustainable Development Goals」の略語で、「持続可能な開発目標」と訳されています。内容については、外務省のホームページ内のJAPAN「SDGs Action Platform」というサイト[48]に下記の定義が示されています。

　　持続可能な開発目標SDGsエス・ディー・ジーズとは

　　持続可能な開発目標（SDGs：Sustainable Development Goals）とは、2001年に策定されたミレニアム開発目標（MDGs）

の後継として、2015年9月の国連サミットで加盟国の全会一致で採択された「持続可能な開発のための2030アジェンダ」に記載された、2030年までに持続可能でよりよい世界を目指す国際目標です。17のゴール・169のターゲットから構成され、地球上の「誰一人取り残さない（leave no one behind）」ことを誓っています。SDGsは発展途上国のみならず、先進国自身が取り組むユニバーサル（普遍的）なものであり、日本としても積極的に取り組んでいます。

　この説明のポイントは、2015年の国連サミットで採択されたことでSDGsが世界中の注目を集めるようになり、日本企業の多くがSDGs活動に取り組まざるを得なくなったことにあります。また、「17のゴール・169のターゲットから構成され」という部分から、国連がSDGsを単なる理想として掲げた訳ではなく本気で実現を考えていることが窺（うかが）えます。参考までに、**図表10-14**に17の目標を列記しておきます。

目標1	あらゆる場所で、あらゆる形態の貧困に終止符を打つ
目標2	飢餓をゼロにする
目標3	あらゆる年齢のすべての人々の健康的な生活を確保し、福祉を推進する
目標4	すべての人々に包摂的かつ公平で質の高い教育を提供し、生涯学習の機会を促進する
目標5	ジェンダーの平等を達成し、すべての女性と女児のエンパワーメントを図る
目標6	すべての人々に水と衛生へのアクセスを確保する
目標7	手ごろで信頼でき、持続可能かつ近代的なエネルギーへのアクセスを確保する
目標8	すべての人々のための包摂的かつ持続可能な経済成長、雇用およびディーセントワーク（まともな仕事）を推進する
目標9	レジリエント（弾力的）なインフラを整備し、持続可能な産業化を推進するとともに、イノベーションの拡大を図る
目標10	国内および国家間の不平等を是正する
目標11	都市を包摂的、安全、レジリエント（弾力的）かつ持続可能にする
目標12	持続可能な消費と生産のパターンを確保する
目標13	気候変動とその影響に立ち向かうため、緊急対策を取る
目標14	海洋と海洋資源を保全し、持続可能な形で利用する
目標15	森林の持続可能な管理、砂漠化への対処、土地劣化の阻止および逆転、ならびに生物多様性損失の阻止を図る

目標16	公正、平和かつ包摂的な社会を推進する
目標17	持続可能な開発に向けてグローバルなパートナーシップを確立する

図表10-14　SDGsの17の目標

（出所：国際連合広報センターのホームページ※の情報を元に作成）

　図表10-14に記されている目標は、世界が官民挙げて解決すべき重要な課題を表しています。国連から面倒なことを押しつけられたと感じる企業もあるでしょうが、「ピンチをチャンスに」と前向きに考えてSDGsを経営・事業戦略に積極的に取り込もうとする企業も少なくありません。SDGsが一躍スターの座に上ったことで、SDGsの土台となる考え方であるCSR（企業の社会的責任）も再評価されつつあります。

　ここでCSRとSDGsとの違いを明確にしておきましょう。CSRが「企業の活動を適正化することで人間社会によい影響を与えること」に力点を置いたものであるのに対して、SDGsは「地球環境まで意識して人間社会を未来に向かって持続可能なものにしていくこと」を目的としている点が異なります。いい方を変えるとCSRに暗黙的に内在していた「現在から未来への時間軸」という要素を前面に押し出したのがSDGsなのです。なお、日本の「三方よし」には「持続可能性」という要素がないので、それを加えて「四方よし」にしたほうがよいといったことをいう人もいます。しかしながら、「三方よし」に地域社会で長く商売を続けるための理念であるため、「三方よし」の三つ目の構成要素である「世間よし」に「持続可能性」も含まれています。

　なお、SDGsを錦の御旗のように得意気に振りかざす政治家や市民活動家が少なからずいるようですが、その人たちのHPなどにはSDGsの本質を理解しているとはとても思えない短絡的な意見や主張が踊っており、政治宣伝や売名行為に利用されているように感じられます。SDGsは個人と企業と社会、そして地球を「皆が共に生きる知恵」で有機的に結びつけるきわめてクリティカルな戦略的方法論なので、現代の日本社会に生きる多くの人たちを幻滅させるような軽薄な言動・行動は控えていただきたいと願う次第です。

SDGsと関連するESG投資とは

ESGとは、「Environment（環境）」「Social（社会）」「Governance（企業統治）」の英語の頭文字を合わせた言葉です。したがって、ESG投資は、キャッシュフローや利益率などの定量的な財務情報のほかに、非財務情報である「環境」「社会」「企業統治」を判断指標に加えて投資判断を行う投資手法を意味します。

年金積立金管理運用独立行政法人（GPIF）のホームページ[50]によると、ESGという言葉が知られるようになったきっかけは、2006年に国連のアナン事務総長が機関投資家に対し、ESGを投資プロセスに組み入れる「責任投資原則」（PRI：Principles for Responsible Investment）を提唱したことにあるとのことです。2019年3月末時点で2,400近い年金基金や運用会社などがPRIに署名しています。このうち年金基金などアセットオーナー（資産を保有する機関）の署名は432にのぼり、その運用資産残高の合計は20兆ドル以上（約2,200兆円）に達しました。GPIFも2015年にPRIに署名しています。

このほか、ESG投資とSR投資の関係についても知っておくとよいでしょう。SR投資とは「社会責任投資（social responsibility investment）」のことであり、運用上の投資基準として、従来の財務的側面だけでなく、企業として社会的責任（CSR：Corporate Social Responsibility）を果たしているか否かも考慮して投資判断を行う手法です。「SR投資はリスク

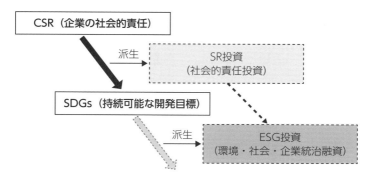

図表10-15　SR投資とESG投資との関係

回避の視点に立ち、ESG投資は成長期待の視点に立っているので、両者は根本的に異なる」との見方もあります。しかし、CSRからSR投資が派生し、CSRに持続可能性の要素を付加したSDGsからESG投資が派生したことから、SR投資の延長線上にESG投資があると考えるのが妥当です。

　ここまでの説明を図にまとめると、**図表10-15**のようになります。

　CSR、SDGs、SR投資、ESG投資の相互関係をわかりやすく整理し説明している書籍や資料はほとんどないので、この機会に把握しておくとよいでしょう。

JS CRMからJS CSRへの流れにJS SDGsを付加して流れを完成させる

　JS SDGsに関するここまでの説明を踏まえると、前掲した**図表10-9**を次のように補完してJS CRM⇒JS ERM⇒JS CSR⇒JS SDGsの流れを完成させることができます。

　図表10-16は現時点での完成イメージですが、今後新たな要素が加わってくることを想定して「＋α」の部分を付加してあります。

　ここまで、かなり込み入った説明をしてきたので、少々戸惑いを感じている方もいらっしゃるでしょう。しかしながら、「DX戦略＝デジタル化戦略ではないことまでは何となくわかっていたが、何が本質的に違うのか」という方たちに両者の違いをはっきりわかっていただくためには、ここまでの説明がどうしても必要だったのです。

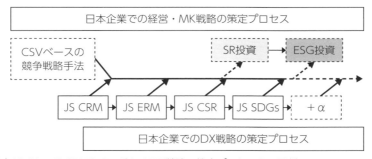

図表10-16　JS CRMからの流れとDX戦略の策定プロセスとの関係

JS CRM、JS ERM、JS CSR、JS SDGsを基軸としたDX戦略の策定

　前節まで、日本流のCRM、ERM、CSR、SDGsについて詳しく論じてきました。多くの日本企業では、この四つの経営・マーケティング手法のいくつかが別個に実践されていますが、実はこれらの手法は密接に連関しています。

　相互に関連する四つの経営・マーケティング手法を連携させてひとつにつなぐことで、「未来指向型の経営・マーケティング手法」の基軸を形成することができ、それをDX推進の主軸とすることができるのです。

経営・マーケティング戦略とDX戦略との関係

　DXを成功に導くには、企業理念に基づいて策定される経営・マーケティング戦略にDX推進の方針を明示しておく必要があります。経営・マーケティング戦略とDX戦略は並列的なものではなく、DX戦略は経営・マーケティング戦略の下位に位置づけるべきものです。一般的には、企業内の各種戦略は「企業理念⇒ビジョン⇒経営・マーケティング戦略⇒事業戦略（事業部ごと）⇒マーケティング戦術」の順に展開されます。これを図示すると**図表10-17**のようになります。

　企業理念（経営理念）、ビジョン（経営方針）、経営・マーケティング戦略（経営目標）の違いがよくわからないという方のために三者の概要を**図表10-18**にまとめましたので、参考にしてください。この知識は自社や他社のホームページを分析する際などに必要ですので、覚えておくとよいでしょう。

図表10-17　企業理念、ビジョン、経営・MK戦略、事業戦略、MK戦術策定の流れ

	概要
企業理念	企業の存在意義や経営哲学（理念）をわかりやすい言葉で表現したもの
ビジョン（経営方針）	企業理念を実現するための方針を示し、自社が将来のあるべき姿を描いたもの
経営・MK戦略（経営目標）	近い将来、自社がどういう姿になっているべきかを数字や期限などを示した目標の形で示したもの

図表10-18　企業理念、ビジョン、経営・MK戦略の違い

　次に経営・マーケティング戦略とDX戦略との関係ですが、皆さんは**図表10-17**のプロセス図のどこに「DX戦略」を加えたらよいと思いますか？　答えは**図表10-19**にあります。

　この位置に「DX戦略」を位置づけることが、DXの成功にとって不可欠です。その理由は、会社全体で偏りなくDXを推進して成果を出すには全事業部を見渡していつどこで何をすべきかを総合的に判断して効果的に指示を出すことが必要だからです。また、経営陣が経営・マーケティング戦略にDX推進の方針を明記しDX戦略の策定に直接関与することで、全社員のモチベーションを高めることもできます。

DX戦略とバリューチェーン（価値連鎖）との関係

　最初に、競争戦略論の第一人者であるマイケル・ポーターが1985年に提唱した「バリューチェーン（企業の事業活動における価値連鎖のプロセス）」の概要を説明しておきます。

　図表10-20からわかるように、バリューチェーンとは事業活動で生み出される価値が移転していく流れをプロセス図で表したものです。

　図表10-20について少し補足しておきましょう。主活動は、「購買物

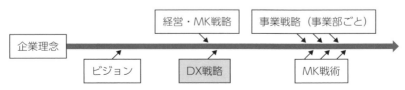

図表10-19　企業理念、ビジョン、経営・MK戦略、DX戦略策定の流れ

図表10-20　マイケル・ポーターが定義したバリューチェーンのイメージ
（出所：『競争優位の戦略』（マイケル・ポーター 著、土岐坤 訳　ダイヤモンド社）[31]の図を参考に筆者作成）

流」「製造」「出荷物流」「販売・マーケティング」「サービス」から構成
されており、製品やサービスを生み出し、顧客に提供する価値創造と価
値移転のプロセスを意味します。例えば、マスクを製造する事業者であ
れば、不織布の生地や伸縮性のある布紐、包装用のビニール袋、段ボー
ルなどを搬入し（購買物流）、自動製造ラインでマスクを製造・封入し
（製造）、段ボールに詰めて送付伝票を添付して配送業者に引き渡し（出
荷物流）、自社および販売仲介業者のWebサイトで商品プロモーション
と受注・販売を行い（販売・マーケティング活動）、顧客からの問い合
わせやクレームに対応する（サービス）、といった流れです。この例は
図の流れに合わせて記述しましたが、「販売活動」と「マーケティング
活動」を分離して「マーケティング活動」を流れの最初にもってくるの
が実情と合っています。

　支援活動は、「全般管理」「人事・労務管理」「技術開発」「調達活動」
から構成されており、顧客に価値を提供する業務ではなく、主要な業務
を支える活動を意味します。

　前の項でDXは全社で偏りなく実施することが大事と述べましたが、
実は企業内のほとんどの組織は原材料や資材の調達、生産業務の委託、
事務作業の外注、物流の委託、販売・マーケティング・アフターケアな
どにおいて外部の事業者や顧客とつながっています。バリューチェーン
という考え方は、外部とのつながりを踏まえて価値移転の流れをとらえ
るためのものです。

本書では「顧客価値の創出」や「顧客との価値共創」を重要なトピックとして取り扱っていますが、この企業活動における「バリューチェーン（価値連鎖）」という考え方を取り入れることで、DX推進のプロセスをより具体的かつ実践的なものにすることができます。

経営・マーケティング戦略とバリューチェーンを踏まえたDX戦略の策定

　DX戦略の策定に関しては、確認しておくべきことが二つあります。それは、「経営陣が経営・マーケティング戦略にDX推進の方針を明記しDX戦略の策定に直接関与することで、全社員のモチベーションを高めることができる」と「バリューチェーンという考え方は、外部とのつながりを踏まえて価値移転の流れをとらえるためのものである」です。

　この二つから導き出される結論は、DX戦略は経営・マーケティング戦略に明示された「DX推進の方針」を実現可能で十分な成果が期待できる具体的な方策にブレークダウン（下方展開）したものであり、その際にデジタル技術の活用を通じてバリューチェーン（企業全体の価値創造と価値移転の流れ）の活性化と最適化を図る必要があるということです。この内容を図に表すと、**図表10-21**のようになります。

　自身がDX戦略の策定に参画する機会があるかないかは別にして、上記のポイントを理解・把握しておくことで、企業内のDX推進プロジェクトに参加する場合に主体的に関わることができるようになります。

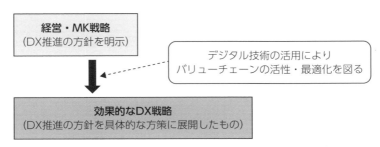

図表10-21　経営・MK戦略とバリューチェーンを踏まえたDX戦略の策定

未来指向の経営哲学の確立

　前掲の**図表10-10**に示した【現代版三方よし（暫定版）】にJS SDGs（持続可能な開発目標）という要素を付加することによって、【現代版三方よし（完成版）】（**図表10-22**）を構築することができます。

「未来指向の経営哲学」とは何か

　図表10-22および**図表10-23**の中身は、先進的な現代企業の経営・マーケティング戦略を支えるJS CRM、JS ERM、JS CSR、JS SDGsという四つの経営・マーケティング手法をひとつに連係・統合することで「未来指向の経営哲学」の骨組みを確立するためのプロセスといえます。ここの「未来指向」という言葉は、未来に向かってどう歩んでいくのかの方向性を見きわめることを意味し、「経営哲学」とは、企業理念・ビジョン・方針・目標・戦略のエッセンスを統合した概念を指します。

　「未来指向の経営哲学」が不可欠な理由は、DXの究極的な目標である「人間社会を幸福にすること」を実現するためにどんなデジタル技術をどのように使って何をすれば今後どうなっていくのかを的確に展望し適切な意思決定をする拠り所となるものだからです。

```
┌ ─ ─ ─ ─ ─ ─ ─ ─ ─ ─ ─ ─ ─ ─ ─ ─ ─ ─ ─ ─ ─ ─ ─ ─ ─ ─ ┐
│ 企業価値の創造・競争力向上＜CSVをベースとした競争優位手法の実践＞ │
└ ─ ─ ─ ─ ─ ─ ─ ─ ─ ─ ─ ─ ─ ─ ─ ─ ─ ─ ─ ─ ─ ─ ─ ─ ─ ─ ┘
                            ＋
┌───────────────────────────────────────┐
│      顧客起点での顧客価値の創造＜JS CRMの実践＞       │
└───────────────────────────────────────┘
                            ＋
┌───────────────────────────────────────┐
│      従業員との良好な関係の構築＜JS ERMの実践＞       │
└───────────────────────────────────────┘
                            ＋
┌───────────────────────────────────────┐
│  社会的な課題の解決による社会貢献＜JS CRMと連携したJS CSRの実践＞  │
└───────────────────────────────────────┘
                            ＋
┌───────────────────────────────────────┐
│ 持続可能性を重視した企業・社会活動＜JS CRM＆JS CSR＋JS SDGsの実践＞ │
└───────────────────────────────────────┘
```

図表10-22　「現代版三方よし（完成版）」が出来上がるまでのプロセス

ひとつお断りしておきますが、ここでいう「未来指向の経営哲学」と「未来経営」は同一ではありません。「未来指向の経営哲学」は日本流の経営・マーケティング戦略の要素を基軸とするものであり、それに「生命知」という地球レベルの概念で根本的にとらえ直したものが「未来経営」なのです。

循環・持続型の「現代版三方よし」全体をデジタル化する

　「現代版三方よし（完成版）」の全体イメージを図示すると、**図表10-23**のようになります。これは「CSVベースの競争優位戦略」「JS CRM（顧客関係性マネジメント）」「JS ERM（従業員関係性マネジメント）」「JS CSR（企業の社会的責任）」「JS SDGs（持続可能な開発目標）」を統合したものであり、企業の経営・マーケティング戦略を実践して成果を上げるための手法を連携させた戦略的かつ統合的な方法論（メソドロジー）です。

　図表10-23で「JS CSR（企業の社会的責任）」から「CSVベースの競争優位戦略」に点線の矢印を引いたのは、マイケル・ポーターが『ハーバード・ビジネス・レビュー（2006年12月号）』[23]で主張した「CSR」から「CSV」への転換を表現するためです。

　「現代版三方よし」全体をデジタル化するには、構成要素（手法）である「CSV（共通価値）ベースの競争優位戦略」「JS CRM（顧客関係

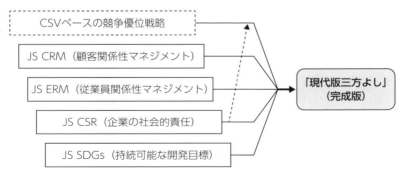

図表10-23　「現代版三方よし」（完成版）の形成イメージ

性マネジメント)」「JS ERM(従業員関係性マネジメント)」「JS CSR(企業の社会的責任)」「JS SDGs(持続可能な開発目標)」を連携させた状態でデジタル化する必要があります。前掲の**図表10-13**に示したように、DX推進の2番目のフェーズである「デジタライゼーションの進展」(個別の業務プロセスのデジタル化)の一部が「戦略的手法の実行プロセス(CSVベースの競争優位戦略、JS CRM、JS ERM、JS CSR、JS SDGs)」であることから、「現代版三方よし」の各手法を実行プロセスにブレークダウンすることによってデジタル化することが可能だということになります。

ただし、プロセスのデジタル化は必ずしもプロセス全体の自動化を意味するわけではありません。人間が関与したほうが効果的な部分があれば、人間の関与を最適化するユーザーインターフェースを設計してプロセスに組み込むことが必要です。

図表10-23に示したように、各手法のデジタル化は統合を前提としたものでなければなりません。もちろん、各手法のデジタル化には、出来合いのアプリケーションをカスタマイズ(修正・調整)して利用することも可能です(実際にはそういうケースのほうが多いでしょう)。その場合は、統合したシステムをイメージしたカスタマイズが不可欠です。このデジタル化のプロセスは、DX推進セクションが情報システム部門や外部のIT企業の協力を得て行うべきものであり、DX推進プロジェクトの中心となる要の部分です。

ここで、各手法のデジタル化が絵に描いた餅でないことを示しておきましょう。米国のメガテック企業のひとつであるセールスフォース・ドットコムは「カスタマー360」という統合CRMプラットフォームを提供しており、日本も含め世界中の多くの企業が同社のCRMツールを導入しています。また、ERM、CSR、SDGsに関わる業務を支援するデジタルツールも登場し始めていることから、CRMだけでなくERM、CSR、SDGsまでの一連のプロセスを統合的にデジタル化することは決して不可能な話ではないのです。

①各手法を実行可能なプロセスに落とし込む

②各手法の相互関係を調べて図式化する

③統合後の全体システムをイメージ図で表現する

④各手法の実行プロセスをデジタル化する

⑤デジタル化した各プロセスを全体システムに統合する

図表10-24　各手法をデジタル化して全体システムに統合する手順

各手法をデジタル化したあと統合して全体システムを構築する

　各手法をデジタル化したあと統合して全体システムを構築するステップを図示すると、**図表10-24**のようになります。

　上記の手順においては、次の３点に留意する必要があります。

・**各手法の実行プロセス全体を無理に自動化しないこと**：デジタル情報の流れに一貫性があれば、プロセスの一部に人間が関与するステップが存在しても問題はありません。

・**各実行プロセスをデジタル化する際に、それぞれが独立したアプリケーションプログラムとして機能するようにすること**：各実行プロセスを全体システムの部品（モジュール）と位置づけて自律性をもたせるようにしないと、部分変更がシステム全体に影響することになります。

・**各アプリケーションが完成したあとひとつのシステムとして統合する際に、アプリケーション間の連携を複雑にし過ぎないこと**：各プロセスを緊密に連携させすぎると、柔軟性のない大きなシステム（例えば一昔前の基幹業務システムのように）になってしまい、あとのメインテナンスや部分変更が非常に困難になります。

　前出の手順を実行して「現代版三方よしシステム」に統合するイメージを図示すると、**図表10-25**のようになります。

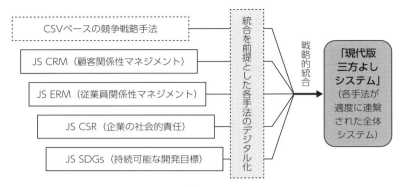

図表10-25　各手法を統合した「現代版三方よしシステム」

　図表10-25に示した「現代版三方よしシステム」にどのような戦略的実行プロセス（手法を実行可能なプロセスにブレークダウンしたもの）を組み込むか、また各プロセスをどこまで自動化するかは、企業によって変わってきます。このあたりは、IT部門のデータサイエンティストやシステムエンジニアの腕の見せ所です。

　この章で説明した各種の戦略的手法（方法論）の活用とそのデジタル化がDX推進にとって不可欠であることはほとんどの日本企業に共通していますが、残念ながらそれを明確に認識して行動に移し始めている企業はまだ数えるほどしかありません。これを逆の視点から眺めると、本書をお読みいただいた皆さんは、自社のDX推進プロジェクトにおいて重要な役割を担える可能性が高いということになります。

　IT技術者以外の方々は、デジタル化やシステム統合に関する技術的な面はあまり気にせずに、自身の会社や組織に当てはまりそうな手法、概念、手順などを探して活用できないか検討してみてください。今すぐでなくとも、皆さんが今後DX推進に参画するときに何らかの形で役に立つはずです。

　また、IT技術者の方々は、自社にすでに導入されている種々雑多なデジタルツールをDX推進の視点から総点検し取捨選択する際の参考として、この章の情報を活用することをお勧めします。

JS CSRやJS SDGsもデジタル化できる？

　最初に、「CRMシステム」の現状について説明します。IT関連の調査報告書や検索エンジンを使って調べたところ、日本で現在提供されている「CRMシステム」の種類は1,000種類以上であることがわかりました。大まかな分類は、顧客情報分析・管理システム、顧客への情報提供（メルマガなどによる）システム、CTI（コンピュータ・電話連携）システム、アフターサービス管理システム、SFA（セールス・フォース・オートメーション）システム、販促プロモーション支援システム、カード（会員カードやポイントカード）管理システム、MA（マーケティングオートメーション）システムなどです。種類が多すぎて何をどう組み合わせるのが自社に最適かを判断するのが難しいという問題はありますが、CRM手法のデジタライゼーションは十分可能です。

　では、CSR（企業の社会的責任）はどうでしょうか？　海外では「CSR management software（CSRマネジメントソフトウエア）」がすでに製品として提供され始めていますが、日本国内ではまだ製品レベルで提供されてはいないようです。ただ、仕組みとしての「CSRマネジメントシステム」という言葉を使う企業が増え始めています。この状況はわが国のIT企業にとってブルーオーシャン（競合が存在しないまっさらな市場）にほかならないので、CSRマネジメントシステムを製品化して提供する動きが間もなく始まると予想されます。

　さらに、SDGsについても、海外では「SDG Action Manager（SDG活動管理）」といったマネジメントシステムがすでにリリースされています。日本国内には「SDGsマネジメントシステム」のような専用システムはまだありませんが、「SDGs実現に貢献するITソリューション」や「SDGs貢献ソリューション」といった言葉が2019年頃から使われ始めており、この動きも今後加速していくと考えられます。

　このような状況を踏まえた結論は、「CRM手法はもちろん、CSRとSDGsのデジタライゼーション（業務プロセスに落とし込んでデジタル化すること）も十分可能である」です。

米国や中国のメガテック企業では顧客と関係する手法のデジタル化が進んでいる

　この章では、日本企業が潜在的に有する強みを増幅させて米国や中国の先進的な企業に負けないようにするための方法論を具体的に示し、日本企業の「未来経営」に向けた改革のヒントを探ってきました。この項では視点を変え、米国や中国のメガテック企業に目を向けて日本企業との違いについて考えてみましょう。「未来経営」を実現するには、日本企業がもつ潜在的な強みを増幅させるだけでは不十分で、日本企業の弱みを明確に認識して最小化する必要があるからです。

　最初に、アリババの創業者ジャック・マーが2006年にサンフランシスコで開かれた「ウエブ2.0サミット」での講演で語ったスピーチの一部を引用します。

　　「私は100％中国製です。英語は独学、テクノロジーについては素
　　人同然です。アリババがここまで生き残って来られたのは、私がコン
　　ピュータ音痴だったからです。目の不自由な人が目の不自由なトラに
　　跨ってかけてきたようなものです」
　　＜中略＞
　　「何より大事なのは、夢を信じること、優秀な人材を見出すこと、
　　顧客を満足させることです。数多くのアメリカ企業が中国に進出し経
　　営のプロを送り込んでいます。しかし、彼らは、アメリカにいる上司
　　を喜ばせることに注力し、中国の顧客を喜ばせてはいないのです」
　＜『アリババ　中国eコマースの覇者の世界戦略』（2015年、ポール・エリスマン著、黒輪篤嗣訳
新潮社）[52]からの引用をもとに一部筆者が編集＞

　ジャック・マーが語った上記の内容を、日本企業の経営者たちは真摯に受け止め、自分たちに何が足りないのか自省する必要があります。デジタル技術について半端に知っている経営者は自分の知識の範囲内で意思決定を下したがる傾向があり、ほとんど知らない経営者は専門知識のある者を妄信して判断を委ねる傾向があります。ジャック・マーはどこが違うか。デジタル技術後進国だった中国で不便さと便利さの両方を体

験するなかで、デジタル技術を活用することで中国の人々の生活の質を大幅に向上させることができるという確信をもち、英語を学び、ビジネスと経営を学び、デジタル技術の基礎知識と活用法（リテラシー）を学び、デジタル技術と経営のプロフェッショナル人材を探し、そしてアリババを創業し、顧客を喜ばせるビジネスモデルを次々と開発し改良していったのです。

そこにあるのは目的を達成するために努力を続ける姿勢ですが、ひとつ忘れてはならないのが有能な人材を集めて彼らの「人間（個人）知」を「組織（集団）知」に結集させていくジャック・マーの求心力です。この「求心力」という言葉は人間の集合体である組織を率いるリーダーがもつべき基本的な能力を意味し、個人の価値観に根ざす「熱意」「信念」「先見性」「共感力」といった人間的特性から成り立っています。

ところで、ジャック・マーのこのスピーチに熱心に耳を傾けメモを取っていた聴衆のひとりがジェフ・ベソス（アマゾンの共同創業者で2012年までCEOを務めた）だったそうです。講演終了後にジェフはジャックのスピーチを賞賛し、シアトルにもぜひ来てほしいと述べたとのこと。米国政府は中国を敵対的とみなしてあの手この手で封じ込めようとしていますが、ビジネスやテクノロジーの世界では切磋琢磨が基本であり、学ぶところは真摯に学びとるという姿勢が必要であることを示唆する好例といえます。

日本の安定志向の企業経営者はジャック・マーやジェフ・ベソスに大いに学ぶ必要があるでしょう。

ここでは、中国と米国のメガテック企業の創業者に焦点を当てましたが、日本企業は米国のGAFAプラス α や中国のBATプラス α のメガテック企業で各種のデジタル技術を活用して次々に生み出されている新たなビジネスモデルについても、それらの仕組みや顧客価値について真剣に学びとる必要があるでしょう

「様子見体質」を捨て去らなければ日本企業の未来は拓けない

近年の日本企業の弱さの要因のひとつは、経営者層にはびこる「様子

見体質」にあります。それが中間管理職から一般社員へと伝染して業界他社の様子をうかがう保守的な体質が染みついた企業が出来上がっているのです。筆者（浅岡）は企業の経営陣や幹部に対する研修やセミナーのはじめに「同じ業界の他社の動向を経済新聞や業界新聞でウオッチすればよいという時代はとっくに終わっています。ほかの業界で何が起こっているのか、欧米や中国で今何が起こっているのかを、テクノロジーとビジネスモデルに着目してウオッチすべきです」と述べています。そして「しかし、ウオッチしているだけでは何の意味もありません。そこから得られた情報を分析・整理し、そのなかから自社の現行のビジネスモデルを改良したりまったく新しいビジネスモデルを創出したりするヒントを得て企画を立て実行に移さなければ、単なる様子見で終わってしまいます」と続けます。

　実は、この話のなかに「未来経営」実現のヒントが隠れています。上記のサイクルを経営陣、中間管理職、一般社員が自ら回すようになれば、自然に「未来経営」の形がみえてくるからです。これまで何度も述べているように、社員ひとりひとりの「人間知」が集まって「組織知」が形成され、顧客や社会との関係性を深める過程で「社会知」が醸成されていきます。そして、それらの知の総体的な存在である「生命知」が「未来経営」の土台となるのです。

第 11 章

デジタルテクノロジーの開発・活用事例に学ぶべきこと

業界ごとのビジネス（事業）とそのビジネスプロセスのデジタル化に役立つデジタルテクノロジー（技術）を掛け合わせた「Xテック」という言葉がトレンドワードになっています。フィンテック「Finance（金融）×Technology（技術）」、建設テック「Construction（建設）×Technology」、エドテック「Education（教育）×Technology」、HRテック「Human Resource（人事）×Technology」、ヘルステック「Health（健康）×Technology」、フードテック「Food（食）×Technology」、インステック「Insurance（保険）×Technology」、マーテック「Marketing（マーケティング）×Technology」などなど、数え上げるときりがありません。これらのデジタル技術群は、各業界の企業が取り組み始めているDX（デジタルトランスフォーメーション）の実践を支える主要なテクノロジー（技術）要素です。

　また、ここに示した「Xテック」には営業、マーケティング、財務管理、人事教育、情報収集・管理、製造、品質管理、受発注、物流などの業務プロセスや社内・社外のコミュニケーションプロセスをデジタライズ（デジタル化）するデジタル技術が含まれており、業界や業種の境を超えて共通利用されるテクノロジー（技術）が多数存在します。

　いろいろな産業分野・領域で上記のようなさまざまなデジタル技術が開発・導入されているのに、「わが社のDXは成功しています」と胸を張って公表している日本企業がまだほとんどないのはなぜなのでしょうか？　答えのヒントは、日本企業の経営者やデジタル技術導入の意思決定者たちが「米国や中国で生み出されている先見性のあるデジタル技術がどのようなコンセプト（設計思想）で開発されているかを理解しているか？」と「どのようなコンセプト（経営哲学と経営・マーケティング戦略）を踏まえて導入・活用しているのか？」にあります。

　この章では、デジタル技術を開発するメガテック企業やデジタルビジネスを展開するGAFAなどで実践されているソフトウェア開発手法や経営・マーケティング戦略、またそれらの企業の創業者たちの理念や経営方針を例にとって「人間（個客）起点」「社会起点」の重要性について論じ、「生命知」に基づく「未来経営」の本質に迫っていきます。

DXテックの原点はeCRMにあった

　各種のDXテック（本書ではXテックをDX推進に活用されるデジタルテクノロジー（技術）の集合体ととらえ直し「DXテック」と呼んでいます）の発生時期を特定することは困難ですが、『IT全史 情報技術の250年を読む』（中野明、祥伝社）[53]や『日本のコンピュータ史』（情報処理学会歴史特別委員会編、オーム社）[54]などから情報テクノロジーの歴史を紐解いてみると、「フィンテック（FinTech）」がかなり早い段階に確立されていたことがわかります。顧客数が増大を続ける都市銀行では、顧客情報の管理が紙と手作業でできる範囲を超える時期が早々に来ていたからです。ちなみに、1959年に三和銀行（現 三菱UFJ銀行）がIBM 650を導入したのが日本の銀行へのコンピュータ導入の最初とされ、1965年（昭和40年）に稼働した三井銀行（現 三井住友銀行）の普通預金オンラインシステムが日本最初の銀行勘定系オンラインシステムといわれています。当時の金融機関の顧客情報は定期的に更新されていましたが、あくまで管理用の「静的なデータ」であり、ダイナミック（動的）に活用するという発想はありませんでした。

「マーテック（MarTech）」の全体像

　chiefmartec.comのWebサイトに公開されている2020年版の「Marketing Technology Landscape（世界のマーケティングテクノロジーの俯瞰図）」[55]に記されているソリューション（ツール）の種類は約8,000で、「広告・プロモーション」「コンテンツ・エクスペリエンス」「ソーシャル・関係性」「商取引・セールス」「データ」「マネジメント（経営管理）」という六領域に分類されています。この図は「マーケティング・テクノロジー・カオスマップ」とも呼ばれており、文字の細かさからも詳細な情報を得るには適していませんが、マーケティングソリューションの多さを実感していただく役には立つでしょう。

　この俯瞰図のタイトルは「マーケティング・テクノロジー・ランドス

ケープ」となっていますが、マーケティングテクノロジー（技術）だけでなく業界・業種別のXテックが網羅されています。企業では、自社が属する業界や業種用のデジタル技術のなかから（場合によっては他業界・業種からも）自社の事業・組織やDXの達成目標（中間目標と最終目標）に適するテクノロジーを選択して組み合わせることがDX推進を成功に導く重要なポイントになります。

わが国の「マーテック（MarTech）」の端緒はeCRM

　日本で顧客情報を動的に活用するという取り組みが本格的に始まったのは、「マーテック（MarTech）」の奔りとしてeCRM（electronic Customer Relationship Management：顧客に関する情報を電子データの形で収集し分析し活用する仕組み）がわが国の企業に導入され始めた1990年代中ごろのことです。データマイニングやテキストマイニングといった先進的なデジタル技術による顧客情報の動的（タイムリー）な活用は、当時のマーケティングの世界に大きな変化をもたらしました。Webサイト上での顧客やユーザーの動きをリアルタイムで分析してレコメンド（商品・サービスの推奨）やページビューのカスタマイズなどを実施することで、それまでにない大きな成果が得られるようになったのです。

　今でも顧客分析の好例として引き合いに出される「おむつとビール」（おむつを買った男性はビールを買う傾向があるので、この二つを近い場所に配置するとよい）という仮説は、1990年頃に米国で「マーケットバスケット分析」（「一緒に買われる商品」の組み合わせを発見する探索的な顧客データ分析手法）によって見出されたものです。当然ですが、この種の分析はPOS（Point of Sale：販売時点情報管理）システムによって自動収集されたデジタルデータを使って行われており、マーテックそのものといえます。

　要するに、わが国のマーテックの端緒はeCRMにあった、ということです。

DXテックの原点もeCRMにある

　「デジタルトランスフォーメーション（digital transformation：DX）」という概念（戦略的方法論）の起源は、2004年1月にスウェーデンのウメオ大学のエリック・ストルターマン（Erik Stolterman）教授とアンナ・クルーン・フォルス（Anna Croon Fors）准教授が共同で発表した論文「Information Technology and the Good Life（情報テクノロジーと良質な生活）」[56]にあるとされています。ただ、この論文で提唱されたDXという概念を実効性のある方法論として機能させるには、DXを支える各種のデジタル技術が不可欠です。それがDXテックなのですが、ストルターマンがDXを提唱するに至ったのは、当時すでに各種のDXテックが盛んに開発され普及しつつあったからです。

　そして、その原点といえる存在が1990年代後半から本格化したCRMテクノロジー（ソリューション）としてのeCRMだったのです。

　その後、米国のIBM、オラクル、マイクロソフト、セールスフォース・ドットコムなどが次々にCRMソリューションをリリースし、欧米や日本の大手企業がこぞって導入・運用することになります。各社はCRMの改良を続け、IBMのCRM製品群「IBM CRM Suite」、マイクロソフトの「Dynamics 365」に含まれる機能モジュール「Dynamics CRM」、セールスフォース・ドットコムの統合CRMプラットフォーム「カスタマー360」、米国オラクルのCRMソリューション「Oracle Advertising and Customer Experience（CX）」などが、多くの企業で利用されています。一方、日本勢では、富士通のビジネスアプリケーション「CRMate」、NECの「CRM QuickCreator（顧客管理システム）」、SATORI（株）のマーケティング・オートメーション・ツール「SATORI」、アドバンリンク（株）の統合CRMプラットフォーム「CRMstage」などが顧客獲得競争を繰り広げている状況です。

CRMから派生する形で生まれた
カスタマーサクセスという手法

　「カスタマーサクセス」は数年前からトレンド入りしたかなりホットなキーワードです。経営・マーケティングの領域でカスタマーサクセスをどう位置づけるかについてはまだ定見はありませんが、日本企業の経営・マーケティング戦略の要であるCRM（Customer Relationship Management：顧客関係性マネジメント）が改良され変容していく過程で派生的に誕生した手法と考えられます。CRMの延長線上にあるにもかかわらず「カスタマーサクセス」をCRMに代わる新しい経営・マーケティング手法であるかのようにもてはやす風潮がありますが、そこには意図的な煽りがあるように感じられます。米国のIBM、マイクロソフト、オラクルなどのメガテック企業がCRMソリューションを改良する過程で「顧客エクスペリエンス（CX）」や「顧客ジャーニー（CJ）」に関する機能モジュールを組み入れていっていることからも、「カスタマーサクセス」もCRMの延長線上に位置づけるのが妥当だと考えられます。

　ただし、「CRMの延長線上にあるからカスタマーサクセスは大して重要ではない」というつもりはありません。「カスタマーサクセス」という視点は、CRMソリューションというデジタル技術をより効果的なものに改良しようとするなかで生み出された概念であり、それがCRM（顧客関係性マネジメント）の補強に通ずるものであることは間違いないからです。日本の経営マーケティング関係者は、本来自分たちが生み出すべき新たな価値が米国でのデジタル技術の改良・開発を通じて生み出されている事実を真摯に受けとめて、元々お家芸だったJS CRM（日本流のCRM）を米国や中国に先を越されないよう継続的に進化させていく必要があるのです。

　もう一点、日本がJS CRMを進化させDX実践でも米国や中国に取り残されないようにするためには、経営・マーケティングの専門家（研究者や実践のスペシャリスト）とCRM関係のデジタル技術開発・運用企

業がタッグを組み、顧客に新たな価値を提供するビジネスモデルのプランニング（企画・設計）とそのビジネスプロセスを最適化するデジタル技術ソリューションの開発を進めるべきです。

　話を戻しますが、カスタマーサクセスは「SaaS（Software as a Service：サービスとしてのソフトウェア）」と関連づけて語られているケースが多いので、デジタルビジネスを本業とする企業に特化したDXを意味する「デジタル・ビジネス・トランスフォーメーション（digital business transformation）」に有効な手法と考えられます。ただ、SaaSと直接関係のない企業にも応用できる手法であることも認識しておく必要があるでしょう。

「カスタマーサクセス」の起源と原義

　マーケティング用語としての「customer success」は、1998年に『Industrial Marketing Management（製造業のマーケティングマネジメント）』誌に掲載された「Logistics Performance Measurement and Customer Success（物流のパフォーマンス測定とカスタマーサクセス）」（Stanley E. Fawcett, M. Bixby Cooper）[57]が初出です。そして、1999年にソウル大学の『Seoul Journal of Business（ソウル・ビジネス・ジャーナル）』誌に掲載された「Key Determinants of Customer Success（カスタマーサクセスの主要な決定要因）」（Jong Won Lim, Jongkun Jun）[58]がそれに続きます。後者の論文の「Abstract（要旨）」が「カスタマーサクセス」の原義を探る参考になるので、紹介しておきます。

Customer success, not customer satisfaction, is suggested to be the key variable to enhance long-term business relationship with customers. A model of customer success is derived from the philosophy-structure-behavior-performance paradigm. Value sharing and information sharing are proved to be critical to increase the supplier's behavioral orientation for customer success from the empirical analysis.

　顧客との長期的なビジネス関係を強化するには、顧客満足ではなく、カスタマーサクセスが重要な変数であることが示唆されている。顧客成功のモデルは、哲学・構造・行動・パフォーマンスのパラダイムから導き出される。実証的分析の結果、価値の共有と情報の共有が、顧客の成功に向けたサプライヤー側の行動指向性を高めるために重要であることが判明した。＜浅岡訳＞

　上記の「顧客との長期的なビジネス関係を強化するには、顧客満足ではなく、カスタマーサクセスが重要な変数である」との記述とCRMが顧客との良好な関係を構築しそれを長期にわたって維持していく戦略的な方法論であることを考え合わせると、「カスタマーサクセスはCRMが改良される過程で派生的に誕生した手法である」との見解が妥当であることがおわかりいただけるでしょう。

カスタマーサクセスとSaaS（サース）との関係

　2000年以降の英語および日本語の文献に目を通すと、「カスタマーサクセス（customer success）」はSaaSと関連づけて語られているケースがほとんどです。ここでいうSaaSとは、クラウド上におかれたアプリケーションやサービスを、インターネットを通じて利用する形態を意味します。SaaSには、Google社の検索エンジンやGmailのように無料で提供されるもの、従量課金方式のもの、サブスクリプション（定額）方式のものがありますが、有料のサービスとしてはサブスクリプション（定額）方式が主流になっています。

　「カスタマーサクセス」がSaaSと関連づけて語られているケースが多いのは、SaaSの世界では移り気なユーザー（顧客）たちをどうつなぎ留めるかが、ビジネスの成否を決める経営戦略の要だからです。従来型の事業とは違って、ビジネスの状況（製品・サービスの利用状況や利用者の増減）が日々の数字に表れるシビアな世界では、いい意味でも悪い意味でもユーザー（顧客）の顔色を窺わざるを得ません。あえて「顔色

を窺う」というマイナスイメージのある表現を用いたのは、「カスタマーサクセスを通じて顧客との間に良好な関係を築くことができれば顔色を窺わなくてもすむようになる」ことを伝えたいからです。つまり、ここがカスタマーサクセスの大きな特長（メリット）なのです。

カスタマーサクセスの鍵を握るとされる「リテンションモデル」とは

『カスタマーサクセスとは何か——日本企業にこそ必要な「これからの顧客との付き合い方」』（2019年、弘子・ラザヴィ著、英治出版）[59]のなかで著者は、カスタマーサクセスの鍵を握るのは「リテンションモデル（カスタマーを虜にするモデル）」だと述べています。「カスタマーを虜にする」は少々オーバーな表現だと思いますが、ある意味で的を射ていることも事実です。「リテンションモデル（retention model：維持・定着モデル）」とは、顧客の維持・定着を促し、長期的な関係性を構築・維持することで収益の拡大を図る仕組みまたはプロダクト（製品・サービス）を意味しています。

リテンションモデルを理解する手助けとなる情報として、同書のリテンションモデルに関する記述の一部を転載します。

リテンションモデルとは（定義）

リテンションモデルを定義しよう。本書では、以下4要素すべてを満たすプロダクトをリテンションモデルと定義する。

1. 利用者が、日常的・継続的にそのプロダクトを利用し、モノの所有に対してではなく成果に対して対価を払う
2. 利用者が、いつでも利用を止める選択権を持ち、かつ初期費用が非常に少なくてすむ
3. 利用者が、それ無しでは生活や仕事ができない・使い続けたいと断言できるほど明らかにプロダクトが常に最新状態に更新・最適化され続ける
4. 利用者が、自分にとって嬉しい成果を得られるならば、自分の個人データをプロバイダーが取得することを許す

　上記の４項目の内容は、「顧客起点のマーケティング」のポイントをほぼすべて網羅しています。１．はプロダクトの機能的な価値ではなく顧客にとっての利用価値が大事であることを、２．はプロダクトの利用開始と利用停止の決定権が完全に顧客側にあり、利用開始の初期コストが少ないことを、３．はプロダクトの利用価値が非常に高く利用し続けたいと感じるレベルであることを、４．は個人情報を提供するリスクとメリットを秤にかけると得られるメリットのほうがはるかに大きいことを意味しているからです。確かに、これらの要件が満たされれば、「カスタマーにサクセスを提供する」ことが可能だと思います。

　もうひとつ注目する必要があるのは、「カスタマーサクセス」という概念・手法が顧客をディール（取引）の物理的ターゲットとみなすのではなく、生きる価値観を判断・行動の基準としている人間（生命）ととらえるという視点で組み立てられていることです。日本企業は、デジタル技術だけでなく経営理念・哲学においても米国や中国の新興企業に後れを取っている部分があることを素直に認める必要があります。

カスタマーサクセスの定義と要点は

　『カスタマーサクセス——サブスクリプション時代に求められる「顧客の成功」10の原則』（ニック・メータ、ダン・スタインマンほか著、英治出版)[60]と『カスタマーサクセスとは何か』（弘子・ラザヴィ著、英治出版)[59]や前出の二つの論文に示されている定義から総合的に判断すると、カスタマーサクセス（customer success）は、次のように定義できます。

　　顧客が製品・サービスを継続的に利用できるような環境を整え顧客と良好な関係を築くことを通じて、顧客が望ましい結果を得られる（つまり成功する）よう支援する経営・マーケティング戦術

カスタマーサクセスの要点を理解していただくための事例として、アマゾンエコー（スマートスピーカー）に搭載されているアレクサ（クラウドベースの音声コミュニケーションサービス）の「ささやきモード」を紹介します。ささやきモードとは、アレクサとささやき声で会話できる機能のことです。例えば、腕に抱いている赤ちゃんが眠りそうなときに、小声で「アレクサ、癒しのオルゴールで子守歌をかけて」とささやくと、やさしいオルゴール音楽がスピーカーから流れ始めます。この機能の評価はまだ「非常によい」というレベルではありませんが、ユーザー（顧客）に成功体験（この場合は短い時間で赤ちゃんの寝かしつけに成功すること）を提供するという明確な目標を設定して開発された機能であることは間違いないでしょう。

　要するに、「顧客の声にしっかり耳を傾ける」「顧客にとっての成功とは何かを考える」「顧客に成功体験を提供できるようにビジネスを組み立て直す」という手順を踏んで顧客起点で開発された機能だということです。

カスタマーサクセスの提供には「エンプロイーサクセス」も必要

　これはコロンブスの卵のような話ですが、仕事に対するモチベーションが低い従業員（エンプロイー）がカスタマー（顧客）にサクセスを提供できるはずがありません。従業員たちが成功を体験できる環境が用意されていなければ、顧客に「カスタマーサクセス」を提供しようと努力する気にはなれないからです。

　2017年に、世論調査を手掛ける米ギャラップが世界各国の企業を対象に従業員のエンゲージメント（仕事への熱意度）調査を実施し、日本に関して「日本は『熱意あふれる社員』の割合が6％であり、米国の32％と比べて大幅に低く、調査した139カ国中132位と最下位クラスだった。企業内に諸問題を生む『周囲に不満をまき散らしている無気力な社員』の割合は24％、『やる気のない社員』は70％に達した」という結果を発表したことが企業関係者に大きな衝撃を与えました。この調査結果の精度はともかく、やる気のない社員のモチベーションを高める手段のひと

つとして注目されつつあるのが「エンプロイー（従業員）サクセス（employee success）」なのです。

　エンプロイーサクセスについては、第10章「JS ERM（従業員重視の経営手法）の成立と発展」で説明した「ERM（Employee Relationship Management：従業員関係性マネジメント）」の内容がほぼ当てはまります。要は「エンプロイーサクセスなくしてカスタマーサクセスなし」ということです。

カスタマージャーニーによる 顧客分析とその実際

「カスタマーサクセス」より少し前から存在していた「カスタマージャーニー（顧客ジャーニー）」もITやマーケティングの世界のトレンドワードです（「カスタマージャーニー」については第3章でも言及しています）。これに深く関係する「ユーザーエクスペリエンス（ユーザー体験）」や「カスタマーエクスペリエンス（顧客体験）」といった言葉も多用されており、「バズワードエキスポみたいで、わけがわからない」と嘆く声も聞こえてきます。筆者（浅岡）はデジタル技術やマーケティング（特にデジタルマーケティング）の世界であいまいに用いられている新語や新しい概念を分類・整理してカオスを鎮めることも役割のひとつだと考えています。

この節では、大元のCRM（顧客関係性マネジメント）手法から派生的に誕生したさまざま戦術的要素の関係を整理しながら、カスタマージャーニーによる顧客分析について解説していきます。また、「カスタマージャーニーはもう通用しない」という最近の言説についても、検討します。

そもそも「カスタマージャーニー」とは

「カスタマージャーニー（customer journey）」を日本語に訳すと「顧客の旅」になります。この「旅」とは、「顧客と商品・サービスとの出会い」、「購入／契約の検討」、「購入／契約」、「利用」、「廃棄」といった一連の行動を指します。ただし、マーケティング関係者が用いる「カスタマージャーニー」という語は、「顧客の旅」自体を指すわけではなく、各時点での顧客の行動を反応・思考・感情などに重きをおいて分析した結果をマーケティングに役立てる手法を意味しています。

経済や社会の変化が加速するなかで顧客・顧客候補（潜在顧客）の価値観が多様化し、企業と顧客・顧客候補とのコンタクトチャネルが増え、チャネル横断的な情報収集・購買行動が一般化してきています。その結

果、多くの企業は、これまでのマスメディア広告やダイレクトメールなどを中心とするプッシュ型のマーケティングアプローチに限界を感じています。そんな状況において期待されているのが、JS CRMが進化する過程で生まれた戦術レベルの新手法である「カスタマージャーニー」なのです。

　多くの企業は、この手法を用いて既存顧客のアップセールス（購買量の増加）やクロスセールス（関連商品・サービスの購入促進）を実現し、また顧客候補を新規顧客に導こうと考えています。しかし、これは短絡的な考え方であり、「カスタマージャーニー」の本質を理解しているとはいえません。この手法の本来の目的は既存顧客との関係性の強化・維持と顧客候補（潜在顧客）との新たな関係の構築であり、アップセールス／クロスセールスや新規顧客の獲得はその結果にすぎないからです。つまり、日本のマーケティング関係者が今すべきことは、「カスタマーサクセス」の場合と同様に、米国発の「カスタマージャーニー」のメリット（特長）をしっかり見きわめた上で、JS CRMの強みを増幅させるようにカスタマイズして取り込んでいくことなのです。

「カスタマージャーニー」の主人公ともいえる「ペルソナ」とは

　このトレンドワード（バズワード）も明確な定義が定まっておらず、人によって少しずつ解釈が異なる扱いにくい言葉です。1997年に刊行された『ペルソナの法則―イメージ・マーケティングでビジネスに成功する法』（デレック・L. アームストロング、カムワイユーほか著、東急エージェンシー出版部）あたりが、この言葉の端緒のようです。この書籍には、「ペルソナとは、個人を含め企業、ブランドの顔を、よりよく認識させるためのもうひとつの新しい魅力的な顔（仮面）づくりである。そして、ペルソナの法則とは、それを体系化し、マーケティング戦略にしたものである」との説明があります。

　この書籍での定義や各種用語辞典での解説から、マーケティング領域における「ペルソナ」とは、企業がメインターゲットとすべき「典型的な顧客像」を指しているようです。後述する「カスタマー・ジャーニ

ー・マップ」との関係を踏まえると、「ペルソナとは、商品やサービスを訴求したい顧客像を意味し、ターゲットとする顧客を具体的なイメージとして表現するカスタマー・ジャーニー・マップの主人公」と考えられます。

ペルソナの設定に用いられる可能性のある顧客特性を以下に示します。

・基本情報（年齢、性別、学歴、居住地など）
・人間関係（配偶者／恋人、同居家族の構成、親しい友人の数など）
・仕事（職業、通勤時間、勤務形態、勤務時間など）
・収入・貯蓄関係（年収、貯蓄額、投資など）
・生活パターン（起床時刻、就寝時間、外食／自炊派など）
・生活スタイル（インドア／アウトドア派、休日の過ごし方、旅行の頻度など）
・価値観（ものの考え方、金銭感覚、興味関心の対象など）
・インターネット関係（利用状況、利用している機器など）
・商品・サービスの購入／利用（インターネット経由、実店舗、両者の割合など）

しかしながら、実際のペルソナ設定はそう簡単ではありません。商品やサービスの種類や価格帯によっても違いが出ますが、昔でいう「衝動買い」的にきわめて短時間（数分から数時間）で購入／利用を決断する顧客・顧客候補もいれば、比較・検討に数か月かける人もいるからです。また、生活パターンや価値観の多様化に伴って、ターゲットを絞り込むことが困難になってきています。

したがって、ペルソナを設定する際には、これまで多くの顧客を抱える大手企業が実践してきたように、何らかの形で顧客をいくつかのグループに分けてその各々にペルソナを設定することも検討すべきです。

ペルソナについては、典型的な顧客像をメインターゲットとして設定するという手法はマスマーケティングのセグメント化手法の改良版であって、CRMの重要な要素である「個客対応」（デジタル技術を駆使した

One to One手法）と対立するものではないか、との意見もあります。その主張の要点は、「コミュニケーション支援機能、同意に基づくオブザーベーションログ収集・分析機能、ページビューカスタマイズ機能、レコメンド機能といったデジタル技術を総合的に活用することで個客との関係性を構築・維持・深化させることが可能であれば、ペルソナの設定は不要なのではないか」ということです。

　ただ、この議論は白黒をはっきりさせるべきものではなく、事業の性質や顧客との関係性に応じてどちらをどのくらい重視するかを柔軟に判断していくのがよいでしょう。そして、ここにおいても、経営陣や各事業の責任者が顧客を「人間（個人）知」や「組織（集団）知」の観点からどうとらえるのかが重要になってきます。

「UX」「CX」と「カスタマージャーニー」との関係は？

　UXは「User Experience」の頭文字をとった略語で、日本語では「ユーザーエクスペリエンス」または「ユーザー体験」と訳されています。また、CXは「Customer Experience」の略語で、「カスタマーエクスペリエンス」または「顧客体験」と訳されています。UXとCXはほぼ同じ意味だという人もいますが、異なる言葉だとする意見が多数派のようです。ここでは、両者は異なるものだとの立場に立って「カスタマージャーニー」との関係を説明します。

　『User Experience vs. Customer Experience: What's The Difference?』（June 9, 2019、Kim Salazar)[61]や顧客体験やユーザー体験関係の書籍や専門雑誌の記事の内容から総合的に考えると、UXが企業の商品・サービスのユーザー（利用者）の個々の体験を指すのに対し、CXは企業の顧客が商品・サービスの利用を通じて経験したこと全体を指しているようです。これを踏まえて、CXとUXの関係を図示すると、**図表11-1**のようになります。

　要するに、一連のUXをひとつのプロセスとしてとらえたものがCXということです。

　ここまで説明を読んだ方は、「では、カスタマーエクスペリエンスと

図表11-1　UXとCXとの関係

カスタマージャーニーはどう違うのか、同じものなのか？」との疑問が湧いてくるでしょう。CXとカスタマージャーニーとの違いに言及する文献はなく、セールスフォース社のWebサイト[62]に「カスタマージャーニー（顧客体験）」という表現や「顧客がブランドや商品を認知、購買、再購入する段階での一連の顧客体験は、カスタマーが旅をする姿に見立てて、『カスタマージャーニー』と呼ばれています」といった表現がみられることから、両者は似た意味で使われているようです。ただ、それではあいまいさが残るため、本書ではCXとカスタマージャーニーを次のように定義します。

> ・CX（顧客体験）：個別のUX（ユーザー体験）を一連の流れとしてとらえたもの
> ・カスタマージャーニー（顧客ジャーニー）：CXをコンタクトチャネル（接点）、顧客の特性、課題、解決方法などの視点を踏まえてひとつのストーリーにしたもの

＊ただし、この定義は状況に応じて変わっていく可能性があります。

「カスタマー・ジャーニー・マップ」とは

　「カスタマー・ジャーニー・マップ」とは、「ユーザーが商品・サービスとの関わりのなかで辿る一連のプロセスすなわちカスタマージャーニーを視覚化したもの」です。顧客または顧客候補が体験するプロセスを「点」ではなく、「線（ストーリー）」としてとらえることがカスタマー・ジャーニー・マップ作成のポイントになります。当然ですが、顧客によ

って、描かれるカスタマー・ジャーニー・マップの中身は異なります。顧客は商品・サービスに関係する情報の収集、認知、検討、判断などフェーズごとにとる行動が異なり、感情もその時々で変化するため、カスタマージャーニー全体を見渡すことで、改善すべき課題をみつけて解決策を案出することが必要なのです。

「カスタマー・ジャーニー・マップ」の作成によって得られるメリットは？

カスタマー・ジャーニー・マップの作成を通じて得られる主要なメリットは、次の五つだと考えられます。

・顧客に対する理解を深めることができる

カスタマー・ジャーニー・マップでは、顧客の行動、思考、感情などを踏まえてCX（顧客体験）全体が可視化されるため、顧客に対する理解を深めることができます。

・顧客とのコンタクトチャネルの強化に役立てられる

カスタマー・ジャーニー・マップを用いてコンタクトチャネルの中身を分析することで、顧客とのコンタクトチャネルを強化する方策を考えることができるようになります。

・CX（顧客体験）の価値向上に役立てられる

CX（顧客体験）の中身を行動や感情などの視点で分析できるので、CXの価値を高める方策を考えることができるようになります。

・マーケティング関係者の顧客認識が共通化され、意思決定が迅速化される

カスタマー・ジャーニー・マップの作成は複数の組織のマーケティング関係者が協力して行うため、顧客に対する認識の共通化が図られ、各種の意思決定も迅速化されます。

・顧客起点で最適なマーケティング施策を考案することができるようになる

CX（顧客体験）全体が見渡せるので、顧客起点で物事を考え、顧

客に価値を提供できるマーケティング施策を立案することが可能になります。

〈カスタマー・ジャーニー・マップを作成する手順〉
　カスタマー・ジャーニー・マップを作成する手順は何種類かありますが、ここでは一般的な流れを紹介しておきます。

1．ペルソナ（典型的な顧客像）を設定する
　カスタマー・ジャーニー・マップの作成で最初に行うのは、マーケティング対象にするペルソナを設定することです。ペルソナはひとつとは限りません。状況に応じて複数のペルソナを設定したほうがよいケースもあります。
　※既存事業の場合は既存の顧客情報に基づき、新規事業の場合は各種の調査データに基づいてマーケティングターゲットとなりそうな顧客をいくつかのグループに分け、そのなかからマーケティング施策で効果が出そうなグループをひとつまたは複数選んでペルソナを設定します。

2．カスタマー・ジャーニー・マップを作成する目的を明確にする
　カスタマー・ジャーニー・マップを何に活用したいのかを明確にします。例えば、既存顧客の維持なのか、アップセールスなのか、クロスセールスなのか、顧客候補の誘引・顧客化なのかを明らかにします。

3．カスタマー・ジャーニー・マップの骨組みを構築する
　どのような構造のカスタマー・ジャーニー・マップを作成するかを考えて、骨組み（フレーム）を構築します。一般的には、横軸に「認知」「興味・関心」「比較検討」「購入」「利用」「利用停止」といった項目を置き、縦軸に「コンタクトチャネル」「行動」「思考」「感情」「課題」「解決策」などを置きます。

4．顧客に関する情報を収集する
　カスタマージャーニーの骨組みが出来たら、顧客に関する情報を収集します。Webサイトへのアクセス履歴（行動履歴）、問い合わせ情

報、クレーム情報、アンケート調査の結果など、さまざまな情報のなかからマップの作成に使えそうな情報を抽出します。

5．関係者で協議しながら情報を整理してマップの空欄を埋めていく

　組織横断・縦断的なメンバーが集まり、マップの各空欄に入りそうな情報をグループ化しそこからどの情報を選んで空欄に記入するかについて協議します。この作業はワークショップ形式で行うのが効果的とされています。

6．ジャーニーのストーリー性を重視しながらブラッシュアップして仕上げる

　マップの空欄がひととおり埋まったら、カスタマージャーニーのストーリー性を重視しながら、マップ全体をブラッシュアップしていきます。ストーリーの整合性がとれて顧客像（ペルソナ）が明確になったと判断できた時点で、カスタマー・ジャーニー・マップは完成です。

　完成したカスタマー・ジャーニー・マップは状況の変化に応じて適宜修正を加えながらある程度の期間利用されますが、現状に合わなくなったと判断された時点でゼロから作り直されます。

「カスタマージャーニーはもう通用しない」は本当か？

　インプレスの「海外のEC事情・戦略・マーケティング情報ウォッチ」というWebサイトに2020年2月6日に掲載された「『カスタマージャーニー』はもう古い？ 変化し続ける消費者ニーズに対応する方法とは」[63]という記事と2020年6月23日に「MarketTRUNK」というWebサイトに掲載された「消費行動は『カスタマージャーニー型』から『パルス型消費』へ変化しているのか？」[64]に気になる情報が記載されているので、一部を紹介しておきます。

　前者の記事には、以下のように記されています。

　　従来の『カスタマージャーニー』は、本質的には一次元的な線で表わされます。事前に決定された一連のポイントを消費者に案内するの

です。そして、予測された道から消費者が大きく逸脱したとき、あなたのアルゴリズムは突然、手がかりを失います。＜中略＞旧式の『カスタマージャーニー』はフィクションであり、そもそも実在しないものだったことは明らかです。

　一方、後者の記事には、以下のような記述があります。

　米Googleの日本法人 グーグル合同会社は、2019年に日本人の新たな消費行動『パルス（瞬発）型消費』を提唱しました。ある程度の時間をかけて購入に至る従来のカスタマージャーニー型とは異なり、偶発的に見つけた商品を瞬間的に購入するというもので、マーケティング施策にも影響が出ると考えられます。＜中略＞昨今の消費行動は、カスタマージャーニー型からパルス型消費へ変わってきているといえるでしょう。その背景には、ネットショッピングやスマートフォンの普及があります。

この項で述べたいのは、「カスタマージャーニーは時代遅れでもう使えない」ということではありません。前者の記事に「カスタマージャーニーはフィクションであり、そもそも実在しないものだったことは明らかです」とありますが、これは一面的な見方といわざるを得ません。ひとりひとりの顧客の利那的な行動をリアルタイムでとらえて即応できないという理由だけで「カスタマージャーニーに存在価値がない」と主張するのは非論理的です。顧客が自社の製品やサービスに関心を示してから、どんな反応を示しどんな行動をし、どのような理由・経緯で製品やサービスを使わなくなるのかの情報を収集して分析する（顧客ジャーニーを分析する）ことを通じて、顧客とのコミュニケーションの仕方、マーケティング戦術のあり方、ビジネスモデルの改良の仕方、新たなビジネスモデルの創造の仕方を大きく変革できるからです。
　ただし、ネットオークションやTVショッピングなどの普及もあり、日本の消費者に「パルス型消費」の機会が増えていることも事実です。

それでは、どうすべきなのか？「パルス型消費」が増えたからといって「カスタマージャーニー型消費」がなくなるわけではなく、また「パルス型消費」をする人が「カスタマージャーニー型消費」をしないわけではない点を踏まえ、「カスタマージャーニー型消費」への対応を基本とし、「パルス型消費」にタイムリーに対応できる手法を一部取り入れるのが本筋だと考えられます。

　近年の日本には、米国発の新しいテクノロジーや手法にすぐ飛びついて従来使っていたものを軽視したり捨て去ろうとしたりする風潮がありますが、東洋（特に日本）の精神文化には「対立する概念や手法を連携・融合させて新たな価値を生み出す知恵」が根づいており、それを思い起こして活用する必要があるのではないでしょうか？

「カスタマージャーニー」の有効性と今後の課題

　第8章からこの章まで、何度も「価値観」という言葉を使ってきました。それは筆者（浅岡）が「生命知」の現象形態と考える「人間知」「組織知」「社会知」の土台となるもので、それ抜きで経営・マーケティングや企業と顧客・社会との関係を論じても血の通った実践理論や手法にはならないからです。「価値観」という言葉は、人間の内面の真理を追究する傾向が強い東洋哲学と深い関係がある言葉であり、客観的・論理的思考を基本とする西洋哲学ではそれほど重視されてきませんでした（宗教哲学の世界は別ですが）。

　ところが、米国のメガテックの創業者のなかには「人間（顧客）」や「価値（価値観）」を重視する人物が少なからずいます。そのひとりがアップルの創業者スティーブ・ジョブズです。彼は顧客との関係を追究する過程で「価値」や「価値観」の重要性にいち早く気づいたようです。「Marketing is about values.」という一文がそれをよく物語っています。この英文を直訳すると「マーケティングとは価値に関わるものだ」になりますが、AI機能を搭載した翻訳ソフトに訳させると「マーケティングとは価値観のことだ」という訳が示されます。これは中々的を射た訳です。ジョブズは「マーケティングとは顧客に価値を提供することだ」

とも発言しています。前置きが少々長くなりましたが、ジョブスは、経営に復帰した1997年頃から「顧客はアップルからiPhoneという製品を買っているのではなく『iPhoneを使う体験』を買っている」という考えに基づいて「カスタマージャーニー」の形成に長年注力してきたのです。ほかのスマホメーカーに比べて価格が割高であるにもかかわらず多くのファンを引きつけ続けているのは、ジョブスが築き上げた「顧客を虜にする関係性」にあるといえるでしょう。

　ジョブスのこの理念（経営思想）は、日本の企業経営者や経営・マーケティング関係者が大いに学び経営マーケティング戦略とDX推進に活かしていくべき知恵（人間知）だと考えられます。

IT企業のアジャイル開発／DevOpsと DXに学ぶべきこと

　クラウド系のアプリケーションを開発するIT企業のほとんどがアジャイル開発を実践しDevOps（「デブオプス」と読む）にも何らかの形で取り組んでいます。ソフトウェア開発に関する専門的な話がどうしてここで出てくるのかと疑問に思う方もいるでしょう。その理由は、クラウド系のアプリケーションの多くがDXテックとして利用されており、それらをどのように開発しどのように運用するかが顧客（法人または個人）の望む価値を創造・提供できるか否かを大きく左右するからです。

　この節では、スピードや生産性にばかり目が向けられがちなアジャイル開発やDevOpsを組織論、ピープルマネジメント、顧客とのコミュニケーションの視点で再考することで、「コミュニケーション」「協力関係」「顧客起点」の重要性を明らかにしていきます。

　ところで、アジャイル開発／DevOpsもSaaS（サービスとしてのソフトウェア）との関連が強いので、SaaSが主要事業ではない企業には関係ないと思われる方もいるでしょう。しかし、この節で論じる「顧客起点」の製品開発という考え方は、SaaSと直接関係のない企業にも適用できるので、しっかり理解しておく必要があります。

そもそもアジャイル開発とは

　『アジャイルとDevOpsの品質保証と信頼性』（2020年、荻野恒太郎、日本信頼性学会論文誌 Vol.42, No.2, 2020年3月号）[65]や『アジャイル開発とスクラム 第2版 顧客・技術・経営をつなぐ協調的ソフトウェア開発マネジメント』（2021年、平鍋健児、野中郁次郎ほか著、翔泳社）[66]などによると、アジャイル開発は1990年代後半に出てきたスクラム（scrum）やXP（Extreme Programming：エクストリームプログラミング）などの手法の提唱者たちにより2001年に「Manifesto for Agile Software Development（アジャイルソフトウェア開発宣言）」[67]が公表されたことで生まれたようです。

アジャイル（agile：俊敏）開発とは、「ソフトウェア開発の全工程をカバーする全体計画を立てて、それを段階的に実行する」を基本とする従来型のウォーターフォール開発とは違い、開発するソフトウェア全体を細かい要素に分解して要素ごとに開発サイクルを回していく方法です。小さいサイクルを繰り返すことで個々の機能の開発が独立して完結するため、開発期間中の仕様変更の発生に強く、リスクを最小化させることも可能です。この小さなサイクルの繰り返しは「イテレーション（iteration）」と呼ばれます。また、アジャイル開発では、顧客を含めたチーム単位で開発を進めることが成功の鍵とされています。

そもそもDevOpsとは

DevOpsは「デブオプス」と読み、「Development（開発）」と「Operations（運用）」を組み合わせた造語です。「DevOps」という用語は、2009年にベルギーで初めて開催された「DevOpsDays」を契機として世に知られるようになりました。

DevOpsの厳密な定義はまだ存在しませんが、「主にクラウド系のアプリケーションの開発チームと運用チームが動的に協力・連携することにより、顧客に迅速かつ柔軟にサービスを提供するための考え方や仕組み」を指すと考えてよいでしょう。

DevOpsが誕生する要因は、アプリケーションを開発するチームと運用を担当するチームの目指す方向に乖離が生じ、それが社内や顧客とのトラブルに発展するケースが増加してきたことにあったとされています。

図表11-2　DevOps実行サイクルのイメージ

元々ひとつだった組織が二つに分かれたことで、アプリケーションの機能を少しでも高めたいと考える開発チームのメンバーと、できるだけリスクを減らして安定的な運用をしたいと考える運用チームのメンバーの間にコンフリクション（衝突）が起きるようになったのです。

そして、この問題を解決するために生み出されたのがDevOpsという方法論です。

アジャイル開発とDevOpsの違いと関係は？

アジャイル開発とDevOpsについては、DevOpsの定義がはっきり定まっていないこともあり、両者の違いがよく理解できていない人が多いようです。しかし、アジャイル開発とDevOpsは下記のように明確に異なる概念です。

> ・アジャイル開発：開発するソフトウェア全体を細かい要素に分解し要素ごとに開発サイクルを回していくという手法であり、仕様変更などの環境変化に柔軟に対応することや製品／サービスを顧客に迅速に提供することに力が注がれます。
> ・DevOps：顧客が望む製品やサービスを迅速かつ安定的に提供するための方法論であり、アプリケーションの開発チームと運用チームとの連携・協力、チームメンバー相互のコミュニケーション、メンバー同士の関係性・信頼性の構築が重視されます。

この二つが「アジャイル開発／DevOps」のような形で並列されるのは、「アジャイル開発」がアプリケーションを効率的かつ効果的に開発するための手法で、DevOpsが顧客へ的確かつ適切な製品・サービスを提供するための方法論であるため、実際の現場では両者を組み合わせて利用するケースが多いからです。

アジャイル開発とDevOpsに共通する顧客起点の発想

まず、2001年に出された「アジャイルソフトウェア開発宣言」の前文

をみてください。

　　私たちは、ソフトウェア開発の実践または実践を手助けする活動を
　通じて、よりよい開発方法を見つけ出そうと試みている。
　　この活動を通して、私たちは以下の結論に至った。
　「プロセスやツール」よりも「個人との対話」に、
　「包括的なドキュメント」よりも「動くソフトウェア」に、
　「契約交渉」よりも「顧客との協調」に、
　「計画に従うこと」よりも「変化への対応」に、
　価値をおくべきである。
　　左記の事項に価値があることを認めながらも、
　私たちは右記の事項により価値をおく。
　　＜浅岡訳＞

　この前文を読むと、普通のソフトウェア開発者とはかなり異なる価値
観が示されていることに気がつきます。おそらく、「これまで『プロセ
スやツール』『包括的なドキュメント』『契約交渉』『計画に従うこと』
を重視してきたけれど思うような成果が得られなかったことから、失敗
の原因を探り、『個人との対話』『動くソフトウェア』『顧客との協調』
『変化への対応』の重要性に気づいた」ということなのでしょう。

アジャイル開発／DevOpsに日本企業が学ぶべきことは？

　従来のウォーターフォール開発に比べて顧客の要望や市場の変化に柔
軟に対応でき開発期間も短縮できるアジャイル開発を企業の経営そのも
のに応用すべきという考え方が広がりをみせ始めています。
　例えば、スウェーデンの航空機メーカーのサーブが製造している
「SAAB JAS 39 Gripen」という戦闘機は米国のロッキード・マーティ
ンほかが共同開発した「F-35 Lightning II」よりコストパフォーマンス
が高いとの評価を得ていますが、それはアジャイル開発の主要な手法で
ある「スクラム」を導入しているからだといわれています。ポイントは、

設計・製造工程だけでなく、経営や事業の意思決定全般にアジャイル開発の考え方をとり入れている点にあります。また、ドイツのBMWもアジャイル開発の発想をスピード経営に生かして、エンジンからの脱却を推進し始めています。ホンダの新社長の三部敏宏が2021年4月に「2040年までにEV・FCVの販売比率を100％にしてエンジン車から全面撤退する」と発表したことは、米国テスラの驚異的な成長やBMWなどの動向を見据えてのことでしょう。ホンダらしさが影を潜めていたトヨタ追随の姿勢を改めて、本田宗一郎のパイオニア精神とスピード経営を取り戻そうとしているのであれば、歓迎すべき変化といえます。

　もう一方のDevOpsは、前出の「DevOpsとは顧客が望む製品やサービスを迅速かつ安定的に提供するための方法論である」という定義をみても、アジャイル開発よりも顧客との関係性が重視されていることがわかります。DevOps Research and Assessmentの創業者のジェズ・ハンブルは「DevOpsは目的を意味するのではなく、終わりなき改善プロセスを意味している」と述べています。DevOpsは、さまざまな企業に導入され実践を経るなかで上記の定義からその範囲を広げ、顧客との新たな関係性を思考する企業文化、理念・哲学、組織・事業のスピーディかつ継続的な変革を指すようになってきているようです。Netflix、LinkedIn、Google、Amazon、などはDevOps文化を導入することで、大きな成果を上げています。

　この流れを受けて、デジタルビジネスの先進企業だけでなく従来型の企業のなかにもDevOpsを導入するところが増えていますが、それらの企業のすべてがDevOpsの成果を享受できているわけではありません。DevOpsを導入しても十分な成果が得られていない原因はどこにあるのでしょうか？　最大の原因は、DevOps導入の目的を製品やサービスを開発する組織とそれを運用する組織との意思疎通に限定してしまっている点にあります。この問題は「運用する組織」を拡大解釈して企業全体に広げ、DevOpsを前記のように「顧客との新たな関係性を思考する企業文化、理念・哲学、組織・事業のスピーディかつ継続的な変革」という経営戦略的なムーブメントととらえ直すことで解決できるでしょう。

「ITベンダーや経営コンサルタント会社の勧めるままにDevOpsを導入してみたものの実体がつかめないし成果も得られない」とか「DevOpsを導入する必要がありそうなことはわかるが、どこにどう使えばどんなメリットがあるのかよくわからない」といった日本企業は、上記のポイントを理解した上で、米国の先進企業の導入事例を参考にして導入・活用の方針を明確にする必要があります。

　最後に、米国のIT調査会社GartnerのWebサイト内の「The Secret to DevOps Success（DevOps成功の秘訣）」（April 11, 2019）[68]という記事を紹介しておきましょう。Gartnerのアナリストでシニアディレクターでもあるジョージ・スパッフォードは、DevOpsの失敗の5大原因（下記）とその解決策（紙幅の関係で省略）を示しています。

・DevOpsが顧客価値を起点にしていない
・組織変革が管理されていない
・組織間の協力が欠如している
・一度に多くのことをしようとし過ぎている
・DevOpsに過度な期待をしている

　これはDevOpsの導入を失敗させないためのヒントになるので、ぜひ参考にしてください。

未来経営のキーワードは顧客起点・顧客価値の創造・未来創造＋S

　第三部（第8章から第11章）をここまでお読みいただいた皆さんは、江戸時代に次々に萌芽した日本流の商いの理念・哲学が明治期、大正期、昭和期、平成期、そして令和期の経済状況・社会状況・国際状況の変化に伴って変革や変貌を繰り返しながら「日本流の経営・マーケティング戦略」へと成長してきたことがおわかりいただけたと思います。

　日本はデジタル技術の先進性や導入率だけで見れば、他の先進諸国に比べて確かに周回遅れかもしれません。もちろん、この問題については、顧客との関係性を重視した新たなデジタル技術の開発や米国や中国で開発されたデジタル技術の改良を通じて解消を図る必要があるのは確かです。しかし、デジタル技術を事業活動や公益活動に活用することで人間社会をより良く変貌させていくDXの戦略策定（具体的な目標の設定を含む）や中間目標と最終目標の達成に向けた手法や方策（解決策）の考案や着実な実践については、「日本流の経営・マーケティング戦略」という最強の拠り所があるのです。これは世界のどこの国ももっていない強みなのですが、日本企業のほとんどがその価値を認識していないために、残念ながら十分に活用できていません。

　この節では、この章と第三部全体のまとめとして、DX戦略の策定と実践において「日本流の経営・マーケティング戦略」の主要なキーワードである「顧客起点」「顧客価値の創造」「未来創造」がもつ意味と「＋S」について説明します。

日本流の経営・マーケティングを支える主要な手法はJS CRM・JS ERM・JS CSR・JS SDGs＋？

　第10章で詳しく説明したように、日本流の経営・マーケティングを支える主要な手法は、米国流のCRM（顧客関係性マネジメント）を日本に長く息づく「三方よし」「先用後利」「現銀安値掛け値なし」といった経営理念に基づいてカスタマイズした「JS CRM（日本流のCRM）」です。

これを基軸として、「JS ERM（従業員関係性マネジメント）」「JS CSR（企業の社会的責任）」「JS SDGs（持続可能な開発目標）」といった手法と連結・統合していくなかで「日本流の経営・マーケティング手法」が形成されてきました。今後、「JS SDGs」の先に新たな手法が連結される可能性はありますが、それは、JS CRM・JS ERM・JS CSR・JS SDGsという主軸を補強するものであって、それらにとって代わるものではないでしょう。

JS CRMはさまざまな戦術的要素を取り込みながら形成されてきた

　CRMに関係するバズワードが次々に生まれては消えていくなかで現在まで生き残っている主なものは、「UX（ユーザー体験）」「CX（顧客体験）」「CS（カスタマーサクセス）」「CJ（カスタマージャーニー）」「CE（顧客エンゲージメント）」「CR（顧客リテンション）」などでしょう。ひとつ不思議なのは、これらの用語のほとんどがCRMとは別物であるかのように扱われていることです。米国で生まれたCRMが日本に入ってきた1995年ころからずっとその変遷をみてきた筆者（浅岡）の目には上記のトピックがいずれもCRMから派生したことは明らかなのに（**図表11-3**を参照）、それらの戦術レベルの手法の提案者たちはなぜCRMとの関係に言及しないのでしょうか？　理由はいろいろ考えられますが、可能性が高いのは次の二つでしょう。

　　・CRMについて知らないマーケティング関係者がオリジナルで考案した
　　・CRMを踏まえて考案したが、新規性をアピールするためにわざとCRMに言及しない

　内容の関連性の強さからみて前者の可能性はかなり低いので、後者の可能性が高いようです。少々穿った見方かもしれませんが、このことが現在のマーケティングカオスを生み出している原因と考えられます。

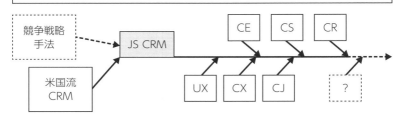

図表11-3　JS CRMと各種の戦術レベルの新手法との関係

　なお、「CR（Customer Retention：顧客リテンション）」とは、顧客
との良好な関係性を維持しながら継続的に利益を確保していくマーケテ
ィング活動を意味します。

JS CRMと各種の新手法に共通するキーワードは「顧客起点」と「顧客価値の創造」

　マーケティング関係のさまざまな戦術レベルの手法に「顧客」という
キーワードが登場するのは当然ですが、「顧客起点」「顧客価値」「顧客
価値の創造」をすべて包摂する手法は顧客との関係性を重視するJS
CRM（顧客関係性マネジメント）に限られています。マスメディアを
通じたマス（不特定多数）向けの広告を主要な収入源としてきた大手の
広告代理店の業績が軒並み右肩下がりになってきていることからも、顧
客（個客）との関係性を土台とした「顧客起点」「顧客価値」「顧客価値
の創造」が不可欠な要素であることがおわかりいただけると思います。

　UX（ユーザー体験）、CX（顧客体験）、CE（顧客エンゲージメント）、
CJ（カスタマージャーニー）、CS（カスタマーサクセス）、CR（顧客リ
テンション）のどれをとっても、「企業と顧客との関係性」がなければ
実現できない手法であり、顧客とより良好な関係性を築きそれを維持し
ていく手法や活動なのです。

　誤解のないようにお断りしておきますが、この節でいいたいのは、「JS
CRMが戦略レベルの手法であるのに対して、前出のさまざまなCRM関

係のキーワードは下位の戦術レベルの方策にすぎないので、それほど重視しなくてよい」ということではありません。CRMをブレークダウンすることで生まれた「顧客の立場に立って（顧客起点で）ビジネスモデルを考える」とか「顧客起点でビジネスモデルを組み立てることを通じて、顧客が望む新たな価値を創造し提供する」といった戦術レベルの方策が企業現場で活用されて以前よりも大きな成果を生み出していることは間違いないからです。

　ここで述べたいのは、「UX、CX、CS、CJ、CE、CRなどをCRMの構成要素ととらえて顧客（人間）起点で有機的に連携させることができれば、顧客にとって望ましい新たな価値を創造・提供し続けることができることを認識していただきたい」ということです。これは、「JS CRM」という経営・マーケティングの戦略的かつ統合的な方法論（メソドロジー）の提案だと考えてください。

DX戦略の策定と実践で重要な意味をもつ顧客起点・顧客価値の創造・未来創造

　経営戦略を策定してからその内容を踏まえてDX戦略を策定する必要があることと、「JS CRM⇒JS ERM⇒JS CSR⇒JS SDGs」という一連の流れを踏まえてDX戦略を策定する必要があることは、前章で説明したとおりです。また、第10章「未来指向型の経営哲学の確立」で「現代版三方よし」システムの中核がJS CRMであることを説明したことから、DX戦略の作成において「顧客起点」と「顧客価値の創造」が重要なキーワードとなることがわかります。

　DX戦略の策定と実践については、もうひとつ大切なキーワードがあります。それは「未来創造」です。これが大事なのは、DXが人間社会のよりよい未来を創造することを最終目標としたものだからです（「企業の競争優位性の確立」は企業内部での目標であり、中間目標です）。ここでいう「未来」とはJS CSR（企業の社会的責任）やJS SDGs（持続可能な開発目標）を踏まえた「地球レベルの三方よし」が実現された人間社会を意味します。これを別の視点からみると、「生命知」が日本

流の経営・マーケティング戦略やDXの実践に活かされることで生まれ
てくる「未来経営」によって実現される未来社会の形といえるでしょう。

情報セキュリティなくしてデジタルなし

　情報セキュリティについては、松田が第2章の「停滞した組織に活力
を与える自然医療」の節で論じているように、西洋的な科学的合理性に
基づく「医学モデル」的視点だけでなく「自然モデル」的視点も必要で
あるとの考えに基づいて説明します。ここでいう自然モデルとは、「川
の流れのなかにできる渦のような秩序にたとえられる生命が、自己と他
者、そして周囲の環境との関係を創り出していくことによって、よい循
環が生まれ、自らを成長させていくとともに、他者とともに成長してい
くことによって、未来への道が切り拓かれていく」（第2章からの引用）
という考え方です。

　この章そしてこの部の締めくくりの言葉としたいのは、「情報セキュ
リティなくしてデジタルなし」です。ちなみに、この節のタイトルの最
後にある「S」はSecurity（セキュリティ）の頭文字です。「最後にいか
にもありきたりなことを」といわれるかもしれませんが、「人間社会の
幸福」（DXの提唱者であるストルターマンが示したDXの最終目標）を
実現したいのであれば、何をおいてもデジタル技術（ツール）の利用者
（企業の経営陣も従業員も顧客も取引先の関係者もすべて）の安全・安
心を優先させる必要があるからです。

　まず、医学モデルの視点から情報セキュリティの向上について考えま
す。PCやスマホの製造企業や販売事業者はウイルス対策ソフトやリス
ク検知ツールをプレインストールした状態で機器を提供するようになっ
てきていますが、利用者の視点でみると、セキュリティ対策はまだまだ
不十分といわざるを得ません。政府もIT企業も「利用者の安心・安全
が最優先」といいながら、肝心なときには「自己責任論」をもち出して
責任を回避しようとします。

　この問題に本気で取り組まずにDXだけを推進しようとすれば、利用
者（個人だけでなく法人にも）に多大な被害が出るようになり、「利用

者の安全・安心」どころか企業の収益にもマイナスの影響が出ることになりかねません。

　それでは、一体どうすればよいのでしょうか？　筆者（浅岡）はデジタルセキュリティの専門家ではないのでデジタル技術に特化した提言・提案はできませんが、通信事業者、PC・スマホその他のデジタル機器の開発・販売事業者、デジタルプラットフォーマー（米国のGAFAや中国のBATなど）、各種のソリューションプロバイダー、そして業界団体やデジタル庁が緊密に連携し役割分担しながら、デジタル機器・ツールと利用者とのあらゆるコンタクトチャネルを複層的に監視し利用者に不利益をもたらすトラブルを99.99％以上未然に防ぐ仕組みを官民挙げて構築すべきと考えています。本当は「シックスナイン（99.9999）」といいたいところですが、開放系のネットワークでそれは無理でしょうから、せめてリスクを千分の1（99.99）未満に抑える仕組みを作ってほしいものです。ちなみに、シックスナイン（99.9999）」とは、信頼性工学（Reliability Engineering）の用語で、高信頼性が要求される部品等に求められる信頼度のことです。

　「そんなことは無理だろう」と考える方が多いかもしれませんが、決して不可能な話ではありません。シミュレーション用のネットワークで各種のトラブルやリスクを学習させた多種多様な『AIセキュリティパトローラー』が縦横無尽に見回りを続け、情報セキュリティに関わるトラブルの芽を摘んで回るようにすれば、「99.99％以上」は実現可能だと考えられます。ここで「多種多様な」と述べたのは、セキュリティマネジメントで連携する関係各社がそれぞれ異なるアプローチやアルゴリズムで開発に取り組んだ結果「多種多様な」『AIセキュリティパトローラー』が生み出されることを意味します。

　次に、自然モデルの視点から情報セキュリティの向上について考えます。具体的にいうと、「情報セキュリティに関係するヒューマンファクターを分析してヒューマンエラーにつながる恐れのある因子を特定・除去しようということです。ここでいうヒューマンエラーは、個人の故意や手抜きによるエラーと、組織（グループ）としての人的要因（グルー

プリーダーの資質不足、グループ内のコミュニケーション不全、メンバー相互の関係性の希薄さなど）によるセキュリティエラーに大別することができます。

　個人の故意や手抜きによるセキュリティエラーを最小化するには、ERM（従業員関係性マネジメント）と社員に対する倫理・コンプライアンス教育を併行的に実施する必要があります。昨今、企業の社員が顧客情報を故意に流出させる事件が多発していますが、そういう事案が発生する企業に共通しているのは離職・転職率が高いことです。これは、ERMが実践されておらず（従業員が大事にされておらず）会社への帰属意識が低い社員が多いことを意味します。こういった会社の謝罪会見をみていると、「社員へのコンプライアンス教育を徹底して二度とこのようなことが……」が決まり文句ですが、それだけで解決する問題ではないことをしっかり認識して会社の体質改善を図るべきです。

　一方、組織（グループ）としての人的要因によるセキュリティエラーは、グループを束ねるリーダーの資質やコーディネート能力を高めることと、グループを構成するメンバー同士のコミュニケーションの仕組みを改善して相互の関係性を良好にすることで減らすことができます。これを第1章で松田が説明した「ビジネスエコシステム」という視点でとらえると、企業全体のエコシステムを構成するモジュール（自律的に機能する基本単位）エコシステムとして組織（グループ）をとらえて、情報、知識、知恵を効率的かつ効果的に循環させることで、ヒューマンエラーを生じさせる穴をなくすことを意味します。

　組織（グループ）をエコシステムとみた場合に大事なのは、循環の連鎖が単一のエラーによって切れてしまわないように、人間同士の関係にいい意味の重複性をもたせることです。細かいエラーが生じても容易にリカバーできるようにするには、問題（エラー）が生じたときに柔軟にカバーし合える複層的な人間関係を組織の設計段階から組み込んでおく必要があります。ここで大事なのは、人間関係が単なる関係ではなく良好な関係すなわち「信頼関係」（他者に起因するエラーであってもカバーしようと思える関係）になるようにリーダーやメンバーたちが努力し

なければ、セキュリティエラーを「シックスナイン（99.9999）」レベルに近づけるのは難しいということです。そして、組織（グループ）におけるヒューマンエラーの削減に関しても「人間（個人）知」や「組織（集団）知」が大きな意味をもつことになるのです。

引用文献

[1] 金谷 治（翻訳）　孫子　岩波書店　2000
[2] 宇治谷 孟（著）　続日本紀（上）全現代語訳　講談社　1992
[3] 宇治谷 孟（著）　続日本紀（中）全現代語訳　講談社　1992
[4] 宇治谷 孟（著）　続日本紀（下）全現代語訳　講談社　1992
[5] 森田 吉彦（著）　吉田松陰『孫子評註』を読む　PHP研究所　2018
[6] カール・フォン クラウゼヴィッツ（著），清水 多吉（翻訳）　戦争論〈上〉　中央公論新社　2001
[7] カール・フォン クラウゼヴィッツ（著），清水 多吉（翻訳）　戦争論〈下〉　中央公論新社　2001
[8] B・H・リデルハート（著），市川良一（翻訳）　リデルハート戦略論 間接的アプローチ 上　原書房　2010
[9] B・H・リデルハート（著），市川良一（翻訳）　リデルハート戦略論 間接的アプローチ 下　原書房　2010
[10] ソニータイマー　wikipedia　2021.11.19　https://ja.wikipedia.org/wiki/%E3%82%BD%E3%83%8B%E3%83%BC%E3%82%BF%E3%82%A4%E3%83%9E%E3%83%BC
[11] 裴 富吉（著）　経営理論史―日本個別資本論史研究　中央経済社　1984
[12] 坪井 順一（著），間嶋 崇（著）　経営戦略理論史　学文社　2008
[13] マーケティング史研究会 編（著）　マーケティング学説史　アメリカ編　同文舘出版　2008
[14] マーケティング史研究会 編（著）　マーケティング学説史　日本編　同文舘出版　2014
[15] Jr.アルフレッド・D.チャンドラー 他（著）　経営戦略と組織―米国企業の事業部制成立史　実業之日本社　1984
[16] R.N.アンソニー（著），高橋 吉之助（翻訳）　経営管理システムの基礎　ダイヤモンド社　1968
[17] George Albert Steiner他（著）　Management Policy and Strategy:Text, Readings, and Cases　MacMillan　1977
[18] M.E.ポーター（著），土岐 坤 他（翻訳）　競争の戦略　ダイヤモンド社　1995
[19] Michael E.Porter（著）　Cases in competitive strategy　Free Press　1983
[20] Michael E.Porter（著）　COMPETITIVE ADVANTAGE:Creating and Sustaining Superior Performance　Free Press　1985
[21] Michael E.Porter（著）　The competitive advantage of nations　Free Press　1990
[22] Michael E.Porter（著）Industry Structure and Competitive Strategy:Keys to Profitability FINANCIAL ANALYSTS JOUMAL　1980　https://www.jstor.

org/stable/4478361

[23] Michael E.Porter（著） Strategy and Society:The Link Between Competitive Advantage and Corporate Social Responsibility, Harrard Business Review, December 2006

[24] Don Peppers他（著） The One-to-one Future:Building Business Relationships One Customer at a Time Piatkus Books 1994

[25] Hedges, R.B.他（著） Managing your customer relationship portfolio Commercial Lending Review, vol.1, part2, pp.3-20. 1985

[26] Q Pan 他（著） The Application of Customer Relationship Management in Retail Drugstores China Pharmacy, 0（04） 1991

[27] 井手 和明 他（著） One to Oneインターネット時代の超マーケティング―日本での実践事例を徹底紹介 アイディーエル 1998

[28] 浅岡 伴夫 他（著） CRMからCREへ One to One戦略を支える実践手法 日本能率協会マネジメントセンター 1999

[29] 浅岡 伴夫 他（著） 日本発・世界標準の『新世代One to One&CRM』―2010年‐30年を見据えた究極のマーケティングパラダイム 五月書房 2008

[30] 野中 郁次郎 他（著），梅本 勝博（翻訳） 知識創造企業 東洋経済新報社 1996

[31] 野中 郁次郎 他（著），黒輪 篤嗣（翻訳） ワイズカンパニー: 知識創造から知識実践への新しいモデル 東洋経済新報社 2020

[32] 鎌田元一（著） イラストでつづる 富山売薬の歴史 薬日新聞社 1985

[33] 配置売薬と行商 内藤記念くすりの博物館 http://www.eisai.co.jp/museum/history/0500/index.html

[34] 一般社団法人 全国配置薬協会 https://www.zenhaikyo.com/

[35] 荒田 弘司（著） 江戸商家の家訓に学ぶ商いの原点 すばる舎 2006

[36] 大野 正英（著） 「三方よし」の由来とその現代的意味 日本経営倫理学会誌第19号 2012

[37] 東近江市近江商人博物館 https://e-omi-muse.com/omishounin/

[38] 住友林業株式会社 https://sfc.jp/information/company/history/

[39] Peter F Drucker（著） Management：Tasks, Responsibilities, Practices New York:Harper&Row 1973

[40] 環境省（編纂） 環境・循環型社会白書 平成20年版 日経印刷 2008

[41] 国会図書館デジタルコレクション https://dl.ndl.go.jp/

[42] 総務省（編集） 平成28年版 情報通信白書 日経印刷 2016

[43] Janey Whiteside Walmart U.S. https://corporate.walmart.com/leadership/janey-whiteside

[44] 企業の社会的責任（Corporate Social Responsibility:CSR）に関する基礎調査報告書 独立行政法人 国際協力機構、アイ・シー・ネット株式会社 2005.03 https://openjicareport.jica.go.jp/pdf/11816543.pdf

[45] 川村 雅彦（著） 日本におけるCSRの系譜と現状 ニッセイ基礎研究所 2009

[46] 橋村 政哉（著） 日本におけるCSRの展開とその可能性:―日本企業の社会への考慮は改善されるか― 社会政策8（1）, 98-110 2016

[47] Michael E.Porter（著） Creating Shared Value:Redefining Capitalism and the Role of the Corporation in Society Harvard Business Review, January and February 2011

[48] JAPAN SDGs Action Platform 外 務 省 https://www.mofa.go.jp/mofaj/

gaiko/oda/sdgs/index.html

[49] 2030アジェンダ　国際連合広報センター　https://www.unic.or.jp/activities/economic_social_development/sustainable_development/2030agenda/

[50] 年金積立金管理運用独立行政法人　　https://www.gpif.go.jp/

[51] M.E.ポーター（著），土岐 坤（翻訳）　競争優位の戦略―いかに高業績を持続させるか　ダイヤモンド社　1985

[52] ポーター・エリスマン（著），黒輪 篤嗣（翻訳）　アリババ 中国eコマース覇者の世界戦略　新潮社　2015

[53] 中野 明（著）　IT全史――情報技術の250年を読む　祥伝社　2017

[54] 情報処理学会歴史特別委員会（編集）　日本のコンピュータ史　オーム社　2010

[55] Marketing Technology Landscape Supergraphic（2020）:Martech5000 ― really8,000,but who’s counting? Chief Marketing Technologist https://chiefmartec.com/2020/04/marketing-technology-landscape-2020-martech-5000/

[56] Erik Stolterman他（著）　Information Technology and the Good Life Information Systems Research pp687-692　2004

[57] Stanley E.Fawcett他（著）　Logistics Performance Measurement and Customer Success　Industrial Marketing Management27（4），341-357　2018

[58] Jong Won Lim他（著）　Key Determinants of Customer Success　Seoul Journal of Business5（1）　1999

[59] 弘子 ラザヴィ（著）　カスタマーサクセスとは何か――日本企業にこそ必要な「これからの顧客との付き合い方」　英治出版　2019

[60] ニック・メータ 他（著），バーチャレクス・コンサルティング（翻訳）　カスタマーサクセス――サブスクリプション時代に求められる「顧客の成功」10の原則　英治出版　2018

[61] Kim Salazar（著）　User Experience vs.Customer Experience:What’s The Difference?　Nielsen Norman Group　2019.06.09　https://www.nngroup.com/articles/ux-vs-cx/

[62] 新しい時代の顧客体験とは　株式会社セールスフォース・ドットコム　https://www.salesforce.com/jp/campaign/customer-experience/

[63] 『カスタマージャーニー』はもう古い？ 変化し続ける消費者ニーズに対応する方法とは　インプレス　2020.02.26　https://netshop.impress.co.jp/node/7230

[64] 消費行動は『カスタマージャーニー型』から『パルス型消費』へ変化しているのか？　MarkeTRUNK　https://www.profuture.co.jp/mk/column/10098

[65] 荻野 恒太郎（著）　アジャイルとDevOpsの品質保証と信頼性　日本信頼性学会論文誌Vol.42, No.2　2020

[66] 平鍋 健児 他（著）　アジャイル開発とスクラム 第2版 顧客・技術・経営をつなぐ協調的ソフトウェア開発マネジメント　翔泳社　2021

[67] Manifesto for Agile Software Development　　https://agilemanifesto.org/

[68] The Secret to DevOps Success　Gartnet　2019.04.11　https://www.gartner.com/smarterwithgartner/the-secret-to-devops-success

デジタル×生命知がもたらす未来経営

第三部までを通して、本書の、そして第四部のタイトルでもある「デジタル×生命知がもたらす未来経営」の土台となる考え方を整理してきました。序章では、すべての土台となる考え方として「混沌とした世界に秩序を与える生命知」についてまとめました。次に、第一部では、生命知にもとづいて企業や組織に活力を与え、生命知溢れる企業や組織への変革を行うために必要な「生命知がもたらすデジタル時代の組織変革」について論じてきました。そして、第二部では、これまでデジタル技術がどのように人間社会を変えてきたのか、今どのような技術があり、どのように社会を変えていこうとしているのかを「人間」という視点からとらえ、人間社会におけるデジタル技術の可能性について、「生命知がもたらすデジタル社会の人間らしさ」として模索しました。その後、第三部では、日本文化のなかで育まれてきた生命知がどのように日本の商売を支えてきたのかを「生命知が紐解く商売の日本史の経営戦略」という観点でまとめました。

第四部は、それらすべての論を総動員し、「デジタル×生命知がもたらす未来経営」を解説します。まず第12章では、生命知によって地球環境や事業の「持続可能性」について見直し、人、組織、社会、そして地球環境という分離不可能な関係を大きくとらえ直し、「デジタル×生命知がもたらす豊かな循環社会」という私たちの社会の未来の姿を提示します。次に、第13章では、12章で示した豊かな循環社会を牽引するなかで利益を上げ、組織として発展していくための具体的な方法論である「デジタル×生命知がもたらす経営戦略」を提示します。そして、第14章では、13章までで提示した方法論によって実現する豊かな循環社会がもたらす恩恵について、本書で紹介してきた事例やアイデアなどを改めて紹介するとともに、その原理についてのまとめを行います。最後に、第15章では、「デジタル×生命知がもたらす未来経営」の実現に向けての第一歩と、現代社会ひとりひとりの行動の重要性についてまとめ、本書の締めくくりとします。

第 12 章

デジタル×生命知
がもたらす
豊かな循環社会

私たち人間は、60兆の細胞が共に生きることによって、ひとつの「生命」、そして生命が生み出す知である「生命知」そのものになり、それは、企業や組織、人間社会についても同様です。60兆の細胞が調和することでひとつの「生命」を生み出しているように、ひとりひとりが調和し、また、ひとつひとつの組織が調和することで、社会という「生命」は、「生命知」を発揮し、持続的に成長し続けます。ひとつひとつの細胞の不調和、ひとりひとりの人の不調和、ひとつひとつの組織の不調和が、結果として、社会の不調和、地球の不調和を生み出し、それは「社会問題」として顕在化します。社会問題は、それそのものに着目して解決を試みても、次の社会問題を生み出す結果に終わります。しかしながら、その裏側にある生命知に着目し、生命知の循環を生み出し続ける社会は、自ずと社会問題が解決され、ひとりひとりが、そしてひとつひとつの組織が自ずから生命知を発揮し続けます。

　本章は、生命知を発揮し続ける循環社会を描くことを目的とします。まず、生命知がもたらす循環社会のイメージを大まかにまとめたうえで、世界のテック企業が注目する「サステイナビリティ」との関係を整理します。そのうえで、世界のテック企業の価値観をも内包した豊かな循環社会の実現に向けて必要な事柄をまとめたうえで、その社会像を提示します。

生命知がもたらす循環社会とその豊かさ

　「生命知」の働きにおいて重要な点は、それが、人間ひとりの細胞だけでなく、人と人、人と組織、組織と組織、といった社会にとって「よい循環」を生み出すということです。

　今、世界は多くの社会問題を抱えており、それが、貧困や紛争・戦争といった形で顕在化しています。これらの問題のなかには、国や地域の持つ文化が、そして最終的には個人の、価値観に違いがあり、「何が正しいのか」、お互いの正義が衝突することで生まれることが少なくありません。

　そして、個々の価値観に違いがあるならば、「お互いの価値観を尊重すればよい」という考え方が理想的ではあり、「みんな違ってみんないい」という表現が理想として掲げられることが頻繁に見られます。しかしながら、お互いの価値観を尊重しようとして起こり得るのは、それぞれの価値観に対する無関心であり、その結果として起こるのは、相互不干渉の個人主義です。お互いの価値観に踏み込まない個人主義は、その瞬間は「よい行動」のようにも映りますが、実際は、個々人が内包する問題を解決できずに「個人の問題」として黙殺し、その結果として個々人には心の問題を生じさせます。そして、個々人の心の問題は、犯罪などの社会問題として顕在化します。お互いの価値観を尊重するように見せかけて、結果として、それぞれの価値観に無関心でいることは、新たな社会問題を生み出します。他者に対して無関心な社会では、公共交通機関は犯罪の温床になります。犯罪が日常的に発生していたニューヨークの地下鉄で、窓の補修や落書きの掃除に力を入れたところ、結果として犯罪が大幅に減少したといいます[1]。私たちは、無関心によって問題を内包した社会の変革を必要としています。

　さて、こうした社会の構造に対して「生命知」が教える重要な点は、どのような文化であれ、どのような生活環境であれ、私たちひとりひとりが、「生命」を宿しているということです。私たちは、日々、生命知

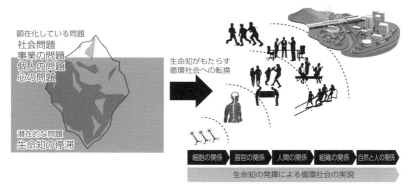

図表12-1　循環社会への転換

を発揮することで生きています。私たちの生命知が発揮されなければ、細胞ひとつひとつ、臓器ひとつひとつの循環は乱れます。それと同様に、人間関係や、組織や社会の関係にも乱れが生じ、結果として、何らかの社会問題という形で顕在化します。生命を宿す私たちにとっては、生命知が発揮され、社会全体の循環が起こる社会でなければ、何らかの社会問題を引き起こす構造からは避けられません。序章において示した図を再掲した**図表12-1**からわかる通り、私たちは、顕在化した社会問題を「もぐら叩き」のように解決し続ける社会から、「生命知」にはじまる循環社会への転換が迫られているといえます。

　社会問題の解決が、次の社会問題を生み出す「もぐら叩き」のような構造は、医療において原因となる箇所のみ治療しようとする「医学モデル」に類似します。それに比べ、生命知を発揮し続けることによって、結果として「循環社会」が実現し続け、それが生命知の発揮につながるという循環は、自ずから病が治癒する身体の力を後押しする「自然（じねん）モデル」による医療に類似します。循環社会という未来の創造は、細胞から社会まで、その生命知が自ずと発揮される循環社会を想起（イメージ）したうえで、少しでも生命知が発揮されるべくひとりひとりが行動を変容させ、生命知を発揮することによって、はじめて実現できる

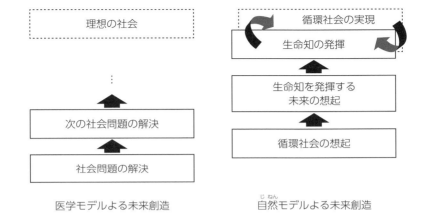

医学モデルよる未来創造　　　　自然モデルよる未来創造

図表12-2　二つの未来創造

ものです。

テック企業が掲げるサステイナビリティと
その課題

　生命の循環を意識してか、世界では、人類がこれまで拠り所としてきた地球環境の「持続可能性」そのものが社会問題として注目され、多くの取り組みがなされています。かつては、地球環境の持続可能性に着目した活動を展開するのは、環境保護団体をはじめとした非営利団体が主体でした。しかしながら、昨今は、テック企業をはじめとする営利企業が、その事業の持続可能性という観点からも、積極的に取り組まれています[25]。

　今、特に注目すべきは、南アフリカ共和国出身のアメリカの実業家であるイーロン・マスクです。マスクは、地球環境の持続可能性が危ぶまれる現代社会を憂い、「人類の救済」を掲げて多くの事業を創造し続けています。人類の火星への移住を目標に掲げ、宇宙輸送を可能にするロケットを製造開発するスペースX社をはじめ、太陽光発電を行うソーラーシティ社、地球環境へ負荷を考慮した電気自動車を開発するテスラ社、人類を人工知能に負けない存在にすべく脳とコンピュータをつなぐブレイン・マシン・インターフェースを開発するニューラリンク社など、マスクの人類救済の事業は多岐に渡ります。

　マスクの事業展開のプロセスは、環境保護団体には考えつかない事業家ならではのビジネス・エコシステム創造を明確に意識しています。そのプロセスは、テスラ社の公開する「マスタープラン」に描かれています。テスラ社は、2006年に「マスタープラン」を、2016年に「マスタープラン・パート2」を公開しました。最初のマスタープランの要約は以下の通りです。

①まず、高級スポーツカーを作る（ロードスター）
②その売上で手頃な価格の車を作る（モデルS、モデルX）
③その売上でより手頃な価格の車を作る（モデル3）
④上記を進めながら、ゼロエミッションの発電オプションを提供する

テスラ社は、これらすべてを実現したうえで、「マスタープラン・パート２」として、データを集めることによって人間の10倍安全な自動運転車の開発や、車を使っていない間に所有者が収入を得られる仕組みなど、関わる人すべてがその技術開発に貢献し、恩恵を受けられる仕組みを整えています。マスクの絵空事ではない、事業創造のプロセスを経た社会変革の取り組みは、着実に、持続可能な地球環境の実現に向けた社会への変革を実現していくでしょう。

　持続可能な地球環境の実現、すなわち「サステイナビリティ」の実現を掲げる企業は、マスクの企業だけではありません。アップル社もまた、2024年に電気自動車である「アップルカー」の実現を発表しています。また、アップル社は、持続可能性という観点から、ユーザーの健康にも着目し、「スマートヘルスケア」を掲げ、アップルウォッチに心電図機能を追加するなど、医療機器と呼べるほどに、ヘルスケア管理機能を強化しています。それだけでなく、「人類の公平性と正義」を掲げ、アフリカ系アメリカ人を対象とした歴史的黒人大学（HBCU）に寄付を行うなど、多くの取り組みを行っています。

　世界は今、「サステイナビリティ」に舵を切り、地球環境や、事業、人間関係、人間の健康に関する持続可能な社会の実現に向けて動き出しています。マイクロソフト社の創業者であるビル・ゲイツは、著書『地球の未来のため僕が決断したこと』のなかで、彼がクリーン・エネルギーに関心を持ち、地球環境の持続可能性に向けた取り組みに着手した背景について説明しています。

　ゲイツは、アフリカや南アジアを訪問した際、（当時の数字で）10億人が、電気を安定して利用できない環境で生活していることを知り、「だれもが健康で生産的に暮らす機会を得る権利がある」という文言をゲイツ財団のスローガンとすることを決めたといいます。地域の診療所で冷蔵庫が使えなければ、ワクチンを冷やしておくことができず、健康を維持するのが困難です。さらに、こうした人々のほとんどが農業に従事する貧困者であり、気候変動によって干ばつや洪水に晒された場合、最も大きな被害を受けます。そうしたことを知り、ゲイツは、彼らに対して

クリーンなエネルギーを供給する必要性を感じたといいます。さらにゲイツは、地球上で一年間に排出される温室効果ガス510億トンの内訳のそれぞれに対して打ち手を検討し、2050年に、温室効果ガスの排出を実質的にゼロにすることは、困難ではあるが不可能ではないとし、その実現に向けて動き出しています。

このように、テック企業を中心とした世界中の企業が、「サステイナビリティ」の実現を本格的に目指していることは、「よりよい」地球環境において私たちが生きていくうえで必要不可欠であり、歓迎すべきことには間違いありません。しかしながら、「生命知」の観点から、こうした世界の流れに対して問題提起をすることがあるならば、それは、彼らの描いた未来予想図に従わなければ生きづらい世の中になりがち、という点が挙げられます。

イーロン・マスクを取材した科学技術ライターであるアシュリー・バンスは、著書『イーロン・マスク 未来を創る男』のなかで、マスクの印象を「『人間というのは欠点だらけで、人間性などはいずれ淘汰される厄介な代物』という本音がみえ隠れするから始末が悪い」などと表現し、「テクノロジー絶対主義者」であるマスクの思想に対するある種の問題意識を表現しています。実際、進化を続けるテクノロジー（科学技術）への「信奉者」のなかには、テクノロジーを絶対視し、人間性、すなわち「人間らしさ」を軽視する人は少なくありません。その思想の根底には、序章で示した「選民思想」や、第5章で示した「データ至上主義」が関わっており、「生命知」を育む豊かな人間性を見過ごしがちです。

人間社会において主役は人間であり、より正確に表現するならば、人間や生物の根底にある「生命知」が発揮され続ける社会でなければ、「選ばれし者」と「そうでない者」との対立が生じ続けます。そうはいっても、マスクをはじめとするテクノロジー信奉者は、循環社会にとっても重要であり、彼らの思想を否定することは、別の形の対立構造を作る結果に終わります。ここからは、テクノロジー信奉者の思想をも考慮した循環社会のイメージについてまとめます。

デジタル×生命知がもたらす豊かな循環社会

　テクノロジー信奉者の思想をも内包し、生命知が発揮され続ける循環社会の実現にあたって、理解しておくべき二つの視点があります。それは、「成長」と「循環」です[6-15]。どんな事業であれ、新しく創造される社会活動は、「困っている人（顧客、ユーザー）を助ける」ことによって成長し、そうした顧客やユーザーがいなくなると、その役割を終えます。成長著しいテック企業にとっても、ひとつの事業の寿命からは逃れられません。例えばアップル社は、この20年間で、主力商品をパソコンであるMacからiPodに、そしてスマートフォンであるiPhoneへと移行し、この数年間ではiPhoneの売上の停滞から、Apple Musicなどのコンテンツサービスへの移行を見せはじめています。

　事業の成長プロセスは、細胞や人などの成長と類似しています。顧客や従業員など、事業は生命知を持つ人によって成り立っており、それそのものがひとつの生命であるといえます。このため、20世紀の日本の高度成長期に見られたような「事業（＝会社）は成長し続ける」「ひとつの会社に勤め続ければ一生安泰」という過去の考え方にしがみつくのではなく、「事業には必ず寿命がある」ということを理解したうえで、「事業に生命を吹き込むのは、それに関わる自分たち自身」と考え、自らの想いや能力を傾けられる事業を、それに関わる人たちと一緒に育てていく、という考え方が何よりも重要です。第一部でみてきたように、生命知が発揮される組織に支えられる事業は成長し、そうでないものは衰退します。

　社会全体でみると、多くの業界があり、それぞれの業界に属する多くの企業があります。そして、それぞれの企業は、ひとつだけではなく、複数の事業を展開しており、それぞれの事業は成長と衰退を繰り返します。第7章でみてきたように、それぞれの業界は変化し続けており、それぞれの業界に属する企業は、その影響を受け、変革を迫られています。業界、企業、事業は、すべて、お互いに影響を受け合いながら栄枯盛衰

を繰り返すものです。だからこそ、自らが関わる事業が、所属する企業が、業界が成長するかどうかは、その主体である自分自身にかかっているといえます。

　もちろん、事業の成長が自分自身にかかっているからといって、誰からも望まれていない、衰退に向かっている事業をただただ「根性論」で継続させることは単なる独りよがりであり、生命知を発揮できる状態であるとはいえません。変化していく顧客や社会と時代を共有し、新たな物語を常に創造し続けることこそ、自らが主体となって行う事業創造であるといえます。このため、ある事業は衰退し、またある事業が生まれて成長していくという社会のなかでの事業の「循環」とその原理を理解する必要があります。

社会のなかでの事業の循環

　図表12-3は、事業の成長を前提とした、社会全体の循環を表すイメージです。個人からはじまる事業は、協力者や顧客を巻き込み、周囲の事業や業界をも飲み込みながら成長していきます。しかしながら、成長に永遠はなく、やがては新しく生まれた（あるいは既存のものが変革に

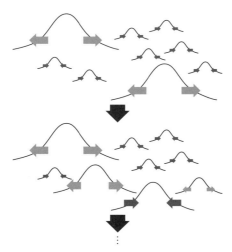

図表12-3　成長と循環が起こる社会イメージ

よって生まれ変わった）事業や業界に飲み込まれながら衰退していきます。こうした生き物のような事業の変遷、すなわち栄枯盛衰のイメージを持ちながら、事業創造・変革に取り組むと、無理なく、社会の流れを受けながら、時代の変化に柔軟に適応すべく事業変革をし続けることができます。

事業と人の成長

　事業と人の成長には類似するところが多くみられます。これは、生命知が教える通り、人ひとりの成長は、60兆の組織の成長であり、事業の成長は、事業を支える人間組織の成長であると考えると理解しやすいのではないでしょうか。

　事業の成長としてよく知られているものとして、1962年にアメリカの経営学者であるエベレット・ロジャーズが提唱した「イノベータ理論」が知られています。事業は、情報感度が高く新しいものを積極的に導入する「イノベータ」から、その次の段階の「アーリーアダプター」、「アーリーマジョリティ」、「レイトマジョリティ」、「ラガード」と呼ばれる五段階の順番に普及が進んでいくとされています。そして、第一段階の「イノベータ」と「アーリーアダプター」の間には「キャズム」と呼ばれる大きな溝があり、キャズムを超えなければ商品・サービスは普及せず、事業の拡大が見込めないとされています。

　本書第一部で解説した、失敗に学び、学習して成長する組織は、まさにキャズムを超えようと挑戦を繰り返すなかで失敗に学ぶことができるからこそ、結果としてキャズムを超え、事業を拡大することができるものと考えられます。キャズムと同様の考え方は、人の成長においてもいわれています。1985年、ドイツの心理学者であるハーマン・エビングハウスは、人の学びによる成長のステージには「準備期」「発展期」「高原期」の三段階を経るものとしており、準備期に失敗を繰り返すことによってこそ、後の大きな発展につながっていくものと考えられます。例えば、英語を学び始める際、どれだけ聞いてもネイティブスピーカーの会話を聞き取れないものですが、ある時ひとつの表現が聞き取れるように

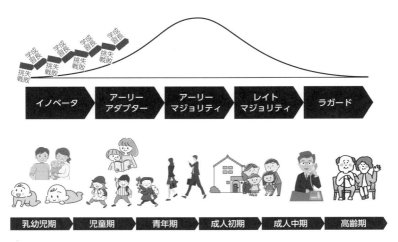

図表12-4　事業と人の成長の類似

なることをきっかけにして、これまで学んできた知識がすべてつながり、急に会話が聞き取れるようになることがあります。人間の身体は、同じことの繰り返しのようなもののなかから学びを得ているからこそ、「発展期」の急成長を迎えることができるのでしょう。エビングハウスは、発展期の後に再度、学びが伸び悩む高原期を迎えるとしていますが、高原期を準備期間として、次の発展期を迎えるとしています。これはまさに、事業が伸び悩んできた後も、失敗に学んで変革を繰り返すことが、次の事業拡大につながることを意味しているといえます。

　イノベータ理論の五段階は、人間の一生とも比較されます。まだまだ事業の未来がみえない（だからこそ無限の可能性がある）乳幼児期から、児童期・青年期による着実な成長を経て、一人前の大人として能力を発揮する成人初期・中期に、次の生命を育てながら、やがて自分自身は高齢期を迎えます[3]。自己の成長、事業の成長を経験するなかで、次なる成長の種を着実に育てることができれば、事業を変革しながら大きく成長させることができます。そして、さらに重要なことは、人や事業の成長において「多様性」が不可欠であるということです。人や事業の成長における「多様性」の重要さを知るには、まず、生命の循環がおこる原

理を理解する必要があります。循環の原理を押さえることによって、事業や組織の停滞に対しても柔軟に対処し、次なる成長につなげていくことができます。

成長と循環の原理

　生命は、「川の流れのなかにできる渦のようなもの」というたとえを、ここで再度思い出してみましょう。人間や生物は、食事によって新しい「物質」を取り込み、古い「物質」を排泄します。これによって、約1か月程度で、私たち人間を構成する物質は、その90%が入れ替わってしまうといわれています。にもかかわらず、私たちは、「自分」を維持し続けることができます。川の流れのなかにできる渦は、水分子そのものは、時々刻々と入れ替わり、物質的には別物のはずですが、「渦」という形はその場に留まります。事業という生命もまた同様であり、顧客や従業員など、その時その時のプレイヤーは異なるものの、課題を持つ顧客を助けるという営みそのものは起こり続けます。このようにして維持され続ける「生命」の渦のような状態は「動的平衡状態」と呼ばれ、これを大きくしていくためには、「閉鎖系」ではなく「開放系」であることが不可欠です[7-15]。

　図表12-5は、ガスコンロでお湯を沸かす様子を示しています。冷たい水の下層部分が温められると、温まった水は上層に移動し、上層の冷たい水が下層に移動します。そして、上層に移動した水が冷えるとまた下層に戻ってくることを繰り返すことで、「対流」と呼ばれる渦が発生します。こうした渦が起こり続けるには、下層で水を温め、温められたエネルギーが上層で逃げていくという、「開かれた」構造が必要であり、外からエネルギーを得ることも、外にエネルギーが逃げることもなければ、「何も起こらない」という「死んだ」状態になってしまいます。人や組織を「生きた」状態にするには、常に外部から人と人の交流が起こる、情報のやり取りがあるなど、外部とのやり取りがあればあるほどよく、そうでない組織は「死んだ」状態になってしまうのです。

　「生きた」組織をつくり出すうえでさらに重要なことは、「多様である

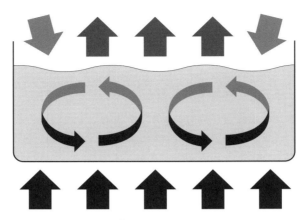

図表12-5　動的平衡状態のイメージ

こと」です。もし水が、同じ温度しか持たないとするならば、たとえ
「開いた」構造が保たれていようとも、対流は起こらず、「死んだ」状態
になります。しかしながら、外部からエネルギーを受けて「温かい水」
となり、「冷たい水」と相互作用するからこそ、そこには渦が生まれる
のです。同様の現象は、「食う」「食われる」の関係を表す「食物連鎖」
においても見られます。

　図表12-6は、ライオンとシマウマの捕食・被食関係と、その関係の
なかで見出される渦のような循環を表しています。まず、シマウマはラ
イオンに食われ、その数を減らします。すると、シマウマを食うライオ
ンは餌がなくなり、その数を減らします。ライオンの数が減ると、シマ
ウマは増えます。このように、「食う」「食われる」の関係があるからこ
そ、両者は「お互いを生かし合う」ことができ、結果として、生態系全
体が「生命」を宿し続けるといえるのです。

　ここでのシマウマのような被食者としての役割は、自分が増えること
で捕食者を増やす役割を果たすことから「活性」因子と呼ばれます。そ
して、もう一方のライオンのような捕食者は、自分が増えることで被食
者を減らす役割を果たすことから「抑制」因子と呼ばれます。

　強いリーダーやメッセージは、他者を抑制する働きがあり、組織全体

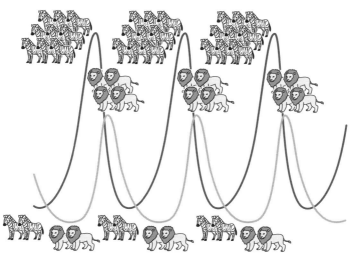

図表12-6　捕食・被食関係にみる活性と抑制

の価値観を一様にしようとするはたらきがあります。しかしながら、組織全体が一様の価値観であり、シマウマのような活性の役割がなければ、その組織には「生命」が生まれず、やがては死に絶えてしまいます。活性と抑制、その二つの役割が共創することによってこそ、組織には生命が宿り、成長し続けるのです。

循環社会における価値観の多様性の意義

ここまでみてきたように、社会のなかで、事業は成長し、衰退するという循環のなかで、社会全体は動的な循環を引き起こし続けます。事業を成長させるためには、キャズムを超えるために、失敗に学び、組織自体が成長し続けることが不可欠です。成長する組織には、生命が宿ります。生命を宿す組織は「開かれた」構造であることが必要であり、さらに、活性と抑制という、相反する価値観の相互作用によってこそ、未来を共に創り出すことができるようになります。たとえ偏ったものであれ、強いメッセージは社会を動かす力を持ちます。しかしながら、強いメッセージどうしが対立し、一方がもう一方を打ち負かす構造であっては未

来が切り拓かれることはありません。それぞれが、活性と抑制という二つの役割として噛み合うことができれば、そこには大きな渦が生まれます。こうした生命を生み出すためにこそ、異なる価値観による共創が不可欠なのです。

多産多死社会から共存在がもたらす
豊かな循環社会へ

　本章は、人間の細胞から人間関係、組織、社会において「よい循環」
を生み出す「生命知」の働きがもたらす循環社会のイメージを描いたう
えで、その社会において実現される「循環」と「成長」について論じて
きました。

　昨今、世界は「サステイナビリティ」に舵を切り、地球環境や、事業、
人間関係、人間の健康に関する持続可能な社会の実現に向けて動き出し
ています。これまで、地球環境の保護は、非営利団体などを主体として
取り組まれていましたが、今は、テスラ社やアップル社をはじめ、ビジ
ネス・エコシステムをつくり上げ、社会を変革することを得意とするテ
ック企業が、こぞって「サステイナビリティ」の実現に乗り出しており、
豊かな循環社会に向けた期待が持てます[25]。

　その一方で、テック企業には、テスラ社を牽引するイーロン・マスク
をはじめ、人間らしさを軽視し、「いずれ淘汰される厄介な代物」と考
える「テクノロジー信奉者」も少なくなく、その思想に懐疑的な人々も
多く、対立構造を生み出しかねません。特に、アメリカの産業は、多く
の挑戦者のなかから世界一のものが生まれるという「多産多死」型の考
え方が採用されてきたことから、対立構造による切磋琢磨は、彼らにと
っては珍しくないのかもしれません。しかしながら、島国という限られ
た空間のなかで「共に生きる」ことを余儀なくされた私たち日本に住む
人々にとっては、アメリカのような「多産多死」よりも、お互いの存在
そのものを認め合い、お互いを活かしあう「共存在」という生き方を、
伝統的に学んできました。時々刻々と変化する厳しい環境で生き抜いて
きた生命が育んできた「生命知」もまた、限られた資源を分け合い、お
互いを活かしあうことで育まれてきました。

　これからの社会は、対立構造を生み出しうる「テクノロジー信奉者」
のような、強いメッセージを持つリーダーをも内包した、共存在による、
誰もが生命知を発揮する豊かな循環社会こそが、生命にとって「よい社

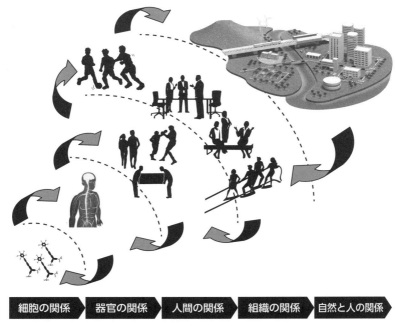

| 細胞の関係 | 器官の関係 | 人間の関係 | 組織の関係 | 自然と人の関係 |

図表12-7　お互いを活かし合うことによる豊かな循環社会

会」であると考えられます。テクノロジー（科学技術）がどれだけ発達
しようと、私たち人間が「生命」を宿すことには変わりありません。そ
して、テクノロジーへの考え方が多様であればあるほど、それぞれが協
調しあうことで、大きな循環の渦が生まれます。お互いの価値観を対立
させるのではなく、活性と抑制という、不可欠な関係としてお互いを活
かしあうことによって生命の渦を生み出し続けることができれば、そし
てその関係を細胞レベルから人間社会・自然と人にまで拡大できれば、
この社会は持続可能かつ豊かな循環社会として、その姿を未来に届ける
ことができるでしょう。

第13章

デジタル×生命知
がもたらす
循環し続ける
経営戦略

今、世界では、次々に新しい事業が誕生しては、古い事業が淘汰されるなど、まるで生き物が織り成す生態系のように、事業は栄枯盛衰を繰り返しています。日本国内の企業情報をまとめた東洋経済新報社の『会社四季報業界地図』のなかで取り扱われている主要な事業だけでも、174業界4080社という多くの数の企業、そして事業がひしめき合っており、日夜、切磋琢磨が繰り返されています[16]。

　このように、事業というものは、常に新しく生まれており、そこには必ず、新しい事業を考え、形にした「人」とその「心」があります。昨今、デジタル変革が求められるなか、自らがその立役者となり、世界のなかで「新しい息吹」を生み出していくためには、これまでに事業を生み出し、育ててきた人たちが何を考え、何に悩んで道を切り拓いてきたのかを知ることが何よりも重要です。

　本章では、混沌から秩序を生み出し続けるデジタル×生命知の考え方を総動員し、混沌とした現代社会において、どのようなプロセスによって事業を生み出し、育て上げることができるのかを経営戦略としてまとめます。誰もが混沌から秩序を生み出す方法論によって事業を生み出し続けながら生きていくという考え方ができるならば、そのとき、社会は豊かな循環を生み出し続けることとなるでしょう。

混沌から秩序を生み出し続ける経営戦略

　事業をゼロから生み出す事業創造、あるいは既存事業を生まれ変わらせて新しいものとして世に打ち出していく事業変革を現実のものとし、社会に受け入れられるものとしていくためには、事業を「経営」することが必要となります。事業はひとりでは成り立ちません。その事業において中核となる商品やサービスを提供する「従業員」が、それを必要としている「お客様」に対して安定したクオリティで届け、その関係性のなかで事業のファンとなってもらって、より多くの人たちを巻き込みながら、事業を育てていくという視点が必要です。

　事業を経営するには、戦略を描き、必要な人材を巻き込み、組織として、戦略を実現するロードマップにしたがって、また戦略を現実に沿った形で実現するために、適宜ロードマップを見直しながら実行していくという一連の流れがあります。事業経営は、一企業という観点でみると、経営者が担うものであり、従業員には無関係のように感じられるかもしれません。しかしながら、社会に生きる私たちひとりひとりは、企業という組織と関わり合いながら、収入を得て生活しています。収入は、誰かに対して何らかの価値を与えたからこそ得られるものです。もちろん、直接は、所属する企業から給与という形で収入を得ているにしても、その収入は、元々は、企業の顧客が、サービスや商品に対して支払ったものです。自らの関わる事業が、誰にどんな価値を提供し、その人たちの生活をどう変革しているのかを知り、それによって自分自身がどのように成長し、社会のなかでどういった役割を担っていきたいかを考えることは、自分自身の人生の戦略を描いて実行することであり、自分自身の人生を経営することの第一歩です。ひとりひとりが自分の人生の経営者であり、価値を生み出す存在であればこそ、組織として集まることによってより大きな力を発揮し、その渦が大きくなっていくことで、社会の変革がもたらされます。それこそが、生命知を発揮することによって、未来を経営するということです。

デジタル技術を伴って未来経営を行うには、パターンがあります。デジタル変革によるパターンを分析した第二部がその全体像であり、特に重要な概念は、第4章で紹介した「秩序」です。グーグル登場前のインターネット世界の混沌、アリババ登場前の中国における商取引の混沌、エストニアの電子政府実現前のソビエト連邦から独立したばかりの国家としての混沌。こうした人間社会における必然ともいえる混沌とした状況に対して、秩序を与えることが、デジタル技術を用いたシステムの大きな役割といえます。

秩序を与えるプロセスには法則があり、アリババの成長プロセスはその代表例です[17-21]。第4章で示した通り、アリババは四段階の成長によって世界規模の「ビジネス・エコシステム」という秩序を形成してきました。その第一段階は「オンライン市場の構築」であり、混沌とした中国の商取引市場に対し、信頼できる決済システムという最初の秩序を与えました。それ以降のビジネス・エコシステムが形成されるまでには、この決済システムが核となっていることから、最初に与えた秩序の役割は重要です。第二段階は「協調的ネットワークの構築」であり、決済システムの最初の段階における「売り手」や「買い手」というプレイヤーが徐々に複雑化し、「売り手」をバックアップするプレイヤーが生まれたりなど、役割の分化が起こるなかで、すべてのプレイヤーがオンライン上でつながり、協調的に商取引を行うことができるような協調的ネットワークを整備していきます。そして、第三段階では「データ・インテリジェンスによるスマートビジネスの開始」を行います。すべてのプレイヤーのデータを取得して、ひとりひとりの信用を評価したうえでのマイクロローンの提供など、データを用いたビジネスの拡大を実施します。第四段階では、こうしたスマートビジネスをさらに拡大し、世界市場に規模を拡大するなど、飛躍的な成長を遂げます。このように、第一段階でもたらした「秩序」が核となり、次々に関わる人を拡大しながらビジネスを成長させていくプロセスは、デジタル技術による事業創造において特徴的に見られる傾向であり、これによって、混沌とした状況で眠っていた「人間らしさ」が発揮され、人としても、事業としても成長して

図表13-1　アリババの成長プロセス（再掲）

いく「ビジネス・エコシステム」が形成されていきます。

　こうした事業の成長プロセス、すなわちビジネス・エコシステムの形成プロセスは、アリババのようなオンラインによるビジネスだけにみられるものではありません。建設業界におけるデジタル変革の成功事例として注目されるコマツ（株式会社小松製作所）は、センサーを組み込んだ建設機器の情報を遠隔で確認、操作できるKOMTRAX（コムトラックス）と呼ばれるシステムを開発し、運用しています。コムトラックスの成長プロセスもまた、混沌とした状況に秩序を与えたものであり、ビジネス・エコシステムの中核としての役割を果たしています[22]。

　コムトラックス登場以前、コマツは、中国市場において建設機械の盗難や故障などの不測の事態に見舞われていながらも、そうした情報を把握できないという混沌とした状況にありました。中国だけでなく、日本においても建設現場のトラックやパワーショベルが盗まれ、ATMが破壊されて現金が強奪されるという事件が頻繁に起こっていました[23]。こうした混沌とした状況に対し、盗まれない建設機械を生み出すべく、コムトラックスの開発は始まりました。そして、コムトラックスの威力が発揮されるに至った第一段階、すなわち混沌とした状況に秩序を与える核が生まれた段階は、「コムトラックスの標準装備」を決めた2001年でした。それまで、コムトラックスは、あくまでオプションとしての位置づけだったため、建設機械を管理する業務フロー全体のなかでも傍流の位置づけであり、秩序がもたらされたとはいえない状況でした。しかしながら、標準搭載がなされ、コマツの建設機械はコムトラックスで管

理されるという状況ができると、建設機械管理業務全体に、そして、建設機械に関わる建設現場におけるすべての業務に秩序がもたらされるようになりました。

　こうして、建設現場の混沌とした状況に対して秩序の核がもたらされるようになると、その後の段階は、アリババと同様に、関わる人を巻き込み、収集されるデータによってビジネスの可能性が拡大するビジネス・エコシステムの形成に向かっていきます。第二段階は、「現場のライフサイクル分析による価値創造」でした。建設機械が新品の状態から運用されるにしたがってどのような故障が起こっているのかがデータによって参照できるので、メンテナンス費用の適正化や、故障の起こらないようなアドバイスなど、建設機械を利用する事業者への新たな価値を提供できるようになりました。そして、第三段階は「ワンストップの情報管理体制の構築」です。これまで、コマツ社内では、故障に対するコールセンターの対応、在庫品やエンジニアリングスタッフの手配などに対し、部門ごとにばらばらの対応が行われていたため、社員の大きな負担となっていました。コムトラックスは、こうした状況に対して、どの部門も常に正確な情報が把握できるような情報の一元管理を実現し、スタッフの働き方は大きく変化したといえます。第四段階は「データ公開による活用方法の自己増殖」です。第三段階までは、コムトラックスで収集したデータを管理するのはあくまでコマツ社員だけでした。これを販売代理店や建設機械を利用する事業者に公開することによって、活用方法が自己増殖的に創出・共有され、ビジネス・エコシステムとして成

図表13-2　コムトラックスの成長プロセス

長していくという好循環が見られているといいます。

　以上をまとめると、デジタル技術を伴って未来経営を行ううえでの経営戦略立案には、二つの視点が必要であることがわかります。ひとつは、混沌とした状況に秩序を与えるということです。どのような国や地域であれ、業界であれ、人間社会には何らかの混沌とした状況があり、だからこそ、人々は「課題」を抱えているといえます。そうした課題を抱える混沌とした状況に秩序を与えることが、人間社会を「生命知」の観点から見たうえでのデジタル技術の大きな役割です。そして、もうひとつの視点は、最初の秩序を核にして、人を巻き込み、データを収集しながら、ビジネス・エコシステムとして、人々の渦を拡大し、成長させていくという視点です。混沌とした状況に秩序がもたらされるシステムは、人々を魅了し、その規模を拡大していきます。そのなかで、関わる人々の役割は多様化します。そうした多様化するそれぞれの役割が協調し、拡大していくことができるように、システムの役割を成長させ、人とシステムが共に成長していくことができるようになれば、ビジネス・エコシステムは大きく拡大していくこととなります。

混沌を知り、秩序を生み出す、プロセス×技術マトリクス

　ここまでは、デジタル技術を伴って未来経営を行う戦略として、混沌とした状況に秩序を与え、その秩序を成長させていくことの重要性を強調してきました。混沌とした状況は、どの業界においても起こっています。それは、読者の皆さんひとりひとりの属する業界にとっても例外ではないはずです。第7章では、さまざまな業界が直面する混沌とした状況と、デジタル変革のパターンをみてきました。そこで紹介したデジタル変革のパターンにもとづいて、自身が属する業界の混沌を把握し、その先にある秩序をデザインできれば、未来に対する戦略を立案し、未来経営をもたらすことが可能です。

　しかしながら、業界についてよく理解していても、その業界が置かれた混沌がどういったものかを客観的に把握することは容易ではなく、ましてや、どのような秩序がもたらされたときに人々が魅了されるのかを発想することは、未来を予測することと同じ難しさがあります。秩序は、もたらされてはじめて「当たり前」と感じるものであり、秩序を生み出すことは「未来に当たり前にあるもの」を、今まさに創り出すことです。その第一歩として提案したいのが、第7章で紹介したプロセス×技術マトリクスを用いて、混沌とした状況をまとめながら、秩序を生み出していくという方法です。

　どのような業界であれ、自らの業務を行う以上は、事業プロセスや業務プロセスが存在します。事業・業務プロセスは、個人レベルの業務プロセスから、（企業をまたいだ）事業全体、あるいは、一事業にとらわれず社会全体での人の「仕事や生活」という大きな流れに至るまで、さまざまなスケールにおいて存在します。いずれのスケールにおいても、プロセス×技術マトリクスを利用することが可能です。ここでは、第7章で解説した医療業界を例にしながら、プロセス×技術マトリクスを利用した「秩序」のつくり方を紹介します。

　まず、自分自身が属する（あるいは関心のある）事業や業務のプロセ

スを書き出します。医療であれば、診察・診断・治療の三段階のプロセスであり、治療に関しては投薬、手術、リハビリとして分類しておきます。もちろん、より細かいプロセスにわけることも可能です。次に、プロセスごとに、AIをはじめとするデジタル技術の適用事例を調査し、また、自分自身でアイデアを検討しながら、縦軸に技術を書いたうえで、技術ごとの適用事例・アイデアを書き込んで整理していきます。ニュース記事をはじめとするメディアで紹介される適用事例は、そのほとんどが、事業における限られたプロセスをデジタル化・自動化・データ化したものですが、こうしてマトリクスとして整理することで、それらが組み合わされたときに、事業や業務全体がどのように変化するのか、その全体像を把握することができます。それは、今、何らかの形で混沌としている事業や業務に対し、デジタル技術を伴って秩序が与えられるということです。すなわち、書き込まれたプロセス×技術マトリクスを眺めてみえてくる、「変革後の事業スタイル」を言語化することが、新しい秩序を描き出すことになります。

　医療業界においては、医師と患者がデータを共有することで、これまで、口頭で病状を伝えようとしても伝わらなかった情報のやりとりがうまくいき、診察や診断のプロセスが格段に簡素化できます。病院を訪問せずとも最小時間で診察や診断が済む遠隔医療や、デジタルの力を借りることで、自分自身で健康を保つセルフメディケーションにつながって

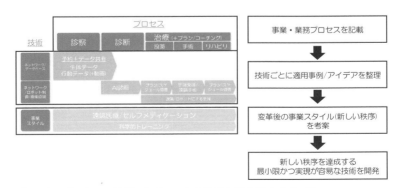

図表13-3　プロセス×技術マトリクスから秩序を描きだすイメージ

いく、ということが考えられます。さらに、健康を保つだけでなく目標とする身体能力を発揮し、スポーツの大会などでの結果につなげていく科学的トレーニングという事業スタイルを描くこともできるのです。

　以上の流れでプロセス×技術マトリクスから秩序を描きだした後は、新しい秩序の実現に向けて動き出すこととなります。このとき、開発の難易度が高いものは、実現に多大な時間を要し、完成までに周囲の理解や協力が得られず、世に出るまでに頓挫してしまう可能性があります。このため、まずは開発の難易度が低いものから順に着手、理解者や協力者を増やしたり、データを集めたりしながら、徐々にビジネス・エコシステムとして拡大していく、という段階を踏めば、実現への確度が高まっていきます。

混沌から秩序を生み出し続ける
人材・組織戦略

　未来経営を組織として実現していく人材・組織戦略を描くには、個人事業に近いスモールビジネスを拡大するプロセスが参考になります[24, 25]。ここでは、第2章で紹介した経営コンサルタントである神田昌典の論に加え、「起業の神様」と呼ばれ25000以上のスモールビジネスを成功に導いたアメリカの経営コンサルタントであるマイケル・ガーバーの論を下敷きにしながら、未来経営を実現する人材・組織戦略を描いていきます。

　個人や少人数で事業を立ち上げる場合であれ、企業の中で新たに事業を生み出す場合であれ、小さな事業を拡大し、組織としての成長を遂げる必要があります。事業を成長させていく際、人材・組織戦略を怠ると、「フルスタック」といわれるひとりで何でもできる人材が営業からシステム開発や運用・保守に至るまでをすべて請け負う「高級外注」と呼ばれる個人の集まりとなり、組織としてのメリットが活かせないどころか、人数が増えてくると制御不能の状況に陥ります。第2章で紹介した神田の論は、そうした、組織が拡大して成長するなかで必ず起こる問題について指摘しています。これを理解したうえで組織の成長戦略を描くことが、事業としての成長を成功に導くことにつながります。

　第2章で紹介した事業成長のステップは、創業期と成長期の二段階に分けられます。ここでは、事業の成長を人の成長になぞらえたガーバーの用語を参考に、創業期を「幼少期」とし、成長期を「青年期」と「成熟期」の二段階に分けたうえで、それぞれについて必要な役割について解説します（**図表13-4**）。事業成長において必要な役割は四つあり、アイデアを起案して実現に向けて行動力を発揮する起業家、提案されたアイデアの具現化を行う実務家、ルーチン化された日常業務をシステム化する管理者、そして、チーム全体の精神的な支えになるまとめ役といわれています。幼年期（創業期）には、起業家と実務家が協力し合うことで事業を創出、拡大します。そして、やがては起業家と実務家だけでは業務を賄えなくなり、社員を雇用して業務を安定化させようとします。

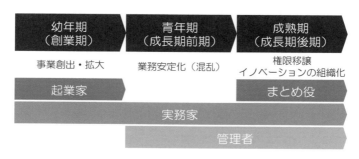

図表13-4 事業成長の段階と人材の役割

こうして、青年期（成長期前期）と呼ばれる時期に入り、今度は、実務家と管理者が協力し合って業務を安定させようとします。しかしながら、起業家の性質は事業創出と拡大なので、業務安定化に際しては混乱を生じさせ、その役割を失います。また、実務家と管理者の力が強すぎると、起業家に対して謀反を起こしたり、社内ルールを厳格化しすぎて組織を硬直化させ、事業を衰退させます。青年期を乗り越えることが、事業成長の登竜門といえます。

　そこで、青年期を乗り越え、成熟期（成長期後期）に至らしめるためには、まとめ役の役割が大きくなります。青年期の混乱のなかで積もり積もった社員ひとりひとりの怒りを解放し、お互いの気持ちや考えを共有することで、存在を認め合い、信頼関係が生まれていきます。まとめ役は、起業家が担うこともあれば、別の適任者が行うこともあります。さて、まとめ役が活躍する成熟期において重要なことは、数年後に事業が拡大し、大企業となってイノベーションを創出し続けることを想定して組織図を描くとともに、イノベーションの創出が起こり続ける組織化を実現するということです。このためには、社員ひとりひとりが業務のなかで得られる気づきや課題を共有し、数値化して分析し、マニュアルを改善していくという仕組みを準備する必要があります。これによって、イノベーションの組織化を実現することができるようになります。

　事業を拡大し、成熟期を迎えるにあたって重要なことは、成熟期とは、イノベーションを起こし続ける「イノベーションのスパイラル」の仕組

図表13-5　イノベーションのスパイラル

みの成熟化であって、業務を硬直化させることではないということです。社員ひとりひとりは、業務のなかで日々課題に直面しており、何らかの創意工夫によって課題解決を行っています。そうした「個人の気づき」を「共有」し、「数値化」して分析することで、事業全体のマニュアルを改善していく「マニュアル化」ができます。そして、改善されたマニュアルによって業務にあたり、マニュアルの業務への「落とし込み」を行ったうえで、さらに気づいたことから創意工夫を行い、共有してマニュアルの改善を繰り返していきます。

　こうした事業成長を、企業のなかで行っていくためには、すなわちデジタル変革（DX）を成し遂げるためには、どういった部門がそれぞれの役割を担うべきでしょうか。DXを推進していくうえで必要な役割は、経営者・DX統括部門・事業部門・IT部門の四つであるといわれています。変革を実施する最初の段階は、経営者がDX統括部門に権限を移譲し、事業部門・IT部門の協力を仰いだうえで、DX統括部門が「起業家」として変革アイデアを起案し、実務として推進していくことが望ましい形です。もちろん、「起業家」や「実務家」といった役割は、個人の性質も強く、場合によっては事業部門やIT部門から転籍・兼任したうえで、業務としてDXを推進していくという形が望ましいと考えられます。このとき、経営者がそれぞれの部門に対してDXの必要性を説き、権限を

移譲する旨を伝えたうえで、それぞれの部門のキーマンがDX推進に向けて同じ方向を向くことが必要とされます。そして、事業創出を行いながら情報共有を行い、事業部門やIT部門から人材を確保しながら、イノベーションの組織化を実現していきます。そして、組織化がなされると、データ分析・開発を行うにあたって、業務を設計しマネジメントするデザイナー/マネージャー、データを分析するデータサイエンティスト、システムを開発して改善していくエンジニアがチームとなり、事業拡大を支えていくことになります。

　以上の、事業創出から組織化までの成長プロセスを遂行することができれば、事業そのものが安定化に向かっていきます。

図表13-6　事業成長とDX/データ分析・開発チーム組織化の関係

混沌から秩序を生み出し続ける
戦略ロードマップ

　ここまでを通して、デジタル技術を伴いながら未来経営を行ううえでの経営戦略の立案と、それを実現するための人材・組織戦略について検討してきました。経営戦略には、二つの視点を必要とし、ひとつは、混沌とした状況に秩序を与えるということでした。そしてもうひとつは、最初の秩序を核にして、人を巻き込み、データを収集しながら、ビジネス・エコシステムとして、人々の渦を拡大し、成長させていくという視点でした。そして、混沌から秩序を生み出すために、プロセス×技術マトリクスが有効であるということをまとめました。そして、秩序を現実にするための人材・組織戦略として、事業の成長を幼少期・青年期・成熟期の三段階に分けたうえで、それぞれの段階において、起業家、実務家、管理者、まとめ役が果たすべき役割について解説しました。ここからは、これらの考え方をまとめ、戦略ロードマップを描いて実現していくプロセスを解説します。

　事業を成長させる三段階を、デジタル技術を伴って実現していくと考えると、戦略ロードマップの土台が設計できます。まず、幼年期から青年期にかけては、アイデアを事業の形にしていく「スタートアップ」の時期であると考えられます。そして、成熟期を迎えるにあたっては、データを収集・分析して知を生み出していく「データ分析の普及」が必須であり、これを、自律したチームによって実現していくことができるならば、その後のビジネス・エコシステムの形成に向けて弾みがつきます。その後、データ収集・分析から知の創出というプロセスが事業を支える「ビジネスのスマート化」と、顧客や関連企業など、関わる人々が協調的なネットワークを形成する「協調的ネットワーク」の形成期に入り、データが知を生み、より多くの人々を巻き込みながら次々に事業を創出していく「ビジネス・エコシステム」の形成期に入ります。これらの四段階をまとめたものが**図表13-7**です。この四段階がどのように実現されているかを、先述したアリババやコマツの例によってみていきましょう。

図表13-7　戦略ロードマップの土台としての四段階

　アリババは、混沌とした中国の商取引市場に「オンライン市場」という秩序を与える段階が、スタートアップ期とデータ分析普及期に該当します。そして、これがその後の核となり、ビジネス・エコシステムが構築されていきました。一方、コマツにおいては、コムトラックスを開発し、標準装備することを決断するに至るまでが事業創出であり、スタートアップ期に該当します。そして、建機のライフサイクル分析や、ワンストップの情報管理体制の構築といったデータ分析普及期としての土台を築き上げたうえで、データ公開に踏み出して協調的ネットワークを形成し、ビジネス・エコシステムを形成していきました。いずれにしても、スタートアップ期からデータ分析普及期、ビジネスのスマート化・協調的ネットワーク形成期を経てビジネス・エコシステム形成期に進んでいくという流れが、戦略ロードマップとして描くべき王道であるということがわかります。

　そこで、これら四段階を、戦略ロードマップを描くうえでの土台とし、全社として取り組むべきロードマップの中核に位置づけます。そのうえで、それぞれの段階において、関係する部門、すなわち経営部門（経営トップ・役員、人事部門、DX推進部門）・事業部門・ITシステム部門の役割を描いていきます。横軸に時系列を、縦軸に関係する部門を描いたマトリクス（ここでは「戦略ロードマップキャンバス」と呼称）を利用するとスムーズに描くことが可能です（**図表13-8**）。

部門		Year1	Year2	Year3	Year4	Year5
全社		スタートアップ期	データ分析普及期	ビジネスのスマート化・ 協調ネットワーク形成期		エコシステム形成期
経営部門	経営トップ・役員					
	人事部門 (体制・教育)					
	DX推進部門 (R&D)					
事業部門						
ITシステム部門						

図表13-8 戦略ロードマップキャンバス

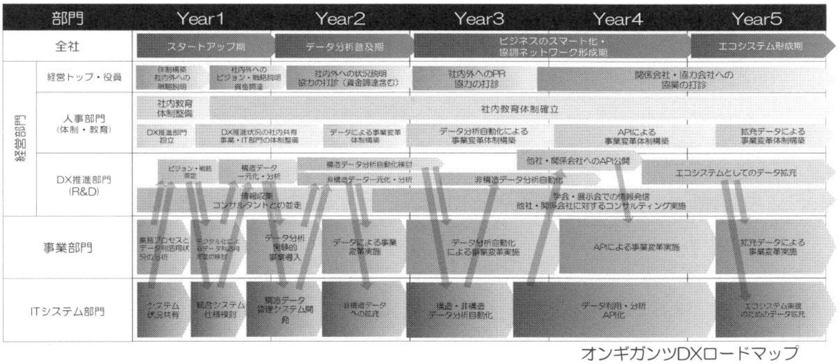

オンギガンツDXロードマップ

図表13-9　戦略ロードマップの一例としての「オンギガンツDXロードマップ」（※）
※著者らが経営する株式会社オンギガンツが著作権を保有

　この戦略ロードマップマトリクスに対し、それぞれの部門が果たすべき役割を棚卸したうえで時系列順に埋めていき、それぞれの部門で必要なインタラクションを描いていくと、実行可能な戦略ロードマップが完成します。戦略ロードマップは、着手する事業や企業の状況ごとに異なりますが、大まかには、以下に示す著者らが作成した「オンギガンツDXロードマップ」のような形になります（**図表13-9**）。これを一例としたうえで、戦略ロードマップを描いていくと、それぞれの部門が適切な時期に適切な役割を担うことができ、協調的に事業創出・拡大を実現していくことができるようになるでしょう。

経済産業省DX推進指針にみる
日本が欠く「人」と「心」の経営視点

　昨今、経済産業省を中心に、日本企業が一丸となってデジタル変革（DX）を実現していこうとする動きが活発化しています。DXは、2020年にはじまったコロナウイルス感染症によって大きく加速しているものの、その言葉が注目されるようになったのは2018年9月に経済産業省が発行した「DXレポート ～ITシステム「2025年の崖」の克服とDXの本格的な展開～」（DXレポート）の影響が大きいと考えられます[26]。

　DXレポートにおいて強調されたことは、現在、日本企業の8割がレガシーシステムと呼ばれる老朽化・肥大化してブラックボックス化したシステムを抱えており、これがDXの足枷となり、2025年以降、年間12兆円の経済損失が発生するということです。現在のITシステムを刷新したうえでDX人材の育成・確保を行い、DXを実現していく必要があるとしています。このレポートを皮切りにして、DXを実現するためのガイドラインとしての「DX推進ガイドライン」や、各社がDXをどの程度実現できているか、全体のどのような段階にあるかを把握するための「DX推進指標」、DXが実現できている企業を評価し、各社のモデルケースとするための「DX銘柄」の選定など、さまざまな取り組みがなされ

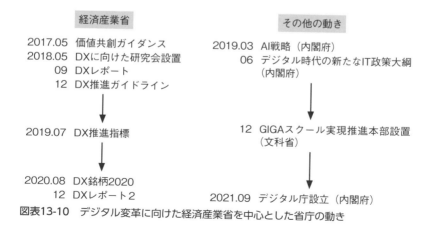

図表13-10　デジタル変革に向けた経済産業省を中心とした省庁の動き

ています[27-37]（**図表13-10**）。

　これらの取り組みを行った結果、日本企業の取り組みにも変化が起こっており、よい循環が起こり始めているということは確かです。しかしながら、「DX推進ガイドライン」や「DX推進指標」には、DXを実現するにあたっての多くの要素が盛り込まれている一方で、自社がDXを実現するにあたって中核となる点が何で、どのようなプロセスで実現していくべきかについて、要点を絞った言及がなされているわけではなく、DXを実現するための指標としては不十分と言わざるを得ません。

　例えば、「DX推進指標」においては、その成熟度から六つのレベルが設定されています。まず、レベル０は、未着手の段階です。レベル１は、全社の一部で散発的に取り組みがなされている段階です。レベル２は、全社の一部で戦略的に取り組みが実施されており、レベル３は、全社戦略に基づく部門横断的な取り組みがなされている段階です。レベル４は、レベル３の全社戦略に基づく部門横断的な取り組みが持続的になされている段階であり、最後のレベル５が、デジタル企業としてグローバル競争を勝ち抜くことのレベルに達した段階です。

　これらひとつひとつの段階をみても、レベル０からレベル１に、レベル１からレベル２に至るまで、どのようなプロセスを経ればよいのか、そのために各部門が何をすればよいのかが描かれておらず、その行間については、結局のところ、実施する企業が試行錯誤的に埋めていくしかありません。さらにいうならば、散発的な取り組みを行っている企業や担当者が何に困っていて、それを乗り越えるためには何が必要か、「デジタル企業としてグローバル競争を勝ち抜く」ような企業やビジネスパーソンが何を考えてそうしたレベルに達しているのか、当事者の立場としての分析がなされていないため、折角多くの企業が試行錯誤しているにもかかわらず、その「知」が集積される形になっていないのです。

　経済産業省がDXに関する大号令を発し、多くの日本企業がその号令に賛同するのであれば、また経済産業省自体が主体性を持って、自らも成長する姿勢があれば、それぞれの企業が得た「知」を集約し、学習を繰り返し、経済産業省主体のDX推進に向けた大きな渦が育っていくくは

ずです。しかしながら、経済産業省は、ただただ「民間企業を指導する」役割に終始しているようにみえます。大号令を発したはずの経済産業省に主体性がなく、学習して成長していく姿勢を持たなければ、どれほどレポートを発行し続けても、それらは「知」としての役割を果たせず、単なる文字の羅列にすぎません。自らが学習して成長する姿勢のない者が発行した文字の羅列は、市場で戦う企業の行動を変容させることも、大きな渦を生み出すこともできないのです。

　「賢者は歴史に学び、愚者は経験に学ぶ」という19世紀の初代ドイツ帝国宰相であるオットー・フォン・ビスマルクの格言の意味を知っているならば、経済産業省は、このような「知」の運用はしないはずであり、各社の失敗の歴史に学んで日本全体、やがては世界全体に拡大する大きな渦をつくり出すことができるはずです。今、省庁が学ぶべきは、そうした失敗の歴史に加え、エストニアが電子政府を実現するにいたった「参画意識」であり、それによって実現した大きな渦です。自分自身が「主体者」としての「心」を持ち、混沌とした現代社会に対し、自分を中心とした大きな渦を生み出し続けるというイメージがあれば、歴史は大きく動き出していくでしょう。それは、経済産業省だけに限らず、「AI戦略」「GIGAスクール構想（小中高校生にひとり一台パソコンを配る構想）」「デジタル庁設立」をはじめとした各種のデジタル戦略を実行しようとする省庁においても同様です。混沌とした世界に秩序を与えようとする主体者としての人の心こそが、未来を経営するうえでの中核を担うのです。

第 14 章

デジタル×生命知が
もたらす
人間らしい未来

デジタル社会を見据え、未来創造を行っていくにあたって、科学技術に支えられた現代の文明社会の成り立ちについての理解を深めておくことは避けられません。現代の科学文明は、石油や石炭などの地下資源が豊富にあり、限りなく経済成長を続けることができる「無限成長」を前提にしていました。しかしながら、地下資源には限界があるだけでなく、それらが引き起こす大気汚染や環境変動が深刻化する昨今、地球環境の「有限性」を前提とした持続可能な社会づくりに取り組んでいくことは、現代社会を生きる私たちにとって至上命題といえます。

　さて、本書がこれまで論じてきたように、私たちは「生命」を宿し、「生命知」を発揮し続けることで、人としても、社会としても成長し続けています。生命としての成長は、単純な経済的な成長、すなわち、金銭や物質に関する成長だけを意味するわけではありません。もちろん、生命としての成長は、結果として、金銭的、物質的な成長を伴います。しかしながら、生命にとって重要なことは、生命知を発揮し、自ら循環を生み出し、その循環がまた新たな生命知の循環を生み出し続けるという未来創造そのものであり、そのプロセスは、物質的な成長とは必ずしも一致しません。たとえ物質的には有限であっても、生命知の循環には限りがなく、無限に成長し、発展し続けるものです。

　本章では、科学技術がもたらした現代の文明社会を振り返り、今、私たちが直面する地球環境の「有限性」について、その位置づけを理解したうえで、生命知の持つ「無限性」と、未来創造に向けた可能性について、改めて論じたいと思います。

科学文明がもたらした
「安定」×生命世界がもたらす「富」

　科学技術の発展は、私たちに、病気や怪我などによる突然の死に怯えることのない生活をもたらしました。今や、世界規模での感染症が発生しても、その原因を特定し、予防・治療の手段はわずか数年で開発されるということを、私たちはまさに目の当たりにしています。人類史上最大の被害を及ぼしたとされ、20世紀の間だけでも３億人から５億人が命を落としたとされる天然痘ですら根絶され、今では世界からその姿を消しています[38-41]。健康を維持し、寿命を延ばす医療技術の発達により、昨今では、不老不死の実現すら、まことしやかに論じられています。

　科学技術による世界の変化は近年、特に加速しており、本書で繰り返し論じてきたデジタル技術に基づくデータの収集、アルゴリズムの改良は、人智を超えるコンピューティング・システムをも連想させます。このため、「世界システム」を実現したグーグル社に対する多くの懐疑の声（第５章）に代表されるように、世界は、行き過ぎた科学技術への不安が渦を巻きはじめています。地球環境の持続可能性に対する懸念の声は、科学技術の発展そのものに向けられた、とらえどころのない恐怖が、象徴的に言語化されたものといえるかもしれません。

　本来、「有限」であるはずの人の命、情報、地球環境といったものを、まるで「無限」のように扱ってしまうことによって、数多くの社会問題が引き起こされていることは事実であり、物質の有限性について改めて論じる必要はないでしょう。その一方で、本書の主題である「生命知」は、有限の資源のなかでの「無限」の生命知の循環を可能にし、知的かつ生命に根ざした未来創造を可能にします。そして、無限の循環は、人類がこれまで築き上げてきた文明社会の歴史からみても、これまで繰り返されてきたことであり、これからも連綿と受け継がれていくであろうと考えることは、不自然なことではありません。

豊かさと平等を実現していた狩猟採集社会

　科学技術の発展により、私たち人類は、狩猟採集という不安定な生活から、農耕・牧畜という安定的な生活へ変革し、さらに、村社会を発展させた都市により、便利で豊かな生活が得られるに至った、と考えがちです。しかしながら、近年の文化人類学者は、狩猟採集時代の研究から、その時代の人々の生活がいかに豊かであったかを解き明かし、「科学技術による人類の発展」という安易な描像に対する見直しを迫っています。そして、科学技術がもたらしたものが何だったのかを明らかにすることによって、生命知の役割と、私たちの未来に対する新たな描像を描くことができるようになります。

　アメリカの経済史学者であるグレゴリー・クラークは、著書『10万年の世界経済史』のなかで、狩猟採集による原始社会の住民の生活が、1800年当時の最も豊かな社会の住民に匹敵するほど、高水準のものであったとしています[42, 43]。クラークは、マダガスカル島の狩猟採集民の生活のなかでの労働時間に関する調査結果から、男性の一日あたりの労働時間は、料理や育児の時間を含めても平均5.9時間であるとまとめています。こうした数値は、多くの文化人類学者、歴史学者が算出しており[44, 47]、これが正しいならば、狩猟採集から農耕・牧畜という生活への移行によって、人類の平均的な労働時間は増大したことになります。そうしたデメリットの多い農耕・牧畜へ人類を駆り立てたものは何だったのかについては諸説ありますが、イギリスの歴史学者であるクライブ・ポンティングは、著書『緑の世界史』のなかで、興味深い論考を行っています[48, 49]。

　ポンティングは、農業の起源を、人口増加にあるのではないかとしています。狩猟採集民の人口が増加し続けたとき、条件の悪い土地にも住み着くことを余儀なくされる人が出てきます。そうした土地で狩猟採集を行うだけでは生き永らえることができず、多大な努力を払ってでも食糧を得る必要があったでしょう。ここに、農業の受け入れ態勢が整います。すなわち、農業以外に生きる道を失った人々が現れ、このときを境に、連鎖反応的に農業が開始されていったものと、ポンティングは推測

しています。

　狩猟採集社会は、自然の恵みによって「生かされる」ものであり、過剰の労働を必要とせず、財産を蓄積して独占する必要もありません。生きるために必要なものは自然のなかにあります。身の回りの動植物についての知識も豊富であり、病気を治す薬草をも採取しながら、豊かな生活を享受しています。そして、そこには、死すらも、連綿と受け継がれた生命の螺旋のなかでのひとつの出来事として受け入れる土壌が備わっています。その一方で、狩猟採集を選択できず、農耕・牧畜の生活を余儀なくされた最初の農耕民は、大自然に「生かされる」ことが叶わず、自らの労働によって、運命を変え、自然の循環をもコントロールする道を選択したといえます。そして、農作物という蓄えることのできる「富」を手にすることによって、人類は、多くの人口を賄えるに至った一方で、「持てる者」と「持たざる者」の間の格差を生じさせ、身分階級という不平等な仕組みが生まれることになったと考えられます。

農村からの逃げ場としての都市のはじまり

　経営学における格言のひとつに「イノベーションは辺境から起こる」という言葉があります。イノベーションの主役は、これまで市場を牽引してきた企業ではなく、それまで注目されてこなかった企業や地域から起こるということです。これは、これまで事業を行ってきた企業がイノベーションによって変革することの難しさを表すとともに、人類の歴史そのものを表現しているともいえます。大自然に生かされる狩猟採集民が、何かしらの不便を感じて農耕民に変化したということではなく、狩猟採集を選択できなかった「辺境」の人々が、自らが生き永らえるために労働によって運命を変えようとして実現したものが農耕・牧畜という新しい生き方でした。同じ構造が、「都市」のはじまりについても指摘されています[50-53]。

　コミュニティ論を研究する科学哲学者である広井良典は、著書『創造的福祉社会』のなかで、都市のはじまりを、農耕社会における抑圧のなかでの突破口のようなものであったのではないかという考察を行ってい

ます[50]。都市のはじまりは、農村そのものではなく、農村と農村の間に
生まれた物々交換を行うための「市場」でした。市場は、農村という閉
じたコミュニティにとって、外部に開かれた「窓」であり、不平等な身
分階級や重労働といった、本来の人間にとって自然ではない環境を補う
ための「必然的な補完物」だったのではないかといいます。

　都市には、農村の階級化された集団生活にはない個人の自律性があり、
自然から離れた「半自然性」という性格を持っていました。農村のなか
で抑制された人々にとっての「自由」がそこにはあったのかもしれませ
ん。産業革命の主な舞台となった都市においては、さらに多くの人口を
賄うことができる力を持ち、都市は、人口増加に大きく貢献し続けてい
ます。しかしながら、自然に生かされる狩猟採集社会とは異なり、農村
と相補的な関係にある都市社会には、富の蓄積や、それに伴う所有とい
う概念が組み込まれ、新たな身分階級を構造的に内包するものでした。
自然やコミュニティから解き放たれたはずの都市社会に生きる私たちは、
依然として、新たな抑圧のなかに生きているといえるのかもしれません。

経済成長に伴う精神的な豊かさ

　狩猟採集社会から農耕社会へ、農耕社会から都市社会へという三段階
の大きな社会の変革を軸に人類史を眺めると、興味深い法則が明らかに
なります。それぞれの段階において、その初期には人口増加（経済規模
の増加）が見られるものの、後半になると、その成長は定常状態を迎え
るとともに、世界の至るところで文化的な発展が見られるのです。広井
は、こうしたそれぞれの段階において見られる経済規模の定常化した状
態での文化醸成の仕組みを「創造的定常経済システム」としたうえで、
それぞれの段階で発展した文化について分析しています（**図表14-1**）。

　まず、狩猟採集社会における文化の発展を「心のビッグバン」とし、
スペインのアルタミラ洞窟などに見られる壁画文化や、精巧に作られた
日本の縄文土器などを例とした、芸術や、象徴的な思考が発展したとさ
れています。自然に生かされる狩猟採集生活のなかで、「自然信仰」が
発達します。そして、農耕社会においては、興味深いことに、中国の孔

子をはじめとする諸子百家による多くの思想の誕生、ギリシャ哲学者による自然哲学の成立、仏陀の誕生など、世界の各地で、思想と呼ばれるものが同時に誕生します。農耕による階層化された大きなコミュニティのなかで、「この世界とは何なのか」という疑問から発生する超越的な思想、普遍宗教が成立したのです。そして現在、都市社会の定常化に差し掛かった今、世界はネットワークによってつながり、人間行動が生成するデータを伴いながら、日々、「知識創造」が起こっています。それと同時に、経済的な格差の広がりはしだいに大きくなり、「未来がみえない」という感覚が、世界全体を覆いはじめつつあります。こうした時代背景のなか、広井は、「創造的福祉社会」という、個人の潜在的な可能性や価値を（積極的に）引き出していく社会の実現を提唱しています。地球規模での生命知の循環が起こることで、そのプロセスのなかで、個人や組織、社会の可能性も拓けてくるものと考えられ、本書の主題にもつながる考え方であるように感じられます。

　広井の提唱する創造的福祉社会のような、個人の可能性に焦点を絞った考え方は、現代社会を生きる多くの人々が提唱しているものであり、生命知の循環が起こった先には、個人の潜在的な可能性や価値は結果として引き出されることは間違いありません。しかしながら、個人の可能

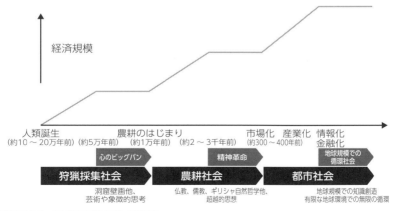

図表14-1　社会変革と文化の発展

性にばかり焦点を当てすぎてしまうと、例えば、学校教育を受ける生徒に対して、「夢を持つこと」「他人と違う才能を見つけること」を強要することにつながり、夢を持たない人に対する圧力につながっていきます。

　現代社会は、狩猟採集社会から農耕社会を経て成り立った都市社会です。都市社会である現代社会においても、経済成長に伴う精神的な豊かさは、生命知の循環があってこそ、実現できるものと考えられます。生命知の循環を伴う社会の片鱗は、第三部、特に第9章で示した日本の江戸時代に垣間見ることができます。物質的には、農家のし尿や竈の灰すらも、金銭や野菜によって取引され、農地の肥料として用いられており、ごみのない循環型の社会が実現していました。精神的にも、思想家である石田梅岩が遺した「実の商人は、先も立ち、我も立つことを思うなり」という言葉に見られるように、商いに関わる誰もが並び立つ精神でなければ、その活動は循環せず、長く続く商売としては成り立たないということを、江戸時代の商人たちは体言していました。そして、その思想は、寺子屋のなかで学ばれていた孔子の教えにも垣間見ることができます。

　　汎く（ひろく）衆を愛して仁に親しみ、行ひて余力有らば、則ち以つて文を学べ。

　「人々と広く交際し、仁者（人格者）たれ。余力あらば読書によって学べ」ということを意味するこの言葉は、人格者として多くの人と接し、徳によって人助けをすること、そして、読書によって先人の心に接し、その知恵とともに更に人格を磨くことこそが人の生きる道であるということを教えています。実際、江戸時代の教育力の基礎は読書であり、村の実力者が提供した「図書館」によって、その地域の子どもたちは、知識に留まらない、生き方を学んでいたといわれています。まさに、利他の心が自らを育み、地域と、そして地球ともともに育っていくという生き方を実現することによって、物質的にも精神的にも、豊かな社会を実現していたのではないでしょうか。本書で繰り返し述べてきた通り、世界は常に混沌としており、至るところに、その混沌のなかで「社会問題」

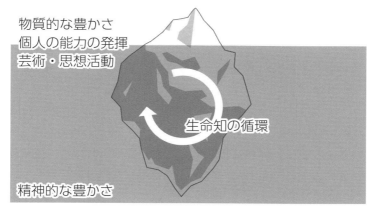

物質的な豊かさ
個人の能力の発揮
芸術・思想活動

生命知の循環

精神的な豊かさ

図表14-2　物質的・精神的な豊かさと生命知との関係

といわれる諸問題に悩んでいる人がいます。人々と広く交際し、そうし
た混沌に気づいたときが、人を助け、商いの道がはじまるときです。混
沌に対し、徳をもって秩序をつくり、共に成長していくことこそが、未
来経営の道なのではないでしょうか。

ルールで拘束されたデジタルの
「活用」×変化する環境でのデジタルの「成長」

　本書を通して、生命知に基づく未来経営を、経営に関する精神的な心構えというよりもむしろ、具体的な方法論として論じてきました。未来経営という考え方は、人類の歴史のなかに位置づけながら、生命・人間・組織・事業・デジタル変革などの視点によって多角的に学ぶことで、自ら実践することを目指し、構築してきました。序章で示した生命知に関する考え方を前提に、第一部で示した組織経営の方法論を、そして、第二部で示したデジタル技術を用いた社会デザインを、第三部で示した日本の商いの道に学びながら実践していくことで、第四部で示している未来経営を実践していくことができるはずです。ここからは、人類史における都市社会のなかで育まれた近代科学の方法論への理解を通して、本書のこれまでの議論を位置づけながら、生命知が近代科学の枠組みとしてどのように説明できるかを論じていきます。

　序章で紹介した近代科学の「生命観」に関する年表を改めて眺めてみると、ギリシャ自然哲学と天地創造を始祖に持つ、ヨーロッパで育まれ

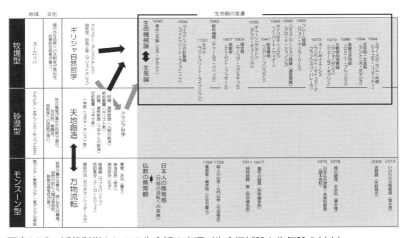

図表14-3　近代科学としての生命観の変遷（生命機械論と生気論の対立）

た近代科学において、生命を機械と見なす生命機械論と、機械的な取り扱いができない精神的な存在としての生気論が相対しながらも、その双方の視点から、生命への理解を深めていったものととらえることができます（**図表14-3**）。そこで議論された生命機械論は、まさに「デジタル技術そのものの構造」といえ、生命機械論にもとづく生命理解、そして、社会への理解が、近代科学の基本的な姿勢といえます。

　さて、第二部第6章で、デジタル技術のとらえ方として「入力・処理・出力というコンピューティングの基本」を紹介し、入力・処理・出力によって、数多くのデジタル技術の整理を行いました。人間の思考もまた、何らかの情報を得て、思考して、行動に移す、という意味で「入力・処理・出力」としてとらえられるということから、過去の先人たちは、人間をはじめとする生物は、目や耳などの「感覚器」によって情報を入力され、「脳」によって処理し、「筋肉」によって行動を出力すると考えました[54-57]。このように考えると、脳という漠然とした思考や意識、認識といったものを司るとらえどころのない感覚器官の役割を整理することができます。これによって、視覚の情報を処理する「視覚野」や、運動を司る「運動野」など、脳をブロックのように、さまざまな領野にわけて理解することができるようになりました。同様の枠組みが、人と人とのコミュニケーションにも適用できます。人は、会話を行うとき、ある情報を、言語という「符号（記号）」に変換したうえで送信し、空気という「通信路」を通って、相手の耳に言語が伝わります。言葉を受け取った相手は、その言語をもとの情報に「復号化」（再度変換）することによって、情報を受け取ることができます。このコミュニケーションの考え方こそ、現代の情報通信の仕組みそのものであり、これによって、光通信や無線通信が実現し、快適なインターネットライフが実現したといえます。

　生命機械論は、物事をブロックのように要素に分解したうえで、ひとつひとつの要素を検討しようとする「要素還元主義」という考え方に基づいています。これは、身体と心（精神）を別物としてとらえようとする「身心二元論」を提唱した17世紀のフランスの哲学者ルネ・デカルト

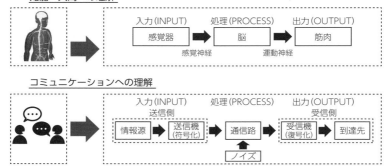

図表14-4　入力・処理・出力による知能（人間）とコミュニケーションの理解

を始祖としているということは、序章でも述べた通りであり、「要素還元主義」的なとらえ方によって、近代科学は大きく発展しました。そして、その一方で、人間や生物を「機械」としてとらえるようになったことから、「心」がおきざりにされ、現代に至るまでの多くの「心の問題」につながるようになりました。

　今、生命や脳への理解は大きく進み、生命を機械のようにとらえるだけでは、「心」の理解につながらず、結果として、多くの社会問題は解決しないということが理解されています。特に、現代では、脳における思考の中枢と考えられていた「前頭葉」が、感情の発達にも大きく寄与するばかりか、他者の感情に共感する社会性を育むうえでも中核を担うとされています[58-64]。ひとつひとつの部位、機能を要素還元主義的に眺めているだけでは社会問題の理解につながらないのです。

　まさに、「生気論」と「生命機械論」の双方の視点を尊重することが必要であると考えられているのです。このような脳のとらえ方の先駆者であり、アメリカの神経科学者であるアントニオ・ダマシオは、心、脳、身体を統合的な「全身体システム」としてとらえ、全身体システムを支える規則としての「ホメオスタシス」（恒常性）の役割を強調します。

　ホメオスタシスとは、呼吸や消化など、無意識下での身体の働きを調

整する「自律神経系」や、体内のホルモンバランスを調整する「内分泌系」、そして、体内に侵入した異物を排除することで健康な身体を維持する「免疫系」を中心とする身体調整の役割を、「よい状態」としてバランスを保ち続けようとする働きを指します。例えば、やじろべえは、外力が加えられて傾いたりよろけたりしても、振動を繰り返すなかで安定して同じ状態を維持し続けます。これと同様に、人間の身体も、ホメオスタシスがあるからこそ、「身体」という安定した状態を維持し続けるのです。

　人間の身体は、視覚や聴覚などの「感覚」を受け取ると、その信号は、脳の各部位をつたって、大脳の前方に位置する「前頭葉」に集約され、情動や時空間記憶の司る「辺縁系」を通って、「視床下部」に伝わります。身体全体の感覚を統合したうえで、その感覚が、身体全体にとって「よい」状態かどうかを「情動」として把握しながら、「よい」状態を維持し続けるように、視床下部を介し、内分泌系や自律神経系が身体バランスの調整を行うのです。そして、そうしたバランスのもとで動かされた身体が、再び感覚を得て、その感覚が前頭葉に集約され、再び辺縁

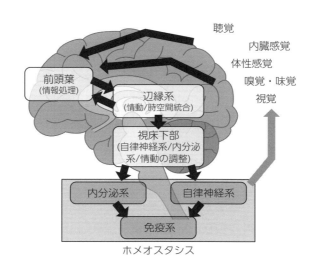

図表14-5　脳・身体とホメオスタシスの関係

系・視床下部といった各部位に循環していきます。身体は、「よい」状態をモニタリングしながら、その状態を維持し続けるべく、調整し続けるのです。

　ホメオスタシスにもとづく信号、そして身体の働きの循環は、人間のコミュニケーション、そして、社会の成り立ちにとっても中枢の役割を担います。ひとりの人間が受ける「感覚」のなかに他者が存在すると、その循環のパターンは変化し、結果として渦は大きくなります。感覚が変化するということは、感覚を受ける身体の「行動」そのものが変化するということです。自己の行動が変化することで、自己の内部状態は変化します。同様の現象は他者のなかにも起こり、結果として、ひとりの状態とは異なる新たなホメオスタシスの状態、すなわち「場」が生まれます。自己の行動が変化すると、それに伴って、自己の場が変化し、その影響を受けた他者には、結果として、（何らかの）行動変化が起こります（**図表14-6**）。これこそがコミュニケーションの原点であり、他人を思い通りに変えられない、自ら変化するのを待つしかないというのは、こうしたホメオスタシスの働きがあるからこそなのです。

　身体のホメオスタシスが土台として働く、場の変化にもとづくコミュニケーションを理解すると、なぜ、組織や社会を変えるのに「自らが変化する」必要があるのかが理解されます。ホメオスタシスは、自らの置かれた環境を、感覚器官によって受け取ることで、その環境に対する「よい状態」を維持すべく、その役割を担います。この働きを前提として、環境をも踏まえたうえで自らの行動を変化させていくことができれば、その全体は、「よい状態」に近づいていきます。一方で、環境の変化に対して自らの状態を変えなければ、本来あるべき「よい状態」に向かっていくことはできず、ホメオスタシスが機能不全に陥ります。感覚器官によって、また自らが行動することによって環境を「経験」し、それによって得られた感覚をもって行動を変化させ続けることができるならば、環境に含まれる他者を含めた「よい状態」に向かっていきます。

　二人以上の複数人が、ホメオスタシスによる「よい状態」をつくり続けるとき、そこには、ひとりひとりの人生のなかで経験してきたすべて

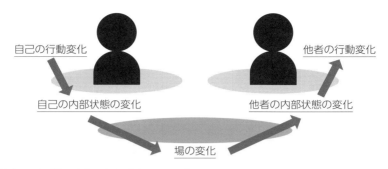

図表14-6　場の変化にもとづくコミュニケーション

の経験が重なった新たな「物語」が生まれます。そうした人々と、さらに経験を繰り返していくと、物語がさらに前に向かって動き出します。それこそが人間のコミュニケーションにもとづく未来創造の姿です。そして、自ら能動的に未来創造を行い、成長のスパイラルを描き続けていくことこそが未来経営のあるべき姿といえます（**図表14-7**）。場を共有し、創造した物語によって、ひとりひとりには自ずと役割が（ホメオスタシスのなかで）与えられます。そうした役割にしたがってひとりが行動変化を起こしていくことができれば、場は同じ状態に留まらず、さらに「よい状態」に向かいます。こうした段階を経て、より「よい状態」に向かっていくからこそ、成長は、一直線ではなく、スパイラルを描くものなのです。

　ここまでを通したコミュニケーションの議論から、社会におけるデジタル技術の位置づけについて、「あるべき姿」がみえてきます。まず、入力・処理・出力という情報の流れを基本にしているデジタル技術を、社会に対して単純に「活用」することは、社会そのものを要素還元主義的な見方をすることになり、社会におけるホメオスタシスにもとづくバランスを欠き、生命知の循環からほど遠い状態に、社会そのものをミスリードする可能性があります。その一方で、自らの身体状態にとっても、他者の、そして関わるすべての人々にとっての「よい状態」に向けた成長のスパイラルを描くなかで、その状態を実現すべくデジタル技術を

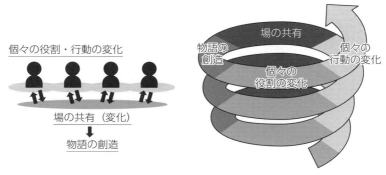

図表14-7　コミュニケーションにもとづく物語の創造・成長のスパイラル

「位置づける」ことができるならば、デジタル技術そのものに、生命が吹き込まれ、社会全体に生命知が発揮されます。これは、社会を要素還元主義的な見方で切り分けるだけではなく、そのそれぞれの要素を生命知を発揮する主体として位置づけ直す（デジタル技術もまた生命知を発揮する要素として位置づけ直す）ことで、社会全体が、動的に変化する環境のなか、常に「よい状態」に向けて生命知を発揮し続けるパラダイムにシフトするということです。新しいパラダイムは、第一部で紹介した生命知を発揮する多くの組織によって、垣間見ることができます。今、デジタル技術に生命を吹き込み、「よい状態」を創造し続けている企業や組織を表面的に真似るのではなく、彼らから学びを得、自らの行動変化を通して「よい状態」を創造し続けることができるならば、自ずと未来経営に向けた道が拓かれるのではないでしょうか。

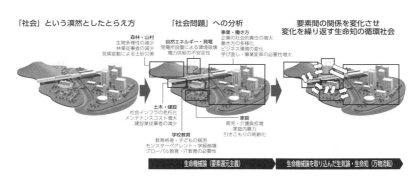

図表14-8　社会問題の分析から生命知の循環社会へのパラダイムシフト

サステイナブルな
「正義」×自ずから循環する「いのち」

　ここまでを通して、人類史の、そして科学技術史のなかでの生命知の役割を整理しながら、生命知のもつ意味についての理解を深めてきました。生命知は、社会を要素に還元したうえで社会問題を分析して解決しようとする古いパラダイムから、動的に変化するひとつひとつの要素の関係性を「よい状態」に成長させ続ける新しいパラダイムへの移行を実現する可能性を秘めています。

　今、世界は、「資本主義」という経済成長を良しとする経済システムのあり方そのものに対する懐疑の念に覆われつつあります[65-68]。先述の通り、都市社会と呼ばれる現代社会は、無限成長が幻想であること、すなわち地球資源や環境が有限であるということに気づき、物質的な成長から精神的な成長へのパラダイムの転換の只中にあるといえます。すなわち、生命機械論にもとづく要素還元主義的な社会理解から、生命機械論をも取り込んだ生命知の循環社会への転換が起ころうとしているといえます。デジタル技術は、その構造自体はまさに生命機械論であり、要素還元主義的な社会の象徴であるといえます。しかしながら、生命知を理解し、日々変化を繰り返す環境においてデジタル技術を位置づけなおしながら、デジタル技術とともに社会を変革・成長を繰り返していくことができたならば、デジタル技術はその能力を如何なく発揮し、新しいパラダイムへの転換を可能にする原動力たり得るはずです。

　時代の転換点においては、さまざまな思想が生まれ、それに伴って多種多様な活動が実験的になされます。昨今、これまで経済成長を支えてきた資本主義というシステムを見直そうというモチベーションから、資本主義社会の延長線上にある社会主義・共産主義社会を描いたカール・マルクスの思想への研究が盛んになされています。特に、シェアリング・エコノミーと呼ばれるインターネットでのつながりを前提とした財の共有という考え方や、職場でも家庭でもない第三の居場所としてのコミュニティ（共同体）という考え方は、共産主義的思想と相性がよく、

資本主義的な競争社会に限界を感じる人々は、社会主義・共産主義的な思想に、これからの社会への拠り所を求めています。社会主義・共産主義的な思想は、共に助け合うことによって、限られた地球環境を守りながら生きていける社会を目指した思想として注目されているのです。例えば、マルクス思想を分析する哲学者である斎藤幸平は、著書『人新生の資本論』のなかで、経済成長を諦め、脱成長の必要性について説くと同時に、中世イギリスの農業共同体にみられる「コモンズ」と呼ばれる共有地に着目し、資源をシェアする公共財の重要性を強調しています[67]。コモンズにおいて、中世の人々は、果実、薪、魚、野鳥、きのこ、水資源など、生活に必要なものを適宜採取していました。斎藤は、こうした自然の恵みと同様に、電力ネットワークや、医療、インターネットといったサービスを公共財とし、地域社会へ還元していく「社会連帯経済」という未来を提唱しています。

　現代のインターネット社会に埋没していると、無料の情報やサービスが際限なく出現することから、まるで、自分は何もしなくても、その恩恵にあずかれるような錯覚に陥ることがあります。そして、そうしたインターネット空間に慣れ親しんでいると、自然もまた、何もしなくてもその恵みを享受できるような錯覚に陥ります。しかしながら、実際は、インターネット空間の向こう側には実在の人がいます。彼らは、自らの開発したシステムやサービスを向上させ、より多くのユーザーに利用してもらい、それによって自らも経済的な利益を得ようと尽力しています。向こう側の顔がみえにくいインターネット空間は、そういった人と人とのつながりを忘れさせ、自ら主体的に行動せずとも生きていけるという誤解を生み出しやすい構造なのです。

　未だインターネットが普及する以前の1960年代、情報は、国家や新聞社・放送局といった大きな組織に支配されていました。ちょうどその時期、長引くベトナム戦争への批判から、アメリカ西海岸を中心に反戦、平和運動が起こり、大きな組織に対するアンチテーゼとして、文明を否定して自然に帰ろうとする「ヒッピー」と呼ばれる集団が登場しました。そうしたヒッピーに対して刊行した、新しいライフスタイルを提示する

『全地球カタログ（Whole Earth Catalog）』と呼ばれる雑誌が注目を集めました。この雑誌を刊行した環境運動家のスチュアート・ブランドがスローガンとして掲げた言葉が"Information wants to be free."「情報は自由（無料）になりたがっている」という言葉だったのです[69]。

　今や、情報を新聞社や放送局が握るというのは過去の話であり、誰もが日々のニュースやデータすらも分析して公開することが当たり前の時代が到来しました。まさにブランドの述べた「情報は自由（無料）になりたがっている」という言葉が当たり前のように刷り込まれている時代といえます[70-72]。実際、インターネットへの窓口たる検索エンジンを開発し、インターネット社会そのものを創ったといってもよいグーグル社は、すべてのコンテンツと情報を無料（あるいは無料同然の価格）で提供し続けています。無料のコンテンツに溢れたインターネット空間に埋没している限りは、生きることに対する不満足を感じる必要がありません。何の努力もせず、満たされる錯覚に陥ることすらあるでしょう。

　しかしながら、「自由（無料）になりたがっている」情報は、最初から自由（無料）だったわけではありません。自由（無料）になった情報の向こう側には、それをつくり出した人が必ず存在します。そして、情報をつくる人たちに対して適切な評価がなされなければ、情報をつくり出すモチベーションは低下していくでしょう。現在のインターネット空間における大きなモチベーションとして「評価経済」が挙げられます。インターネット上での商取引などで、売り手と買い手が双方で評価を行い、その結果としての星の数やレビューが公開されることを前提にして、売り手も買い手も「よい行い」に対するモチベーションにつながるというものです。評価経済は、商取引をはじめとするインターネット上での行動に秩序を与える有力な手法とはなり得る一方で、コピーと再配布が自在にできる文字や画像などによる情報は無料で流布されるため、即効性のある刺激的なタイトルやテーマばかりが生き残り、ゆっくりと社会を変える知的創造に対し、正当な評価が集まりにくい構造になってしまっています。

　このような背景から、情報やサービスを含めた財を「公共財」とみな

し、「シェア（共有）すればよい」と短絡的に考える行為については、筆者は強い懸念を抱いています。資本主義に対するアンチテーゼとしての公共財、シェア（共有）、コミュニティ（共同体）という言葉は、「共に助け合う」というスローガンにもとづいており、魅力的に感じます。しかしながら、本来、私たちひとりひとりには、自らの身体によって環境を感じ、環境に存在し、環境を生き、ホメオスタシスを前提とした「よい状態」を自ずから創り出すことによって、未来を創造し続ける生命知が備わっています。ひとりひとりの生命知は、お互いがお互いの身体経験に影響を与えあい、共にある物語を創造し続けようとする主体的な働きによって発揮され続けます。その一方で、それぞれが創造した知的生産物が、物語を共有しない誰かに「自由（無料）だから」と利用されるのであれば、そこには生命知の循環が起こることはなく、コミュニティへの貢献は、「評価経済という対価が得られる行為」に限定されていくことでしょう。実際、現代のインターネット空間は、誰もが知的創造物を自由に、そして無料でシェア（共有）しあう牧歌的な空間ではなくなり、殺伐とした商取引空間になってしまったということは、多くの論者が指摘している通りです[73-74]。

　それでは、現代の資本主義は何を欠いているのでしょうか。どういった考え方があれば、未来を描いていくことができるのでしょうか。本書のなかでこれまで繰り返し述べてきた生命知にもとづく未来経営が実現したとき、現代の資本主義は、「商いの道」に生まれ変わると筆者は考えています。かつて、江戸時代に日本経済の中心地として発達した「大坂」において、日本ではじめて幕府公認の町人のための塾が開かれました。「懐徳堂」というその塾の塾則にこそ、今、資本主義が目指すべき「商いの道」を見出すことができます。

　　　金儲けや栄達のためでなく、人びとを救う徳を身につけるために学ぶ

　懐徳堂の初代学主である三宅石庵は、「徳」をもつ人にこそ人が集まり、その結果としてお金が回りはじめ、商いの道が切り拓かれることを

知っていました。だからこそ、学びによって「徳」を身につけることが学問を学ぶ者の姿勢であるという心理に気づいたのです。三宅は、商いをも視野に入れた生活に根ざした道徳である「生活道徳」を築き上げるために、ひとつの学説にこだわることなく、朱子学や、陽明学をはじめとする多くの学問からの学びを取り入れました。これは、知識の組み合わせなどではなく、その行為そのものが、「人びとを救う徳」という物語を、これまでの学問を築き上げた先人たちと共に共創する、先人とのコミュニケーションによる未来経営そのものであるといえます。ひとつの学説によらない三宅の学問は、とらえどころのない「鵺学問」と呼ばれるものでした。しかしながら、三宅の学問は、単に知識を組み合わせただけのものなどではありませんでした。人びとを救うために必要なものを、あらゆる学説から学びとり、その結果として、「人びとを救う徳」という物語に昇華したものといえます。すなわち、三宅の学問を創造しようとする行為には、「人びとを救う徳」という物語を、先人たちと共に共創するという、未来経営にとってなくてはならない姿勢を見出すことができるのです。三宅の行った「人びとを救う徳」という「商いの道」を先人と共に育て上げた未来経営の姿勢こそが、まさに、現代の資本主義社会が必要としているものなのではないでしょうか。

　今、資本主義社会において、多くの企業が社会問題の解決をスローガンに掲げた経済活動を行っています。地球環境問題や、人種や男女の平等に関する問題など、顕在化したさまざまな問題に対処しない企業は時代遅れであり、不買運動に巻き込まれるなどのさまざまなリスクに晒されつつあります。まるで、「サステイナブル（持続可能）」と呼ばれる活動のみが「正義」とされ、そうでないものを「悪」として排除するような世界の風潮が感じられ、その風潮そのものが「サステイナブル（持続可能）」でないようにすら感じてしまいます。もちろん、地球環境は有限であり、ひとつひとつの社会問題を要素還元主義的に切り分けていくことは重要な作業ではあります。しかしながら、顕在化した社会問題を対処療法的に解決していくだけでは、新たな問題が生じる結果に終始します。情報や知、学問というものを、無味乾燥な「公共財」としてとら

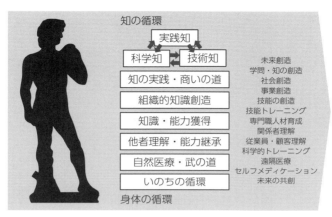

図表14-9　生命知の循環にもとづく行動指針

えるのではなく、「人びとを救う徳」を身につける行為であるととらえ
たうえで、徳による「商いの道」を切り拓くならば、自ずと生命知の循
環が起きはじめ、結果として、健全な経済の循環が起きることでしょう。
生命知の循環は、身体のホメオスタシスの循環から、社会における知の
循環に至るまで、お互いに分離できないさまざまな視点で解釈すること
ができます。生命知の循環にもとづく行動指針をひとつの目安にすると、
この世界の多くの人々が、徳によって救われることを心待ちにする風景
がみえてくるのではないでしょうか。

　地球環境が有限であることは今さら述べることではなく、地球全体の
経済規模が無限に成長していく未来を描くことには意味がありません。
しかしながら、時代に合わない事業であっても徳によって変革を繰り返
すことによって、適切な循環が起きはじめます。これまで私たちの社会
を支えてきた資本主義を否定することなく、それが欠く、「商いの道」
によって、地球全体が再び生命を宿す未来は、手を伸ばせば届くところ
にあるのです。

第 15 章

富をもたらす
生命知とその未来に
向かって

本書を通して伝えたかったことは、生命知がいかに豊かな富をもたらすかということです。これは、地球に生きる私たちが享受する自然の恵みが豊かであるということだけではありません。生命知が発揮され、商いの道が拓かれるとき、徳の力に魅了された人々が自ずから集い、渦を巻くように事業として成長していきます。生命知の力によって、人々と共に未来を経営していくことができ、無限の可能性を切り拓くことができるということこそが、本書が描いてきた世界像です。

　筆者はこれまで、ひとりの科学者として、未来を描き、技術を開発し、社会を変革するという取り組みを、多くの業界の人たちと共に行ってきました。未来を創造するはずの科学の世界に足を踏み入れたとき、気づかされたことは、科学者と呼ばれる人たちの抱える閉塞感です。現在の科学という閉ざされた世界には、私たちが生きる社会とは大きく隔たりがあり、そこには、徳の力もなければ商いの道もなく、ましてや生命知の発揮もありません。さらに重要なことは、そうした社会と隔絶した状況は、多かれ少なかれ、科学以外の業界にも起こっているということです。これは、前章で述べた要素還元主義的な考え方によって社会全体がデザインされていることが原因で起こっています。

　本章では、本書の締め括りとして、ひとりの科学者からみた未来経営について、科学の世界からわかることをお伝えしていきます。

他力という人間性のもたらす豊かさ

　科学者と呼ばれる科学技術を生業とする研究者は、新型コロナウイルス感染症や、東日本大震災をはじめ、国家レベルの危機が訪れると、決まって注目を集めます。そして、専門家である彼ら彼女らの言葉が「正しい」ものとされ、政府が彼ら彼女らの言葉を聞き入れないと、決まって批判されます。こうした科学者を「正しい」言葉を発する専門家として疑わない風潮は、社会を不健全な方向に導きます。科学者の意見を聞き入れる前に、そもそも、科学者がひとりの人間であるということを理解しなければ、この社会には健全な循環が流れません。そして、科学者がひとりの人間であるということを理解したときに、この社会の向かう先が指し示されると筆者は考えています。

「科学者として生き残るために」

　科学者と呼ばれる科学研究を生業とする研究者にとって勝ち組といえるのが、「テニュア」といわれる、大学や国家機関の教授職などの終身在職権を獲得するものです[75, 76]。テニュアを得るまでは、任期付きの研究職という不安定な立場であり、任期後の職すらも保障されていない不安定な立場です。このため、若手研究者たちは、地位と名誉の伴う安定した立場を獲得するために、研究者としての実績を積み重ねる必要があります。

　研究者としての実績を積み重ねる、というと聞こえはよいかもしれません。しかしながら、実際の研究というものは、1年や2年でそう簡単に歴史を動かすような大きな発見や発明ができるわけではありません。実際のところ、研究者としての実績は、研究結果をまとめた論文の数と質によって評価されます。論文は、論文誌と呼ばれる専門誌に掲載されることがひとつの実績です。論文掲載時には、研究者が審査を行い、その結果、掲載するに値すると認められたもののみが、晴れて掲載される

ことになります。そして、世界中の研究者たちのなかから、その論文を読み、自身の論文のなかで参考にした場合、その論文を引用して紹介します。論文の引用数が多ければ多いほど、その論文は、評価が高いものという判断がなされます。

このような背景から、研究者は、論文誌がトレンドとする研究を追い、掲載されやすいテーマを選び、確度高く結果の出る手法で研究を行うことが一般的です。任期付きの研究職はもちろん、テニュアを獲得した教授職であっても、何年かけても研究成果が出せる保証のない大きな研究テーマに取り組むことはリスクが高く、敬遠されます。第14章で紹介した神経科学者であるアントニオ・ダマシオは、「意識」という答えの出ない壮大なテーマに取り組むなかで、「意識の研究などというものは教授の終身在職権を手にする前に関わるようなものではなかったし、それを手にしてからでさえうさんくさく見られていた」と語っています[59]。

こうした背景があり、科学者の世界では、大きな発見や発明を目標に掲げること自体が荒唐無稽な試みと揶揄され、研究のトレンドに追いつけていないと、勉強不足のレッテルを貼られることが少なくありません。まさに、「科学者として生き残るために」をスローガンに、本来は、未知なるものを探究し、未来を生み出すはずの科学という試みが、トレンドを追いかけ、論文の数ばかりに注目が集まる状況に陥っています[77-80]。

筆者は、こうした夢のない「現実」に埋没しようとする科学者の現状に対し、大きな違和感を抱いていました。「生き残るために」という言葉を盲目的に信じ、自分ではない誰かが創ったトレンドに追随することに終始し、たとえその先に、安定した職を勝ち取ったとして、そこに何が残るのでしょうか。その生き方は、自分でない、他の誰かが行ってもよかったのではないでしょうか。さらにいうならば、安定した職を求めるのであれば、研究職という不安定な仕事を選ぶ必要があったのでしょうか。

科学者というと、この世界の未来を見据え、博識なイメージがあるかもしれません。しかしながら、（特に日本において）実際の科学者のほとんどがみている世界は、驚くほど狭いのです。「生き残るために」と

狭い領域の研究に終始するあまり、社会で何が起きているのか、自分自身の研究が歴史的にどういった意味を持つのか、社会との関わりとしてどういった解釈が可能なのか、社会という大きな枠組みで自分自身をとらえることができずにいます。これこそが、学問が「細分化」し、「タコツボ化」していると揶揄される原因であり、昨今の日本の科学研究は「小粒」の成果ばかりであり、日本の科学力が衰退していると危惧される要因も、ここに見出すことができるのです。

「生き残ったその先に、何があるのだろうか？」

これは、科学者だけでなく、あらゆる職業に通じることかもしれません。そもそも、自分がなぜ科学者になりたかったのかと問われ、「生き残りたいと思ったから」と答える人はいないはずです。「科学者になりたい」と思った幼少期の自分自身や、あるいは、科学者を目指す少年少女に、「生き残る」ことばかりを考えている自分の姿を、胸を張って見せられるのでしょうか。狭い領域で「生き残る」ことにばかりこだわって生み出した「小粒」の研究に、未来はあるのでしょうか。

筆者がこれまで手掛けてきた情報科学の領域では、その研究分野の寿命は5年前後といわれています。このため、本来であれば、5年サイクルで新しい研究コンセプトを世に打ち出し、トレンドそのものを生み出しうる好機に恵まれていると解釈することができるはずです。しかしながら、ほとんどの研究者は、そうした新しい一手を打ち出すことに関心がなく、あったとしても、「生き残る」ことばかりに目が生きがちな周囲を説得することができず、狭い研究領域のトレンドをなぞるような研究に終始しています。

こうした背景から、筆者は、斬新なアイデアを持ちながらもトレンドを理解できていないと否定され続けることに心を病んでしまった若手研究者や、あるいは、かつては夢を持って世の中を変える大きな目標を持っていながら、いつの間にか「生き残る」ことにばかりこだわり続け、別人のような性格になってしまった研究仲間の間で、もどかしい思いを

持ち続けていました。

　幼少期から持ち続けていた夢や目標を叶えようと職を選ぶ人は、科学者ばかりではありません。実際に働いてみると、当初、想像していたような大きな仕事ややりがいのある仕事ではなく、だからといって、その職を手離してしまうと、明日食う飯に困るからと、別の道を模索することができない人は、世の中に少なくないでしょう。そして、そういった形で悩みを抱えていたとしても、世間は「自己責任」という名の「正義」を振りかざし、理想と現実の狭間で悩む人たちの声に耳を傾けようとはしません。要素還元主義的な考え方で社会をとらえ、社会のさまざまな分野の豊かな関係を軽視する現代社会は、ひとつの狭い分野で「生き残る」ことに疑問を持つ人たちの心の声をとらえようとする気持ちを忘れてしまったのかもしれません[81, 82]。

「狭い世界に生き残らなくとも、広い世界に足を踏み出せばよい」

　本書で繰り返し述べてきた通り、この世界は生命知で溢れています。その豊かな循環にもとづいて社会を見渡したとき、社会のさまざまなつながりを見出すことができ、生命知の循環にもとづく新しい関係をつくり出すことができます。そして、その関係は、職を得てプロフェッショナルとして社会で活躍してはじめて気づくことができるのです。

　ひとりで生きていくことができる人はどこにもいません。どのような職業であれ、関わる人たちが支え合って成り立っています。さらにいうならば、これまであなたに対して支払われていた報酬は、あなたの行為に対する「感謝」の気持ちであり、その感謝の気持ちを持った人がどこかに必ず存在するということを忘れてはなりません。そうした人たちの気持ちにより耳を傾け、なぜその人たちがあなたに対して感謝の思いを抱いたかを心の中で問いかけたとき、この広い世界のなかで、あなたが存在する意味に気づくはずです。

　仏教用語に「他力」という言葉があります[83, 84]。本書のなかで紹介してきた「自然（じねん）」という考え方に通じるこの言葉は、「あるがま

ま」の状態に身を委ねたとき、「おのずから」病が治るように、自分自身を取り巻くさまざまな問題は解決していくという意味が込められています。人はひとりでは生きていけません。自分ひとりの力で「生き残る」ことができると考えるのは、幻想にすぎません。自分は社会のなかで生かされている。そして、自分もまた、社会のなかで誰かを、ひいては誰もを生かしている。自分自身を育んできた社会に身を委ね、それと同時に、あなた自身に身を委ね、この社会のなかで生み出され続ける「いのちのドラマ」に気づくことができるならば、そこには自ずと、生命知の循環が生まれることでしょう。

　現代社会は要素還元主義的な考え方にもとづいて創られています。このため、「この組織の社員たちは自分が守らないといけない」「自分が家族を守らないといけない」と、ひとりひとりの人生の責任を背負おうとする人は、特に日本人には少なくありません。他者の人生を背負うことは、一般的には「正義」のように語られ、時には美しくすら映ります。しかしながら、この姿勢もまた、生命知を停滞させる行為であり、「あるがまま」に身を委ねる状態とはほど遠いものなのです。人はひとりひとり、自分自身の人生を生きています。そのひとりひとりの人生は、お互いに身を委ね合うからこそ循環が生まれ、そして豊かに育っていくものです。「自分は責任ある立場だから」と部下や家族に身を委ねることができなければ、そこには生命知の循環を生み出すことができません。「養う立場」「養われる立場」という関係が固定化されてしまうと、「自分は養う（養われる）立場だから」と、自らを変革しようとする力を無意識に堰き止めてしまいます。それによって、生命知の循環を生み出し続けるという、生命としての「あるがまま」の状態を創り出そうとする、生命の本能から自分を遠ざけてしまうのです。

　あるがままに身を委ねる「他力」は、要素還元主義的な考え方が「常識」とされている現代社会においては「非常識」な行為であり、社会規範とされるものからはみ出すという意味においては、恐怖を伴います。人間を含む生物は本来、群れとして生きるものであり、「群れからはみだす」ことに対する生命の危機を感じることは、生物として自然なこと

です。

　しかしながら、あるがままに身を委ねる「他力」を発揮することは、群れから外れることではありません。同じ群れの中で、その関係を変えることにすぎないのです。第一部（第1章）で紹介した米海軍潜水艦サンタフェ艦長のマルケは、乗員を信頼することで、その艦を優秀な組織に生まれ変わらせました。リッツ・カールトンのホテルマンは、従業員ひとりひとりを、そしてお客様をも信頼するからこそ、一流のホスピタリティを提供し続けています。こうしたさまざまな組織の事例をみても、「他力」の力が組織、そして社会に、豊かな生命知の循環を生み出すことは明らかです。

　生き残ること、責任を負うことに対する幻想を捨て、他力によって、関わる人たちとともに未来を創造し続ける豊かさに、ひとりでも多くの人が気づくことで、この母なる地球に豊かな生命知の大きな循環が起こるものと信じています。

巨人の肩から見渡す
未来経営のイントロダクション

　この広い世界に身を委ね、新しい試みを次々に実現していく「未来経営」は、たったひとりから始まります。ひとりが世界を信頼し、その身を委ねたその先に、大きな循環が待っています。そのプロセスについては、本書を通して随所で解説してきた通りではありますが、本書の根本には、科学者が長い歴史のなかで築き上げてきた考え方があります。

　科学者が自分自身の研究を発表し、その研究が注目されて影響力を得ていくには、知の共創ともいえるプロセスがあります。まず、科学者の卵である研究をはじめたばかりの大学生や大学院生は、学会という名の科学者が集まる祭典において研究発表を行います。そこには、「ポスターセッション」という発表の場があり、論理的に隙のない研究論文にまとめる前の、隙だらけの、しかしながら興味深いアイデアが詰まったA1サイズのポスターで、研究アイデアの中核部分や、着手したばかりの研究によるデータなどを発表します。そして、興味深いことに、そこには学生や若手研究者だけでなく、その道では知らない人のいない世界的に有名な研究者が立ち寄り、未知の分野への道を切り拓こうとする挑戦者として、同じ目線で意見交換を行います。場合によっては、その場でさらにアイデアが生まれたり、より大きな研究テーマに膨らんだりといった共創が起こります。こうした共創のプロセスを経て、研究論文として研究を世に出すことができるのです。もちろん、研究論文が世に出たからといって、その研究がすぐに注目されるわけではありません。自分の研究を知ってほしい、意見交換をしてさらに研究テーマを大きなものに育てたいという考えのもと、世界の著名な研究者に論文を送り、興味を持ってもらえれば訪問してディスカッションし、そこで関係が深まれば、共同研究に発展する、などといったエキサイティングな共創活動に広がっていきます。

　こうした共創活動は、世界中の至るところで、今まさに起こっています。筆者もまた、研究者の卵として自らの研究テーマに着手しはじめた

大学生の頃に参加した学会のポスターセッションに魅了されて以来、大小さまざまな学会に参加し、異なる分野の大学生・大学院生や先生方と意見交換を行いました[85]。そうした活動を行うなか、自分の考えを研究者のお作法に則って表現すれば、共感が得られ、やがては大きな渦となっていくということを感覚的に理解していたように思います。大学院を修了し、企業研究者としての道を歩み始めた頃、大学院時代に進めていた脳・生命研究に関する知見を活かし、ブレイン・コンピュータ（脳型コンピュータ）の研究に着手しはじめました。そこで社内外の理解を得るために行ったことが研究コンセプトをまとめた調査報告書の作成です。

　調査報告書とはいえ、その構成は、研究論文と同じスタイルを採っていました。論文をまとめる際に重要なことは、研究内容はもちろんのこと、その研究の位置づけを記す「イントロダクション」という部分です。ここには、過去の先人たちがどのようなモチベーションで、どのような研究テーマに着手し、なぜ彼らが問題を解決できずにいたのか、自分はどのような視点に立てたことが問題解決につながったのか、長い研究の歴史と、そのなかでの自分の位置づけを解説します。この歴史の総括に説得力があればあるほど、すなわち、歴史の記述が客観的かつ誰にとっても受け入れられるものであればあるほど、その研究は説得力を持ち、生命が吹き込まれます。そして、歴史を説得力高く総括するために重要なことが、過去の先人たちの「心」に迫ることだといわれています[86]。

　もちろん、過去の先人たちと直接話をすることはできません。しかしながら、その時代背景や、先人の人間関係、問題意識を持つに至る背景を知ることで、なぜ、どういった思いで研究がなされたのかを垣間見ることができます。そして、仮にそれが正しい解釈でなかったとしても、そこに至るなかで物語が生まれ、より深く、その先人について知ることによって、物語への理解が深まっていきます。先人たちが大事にしていたこと、地理的・時代的制約から気づくことができなかったことなど、先人たちをひとりの人間としてみることができ、そのとき、「自分なら」という考えに至ります。それこそが、先人たちが見た景色を垣間見ることができた瞬間です。

「もし私がさらに遠くをみることができたとするならば、それは巨人たちの肩の上に乗ったからです」

　17世紀の科学者であるアイザック・ニュートンが遺したこの言葉は、誰もが先人たちとの物語を共にすることができ、彼らの肩の上に立って、見晴らしのよい景色をみることができるということを意味しています。そしてもちろん、巨人の肩の上に立つことができるのは、科学者だけでなく、現代を生きるすべての人について共通しています。過去の先人たちが創造してきたこの世界を知り、彼らが描こうとし、描くことができなかった物語の続きを歩んでいくことができるのは、彼らの心に迫ることができる現代の私たちひとりひとりなのです。

　こうした背景にもとづいて執筆した筆者らの調査報告書は、社内外の多くの人たちの目に留まり、コンセプトを理解して賛同してくれる諸兄、社内での資金集めのノウハウを提供してくれる諸兄、可能性を感じて共同研究を提案してくれる諸兄など、数多くの協力者に恵まれ、その渦は次第に大きくなっていきました。そして、その活動の場を社外に展開していこうという思いを込め、独立した筆者は、2017年に一般向けの出版物としては処女作である『人工知能の哲学』を世に送り出し[87]、さらに多種多様な人たちとの意見交換や共同プロジェクトを発足させ続けることができ、その渦は、今に至るまで、広がりを見せ続けています。

　現代は、一年先の予測すら難しく、不確実な時代といわれています。しかしながら、私たち生命は、不確実な環境をたくましく生きてきました。生命知は、不確実な現代社会を巧みに生きる生命が育んできた叡知の賜物であり、現代人である私たちひとりひとりにとって不可欠な考え方であるといえます。

　昨今、不確実な時代を生きるためには変革を繰り返す必要があると考え、多くのビジネスパーソンは、デジタル変革を意味する「DX」に着目し、DXの成功事例を盛んに研究しています。本書を読み進めていただいた読者の皆さんには、DXの成功事例を単純になぞるようなことをしても何の意味もないということは十分に理解して下さっているのでは

ないでしょうか。変革を繰り返す組織には、生命知の循環が起こっています。組織のメンバーそれぞれが、それぞれを信頼しあい、あるがままに身を委ねる「他力」を発揮し、その結果として、成長のスパイラルを生み出す組織として機能しています。

　第二次世界大戦に敗戦したばかりの日本は、国そのものがなくなるかもしれない危機を迎えており、現代の比較にならないほど、不確実性の高い環境でした。国民ひとりひとりは飢えに苦しみ、将来の心配などできる余裕もなく、今目の前の食糧をどう確保するかに精一杯でした。そうした時代にあっても、日本には、本田技研工業株式会社や、ソニー株式会社など、日本を代表する企業がベンチャー企業として芽を出しはじめ、世界を変えるほどのインパクトのある製品を世に出し続けました。

　こうした多くの先人たちの積み重ねのうえに、製品の高い品質や誠実な国民性だけでなく、落とした財布が持ち主のもとに戻ってくるような治安のよさ、安心安全な環境という、世界でも稀にみる信頼を、日本は得ているのです。日本国内にいるだけでは意識することはないかもしれませんが、日本国のパスポートによって入国できる国や地域の数は、世界のなかでも圧倒的に多く、それ自体が、世界の日本に対する信頼を意味しているといえます。

　ところが、今、そうした日本に対する世界からの信頼を、日本人自身が踏みにじっているのです。第一部（第2章）で紹介した「表敬訪問」と揶揄される、海外企業へ訪問するにもかかわらず、何の契約を交わすこともなく「勉強になりました」といって帰っていく姿をみて、二度と話すことはないだろうと考える企業は少なくありません。デジタル技術についても同様です。第二部で紹介した、混沌とした環境に秩序を与えるデジタル技術の本質を知る世界の取り組みに対し、多くの日本企業は表面上の事例をみて、深く理解しようともせず、ただ真似をするだけに終始し、関わる多くの人たちの信頼を裏切っています。クーポン券を配ってユーザーにデータを入力させるだけで、そのデータを使って価値を高めようとする姿勢のない日本企業をみて、「不義理」という評価すら下されています。これまで、日本の先人たちが築き上げてきた高い信頼

は、今、急速に崩れはじめています。

　筆者は、日本人ではありますが、幼少期には、日本という国を好きになれませんでした。論理的思考よりも場の空気のようなものが優先され、自分独自の考えよりも、常識や慣例に倣っているかどうかが優先されるこの国には、何の未来も感じていませんでした。しかしながら、本書を通して記述してきたように、世界の歴史を大きくとらえていくと、日本という国がなぜ存在しなければならなかったのか、その存在意義のようなものに気づいたように思えます。それがまさに、本書の主題であった「生命知」であり、筆者がこれまでも、そしてこれからも、自身の研究の中核に位置づけている重要な概念です。

　今、世界は、地球環境をはじめとするさまざまな観点での持続可能性に危機感を抱き、これからの時代の道標を求めています。世界を通して日本をとらえると、その道標が何であるかを感じ取ることは、日本文化を知る人であれば、決して難しくはありません。本書で描いてきた「生命知」は、「商いの道」として、また「人びとを救う徳」としての「学問」「知」のあり方として、さまざまな形で、「おのずから」問題を解決するものとして、日本文化に根づいています。日本文化を共にする人であれば、自ずと理解できるそれらの概念こそ、日本の知として、世界が求めているものなのです。

　本書は、混沌とした世界に対し、デジタル×生命知によって、未来を経営していくことを提言してきました。本書がきっかけとなり、ここから新しい時代にむけての渦がうまれ、さまざまな年代の、さまざまな業界・分野の皆さんが、さらにまた新しい渦を生み出し、その大きな流れが世界の新しい秩序として広がっていく。そうした未来に向けてのはじまりの一冊となれば、筆者として、それ以上に望むことはありません。

引用文献
[1]　ルドルフ・ジュリアーニ（著），楡井 浩一（翻訳）　リーダーシップ　講談社 2003

[2] ビル・ゲイツ（著），山田 文（翻訳）　地球の未来のため僕が決断したこと　早川書房　2021
[3] 田中 道昭（著）　世界最先端8社の大戦略「デジタル×グリーン×エクイティ」の時代　日経BP　2021
[4] アシュリー・バンス（著），斎藤 栄一郎（翻訳）　イーロン・マスク 未来を創る男　講談社　2015
[5] クーリエ・ジャポン（編集）　変貌する未来 世界企業14社の次期戦略　講談社　2021
[6] Alan Turing　The Chemical Basis of Morphogenesis　Philosophical Transactions of the Royal Society　1952
[7] G.ニコリス他（著）　散逸構造—自己秩序形成の物理学的基礎　岩波書店　1980
[8] I.プリゴジン 他（著）　混沌からの秩序　みすず書房　1987
[9] 蔵本 由紀（著）　非線形科学　集英社新書　2007
[10] 蔵本 由紀（著）　非線形科学:同期する世界　集英社新書　2014
[11] 森 肇 他（著）　散逸構造とカオス　現代物理学叢書　2000
[12] 蔵本 由紀（編集）　非線形・非平衡現象の数理 第1巻　リズム現象の世界　東京大学出版会　2005
[13] 松下 貢（編集）　非線形・非平衡現象の数理 第2巻　生物にみられるパターンとその起源　東京大学出版会　2005
[14] 柳田 英二（編集）　非線形・非平衡現象の数理 第3巻　爆発と凝集　東京大学出版会　2006
[15] 三村 昌泰（編集）　非線形・非平衡現象の数理 第4巻　パターン形成とダイナミクス　東京大学出版会　2006
[16] 東洋経済新報社（編集）「会社四季報」業界地図 2022年版　東洋経済新報社　2021
[17] 張燕（著,編集），永井麻生子（翻訳）　ジャック・マー アリババの経営哲学　ディスカヴァー・トゥエンティワン　2014
[18] ポーター・エリスマン（著），黒輪 篤嗣（翻訳）　アリババ 中国eコマース覇者の世界戦略　新潮社　2015
[19] ミンゾン（著），土方 奈美（翻訳）　アリババ 世界最強のスマートビジネス　文藝春秋　2019
[20] 藤井 保文 他（著）　アフターデジタル オフラインのない時代に生き残る　日経BP　2019
[21] 藤井 保文（著）　アフターデジタル2UXと自由　日経BP　2020
[22] 室井 雅博 他（著）　企業変革のためのIT戦略　東洋経済新報社　2015
[23] 建設重機を使ったATM強奪事件---容疑者3人を逮捕　レスポンス　2002.12.10　https://response.jp/article/2002/12/10/21359.html
[24] 神田 昌典（著）　成功者の告白　講談社　2006
[25] マイケル・E.ガーバー（著），原田 喜浩（翻訳）　はじめの一歩を踏み出そう—成功する人たちの起業術　世界文化社　2003
[26] DXレポート ～ITシステム「2025年の崖」克服とDXの本格的な展開～　経済産業省/デジタルトランスフォーメーションに向けた研究会　2018.09.07　https://www.meti.go.jp/press/2018/09/20180907010/20180907010-3.pdf
[27] 価値協創のための統合的開示・対話ガイダンス　経済産業省　2017.05.29　https://www.meti.go.jp/policy/economy/keiei_innovation/kigyoukaikei/

Guidance.pdf

[28] デジタルトランスフォーメーションを推進するためのガイドライン　経済産業省　2018.12.12　https://www.meti.go.jp/press/2018/12/20181212004/20181212004-1.pdf

[29] 「DX推進指標」とそのガイダンス　経済産業省　2019.07.31　https://www.meti.go.jp/press/2019/07/20190731003/20190731003-1.pdf

[30] DXレポート2（中間取りまとめ）　経済産業省/デジタルトランスフォーメーションの加速に向けた研究会　2020.12.28　https://www.meti.go.jp/press/2020/12/20201228004/20201228004-2.pdf

[31] DXレポート2.1（DXレポート2追補版）　経済産業省/デジタル産業の創出に向けた研究会　2021.08.31　https://www.meti.go.jp/press/2021/08/20210831005/20210831005-2.pdf

[32] 攻めのIT経営銘柄2019　経済産業省・株式会社東京証券取引所　2019.04.23　https://www.meti.go.jp/policy/it_policy/investment/keiei_meigara/report2019.pdf

[33] デジタルトランスフォーメーション銘柄（DX銘柄）2020　経済産業省・株式会社東京証券取引所　2020.08.25　https://www.meti.go.jp/policy/it_policy/investment/keiei_meigara/report2020.pdf

[34] デジタルトランスフォーメーション銘柄（DX銘柄）2021　経済産業省・株式会社東京証券取引所　2021.06.07　https://www.meti.go.jp/policy/it_policy/investment/keiei_meigara/dx-report2021.pdf

[35] デジタル時代の新たなIT政策大綱　内閣官房/高度情報通信ネットワーク社会推進戦略本部　2019.06.07　https://www.kantei.go.jp/jp/singi/it2/kettei/pdf/20190607/siryou1.pdf

[36] AI戦略2019〜人・産業・地域・政府全てにAI〜　内閣府/統合イノベーション戦略推進会議決定　2019.06.11　https://www.kantei.go.jp/jp/singi/ai_senryaku/pdf/aistratagy2019.pdf

[37] GIGAスクール構想の実現パッケージ　文部科学省　2019.12.19　https://www.mext.go.jp/content/20200219-mxt_jogai02-000003278_401.pdf

[38] 加藤 茂孝（著）　人類と感染症の歴史　丸善出版　2013

[39] 石 弘之（著）　感染症の世界史　KADOKAWA　2018

[40] 小田中直樹（著）　感染症はぼくらの社会をいかに変えてきたのか　日経BP　2020

[41] 神野 正史（監修）　感染症と世界史 人類はパンデミックとどう戦ってきたか　宝島社　2020

[42] グレゴリー・クラーク（著）, 久保 恵美子（翻訳）　10万年の世界経済史 上　日経BP　2009

[43] グレゴリー・クラーク（著）, 久保 恵美子（翻訳）　10万年の世界経済史 下　日経BP　2009

[44] マーシャル サーリンズ（著）, 山内 昶（翻訳）　石器時代の経済学　法政大学出版局　2012

[45] ジャレド・ダイアモンド（著）, 倉骨 彰（翻訳）　昨日までの世界（上）文明の源流と人類の未来　日本経済新聞出版　2013

[46] ジャレド・ダイアモンド（著）, 倉骨 彰（翻訳）　昨日までの世界（下）文明の源流と人類の未来　日本経済新聞出版　2013

[47] コリン・M.ターンブル（著），藤川 玄人（翻訳） ピグミー森の猟人—アフリカ秘境の小人族の記録 講談社 1963

[48] クライブ ポンティング（著），石 弘之 他（翻訳） 緑の世界史〈上〉 朝日新聞 1994

[49] クライブ ポンティング（著），石 弘之 他（翻訳） 緑の世界史〈下〉 朝日新聞 1994

[50] 広井 良典（著） 創造的福祉社会:「成長」後の社会構想と人間・地域・価値 筑摩書房 2011

[51] 小林 潔司 他（著） 知識社会と都市の発展 森北出版 1999

[52] ハンス ウェストルンド 他（著），小林 潔司 他（翻訳） ポストアーバン都市・地域論 ウェッジ 2019

[53] 広井 良典（著） 人口減少社会のデザイン 東洋経済新報社 2019

[54] クロード・E.シャノン 他（著），植松 友彦（翻訳） 通信の数学的理論 筑摩書房 2009

[55] ジミー ソニ他（著），小坂 恵理（翻訳） クロード・シャノン 情報時代を発明した男 筑摩書房 2019

[56] ノーバート・ウィーナー（著），池原 止戈夫 他（翻訳） サイバネティックス——動物と機械における制御と通信 岩波書店 2011

[57] ノーバート・ウィーナー（著），鎮目 恭夫 他（翻訳） 人間機械論 ——人間の人間的な利用 第2版 みすず書房 2014

[58] アントニオR.ダマシオ（著），田中 三彦（翻訳） 生存する脳:心と脳と身体の神秘 講談社 2000

[59] アントニオ・R・ダマシオ（著），田中 三彦（翻訳） 無意識の脳 自己意識の脳:身体と情動と感情の神秘 講談社 2003

[60] アントニオ・R・ダマシオ（著），田中 三彦（翻訳） 感じる脳:情動と感情の脳科学 よみがえるスピノザ ダイヤモンド社 2005

[61] アントニオ・R・ダマシオ（著），田中 三彦（翻訳） デカルトの誤り 情動、理性、人間の脳 ちくま学芸文庫 2010

[62] アントニオ・R.ダマシオ（著），山形 浩生（翻訳） 自己が心にやってくる 早川書房 2013

[63] アントニオ・ダマシオ（著），高橋洋（翻訳） 進化の意外な順序ー感情、意識、創造性と文化の起源 白揚社 2019

[64] 市川 眞澄（編集），虫明 元（著） 前頭葉のしくみ:からだ・心・社会をつなぐネットワーク 共立出版 2019

[65] ショシャナ・ズボフ（著），野中 香方子（翻訳） 監視資本主義: 人類の未来を賭けた闘い 東洋経済新報社 2021

[66] 白井 聡（著） 武器としての「資本論」 東洋経済新報社 2020

[67] 斎藤 幸平（著） 人新世の「資本論」 集英社 2020

[68] レベッカ・ヘンダーソン（著），高遠 裕子（翻訳） 資本主義の再構築 公正で持続可能な世界をどう実現するか 日本経済新聞出版 2020

[69] スチュアート ブランド（著），仙名 紀（翻訳） 地球の論点 —— 現実的な環境主義者のマニフェスト 英治出版 2011

[70] クリス・アンダーソン（著），小林 弘人 他（翻訳） フリー〈無料〉からお金を生みだす新戦略 NHK出版 2009

[71] レイチェル・ボッツマン 他（著），小林 弘人（監修），関 美和（翻訳） シェア ＜

共有>からビジネスを生みだす新戦略　NHK出版　2010

[72] ジェレミー・リフキン（著），柴田裕之（翻訳）　限界費用ゼロ社会〈モノのインターネット〉と共有型経済の台頭　NHK出版　2015

[73] 脇田 修 他（著）　懐徳堂とその人びと　1997

[74] 武光 誠（著）　大坂商人　筑摩書房　2003

[75] マックス ウェーバー（著），尾高 邦雄（翻訳）　職業としての学問　岩波書店　1980

[76] 佐藤 文隆（著）　職業としての科学　岩波書店　2011

[77] 山口 栄一（著）　イノベーションはなぜ途絶えたか: 科学立国日本の危機　筑摩書房　2016

[78] 豊田 長康（著）　科学立国の危機: 失速する日本の研究力　東洋経済新報社　2019

[79] 毎日新聞「幻の科学技術立国」取材班（著）　誰が科学を殺すのか 科学技術立国「崩壊」の衝撃　毎日新聞出版　2019

[80] 岩本 宣明（著）　科学者が消える―ノーベル賞が取れなくなる日本　東洋経済新報社　2019

[81] 佐伯 啓思（著）　自由と民主主義をもうやめる　幻冬舎　2008

[82] 鶴原 徹也（編集）　自由の限界-世界の知性21人が問う国家と民主主義　中央公論新社　2021

[83] 清水 博 他（著）　〈いのち〉の普遍学　春秋社　2013

[84] 清水 博（著）　〈いのち〉の自己組織: 共に生きていく原理に向かって　東京大学出版会　2016

[85] 松田雄馬（著）　人工知能に未来を託せますか?:誕生と変遷から考える　岩波書店　2020

[86] 河田 聡（著）　論文・プレゼンの科学:読ませる論文・卒論、聴かせるプレゼン、優れたアイディア、伝わる英語の公式　アドスリー　2016

[87] 松田雄馬（著）　人工知能の哲学：生命から紐解く知能の謎　東海大学出版部　2017

終章 特別鼎談

「知的な真剣勝負」で本質をつかめ

～野中理論に問う未来の創り方

野中郁次郎×松田雄馬×浅岡伴夫

本書の終章として、一橋大学名誉教授　野中郁次郎氏と著者の松田雄馬、浅岡伴夫によって行われた特別鼎談を掲載いたします。

| 松田雄馬 | 野中 郁次郎氏 | 浅岡伴夫 |

野中 郁次郎 （のなか いくじろう）氏

profile

1935年東京都生まれ。経営学者。一橋大学名誉教授、カリフォルニア大学バークレー校特別名誉教授、日本学士院会員。早稲田大学政治経済学部を卒業。富士電機製造（現富士電機）を経て、米カリフォルニア大学バークレー校経営大学院博士課程修了。82年に一橋大学産業経済研究所教授。「SECIモデル」などの理論を世界に広めた。『知識創造企業』『知識創造の方法論』『ワイズカンパニー──知識創造から知識実践への新しいモデル』（いずれも東洋経済新報社）『直観の経営』（KADOKAWA）など著書多数。

（終章／構成：西川敦子、写真：中山博敬）

知識創造理論の原点はフッサールだった

野中：まだ「ジャパンアズナンバーワン」の頃、現ハーバード・ビジネス・スクール教授の竹内弘高氏と日本企業の新製品開発事例を研究していましてね。1986年に、"The New New Product Development Game" という論文を『Harvard Business Review』に掲載したのです。日本企業の優れた新製品開発のアプローチを論じたものでした。

　このとき提唱したのが「スクラム」という概念です。スクラムはラグビーから思いついた言葉です。なにしろ、当時の営業は生きるために、顧客の無理難題を「できます」といって引き受けて帰って来るんですね。当然、現場はめちゃくちゃな状態になります。しかし、顧客の要望に迅速かつ機動的に応えるためにホンダなんかも、それこそラグビーのスクラムのように複数の工程が入り乱れて同時進行し、それでも連携しながら進んで、新しいイノベーションを起こしていたんですよ。

　そもそも私のドクター論文は情報処理モデルがテーマ。アメリカの経営学者、ハーバート・サイモンの専門分野なんです。1998年の著書『組織と市場』（千倉書房）もサイモンモデルをもとに研究し、書きました。サイモンは、個人の情報処理には認知限界があるとし、組織こそ人の限界を克服する情報処理システムであると唱えた。

　しかし、日本に帰国して、やはり組織とは情報を処理しているだけではないと思うようになりました。というのも、日本企業の現場を見聞してみると、さっきお話したような状態になっていますからね。情報処理というより、葛藤しながらワイワイやりながら、動きのなかで創造的に知恵を出し合って集合知を創造している。まさにスクラムによって新たしい価値を生み出していたんです。

──その気づきがきっかけとなり、後の研究に結びついたのですね。

野中：そう。あるときカンファレンスで、「お前が言っていることは、情報じゃなくて知識じゃないか」と人に指摘されましてね。その一言が、

知識創造という概念を生むきっかけとなりました。知識を扱うのであれば哲学を勉強しなければなりません。「量の世界ではなく、意味の世界でこの問題をとらえなおさないとナレッジにならない」からです。そこで哲学、なかでもフッサールを始祖とする現象学を勉強しました。東洋大学の現名誉教授でフッサール研究の第一人者山口一郎氏と知り合いましてね。最初はフッサールなんて、何を言っているのかさっぱりわからなくて困りましたね。

　でもね、フッサールの言っていることを突き詰めると結局、「相互主観性」なんだとわかったんですね。

──世界は客観性をもって存在するのではなく、日常世界でわたしが感じる主観が出発点になる、そして主観と客観を媒介するのは「相互主観性」であるという考え方ですね。少し難しいですが。

野中：簡単にいうと「共感」が重要だということなんです。われわれはひとりひとり異なる主観をもっています。しかし、人は関係性のなかで人になります。相手を対象化せず、「私とあなた」という相互作用のなかで互いに「相手になりきる」と、「われわれの主観」になるのです。それは「ペア」でなければ生まれません。組織の知は集合知で、その最小単位は二人称のペアなんです。

　主観を客観化する、つまり一人称から三人称にすることはじつは大変難しいことなんですね。その一人称と三人称のブリッジになるのが二人称、ペアなんです。

──世の中にインパクトを起こす人とパートナーの二人組をクリエイティブペアと言いますね。

野中：ソニーもそうですよね。元会長で現シニアアドバイザーの平井一夫氏はアーティストタイプで、財務に強い分析派の現社長の吉田憲一郎氏とは、アートとサイエンスを綜合するいいペア。ソニーは最近も、犬

型ロボット「アイボ」の担当チームで電気自動車「VISION-S」をつくったでしょう。アイボの開発では、メカトロニクスやAIなど社内の知を総結集しましたから、そこで蓄積したテクノロジーを自動運転という領域で活かした。やはり異質な知がぶつかり合うとイノベーションを生むんですよね。

フッサールの相互主観性に話を戻しますが、基本的には第一次世界大戦後に広がった科学偏重の風潮への警告、フランスの哲学者ルネ・デカルトの否定なんです。フッサールは分析の前に、まずは直接経験での直観が大事だと考えていました。理性的な欧州人が第一次世界大戦という大義なき戦争を起こした原因は、過剰分析にほかならないと見抜いていたんです。

さらに、大切なのは分析ではなく、動いている現実のなかでの直観から生まれる「意味づけ」なんですね。

──行き過ぎた分析主義、個人主義に警鐘を鳴らし、「共感」の本質を唱えたわけですね。

「知的コンバット」の原理

野中：重要なのは、ペアが互いに全身全霊で向き合った時に対話が起こることです。デカルトの「我思う、ゆえに我あり」ではなく、「我、関係する、ゆえに我あり」なのです。人と人がペアで向き合って真剣にぶつかりあったときに、「われわれの主観」が生まれ、「こうとしかいいようのない」新しい意味が生成されるというのが「相互主観性」の要諦です。

考えてみれば赤ちゃんと母親は生まれながらにして心身一体ですから、人間はもともと共感という原点に立っているわけです。やがて言語が発達し、知性が芽生えると相手を対称化していきます。「あなたと私は違う」という、デカルトの唱えた個人主義の状態になるわけです。しかし、フッサールの現象学ではそこで終わりではなく、自我が芽生えた成人の間でも、深い共感、相互主観が生まれるとしています。「あなたがあっ

て、私がある」、つまり利己、利他の精神が発生し、より高いレベルでの意味、価値へとつながっていくのだと。

　ただし条件があります。徹底的に「知的コンバット」をしなければなりません。全身全霊で相手と向き合いながら、悩み苦しむ、そうしてお互い「やっぱりそうだよね」となった瞬間に初めて一心同体、フロー状態になれるのです。

　英語でいえば共感はempathy、同感・同情はsympathy。資本主義の始祖ともいえるアダム・スミスは『道徳感情論』で、sympathyを働かせることが社会秩序の安定につながると述べました。自分の心の中の第三者が相手に同意するかしないかを客観的に分析し、同意できるとなれば「アグリー（同感）」、違うとなれば「ディスアグリー」と判断する。それがsympathyです。

　sympathyは意識して行うものですが、empathyは無意識です。そもそも人間は相手を見た瞬間、無意識にシンクロナイズする生き物なんです。ミラーシステムをはじめ、最近のニューロサイエンスの研究でも明らかになってきていますが。

松田：他者の行為を自分事としてとらえる「共感」のメカニズムは、イタリアの脳神経科学者ジャコモ・リゾラッティが、1996年にミラーニューロン＊（36ページ参照）を発見して以来、急速に理解が進みはじめました。それまでのニューロサイエンスは、脳を細かく切り分けたうえで、それぞれの部位の役割を個別に理解することが主流でしたが、ミラーニューロンの発見を契機に、部位ごとのつながりについての研究が進みました。それだけでなく、自分と相手のつながりが、脳の神経細胞の活動にもみられる、ということが理解されはじめ、「共感」すなわちempathyへの理解が大きく進みはじめました。

野中：おっしゃるように、ニューロサイエンスによれば人間は生来的にempathyをしていることになる。相手の行動や表情を見ただけで瞬間的に相手の視点に立つわけです。つまり人間は本能的にペアをつくる生き

物というわけですね。

しかもミラーニューロンの研究によれば、シンクロナイズは相手の行動を見た瞬間に起きるわけでしょう。また、生理学者、ベンジャミン・リベットの実験によれば、我々の主体的認識は身体の知覚より0.5秒遅れているという。蚊が止まったと自覚したときは大体逃げられていますよね。つまり身体の方が頭より先に進んでいるわけです。シンクロナイズはサイエンスの時間論、因果律では説明がつかないことになる。重要なのはクオンティティ（量）ではなくクオリア。つまり感覚的な意識や経験なんです。

——スクラムについて研究されていた当時は、いろいろな開発の現場を訪ねられたと思いますが、どのような知的コンバットが展開していましたか。

野中：ホンダの現場は凄かったですね。ホンダの知的コンバットはワイガヤです。三日三晩非日常の場で、飲みながら議論するわけです。三日目ぐらいにやっと新しい「意味」がみえてくる。その瞬間にはもう、みんな無私の状態になっていますね。フロー状態といいますか。なにしろ連日連夜議論しっぱなしですから。

動きながら、あるいは共体験しながら、妥協なしに徹底的に対話する知的コンバットをやる。すると背後にあるみえない本質を直感できる。分析やサイエンスでは到底とらえきれないと思いますね。

全身全霊で同時に打ち合う瞬間に新しい意味がひらめくわけですね。同時といいましたが、これは客観的時間では説明できない。フッサールの現象学的時間、主観的時間の話なんです。

——どのような時間論なのでしょう。

野中：向き合いながら打つ瞬間、「いま、ここ」という瞬間には、じつは過去と未来が同居しているのです。どういうことかというと、「ドレ

ミファソラシド」というメロディーを聴くとき、我々はド、レ、ミという音程をひとつひとつ認識しているわけではありませんよね。メロディーとして、流れとして身体化してしまっている。だから、レを聴いた瞬間には頭にドが残っているし、同時にミを予感してしまうのです。一瞬だけれども幅がある。いま、ここに過去と未来が臨在している、「幅のある現在」といいます。そういう主観的時間論をフッサールは説いたのです。

　しかし最近は、客観的時間の制限がありますからね。せっかく仕事に没頭しているのに、金曜日の午後三時には会社から「お帰りください」といわれてしまう。

松田：プレミアムフライデーのことですね（笑）。

野中：動きのなかの瞬間が重要なのです。「いま、ここ」、この瞬間に過去のすべての知が組み込まれている。剣道でも間合いをみて、相手の隙をみるでしょう。まさに動きの中で先読みしているわけですよ。全身全霊でパーンと打ち込めば、その瞬間にパッと新しい意味が閃くのです。

アジャイル・スクラムは日本発のモデルだった

──今、ソフトウェア業界で主流のアジャイル開発、スクラム開発が日本発とは意外でした。

野中：我々はもともと日本企業のハードウェアの新製品開発を研究して「スクラム」という概念を生み出しましたが、後にソフトウェア開発に活用されましてね。ジェフ・サザーランド博士がアジャイル・スクラムという形で展開したんですよ。

　先ほどお話した「Harvard Business Review」に "The New Product Development Game" という論文を理論的基盤として新たなソフトウェア開発手法を生み出したわけです。わたしはそのことを知らなかったの

ですが、「ジェフ・サザーランドというソフトウェア企業のトップが日本に来るから会ってくれ」と連絡がありましてね。こっちはソフトウェアのことなんかわからないから不思議に思いつつも会ってみたんです。

彼はベトナム戦争の時は米空軍のパイロットで、乗っていたのがファントムなんですよ。二人乗りの偵察機です。ひとりはオペレーターで、もうひとりはレーダーや火器管制などソフトウェア操作を担当する。偵察機は隠密ですから、武器を乗せたらダメなんですよ。だから撃たれたら終わりなんですね。「ペア」の重要性を従軍体験を通じて知ったサザーランド博士は、後に「ペア・プログラミング」という手法をアジャイル・スクラムに反映しました。

退役後、コロラド大学で博士号を取ってソフトウェア会社を興したので、いろいろイノベーションの論文を集めていた。これまでのウォーターフォール型の開発手法では、顧客の変化に機動的に対応できない。しかし、われわれの論文にヒントを得たスクラム型の開発でその課題を克服したのです。つまり彼らのプロジェクト開発手法のベースはSECIモデル（図表参照）だったということですね。

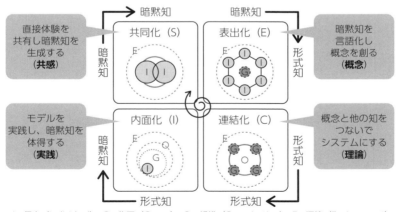

I＝個人（Individual）　G＝集団（Group）　O＝組織（Organization）　E＝環境（Environment）

図　SECIモデル

──野中先生が提唱したナレッジマネジメントの仕組みですね。個人が持つ暗黙的な知識（暗黙知）は、「共同化」（Socialization）、「表出化」（Externalization）、「連結化」（Combination）、「内面化」（Internalization）の四つの変換プロセスを経ることで、集団や組織の共有の知識（形式知）になる集合知の創造理論です。現在もSECIモデルに学び、仕組み化している企業は少なくないのでは。

野中：そうですね。エーザイなどは30年近く前からhhc（ヒューマン・ヘルスケア）という企業理念を基に、われわれの考え方を導入してくれています。知識創造部という専門部署もあるんですよ。

　我々日本人は、共感力や一心不乱になる純粋経験の力はあっても、忖度しちゃう。だからこそ、知的コンバットをやれるかどうかが勝負の分かれ目になります。本当の共感というのは、相手になりきって悩み苦しむことですから。

　知的コンバットの本質をわかっている会社は仕掛けとしてうまく活用しています。

　アイリスオーヤマの仕組みは面白い。毎週月曜日、「プレゼン会議」と銘打って知的コンバットをやるんですよ。会長、社長がいて、プロジェクトチームのメンバーが全員参加していて、関係部門も出席している。ワイワイやりあった結果、即断即決し、決まったことについては稟議不要というルールだそうです。稟議を回すと忖度が働いたり、社内政治に時間がとられ、プロジェクトが殺されちゃいますからね。すごいのは、プロジェクトが成功したらプロジェクトの功績、失敗したらトップの責任としているところです。

　先日、島津製作所の社長に「どうしたら面白いコンセプトが出てくるんですか」と聞いたら、「うちにはレントゲンを撮るようにして、みえない本質をみるカルチャーがあるんです」というんですね。

──暗黙知を形式知にする仕組みがあるのですね。

野中：そう、社員にワイワイガヤガヤ議論させて、どんどんチャレンジさせる。失敗は問わない。同時に、会社の中期経営計画などには、自社の技術体系、つまり知の体系をマッピングして、未来の道筋を示しています。社長自身、いろんな気づきを社長室に貼っているんですよ。顧客から得た情報、社外講師の講演で得たヒント、みんなでワイガヤをやって出てきた意見——。それらを眺めていると、はっとするアイデアや仮説が自然にわいてくるんですね。社長が一番勉強しなきゃいけないから、と笑っていましたけれど。やっているのは、本質直観ですよ。

本質直観とは、動きながら直感した多面的な印象から類似性や相違点を見つけ、背後にある本質をつかむことです。仮説を推論する力が大切です。

ホンダでも、チームがワイワイガヤガヤ試行錯誤していましたが、あれも集合的な本質直観です。ダイアログを重ね、お互いの主観を真剣にぶつけねばなければ、創造的な「跳ぶ発想」はでてきません。

——本質を見抜くには、知的コンバットにおける対話力が問われそうです。

野中：マイクロソフトCEO兼会長のサティア・ナデラは、共感経営を実践している企業のひとつだといえますが、経営会議を大きく変えました。以前は、経営指標の数字を膨大なエクセルの資料を前に報告する場だったのを、幹部が自身の生き方の物語を共有する場に変えたんですね。「何のために生きるのか」といった根源的な対話をぶつけ合うそうですね。普通、酒でも飲まないとそんなことは聞けませんが。

この前、私のゼミの一期生だった米空軍の将官と話す場がありました。そうしたら、米海兵隊ナンバー２と航空自衛隊のナ

ンバー2もやってきた。私が、海兵隊のナンバー2に「あんたの組織は
いつも新しいコンセプトを出すけれど、なぜなんだ」と聞いたら、うち
はいつも対話をしているからだという。「海兵隊は存在意義そのものが
つねに危機にさらされている組織なんだ。だから、俺たちのパーパスは
何なのかということについて、つねに考え、対話せざるを得ないんだよ」
とね。ダイアログは戦車と違ってコストがかからないのだ、とも言って
いました。こいつは参ったなと思いましたね。

　最近、パーパスの重要性が日本企業でもさかんに言われるようになり
ましたが、ドラッカーが『マネジメント』で示した概念です。日本語で
は「存在意義」という意味なんですね。

物語によって暗黙知を形式化していく

浅岡：あらためて共感について伺いたいのですが、松田さんと話してい
るとよく「群知能」という言葉が出てくるんです。生物の個体がそれぞ
れ単純なルールで動くことで、群れとしての集合的振る舞いが創発し、
結果的に利益が生み出されるという研究に基づいた人工知能テクノロジ
ーですが。共振（外部から与えられた刺激により固有振動を起こす現
象）、シンクロナイゼーション（同期）といったコンセプトにも繋がる
概念では。

　私はとくにシンクロナイゼーションの理論に興味を抱いていまして。
人間に限らず、生命体はみんなシンクロナイズする性質をもっているよ
うに思うのですが。そう考えると、社会の一員として人間が活動してい
くときにも起こる現象なのかもしれない。シンクロナイズの作用を解明
していくと、野中先生の『共感が未来をつくる』（千倉書房）や松田さ
んの生命知の理論の話につながるのでは。松田さん、いかがですか。

松田：私たち人間は、場を共有することで、個人のリズムを他者に伝え
あいます。それがやがて全体に伝わって大きなリズムになる。コンサー
ト会場でよく起こる現象ですが、場を共有すると全体のリズムがひとつ

になりやすいですよね。

　この過程はシミュレーション可能ですし、プログラムで再現しやすいんです。数学や物理を少し学び始めると、取り組みやすいテーマですね。2000年前後ぐらいにはコンプレックスネットワーク理論（現実世界に存在する巨大で複雑なネットワークの性質を追求する理論）が盛んになり、社会現象になりました。

野中：アジャイル・スクラムはラグビーから思いついた手法ですが、ラグビーってチームソングを歌うでしょう。ニュージーランド代表であれば、ハカですし、日本代表であれば「カントリーロード」の替え歌「ヴィクトリーロード」ですね。あれで、チームは結束するし、会場はワーッと盛り上がってひとつになりますよね。歌、リズムは共感するうえで非常に重要なんですね。

松田：リズムは知的コンバットとも深い関係にあるのは間違いありません。ただリズムだけで知的コンバットを理解し、実行しようとするのは危険です。リズムや場といったものに引きずられすぎて、論を交わすことができないようになると、日本企業ならではの忖度が起こってしまうように思います。

浅岡：大学で教えるときは学生に「私が喋ったことに対してあなた方がどう感じるかを言いなさい」といっています。稚拙だろうが間違っていようが構わない。あなたの価値観からみて思ったことをぶつけなさいと。私は教える側だから知識はあるけれども、価値観は日々変わる。あなた方に価値観をぶつけられると、私の価値観も明日はまた少し変わるかもしれない。それが人間同士の成長のスパイラルになっていくんです

よ、と伝えています。

　まあ、おだてて木に上らせようという意図もあるんですけれど。しかし、学びのモチベーションは非常に高まりますよ。1対50とか100じゃなく、1対1のぶつかり合いの場があれば、その中で新しいものをつかめるし、新しい知が生まれればその場全体の集合知になりますから。

松田：面白いですね。まさに、本書で扱った重要な概念である「自己不完結性」に関わるお話だと思います。人間はひとりでは生きられない。細胞だって栄養がないと生きられないから、外から取り込んでいますよね。そもそも生き物は不完結なもの。つまり、「とりこむ、流れる」という大きな流れの中に生命があると考えられます。

　組織論に置き換えると、自分の価値観だけではダメだ、自分ひとりでは人生の目的を成し遂げられない、ということを自覚した瞬間、他者の存在が不可欠になるわけですね。だから自分は他者を呼び込む「場」になる必要がある。そこでは他者に役割が与えられ、他者から見た自分にも役割が与えられる。他者も自分もそれぞれ主役になって劇を演じていく。そして自分ひとりでは見られなかった新しい未来が生まれていく。劇を繰り返していくうちに成長のスパイラルが生まれるのだと思うのです。

野中：「場」の話をすると、先日行った京都信用金庫が非常に面白い場を創っていましたね。QUESTIONという新しい八階建てのビルを建てましてね、六階に銀行があるんだけれど、一階はカフェ&バーなんですよ。コワーキングスペースのフロアもあるし、コミュニティキッチンといって共食のフロアもあって。ここは一緒に料理して食べるためのフロア。というのは、チンパンジーやゴリラとほかの猿が違うところは、彼らが「共食」する点だというんですね。ほかの猿はエサが与えられると我先に食べるけど、チンパンジーやゴリラは食事を分け合い、「一緒に食べようじゃないか」と仲間を誘う。人類の進化はそこから始まっているという。

　普通の銀行は顧客がやって来るとすぐ分析をはじめるけれど、京都信

用金庫はそうではない。知恵を集めて地域の課題や事業の課題を解決していくコミュニティバンク、結果としての金融支援がある、そういう知創バンクなんです。存在意義が明確なんですね。

松田：パーパスを追求すれば、結果として儲けにもつながっていくと。

野中：そうなんです。時間はかかりますけれどね。分析派はどうしても因果を求めてサイエンス思考になりますが、長期で見ないと。例えばキヤノンの変革・再生をなし遂げた御手洗冨士夫さんは、ファイナンスの出身ですけれども、「バランスシートで物語をつくれ」と言っていました。武器は数字ではない、物語なんだと。つまり、生き方ですよね。しかし同時に数字を把握しないと生きていけない。ですからバランスシートなんですよ。長期視点でみるし、無形資産まで考えなきゃいけないから。

　結局、ナラティブ（物語）なんですね。20世紀を代表する戦略家ローレンス・フリードマンによれば「戦略は昼のメロドラマ（アメリカではソープ・オペラ）のようなオープンエンドの物語」なんです。つまり、変化の激しいなかでは、戦略は論理分析で導かれるのではなく、変化に合わせて紡ぎだしていく未来創造の物語なんですよ。

　企業におけるナラティブの重要な要素は二つあります。ひとつはプロット、つまり物語の筋書きです。筋書きは、未来への道筋を示しますから、みんなを鼓舞できるワクワクするプロットのほうがいい。もうひとつはスクリプト、行動規範です。ただし、マニュアルじゃないです。マニュアルはその通りやらなきゃいけないけれど、スクリプトは生き方の話で、ガイドラインなんですね。その時々の文脈に合わせて、どんな行動をすべきかという指針を示すものなんです。トヨタの「なぜを五回繰り返せ」などは、社員全員に実践の繰り返しを通じて身体化されていくスクリプトの代表例ですね。

　プロットとスクリプトというナラティブで戦略を構想・実践することが、戦略の人間化、つまりヒューマナイジングストラテジーの基本です。

松田：分析も大事だけれど、順番を間違えてはいけないということですね。まず、共感することが大事。共感は目にみえないから、削られやすい部分なんですけれど、先ほどおっしゃっていた「ダイアログはコストがかからない」というお話を考えても、知的コンバットを削る必要はないんですよね。デジタルツールによる分析を先にやってしまうと物語も創造も生まれない。

——子育てしている働く女性などは、なかなか知的コンバットができない、ナラティブができないという現実があるように思うのですが、時間の使い方を変えるしかないんでしょうか。

浅岡：企業が勤務時間内に知的コンバットの時間をいかに組み込むかがポイントです。経営者がそこに気づかないと永遠に変わらない。時間外にやれとか、通常業務に支障が出ないように時間を詰めてやれ、というのは時代遅れだと思いますね。

野中：もうひとつの解決法は書くことだと思いますよ。日々の反省も含めて自分の感じたことを書く。暗黙知を形式化するには、やはり書くことが一番なんです。
　フッサールは速記能力も凄かったらしいですよ。人と話をしていても、思いついたことを全部速記してしまう。そして後から整理するんですね。書かないとダメなんだなぁ。つねに動いていないと。世界的なイスラム研究家の井筒俊彦氏は人間のもっとも奥底にある暗黙知、阿頼耶識（大乗仏教の瑜伽行派独自の概念。存在の根本にある通常は意識されることのない識）を触発するには、書くことが大事だと言っていますね。書くという行為は無意識の最も深いところを触発しますから。書くためには一言一言意味を考えなきゃいけない。読んだ人がどう思うかなど、ありとあらゆる人間関係や社会を意識し、考え抜かないといけませんしね。そうすると勝手に筆が動いていくと井筒氏はいうんですよね。

さきほど紹介したアイリスオーヤマには、「ICジャーナル」という業務日報があるんですが、「誰にいつ何時に会いました」という事実の羅列は一切書かせない。その経験から自分が感じ取った「意味」を書かせるんです。例えば顧客のところに行った時の印象、感覚などですね。自分の直接経験で得た直観を言語化させるわけです。それは、自分と向き合い内省し、無意識も含めた暗黙知の深いところを掘り起こさせ共有させる作業なのではないでしょうか。

志向性をもつ人間だけが未来を創造する

浅岡：さきほどの「意味」のお話ですが、ひとつ重要なポイントに時間軸があるのかなと感じます。時間が常に進んでいるという考え方が、松田さんの「未来を創る」という考え方と通じるものがある。未来創造という言葉は最近の流行り言葉なんですけれども、あえてこの本で松田さんが未来経営という言葉を使っているのは、未来経営というものがそもそも存在していて、それに向かって動いているのではなく、自分の理念を実現するために前を向き、何をしていくのか。それが未来経営だと。

野中：そうです。フッサールの現象学のキーポイントはまさにインテンショナリティ、志向性なんですね。我々はいつも意識的あるいは無意識的になにかに向かって意味を求めているんです。そして、幅のある現在のなかで共感しあい、そこで得た知を客観化していくんですね。大事なのは、他者との共感（相互主観性）を媒介にして、普遍を創り続けるプロセスがイノベーションの本質だということです。

松田：ロボットを動かすためのアルゴリズムを書くと、未来創造の原理がよくわかります。ロボットを歩かせるという単純な動作であっても、坂道を登るのか、砂利道を歩くのかでその動作は大きく変わります。他方、人間は常に目の前の環境とうまく関係を創るかのように、坂道でも砂利道でも適切な体の動かし方を、その場その場で創り出す。環境と自

分がペアになって、知的コンバットをするかのように動作を新しく創造するからこそ、どんな道でも歩くことができる。未来創造とは、そのように動作を創り出すことであり、ペアとの共感もそのようにして起こると考えられます。

—— 「自然（じねん）」という言葉も、この本の大事のキーワードのひとつです。

松田：例えば病気になったとき、細胞ひとつひとつに神経を向けていくと、おのずから症状がよくなっていくことがあるのです。組織も同じで、

自己不完結な人間同士、知的コンバットし、共感しあうことによって循環が生まれると思う。

これは自分の体においても、自分と他人の関係においても、また自分と社会の関係においてもいえることでは。自分ひとりでは生きていけないから、他者を信頼せざるを得ない。他者に自分を"差し出す"ことで、おのずと共感が生まれ、未来がみえてくる。社会がよくなっていく。自然こそ、過剰分析に偏向した現代社会において必要な概念ではないでしょうか。

浅岡：江戸中期の医者で哲学者の安藤昌益の著書『自然真栄道』は、昔は「じねんしんえいどう」と読まれていた。今は「しぜんしんえいどう」と読みますが。武士も含め、万人が田畑を耕し、社会が一体となる農本共産社会の実現について書いた本です。

「自然」はもともとは老子の説いた思想で、日本では親鸞が使った言葉なんですね。松田さんの理論で面白いのは、昔からある自然の思想に志向性をプラスし、未来を創るところまで昇華させているというところ。人間は自分の意思で未来を創っていく生き物だ、と述べているんです。

ところで、もうひとつ安藤昌益がおもしろいことをいっているんです。「自然というのは運動である」と。野中先生、どう思われますか。

野中：本質、真理は動きの只中で洞察、直観するもの。机上で分析していてもダメなんですよ。MBAの最大の問題は分析麻痺をつくったことでしょうね。ヒューマナイジングストラテジーは生き方の物語（ナラティブ）ですからね、やはり実践知が不可欠なのです。といってももちろん、定量を無視するわけではありませんよ。物語も数値も両方見なければ。

　リーダーたちは、日々、理想と現実、アナログとデジタル、安定と変化など相反するもののはざまで悩みます。それらは二元論（dichotomy）では解決できません。実践知とは、「あれか、これか」の二項対立ではなく、「あれもこれも」の二項動態的（dynamic duality）思考と実践です。アリストテレスは実践知を賢慮（フロネシス）という概念であらわしました。私は実践知のリーダーシップとは、共通善となる存在意義を示し、共感の場をつくり、現場で本質直観し、直観した概念を物語として示し、物語を実現するとともに、実践知を自律分散的に組織化することだと考えています。

　簡単にいえば、ダイナミックに俯瞰しながらも、動きながらタイミングをはかり、コンテクストに応じてJust right（ちょうどよい）の判断をする。それができて「フロネシス（実践知）」を備えたワイズリーダーとなれるのです。

おわりに

　ウィズコロナと呼ばれる時代が始まって二年、多くの企業がデジタル化の波に乗ることができず、苦戦を強いられるなか、デジタルコンテンツを有するゲーム業界をはじめ、過去最高収益を上げる企業も少なくない。ひとつひとつの企業、業界の様子を目にする度に、今まさに、世界経済そのものが変革の最中にあることを実感する。

　こうした時代のなか、企業経営に関する持論を一冊にまとめ上げることは、著者（松田）の悲願であった。著者が研究者としてのキャリアを歩み始めた時期、研究者・科学者が企業経営や価値創造に関心を持つことは、その研究の価値を貶めるものとして、敬遠されていた。その一方で、著者が属していたNEC中央研究所は、若手を社外の産学連携プロジェクトに送り込むなど、若手の育成に対して伝統的に力を入れており、そうした環境によって、著者は、企業経営や社会変革に対しての実践知を知らず知らずのうちに手に入れていた。

　スタートアップ企業経営者や、大学他研究機関の研究者との交流を行い、自らも、世代や業界の壁を越えた交流会や、子ども向けのサイエンスコミュニケーションイベントなどを主催するなかで、人の「心」を中心に据えた未来経営論が自ずと育まれてきた。もちろん、それは、共同創業した合同会社アイキュベータ（現株式会社オンギガンツ）についても変わることがなかった。敢えて共同創業という形を取り、技術や社会へのメッセージを書籍などの形に込め、想いを共有する人たちと新たなプロジェクトを創造し続けてきた。事業を大きくするなかで、共同創業者それぞれで独立した企業を経営する形を取るようになった今も、その関係は継続している。そして、著者は、社名を新たにした株式会社オンギガンツにおいて、これまで培ってきた事業創造コンサルティングの知見を活かしながら、DX人材・組織を育成する事業を多くの企業とともに行っている。本書を出版した日本能率協会マネジメントセンターもま

た、重要なパートナーであり、本書出版だけでなく、通信教育教材の開発、企業研修の設計など、多くの価値共創を行っている。

　本書の共著者である浅岡伴夫さんは、十年来の友人である総合研究大学院大学准教授の浅岡凜さんのお父さんというご縁でご紹介いただき、それをきっかけに、連日のように雑談を行い、通信教育教材や企業研修をはじめとする事業を共同で実施する関係に発展した。浅岡伴夫さん、凜さんなくして、本書が世に出ることはなかった。ここに改めて感謝を申し上げたい。また、本書の企画から制作に至るまでは、日本能率協会マネジメントセンター出版事業本部の黒川剛さんには、二人の著者の自由奔放な原稿を適切に再構成していただいただけでなく、ビジネスパーソンに向けた解説書であるにもかかわらず、「生命知」というチャレンジングなテーマを中心に据えた本書を「他にはない一冊」として評価していただき、出版に向けて誰よりも後押しいただいた。黒川さんをご紹介いただいた同社組織・人材開発事業本部の佐々木政明さん、ラーニングDX・事業システム部の萩谷俊之さんをはじめとする多くの社員の皆さんとのディスカッションもまた、本書執筆に向けた大きな一助となった。

　本書を執筆するにあたり、お世話になったのは、一橋大学名誉教授の野中郁次郎先生である。2017年に『人工知能の哲学』を執筆して以来、多くの企業の幹部向けに登壇する機会をいただき、ひとつひとつのやりとりのなかで、私自身の論が深められていった。今回の鼎談企画についても、緊急事態宣言明けのご多忙の毎日のなか、快くお引き受けいただいた。また、野中研究室秘書であり研究員の川田弓子さんには、野中先生との原稿のやりとりをサポートいただいただけでなく、本文中での野中理論に対しても、精度を高める多くのアドバイスをいただいた。

　さらには、『人工知能の哲学』執筆前から、著者の想いを学術的な論に昇華させるサポートを行って下さっている株式会社オンギガンツのメ

ディア戦略顧問の篠田薫さんには、序章を中心とした論の構築を、連日連夜、お手伝いいただいた。そして、旧合同会社アイキュベータの共同創業者であり、現株式会社Iroribi代表取締役の下山輝昌さん、現株式会社エラン代表取締役の三木孝行さんをはじめとする旧合同会社アイキュベータの皆さん、NEC中央研究所でお世話になった小川雅嗣さんをはじめとする皆さん、生命知への道標を下さった恩師であり東北大学名誉教授の矢野雅文先生、東京大学名誉教授の清水博先生、その他、多くの皆さんからの学びがなければ、本書が世に出ることはなかった。最後に、新婚であるにもかかわらず、連日、深夜早朝まで原稿や関連書籍を拡げ、ZOOMでの議論を行う著者を見守り、温かいココアを差し入れてくれた妻の真衣の後押しがあったからこそ、本書をまとめ切ることができた。心から感謝申し上げます。

2022年1月

著者　松田雄馬

「著者紹介」

松田雄馬（まつだ ゆうま）

　1982年徳島県生まれ、大阪府育ち。オンギガンツ代表取締役、一橋大学大学院講師（非常勤）。京都大学大学院修了後、NEC中央研究所にてオープンイノベーションを推進。MITメディアラボ、ハチソンテレコム香港、東京大学との共同研究を経て、東北大学との脳型コンピュータプロジェクトを立ち上げ、博士号（工学）を取得した後、独立。アイキュベータ（現オンギガンツ）を共同設立。著書に『人工知能の哲学』（東海大学出版会）『人工知能はなぜ椅子に座れないのか―情報化社会における「知」と「生命」―』（新潮選書）『Python実践データ分析100本ノック』（秀和システム）『人工知能に未来を託せますか？――誕生と変遷から考える』（岩波書店）『AIリテラシーの教科書』（東京電機大学出版局）『AI・データサイエンスのための図解でわかる数学プログラミング』（ソーテック社）など。

浅岡伴夫（あさおか ともお）

　1952年富山県生まれ。慶應義塾大学経済学部経済学科卒業。先端技術アナリスト、科学コミュニケーター、経営戦略＆事業アドバイザー、国際産学連携プランナー・コーディネーター。聖徳大学特命教授。JMAM通信教育コース（『ゼロからわかるAI（人工知能）の基本』『ゼロからわかるDX（デジタルトランスフォーメーション）の基本』『技術文書の作り方・書き方』）講師。著書に『AIリテラシーの教科書』（東京電機大学出版局）『地域密着型デイサービス 大競争時代を生き抜く黒字戦略』（翔泳社）『CRMからCREへ―One to One戦略を支える実践手法』（JMAM）『日本発・世界標準の「新世代One to One & CRM」』（五月書房）『SE・製造技術者・理工系学生のための技術文書の作り方・書き方』（シーエーピー出版）など。

デジタル×生命知がもたらす未来経営
心豊かな価値創造を実現するDX原論

2022年2月10日　　初版第1刷発行

著　者 —— 松田雄馬・浅岡伴夫
　　　　　　©2022 Yuma Matsuda, ©2022 Tomoo Asaoka
発行者 —— 張　士洛
発行所 —— 日本能率協会マネジメントセンター
〒103-6009　東京都中央区日本橋　2-7-1 東京日本橋タワー
TEL　03(6362)4339（編集）／03(6362)4558（販売）
FAX　03(3272)8128（編集）／03(3272)8127（販売）
https://www.jmam.co.jp/

装　丁 —— 山之口正和（OKIKATA）
本文 DTP —— 株式会社明昌堂
印刷所 —— 広研印刷株式会社
製本所 —— 東京美術紙工協業組合

ISBN 978-4-8207-2984-6　C2034
落丁・乱丁はおとりかえします。
PRINTED IN JAPAN